新編諸子集成

管子校注

中

黎翔鳳 撰
梁運华 整理

中華書局

管子校注卷第十

戒第二十六所以陳戒桓公。

内言九

桓公將東游〔一〕，問於管仲曰：「我游猶軸轉斛，言我之游必有所濟，猶軸之轉載斛石。南至琅邪〔二〕。司馬曰：『亦先王之游已。』何謂也〔三〕？」春游而南行，故司馬正令之爲先王之游。公未達其意，故問管仲。管仲對曰：「先王之游也，春出，原農事之不本者，謂之游〔四〕。原，察也。農事不依本務，當原察之。秋出，補人之不足者，謂之夕〔五〕。秋爲西成，尚有不足者，當補之。夫師行而糧食其民者，謂之亡。師行無成功，空費糧食，如此者必亡。從樂而不反者，謂之荒。先王有游夕之業於人，無荒亡之行於身。」桓公退，再拜，命曰寶法也。謂其法可寶也。

〔一〕張德鈞云：洪邁容齋三筆卷一，「桓公」引作「威公」。後文同。翔鳳案：此宋人避諱也。

〔二〕劉績云：孟子：「昔者齊景公問於晏子曰：『吾欲觀於轉附朝儛，遵海而南，放於琅邪。』」此必「轉附」之誤也。但以之爲景公、晏子，未知孰是。洪頤煊云：「斛」當作「轂」，言游之不已如軸轉轂中。文子上德篇：「通於道者，若車軸轉於轂中，不運於己。」鹽鐵論刺權篇「齊國轉轂游海者蓋三千乘。」尹注非。朱亦棟云：鹽鐵論：「齊國内倍而外附，權移于臣，政墜于家，公室卑，而田宗强，轉轂遊海者蓋三千乘，失之于本而末不可救。」據此則「轉斛」字疑即「轉轂」之訛也。王引之云：「猶」讀爲欲，古字「猶」與「欲」通。大雅文王之聲篇「匪棘其欲」，禮器引作「匪革其猶」。周官小行人「其悖逆暴亂，作慝猶犯令者，爲一書」，大戴禮朝事篇「猶」作「欲」。「軸」當爲「由」，「由轉」二字相連，寫者遂誤加車旁矣。翔鳳案：太玄玄掜「日月相斛」，注：「量也。」以「斛」爲「斠」，與「轂」同音，知洪、朱二氏之説可采。「軸」爲「由」，以王説爲是。

〔三〕張佩綸云：司馬，王子城父。

〔四〕張佩綸云：輕重丁篇：「無本者予之陳，無種者予之新。」翔鳳案：楊本「本」作「夲」。説文：「从大从十，讀若滔。」然非誤字，此漢隸之「本」，見白石神君碑。

〔五〕孫星衍云：晏子内篇：「春省耕而補不足者謂之游，秋省實而助不給者謂之豫。」孟子亦作「一游一豫」。夕、豫聲相近。白帖三十六引「夕」作「豫」，下同。宋翔鳳云：古讀「夕」如「豫」，此言「夕」，猶孟子言「豫」也。

管仲復於桓公曰：「無翼而飛者，聲也。出言門庭，千里必應，故曰無翼而飛。**無根**

而固者，情也。同舟而濟，胡、越不患異心，知其情也，故曰「無根而固。」無方而富者，生也〔一〕。生全則萬方輻湊，生盡則鴻毛不振，故曰「無方而富」也。莫知生所在，故曰「無方」也。公亦固情謹聲，以嚴尊生〔二〕，言當固物情，謹聲教，嚴爲防禦，以尊其生。此謂道之榮。」謂此三者順道而光榮。桓公退，再拜，請若此言〔三〕。若，順也。

〔一〕翔鳳案：説文「富，備也」，段注：「富與福音義皆同。釋名曰：『福，富也。』」詩所謂「萬福來求」，則其富爲無方矣。「嚴」有敬畏之意，一字不誤。理論參考幼官、心術。

〔二〕豬飼彦博云：「嚴」亦「尊」也。言當固其情，謹其言，以嚴尊其生。丁士涵云：尹注云「嚴爲防禦，以尊其生」，疑本作「嚴以尊生」。「生」與「聲」、「榮」爲韻。何如璋云：呂覽貴生「故所謂尊生，全生之謂。所謂全生者，六欲皆得其宜也」，本此。

〔三〕張佩綸云：「請若此言」，猶論語「請事斯語」。

管仲復於桓公曰：「任之重者莫如身，萬事萬行，非身不舉，故曰重任。塗之畏者莫如口，樞機之發，榮辱之主，故可畏也。期而遠者莫如年〔一〕。殤夭①日闇，期頤實寡，故曰遠期也。以重任行畏塗，至遠期，唯君子乃能矣〔二〕。」桓公退，再拜之曰：「夫子數以此言

①「夭」字原作「子」，據補注改。

者教寡人〔三〕。」管仲對曰：「滋味動靜，生之養也。好惡喜怒哀樂，生之變也。聰明當物，生之德也。非禮勿視聽，故曰當物。是故聖人齊滋味而時動靜，所以養其生。御正六氣之變，所以循其變也。六氣，即好、惡、喜、怒、哀、樂。禁止聲色之淫。所以成其德。邪行亡乎體，違言不存口，體無邪行，口言必順。靜然定生，聖也〔四〕。欲靜則生定，如此者聖也。仁從中出，義從外作。仁自心生，故曰中出。義因事斷，故曰外作。仁，故不以天下爲利。義，故不以天下爲名。若以天下爲名利，則非仁義也。仁，故不代王。不以道輔君，而代之王者，非仁也。義，故七十而致政。老而不致政，貪冒者耳，非義也。是故聖人上德而下功，尊道而賤物。物，謂名利之事。道德當身，故不以物惑。身苟有道德，豈名利之物能惑哉。是故身在草茅之中，而無懾意〔五〕。道德爲量，何懼之有。南面聽天下，而無驕色。神器儻來，何驕之有。如此而後可以爲天下王。所以謂德者，不動而疾，德必冥通，故不動而疾。不相告而知〔六〕，不出户牖，以知天下。不爲而成，無爲而無不爲。不召而至，是德也〔七〕。同聲相應，同氣相求，如此者，可謂至德也。故天不動，四時云下而萬物化。天常無爲，故曰不動。然四時云下，故萬物化。云，運動貌也。君不動，政令陳下而萬功成〔八〕。君亦常無爲，故曰不動。然政令陳列而下，故萬物成也。心不動，使四枝耳目而萬物情〔九〕。心亦當無爲，故曰不動。然四枝耳目自心使，萬物莫不得其情也。寡交多親，謂之知人。以其知人，故能交寡而親多。**寡事成功，謂之知用。**以其知用，故能事寡而功成。**聞一言以貫萬物，謂之知道。**以其知道，故能聞一言而得物貫也。**多言而不當，不如其寡也。**故曰：狗不以善吠爲良，人不以多言爲賢。**博學而不自反，必有邪。**博學而不反修於其身，心曼衍者，故必有邪行。**孝弟者，仁之祖也。**仁從孝弟生，故爲仁祖。**忠信者，交之慶也**〔一〇〕。有忠信之心，故能慶交友之善。**內不考孝弟，**言不仁。**外不正忠信，**言不友。**澤其四經而誦學者，是亡其身者也**〔一一〕。」四經，謂詩、書、禮、樂。既無孝弟忠信，空使四經流澤，徒爲誦學者，即四經可以亡身也。

〔一〕王念孫云：「期而遠者」本作「期之遠者」，與上二句文同一例。治要、北齊書魏收傳、文選陸機長歌行注引此竝作「期之遠者」。翔鳳案：「期之遠」，其遠在年。「期而遠」，期者爲我，語意不同。此文重在我之作用，則「而」不可改爲「之」矣。類書多改字，不足信。

〔二〕王念孫云：「唯君子乃能矣」本作「唯君子爲能及矣」，今本脱「爲」字，「及」誤爲「乃」，又誤在「能」字上。治要、北齊書竝作「唯君子爲能及矣」。翔鳳案：説文：「乃，曳詞之難也。」公羊宣八年傳：「乃者何？難也。」説文「及，逮也」，爲由後追及。「唯君子乃能」，其意謂非君子不能。若作「及」，則所追者何事？不合口氣矣。

〔三〕丁士涵云：「之」當作「命」，上文「桓公退再拜命曰」，是其證。尹桐陽云：「數」猶速也。

翔鳳案：桓公聞善言薦之祖廟，「法寶」即「御神用寶」之「寶」，故言「拜命」，與此不同。丁不知此義也。

〔四〕張文虎云：「然」猶乃也（見王氏釋詞），「靜乃定生」，與下「仁從中出，義從外作」句法略同。大學所謂「定而后能靜」也。尹注「欲靜則生定」，文義倒置。翔鳳案：「齊滋味」五句，皆爲定性之事。樂記「人生而靜，天之性也」，注：「『性』之言生也。」心術上：「物固有形，形固有名，名當謂之聖人。」能定性則名當而爲聖人。

〔五〕何如璋云：呂覽下賢「帝也者，天下之適也；王也者，天下之往也。得道之人，貴爲天子而不驕倨，富有天下而不騁夸，卑爲布衣而不瘁攝，貧無衣食而不憂懾」，本此。

〔六〕王念孫云：「不相告而知」，衍「相」字。翔鳳案：「相告」見孟子。知者非一人，故言「相告」，非衍文。

〔七〕翔鳳案：房謂至於德，即不召而至之至，非謂盛德。

〔八〕劉績云：「云」，周旋也。王引之云：「下」字因下文「政令陳下」而衍，尹注同。「云」即「運」字，言四時運而萬物化也。「運」字古讀若云，故與「云」通。丁士涵云：據尹注，「萬功成」，亦當作「萬物成」。草書「物」作「𭄯」，與「功」字形近而誤。俞樾云：「云」字、「陳」字皆絶句。「下而萬物化」，言天氣下行而萬物自化也。「下而萬功成」，言君道下行而萬功自成也。王氏引之謂「『云』即『運』字」，得之。謂上句「下」字涉下句而衍，則非也。兩句一律，不得參差，由失其句讀故耳。翔鳳案：「云」爲古文「雲」。説文：「雲，運也。象雲回轉形。」天之北辰不動，斗柄運而有四時，諸説紛紜，由於不考本字耳。君之政令爲成事功，可成萬物耶？房注誤。

〔九〕劉績云：一本作「萬情得」，是也。戴望云：宋本「肢」作「枝」。陶鴻慶云：「使四肢耳目」當作「四肢耳目使」。爾雅釋詁：「使，從也。」言百體從令也。吕氏春秋圜道篇「感而不知，則形體四肢不使矣」，高注云「不能相使」，可與此義互證。「四肢耳目使而萬物情」，與上二句文法一律。尹注云：「心亦當無爲，故曰不動，然四肢耳目自心使，萬物莫不得其情也。」是其所見本未誤。又案：此「物」字當訓爲「事」，注未得。翔鳳案：周書武順解：「左右手各握五，左右足各履五，曰四枝。」孟子「爲長者折枝」，趙注：「按摩手節，解罷枝。」素問陽明脉解：「四支者，陰陽之本也。」以「支」爲之。釋名：「胑，枝也。似木之枝格也。」則「肢」爲後起，或作「胑」。

〔一〇〕豬飼彦博云：「慶」當作「度」，與「祖」協韻。翔鳳案：此節非韻文，何必改之以叶韻？説文：「慶，行賀人也，从心从夊。吉禮以鹿皮爲贄，故从鹿省。」廣雅釋言：「慶，賀也。」交友禮尚往來，爲忠信之徵，文自明晰。

〔一一〕王念孫云：尹以「澤」爲「流澤」，「『四經』謂詩、書、禮、樂」，皆非也。「澤」讀爲「舍其路而弗由」之「舍」。（舍、釋、澤三字，古同聲而通用。周頌載芟篇「其耕澤澤」，正義引爾雅作「釋釋」。夏小正「農及雪澤」，管子乘馬篇作「農耕及雪釋」。考工記「水有時以凝，有時以澤」，是「釋」與「澤」通也。周官占夢「乃舍萌於四方」，鄭注曰：「『舍』讀爲釋，古者釋菜釋奠，多作『舍』字。」鄉飲酒禮「主人釋服」，大射儀「獲而未釋獲」，古文「釋」並作「舍」。月令「命樂正習舞釋菜」，吕氏春秋仲春篇「釋」作「舍」。是「釋」與「舍」通也。管子形勢篇「莫知其爲之，莫知其澤之」，形勢解「澤」作「舍」。是「舍」與「澤」通也。又見下。）「經」，常也。（「四經」猶言五常。）「四經」即孝、弟、忠、信。内不孝弟，外不忠信，故曰「舍其四經」。又小問篇「語曰『澤命不渝』，信也」，即鄭風羔裘之「舍命不渝」。困學紀聞諸子類引張嵲讀管子曰：「『澤命不渝』，『澤』古『釋』字。而注乃以爲恩澤之澤，陋矣。」

桓公明日弋在廩〔一〕，廩所以盛米粟，禽鳥或多集焉，故於此弋也。管仲、隰朋朝。公望二子，弛弓脱釬釬，所以扞弦。而迎之〔二〕，曰：「今夫鴻鵠，春北而秋南，而不失其時。夫唯有羽翼以通其意於天下乎？今孤之不得意於天下，非皆二子之憂也。」二子不能爲羽翼，所以當憂。桓公再言，二子不對。桓公曰：「孤既言矣，二子何不對乎？」管仲對曰：「今夫人患勞，而上使不時。人患飢，而上重斂焉。人患死，而上急刑焉。如此而又近有色親冶容。而遠有德，疏賢俊。雖鴻鵠之有翼，濟大水之有舟楫也，其將若君何〔三〕！」不飛，雖羽翼無益。不濟，雖舟楫徒施。不聽，雖讜言空設。故曰「其將若君何」！桓公蹵然逡遁。管仲曰：「昔先王之理人也，蓋人有患勞，而上使之以時，則人不患勞也〔四〕。人患飢，而上薄斂焉，則人不患飢矣。人患死，而上寬刑焉，則人不患死矣。如此而近有德而遠有色，則四封之內視君其猶父母邪！四方之外歸君其猶流水乎！」公輟射，援綏而乘，自御，管仲爲左，隰朋參乘。朔月三日〔五〕，進二子於里官〔六〕，里官，謂里尉也。齊國之法，舉賢必自里尉始，故令里官進二子，將旌別而用之。再拜頓首，曰：「孤之聞二子之言也，耳加聰而視加明，於孤不敢獨聽之，薦之先祖。」謂陳其所言，以薦祖廟。管仲、隰朋再拜頓首，曰：「如君之王也，君能如此，可以王也。此非臣之言也，君之教也。」此雖臣言，必君用之，然後成教，故曰「君之教」。於是管仲與桓公盟誓爲令，曰：「老弱勿刑〔七〕，參宥而後弊〔八〕，老弱犯罪者，無即刑之，必三寬宥而後斷罪。三宥，即周禮三宥，一曰不識，二曰過悮，三曰悼耄也。關幾而不正，市正而不布〔九〕，布，謂錢也。即其物而正之，不必分錢。山林梁澤以時禁發，而不正也。」獺祭魚，然後入澤梁。豺祭獸，然後入山林。草封澤鹽者之歸之也〔一〇〕，譬若市人。草封澤，謂澤多草。刈積成封，可用煮鹽者也。其處既多鹽，故歸者譬若市人，言不設禁也。三年教人，四年選賢以爲長，五年始興車踐乘〔一一〕。遂南伐楚，門傅施城〔一二〕。施城，楚城名。謂附至其下。北伐山戎，出冬蔥與戎叔，布之天下〔一三〕，山戎有冬蔥、戎叔。今伐之，故其物布天下。戎叔，胡豆。果三匡天子而九合諸侯〔一四〕。

〔一〕張佩綸云：左傳「雍廩」，史記齊世家作「齊無知游于雍林」，蓋以爲地名。疑齊有雍門，雍林即雍門郊外歟？「廩」、「林」之借字。翔鳳案：「弋」爲射鳥，「廩」爲羣鳥覓食之地。若在林，則爲獵矣。覩下文「弛弓脱釬」，無重武器，不在林，張説非是。

〔二〕孫星衍云：太平御覽三百五十引「釬」作「捍」，禮記内則「右佩決捍」。注：「捍，謂拾也。」言可以捍弦也。説文「釬，臂鎧也」，字從金旁作「釬」。戴望云：御覽資産部十二又引作「軒」，北堂書鈔一百六十引「釬」作「杆」。張佩綸云：説文繫傳金部「釬」下，臣鍇曰：管子曰：「桓公方田，弛弓脱釬。」楚金所見本作「方田」，異文。翔鳳案：田必有車馬，此徐鍇以意改之，非異文。

〔三〕王念孫云：「濟大水之有舟楫」七字，後人所加也。後人以霸形篇云「寡人之有仲父也，猶飛鴻之有羽翼也，若濟大水有舟楫也」，故增入此句，不知此文「雖鴻鵠之有翼也，其將若君何」是管仲對桓公語，而上文桓公但云「鴻鵠有羽翼」，不云「濟大水有舟楫」，若闌入此句，則所答非所問矣。尹不審文義而爲之作注，失之。太平御覽治道部八所引無此七字。翔鳳案：「羽翼」、「舟楫」之喻，當爲常語，故不止一次引用。管仲答時，順口帶出，非必衍文。

〔四〕張文虎云：「患勞」、「患飢」、「患死」三句，皆承上文，此句獨衍「有」字，文不成義，宜删。李哲明云：下云「則人不患飢矣」，「則人不患死矣」，是此「也」當亦「矣」字之訛。翔鳳案：「有」者不全是，下二句承用，不當衍。「也」口語作「呀」，「矣」口語作「呢」。言時口氣變換，不必相同。古本改字多誤，不必論矣。

〔五〕豬飼彦博云：「朔月」二字當作「齊」（齋）字。洪頤煊云：當作「三月朔日」。翔鳳案：皇侃論語義疏：「月旦爲朔。朔者，蘇也，生也。言前月已死，此月復生也。」月爲太陰，非年月之月，此於尚書爲「哉生霸」，「三日」恰合，諸説均非。

〔六〕豬飼彦博云：「里官」爲「釐宮」二字之誤，釐、僖同，桓公父釐公之廟也。呂氏春秋（贊能篇）曰「桓公命有司除廟，筵几而薦之曰：自孤之聞夷吾之言也，目益明，耳益聰，孤弗敢專，敢以告于先君」，可徵也。何如璋云：「里官」當作「里宫」，謂里中先君之廟也。凡邑有先君之廟曰都，小匡「爲高子之里，爲國子之里，爲公里」，此即國都公里之廟也，故曰「里宫」。下文有「薦之先祖」，可證。張佩綸云：「里官」當作「祖宫」。日本豬飼彦博云「『里官』爲『釐宫』之誤」，案下云「薦之先祖」，則非專進於釐宫矣。翔鳳案：「官」即「館」，「里官」與「幼官」相類，祖廟所在，非誤字。

〔七〕張佩綸云：禮曲禮：「八十九十曰耄，七年曰悼，悼與耄，雖有罪，不加刑焉。」

〔八〕陳奐云：「弊」，治也。言三宥而後治其罪也。立政、中匡篇皆曰「一再則宥，三則不赦」，今令三宥者，寬緩其刑也。「後」，劉本作「友」，云「『反』字之誤，『弊』即蔽」，失之。張佩綸云：「參」者參聽，「宥」者三宥。禮記王制「大司寇以獄之成告於王，王命三公參聽之；三公以獄之成告於王，王三又然後制刑」，鄭注：「『又』當作『宥』；宥，寬也。一宥曰不識，再宥曰過失，三宥曰遺忘。」　翔鳳案：「獘」從犬，或從死作「斃」，「弊」爲俗書。此承上「民患死」來，三宥而後殺之。古籍無以「弊」訓治者，陳説誤。

〔九〕翔鳳案：國語「而時布之於農」，注：「賦也。」古無輕脣音，「賦」讀布。關市幾而不征，亦見孟子，決非誤字。「正」即征。周禮司勳「惟加田無國正」，司農注：「税也。」

〔一〇〕張佩綸云：「草」，孟子「闢草萊」，商君書「墾草」。「封」，韋昭吳語注：「『壅』本曰封。」言墾草而壅，就澤而鹽。原注非。孟子：「從之者如歸市。」　翔鳳案：本草圖經：「鹽者海水作之，謂之澤鹽。」澤爲海邊有水之低地。

〔一一〕安井衡云：「車」乃「軍」字誤。　翔鳳案：有車而後可乘，「興」爲同力作之，非誤字。

〔一二〕洪頤煊云：「施城」當作「方城」，尹注非。　丁士涵云：「門」字衍。　翔鳳案：釋名：「門，捫也。在外爲人所捫摸也。」「門」即「捫」。「傅」即「拊」，迫近之義。「施城」爲方城之一段。方城從竹山東南，連接南陽唐縣、葉縣數百里，非一處也。「施」爲「沱」之借，與地員假「施」爲「鉈」同。禹貢「沱潛既道」，即夏水，在江陵，即郢，爲楚之故都，故言迫近。

〔一三〕孫星衍云：列子力命篇釋文引「出」作「得」，「戎叔」作「茙菽」。毛詩生民正義、爾雅釋器疏引作「戎菽」。　戴望云：御覽百穀部五引作「桓公伐山戎，得戎菽以布天下」。　翔鳳案：舌上讀舌頭，「叔」即「豆」。戎者，言其外來。中國外來之物，稱之曰戎曰胡曰番，近代稱之曰洋。周書王會「山戎之叔」，可證。

〔一四〕安井衡云：「三匡天子」當爲「一匡天下」。翔鳳案：郭沫若解「三匡」爲「三會」，即魯僖五年會于首止，九年會于葵丘，十三年會于鹹，皆「事關天子，故列于九合諸侯之上」，是也。然「匡」當訓「正」，其訓爲「簿」則誤。詳大匡篇。

桓公外舍而不鼎饋。外舍，謂出宿於外。不以鼎饋食，言其饌不盛也。中婦諸子謂宮人〔一〕：「盍不出從乎？君將有行。」中婦諸子，内官之號。君將有行，何不出乎。盍，何不也。宮人皆出從。公怒曰：「孰謂我有行者？」宮人曰：「賤妾聞之中婦諸子。」公召中婦諸子曰：「女焉聞吾有行也？」對曰：「妾人聞之〔二〕，君外舍而不鼎饋〔三〕，非有内憂，必有外患。今君外舍而不鼎饋，君非有内憂也，妾是以知君之將有行也。」公曰：「善。此非吾所與女及也〔四〕，而言乃至焉，言我本不與汝及此謀，今汝言乃能至於此，謂能知我謀也。吾是以語女。吾欲致諸侯而不至，爲之奈何？」我欲諸侯之至，而乃不至。今欲令其至，如何乎？中婦諸子曰：「自妾之身之不爲人持接也〔五〕，爲，猶與也。言妾身在深宮之中，未嘗得出與人相持而接對。未嘗得人之布織也，意者更容不審邪〔六〕？」宮中既少織紝之事，又不得外人之布織。言此者既昧於人事，不當訪以軍謀。蓋託不知以止君之行也，故言更當容我思其不審之事。明日，管仲朝，公告之。管仲曰：「此聖人之言也，君必行也。」謂中婦諸子止君不行，此合聖人之言也，故令君行之。

〔一〕豬飼彦博云：「婦」，侈靡作「寢」。　翔鳳案：子爲宋國之女，以論語「君娶于吳爲同姓，謂之吳孟子」例之，當爲齊之同姓。小匡「寡人有汙行，姑姊有不嫁者」，則「中婦諸子」乃桓公之姑姊也。

〔二〕張文虎云：「妾人」猶言「妾身」。長門賦「妾人竊自悲兮」，善注引此文爲證。　安井衡云：「人」當爲「久」，字之誤也。久，舊也。　翔鳳案：白虎通嫁娶：「妾者，接也，以時接見也。」爲人持接，故曰「妾人」，省稱爲「妾」，「人」非誤字。

〔三〕豬飼彦博云：「外舍」，侈靡云「舍於朝」。蓋曰「外」者，對寢也。

〔四〕翔鳳案：左宣七年傳：「凡師出與謀曰及。」房注「本不與汝及此謀」，是也。

〔五〕劉績云：此言己不事人，未嘗得人布織而衣，猶君不下小諸侯，故諸侯不至也。意者或有不審致諸侯之道耶？　章炳麟云：尹注「爲，猶與也。言妾身在深宮之中，未嘗得出與人相持而接對」，此望文生義也。「持」與「承」同，含神霧云「詩者，持也」，特牲禮「詩懷之」，注：「『詩』猶承也。」内則「詩負之」，注：「『詩』之言承也。」正義曰：「以手維持則承奉之義。」是「持」、「承」同義。「承」、「接」意相近，「承」即「承事君子」之「承」，「接」即「接見君子」之「接」，皆謂爲人婢妾也。「爲」讀爲于，如聘禮「賄在聘于賄」，亦讀「于」爲「爲」也。「于人承接」即「承接于人」，古人語多倒句，類如此矣。身備内官，則不承接于他人矣。必如是言之者，爲下句「未嘗得人之布織」起本也。侈靡篇述此事，大略相同。上句云「自吾不爲汙殺之事」，「殺」讀爲褻。考工記輪人「牙得則無槷而固」，注：「鄭司農云：槷，摋也。蜀人言摋曰槷。」是「槷」、「摋」一聲之轉，蓋「執」與「殺」本同部而兼雙聲，「槷」、「褻」皆執聲，故「殺」與「褻」亦相通借。不爲汙褻之事，亦謂不爲他人婢妾也。故下曰「人布織不可得而衣也」。

〔六〕劉師培云：據注，疑「容」下有「思」字。翔鳳案：晉語「姓利相更」，注：「續也。」周禮巾車：「歲時更續。」説文用部「庸」下曰：「庚，更事也。」「庚」同「賡」。廣雅釋詁三：「賡，諟也。」言待人未當庚續有禮，不能得布織。意謂公不能致諸侯，由於不能庚續接待也。故管子以爲「聖人之言，君必行也」。桓公九會諸侯，不止一次，故言及之。

管仲寢疾，桓公往問之。曰：「仲父之疾甚矣，若不可諱也，不幸而不起此疾，彼政我將安移之？」管仲未對。桓公曰：「鮑叔之爲人何如？」管仲對曰：「鮑叔，君子也。千乘之國，不以其道予之，不受也。雖與千乘之國，不以其道，彼必不受。雖然，不可以爲政。其爲人也，好善而惡惡已甚，已，猶太也。言憎惡惡人太甚。見一惡終身不忘。」桓公曰：「然則孰可？」管仲對曰：「隰朋可。朋之爲人，好上識而下問〔一〕。好上識，謂好知遠大之事。臣聞之：以德予人者，謂之仁。以財予人者，謂之良〔二〕。以善勝人者，未有能服人者也。以善勝人，人亦生勝己之心，故不服。以善養人者，未有不服人者也。於國有所不知政，於家有所不知事，必則朋①乎〔三〕！若皆知之，則事鍾於己，將不勝任而敗。朋能有所不知，故可以移政。且朋之爲人也，居其家不忘公門，居公門不忘其家〔四〕，事君不二其心，亦不忘其身〔五〕。舉齊國之幣，握路家五十室，其人不知也〔六〕。大仁也哉，其朋乎！」握，持也。或有舉齊國之幣，持與路旁之家五十室，言其事大而且易顯，此皆自有主司，朋能不干預，而强知此，所謂於國有所不知政，合於天地之無不容載，故曰「大仁哉，其朋乎」也。公又問曰：「不幸而失仲父也，二三大夫者，其猶能以國寧乎？」管仲對曰：「君請矍已乎〔七〕。矍已，謂有所驚懼而問未止也。鮑叔牙之爲人也，好直。賓胥無之爲人也，好善〔八〕。甯戚之爲人也，能事。孫在之爲人也，善言〔九〕。」公曰：「此四子者，其孰能一人之上也？寡人并而臣之，則其不以國寧，何也〔一〇〕？」言四子皆有超絶之材，無人能過其上。今吾併得臣之，國尚不寧，何也？對曰：「鮑叔之爲人，好直而不能以國詘〔一一〕。不能爲國以屈其直也。賓胥無之爲人也，好善而不能以國詘。甯戚之爲人，能事而不能以足息〔一二〕。甯戚善於農植，貪於積聚，不能知足而息也。孫在之爲人，善言而不能以信默。其所陳言，既見信用，尚不能默。凡此四子，皆矜能太過，不能與時屈

① 「朋」字原作「明」，據補注改。下注文同。

申，故國不寧也。臣聞之，消息盈虛，與百姓詘信，然後能以國寧。勿已者，朋其可乎！朋之爲人也，動必量力，舉必量技。」言終，喟然而歎曰：「天之生朋，以爲夷吾舌也。其身死，舌焉得生哉！」言朋亦將隨己早亡，不得久理齊政，故哀歎也。以先知未然，夷吾所以稱聖也。管仲曰：「夫江、黄之國近於楚，爲臣死乎，二國既近於楚，必臣於楚，豈爲齊臣而死乎①？君必歸之楚而寄之。以二國歸楚，若寄託然，則楚不得爲私，而齊猶有望。君不歸楚，必私之，私之而不救也則不可，救之則亂自此始矣〔一三〕。」楚既私二國，二國有難，齊必不救。一爲不救，則不可救。此救彼不臣，則構怨矣，故曰「亂自此始」。桓公曰：「諾。」管仲又言曰：「東郭有狗嘊嘊〔一四〕，旦暮欲齧，我猳而不使也〔一五〕。今夫易牙，子之不能愛，將安能愛君？君必去之。」公曰：「諾。」東郭之狗，喻易牙。言其人殘忍，同於狗矣。枷，謂以木連狗，取聲爲義，即國家也。言易牙終能亡國滅家，此不當使，必須去之也。管子又言曰：「北郭有狗嘊嘊，旦暮欲齧，我猳而不使也。今夫豎刁，其身之不愛，焉能愛君？君必去之。」公曰：「諾。」管子又言曰：「西郭有狗嘊嘊，旦暮欲齧，我猳而不使也。今夫衛公子開方，去其千乘之太子而臣事君，是所願也得於君者，是

① 「乎」字下原衍「也」字，據補注删。

將欲過其千乘也〔一六〕。開方在衛，當嗣君之位，今弃而事齊，則所望不只千乘也，其意必得齊國，然後稱所望也。君必去之。」桓公曰：「諾。」管子遂卒。卒十月，隰朋亦卒。

〔一〕豬飼彦博云：「好」當作「也」。「識」音志，「上識」，强記也。吕氏春秋云：「隰朋之爲人也，上志而下求。」

〔二〕尹桐陽云：莊子徐无鬼作「以德分人謂之聖，以財分人謂之賢」。

〔三〕戴望云：劉本「則朋」作「隰朋」。陳奐云：作「則」是也。爾雅曰「是，則也」，「則」與「是」同義。「必則」，必是也。「必則朋乎」，下文曰「朋其可乎」，句法相同。劉不明「則」之訓爲「是」，因改作「隰」，誤矣。翔鳳案：「必則朋乎」，猶言「則必朋乎」，古今語法不同。陳釋「則」爲「是」，尚隔一層。

〔四〕翔鳳案：言兩得其當，郭沫若謂下句「不」字當爲「而」字之譌，則複矣。

〔五〕翔鳳案：論語「一朝之忿，忘其身以及其親」，則亦可以及君矣。

〔六〕洪頤煊云：「握」，古通作「幄」字。（爾雅釋言「握，具也」，釋文云：「李本作『幄』。」）「路家」謂露處之家，逸周書皇門篇：「自露厥家。」「路」、「露」古字通用。言幄覆露處者五十家而不使其人知之，故爲大仁。尹注非。王引之云：「握」當爲「振」，「辰」與「屋」字形相近，又因下文「室」字而誤。説文曰：「振，舉救也。」「路」讀爲露，露家，窮困之家也。（詳見五輔篇「振罷露」下。）五輔篇：「衣凍寒，食饑渴，匡貧窶，振罷露，資乏絶，此謂振其窮。」「振罷露」，即此所謂「振露家」也。尹注非。　張佩綸云：晉語「是先王覆露子也」，韋昭注：「露，潤也。」「握露」即覆露。「家五十室」當作「五家十室」。「五家」者，小匡篇「五家爲軌」。「十室」者，論語「十室之邑」。言以齊國之幣覆露近隣遠邑，而民不知其所以然，故曰「大仁」。洪、王說「路」爲「露」，可從，餘皆迂曲。　陶鴻慶云：「其人」之「人」亦當讀爲仁，恩惠及民而人不知其仁，所以爲大仁也。尹注解其人爲隰朋，非。　姚永概云：王讀「路」爲露，訓爲羸敗，是也。「握」應讀渥。易萃卦「一握爲笑」，釋文：「握，傅氏作『渥』。」鼎「其形渥」，注：「渥，沾濡之貌也。」此謂舉齊國之幣沾濡羸敗之家耳。王改「握」爲「振」，洪讀作幄，均未安。

翔鳳案：隰朋用所得俸禄養五十家，而不彰其德，非用公款養國内所有之家也。張説非是。

〔七〕俞樾云：尹注曰：「矍已，謂有所驚懼而問未止也。」此注於義未安。「矍」疑「獲」字之誤，隸書「獲」字或作「獲」，見祝睦碑，又或作「獲」，見靈臺碑，其左旁皆與「矍」相似，缺其右旁，因誤爲「矍」矣。「請」者，問也。儀禮士昏禮、聘禮鄭注並曰：「『請』猶問也。」「君請」者，君問也。「君請獲已乎」，言君有所問，不得已而爲此對也。下文將歷言鮑叔牙諸人之短，故以此發之。　張佩綸云：韓子十過篇述此事：「管仲曰：『君其試以心決之。』」「心決之」，即此所謂「矍已」也。「矍」乃「蒦」之假借。「君請矍已」，猶孟子「王請度之」也。說文：「矍，一曰視遽貌。」又：「蒦，規蒦，商也。一曰視遽貌，一曰蒦度也。」段若膺云：「『蒦』與『矍』形聲皆相似，故此義同。」　翔鳳案：張訓「矍」爲「度」，是也。「蒦」又作「彠」。説文引楚辭「求矩彠之所同」。寸部曰：「度人之兩臂爲尋。尋，八尺也。」高誘注淮南曰：「榘，方也。彠，度法也。伸兩臂以度之，故從尋也。」後漢崔駰傳注：「矱，尺也。」漢書律曆志：「尺者，蒦也。」引申爲以尺度之。廣雅：「矱，度也。」「彠」，今楚辭作「矱」。是「蒦」之爲「度」，無疑義矣。管子意謂度量諸人之性格，非請桓公度量自己。「已」即「以」，用也，前文屢見。君請度用之。郭沫若訓「已」爲自己之己，非是。

〔八〕翔鳳案：「肙」爲「胥」之隸，説解詳大匡。

〔九〕劉師培云：「孫在」即小匡「曹孫宿」，「宿」訛爲「在」，又上捝「曹」字。大匡篇作「蒙孫」。仲稱之曰「蒙孫博於教而文巧於辭」，與此「善言」正合。　翔鳳案：楚辭天問「在」與「首」韻，是「在」爲「宿」之假音，不誤。

〔一〇〕王引之云：「其孰能一人之上也」，若作一句讀，則文不成義，當以「其孰能」絶句。言此四子者，其孰能以國寧也。「其孰能」下當有「管仲謂其不能以國寧」之語。「一人之上也」三句，則桓公不解其所以不能又從而問之也。今本有脱文耳。不然，則「不以國寧」之問何自而來邪？「一」，皆也。大戴禮衛將軍文子篇「則一諸侯之相也」，盧注曰：「一，皆也。」「一人之上」，言四子之材皆在人之上也，而尹注曰「言四子皆有超絶之材，無人能過其上」，則所見已是脱誤之本，故連「其孰能」三字解之。　然如其説，則是「孰能」在四子之上，豈所謂「一人之上」乎？失之矣。張佩綸云：「其孰能一」爲句，言孰能有一也。「一」與下「并而臣之」相應。王説非。姚永概云：此句當衍一「孰」字，「能」即材也。翔鳳案：釋名釋言語：「能，該也，無物不兼該也。」「能」本讀耐，故訓爲該。言誰能兼該，與「寡人并而臣之」一意相承，無誤字。

〔一一〕安井衡云：「人」下諸本無「也」字，今從古本。翔鳳案：説文：「或，邦也。」廣雅釋詁四：「域，國也。」「或」、「域」、「國」同一字而音稍變，郭沫若謂「國」當爲「或」，「即能直而不能詘」，是也。

〔一二〕孫蜀丞云：「足」，止也。「足息」猶止息也。足從止，老子「知足不辱，知止不殆」，是「足」、「止」同義，故河上公老子「常德乃足」注：「足，止也。」漢書五行志注：「足，止也。」

〔一三〕劉績云：「臣」，管仲自謂也。言江、黄二國近楚，楚爲利之國也。爲己死後，君必歸二國於楚，使楚知服己而不伐。若不歸楚，爲齊私國，楚必伐之。齊不救，固不可。若救，則遠興師旅而致亂矣。穀梁曰：「貫之盟，管仲曰：『江、黄遠齊而近楚，楚爲利之國也，若伐而不能救，則無以宗諸侯矣。』桓公不聽，遂與之盟。管仲死，楚伐江滅黄，桓公不能救，故君子閔之也。」梅士享云：春秋魯僖公十二年，齊桓公三十八年也。是年夏，楚人滅黄；其冬，齊侯使管仲平戎於王，則管仲病時，黄已先亡，惟江在耳。王念孫云：「爲臣死乎」，「爲」猶如也。言如臣死，則君必歸江、黄於楚也，古或謂「如」曰「爲」。列子説符篇：「孫叔敖戒其子曰：『爲我死，王則封女，女必無受利地。』」言如我死也。秦策秦宣太后出令曰：「爲我葬，必以魏子爲殉。」言如我葬也。張佩綸云：江、黄近楚，形勢易明，當如穀梁。子政說苑善謀篇所云：阻公於貫盟之日既不見納，垂死復申前議耳。然則仲之卒，蓋在十二年楚人滅黄之先矣。

〔一四〕劉績云：「嗤」，魚佳切，狗欲齧也。王念孫云：「嗤」當作「啀」。玉篇：「啀，魚佳切，狗欲齧。」廣韻：「啀，犬鬭。」字皆作「啀」，無作「嗤」者。集韻「『啀』或作『嗤』」，則所見管子本已誤。翔鳳案：齊李清爲李希宗造象記「涯」作「漄」，則「嗤」即「啀」，乃隸之别體，非另有一字也。王不知而以爲誤。說文無「啀」字，有「犴」字，玉篇「『犴』有牛佳、語斤二切」，雷浚謂「牛佳切，即俗用之『啀』字」，是也。易牙亦稱東郭牙，以其居東郭而言。齊人好以地加於人之上，或竟以地稱人。如「南郭先生」、「城北徐公」、「於陵仲子」之類。以此推之，豎刁居北郭，開方居西郭，南郭未必爲棠巫所居。

〔一五〕王引之云：「猳」當作「枷」，注内「猳」字，宋本、朱本皆作「枷」。考注云「以木連狗」，則其爲「枷」字明甚。若如今本作「猳」，則注當訓爲「牡豕」，安得云「以木連狗」乎？（白帖九十八引此作「猳」，乃後人以誤本改之。）但注讀「旦暮欲齧我枷」爲句，則非。尋繹文義，當以「旦暮欲齧我」爲句。「枷」字則屬下讀。「枷」者，「迦」字之假借。說文：「迦、迦互，令不得行也。」玉篇作：「迦牙，令不得進也。」「迦而不使」者，謂迦互之不使進而齧人也。今世齧人之狗，繫木於其頸，使任重難進，是也。下文同。 俞樾云：此當以「旦暮欲齧」爲句，「我枷而不使也」爲句。「我」者，管仲自謂也。 劉師培云：王說近是，惟未悉注文殘挩，今本注文云「枷，謂以木連狗」。惟册府元龜二百四十二引注文云「『猳』韻爲枷，謂以木連狗」。「韻」乃「讀」訛，蓋正文本作「猳」字，與今本同。（白帖、藝文類聚引「齧」並作「噬」，與今本異。）非訛字也。惟注說實長，後漢馬融傳廣成頌「枷天狗」，是其證。管書借「猳」爲「枷」，與加、假通用例同。 翔鳳案：加一物於身謂之「加」，聲假爲「叚」，因其用木爲之，而制「枷」、「椵」二字，則原來之「枷」可爲「叚」，明矣。周禮封人「凡祭祀飾其牛牲，設其楅衡」，鄭注：「楅設於首，衡設於鼻，如椵狀也。」由鄭注知漢時本作「叚」，因其枷犬而寫爲「猳」，此文字孳乳之順序也。劉謂「猳」讀爲枷，非訛字，通人之見也。

〔一六〕豬飼彦博云：小稱及吕氏春秋、韓非子皆不言開方爲太子，此蓋誤。 洪頤煊云：「願」下「也」字衍，當讀「是所願得於君者」爲句。 王念孫云：尋尹注亦無「也」字，下「是」字亦涉上「是」字而衍。 陶鴻慶云：「是所願也」，「也」字當在「而臣事君」之下，「是所願」三字屬下爲句，下「是」字讀爲「實」。 翔鳳案：「太子」猶言長子，非必爲繼承之大宗也。豬飼不知此而以爲誤。 檀弓「不爲伋也妻者，是不爲白也母」，句法與此同。 商輅茅道論「不爲楚也妻」學此句法，梁章鉅制藝叢話載八股文有學此句法被黜者。

桓公去易牙、豎刁、衛公子開方。五味不至，於是乎復反易牙。宮中亂，復反豎刁。利言卑辭不在側，復反衛公子開方。桓公内不量力，外不量交，而力伐四鄰。公薨，六子皆求立〔一〕。易牙與衛公子，内與豎刁，因共殺羣吏而立公子無虧〔二〕。故公死七日不斂，九月不葬〔三〕。孝公犇宋，宋襄公率諸侯以伐齊，戰于甗，大敗齊師，殺公子無虧，立孝公而還。襄公立十三年，桓公立四十二年。

〔一〕豬飼彦博云：「六子」，公子無虧、惠公元、孝公昭、昭公潘、懿公商人、公子雍。

〔二〕丁士涵云：當作「易牙外與衛公子開方，内與豎刁」，「外」對「内」言。上文竝言「衛公子開方」，此不宜單言「衛公子」也。　陶鴻慶云：「與衛公子」上當有「外」字，與下句對文。「與」謂相黨與也。　尹桐陽云：左僖十七年傳：「易牙入與寺人貂因内寵以殺羣吏而立公子無虧。」　劉師培云：「内與」二字乃「開方」之訛，「開」、「内」草書形近，「方」、「与」字形略同。「方」訛爲「与」，因易爲「與」矣。晏子春秋雜上篇云「方見國之必侵」，「方」爲「與」訛，此其比也。韓非子十過篇「豎刁率易牙、衛公子開方及大臣爲亂」，與此同。　翔鳳案：「内」與「入」通，丁、陶説誤。

〔三〕陶鴻慶云：「七日」當作「六十七日」。兩「不」字當作「而」，今作「不」者，後人所改也。僖公十七年左傳：「冬十月乙亥齊桓公卒。十二月乙亥赴。辛巳夜殯。」杜注云：「六十七日而殯。」史記齊世家「桓公尸在床上六十七日，尸蟲出於户」，故此云「六十七日而斂」也。春秋經十有七年「冬十有二月乙亥齊侯小白卒」，次年「秋八月丁亥葬齊桓公」，相距九月，故此云

「九月而葬」也。（杜注「十二月而葬，亂故」，乃通始卒之日記之。）傳寫奪「六十」二字，後人輒改兩「而」字爲「不」。然諸侯正禮「五日而斂，五月而葬」，不當以「七日不斂，九月不葬」爲異也。足明其誤。又案：小稱篇云：「公死十一日，蟲出於户。」桓公死在冬時，不應有十一日而蟲出户之事，亦當有誤。翔鳳案：小稱「四子作難，圍公一室」，是時公尚未死。而此篇則作亂在公死後，此作史者有所隱諱，故此篇不當以史訂正。五日當斂，至七日而不斂；七月當葬，至九月而不葬，皆略爲推遲，隱諱顯然。

地圖第二十七

短語一

翔鳳案：「短語」爲短簡所書，六寸簿也。張佩綸云：周禮於地圖最詳。地官遂人職：「掌邦之野，以土地之圖經田野，造縣鄙形體之法。」此國中分圖也。夏官職方氏：「掌天下之圖，以掌天下之地，辨其邦國都鄙四夷八蠻七閩九貉五戎六狄之人民與其財用九穀六畜之數要，周知其利害。」此天下總圖也。司險：「掌九州之圖，以周知其山林川澤之阻而達其道路；設國之五溝五涂而樹之林以爲阻固，皆有守禁而達其道路；國有故則藩塞阻路而止行者，以其屬守之，唯有節者達之。」此九州險要形勢約圖也。圖不能明，則書之。量人「邦國之地與天下之涂數，皆書而藏之」，鄭注：「書地謂方圜山川之廣狹，書涂謂支湊之遠近。」此圖經也。書不能明，則説之。土訓「掌道地圖」，鄭注：「説地圖九州形勢山川所宜。」此圖説也。此篇專主兵事，與司險九州之圖同，而於道里遠近、城郭大小、地形之出入相錯，纖悉具詳，自必兼用量人之算、土訓之説，誠古今地圖之要法也。竊意管子是篇必附九州之圖，惜如山海圖經、元和郡縣圖志，皆書存而圖亡耳。翔鳳案：此論地圖之内容，篇中言盡藏之，則不以示衆。軍事地圖不公開，元和郡縣圖志有軍事地圖乎？歷代軍用地圖有公開發賣者乎？張説可謂不曉事矣。

凡兵主者，必先審知地圖。轘轅之險〔一〕，謂路形若轅，而又轘曲。緱氏東南有轘轅道，是也。**濫車之水**〔二〕，其水深渺能泛車。**名山、通谷、經川，**謂常川也。**陵陸、丘阜之所在，苴草、林木、蒲葦之所茂**〔三〕，苴草，謂其草深茂，能有所覆藏。**道里之遠近，城郭之大小，名邑、廢邑**〔四〕**、困殖之地**〔五〕，困，謂其地墝埆，不可種藝。殖，謂壤田，可播殖者也。**必盡知之。**凡此皆兵主所當知。**地形之出入相錯者，盡藏之**〔六〕。藏，謂苞蕴在心。**然後可以行軍襲邑，舉錯知先後，不失地利**〔七〕**，此地圖之常也。**

〔一〕尹桐陽云：「轘」，環也。謂地形若轅而又環曲。元和郡縣志引左氏舊注：「轘轅關，道路險隘，凡十二曲，將去復還，故曰轘轅。」緱氏東南有轘轅道，是也。翔鳳案：春秋以車戰爲主，車不能直行，旋其轅而行，即爲險地。本爲「還轅」，因車行而作「轘」。古本作「檈」，何所取義於木乎？凡古本改字多謬，此其一端也。

〔二〕陳奐云：「濫」當讀爲漸。詩衛風：「淇水湯湯，漸車帷裳。」「漸」，漬也。「漸車」與「濡軌」同義。「濡」亦漸也。上云「轘轅之險」，言地之高遠。此云「漸車之水」，言地之淺近。張佩綸云：「車」當爲「軌」。爾雅：「濫泉正出」，「正出」，涌出也。「氿泉穴出」，「穴出」，仄出也。釋名：「水正出曰濫泉。濫，銜也，如人口有所銜，口闓則見也。」「側出曰氿泉。氿，軌也，流狹而長如車軌也。」說文：「濫，氾也。一曰濡上及下也。詩曰：『觱沸濫泉。』」「氿，水厓枯土也。爾雅曰：『水醮曰氿。』」厂部「厬，仄出泉也，讀若軌」，與今爾雅「氿泉」及「水醮曰厬」正互易。爾雅音義「厬」亦作「⿰氵軌」。案：詩大東「有洌氿泉」，采菽、瞻卬「觱沸檻泉」，大東采菽傳、瞻卬箋並同爾雅。知「濫」、「氿」本字，「檻」、「軌」借字也。許「氿」、「厬」，同音互誤耳。詩之借「檻」爲「濫」，猶管之借「軌」爲「氿」也。許以「氿」、「厬」同音通借耳。（段注從爾雅，嚴鐵橋、王菉友從說文，茲從郝爾雅說。）尹桐陽云：前漢書鼂錯傳作「漸車」。翔鳳案：御覽引作「壍車」。左昭十七年「環而塹之」，同「漸」。說文：「濫，濡上及下也。」

〔三〕王念孫云：「苴」（采古反）亦草也，語之轉耳。字或作「蔖」，廣雅曰：「蔖，草也。」呂氏春秋貴生篇「其土苴以治天下」，高注曰：「苴，草薊也。」（「草薊」即「草芥」，今本「薊」譌作「蒯」，辨見呂氏春秋。）逸周書人聚篇曰：「陂溝道路，藂苴邱墳。」靈樞經癰篇曰：「草蔖不成，五穀不殖。」草謂之苴，故枯草亦謂之苴。楚辭九章「草苴比而不芳」，王注曰「生曰草，枯曰苴」，是也。「苴草」、「林木」、「蒲葦」皆兩字平列。尹注非。

〔四〕張佩綸云：「名邑」當作「名都」，國策：「不如賂之以一名都。」翔鳳案：地員：「地潤數毁，難以立邑置廧。」邑有大小，此小邑也。呂氏春秋貴因「舜一徙成邑，再徙成都，三徙成國」，注：「周禮四井爲邑，邑方二里也。」此今日之小鄉鎮，有時廢而他徙。廢則無名，用兵者必盡知之。張誤解以爲「名都」，非但不知都邑之異，豈有用兵而不知名都者乎？

〔五〕孫星衍云：杜牧孫子注引「困」作「園」，謂「園地可種殖者」，或古「[illegible]」（囿）字之省。尹注非。張佩綸云：「困殖」當爲「固植」，周禮掌固：「掌脩城郭溝池樹渠之固。……若造都邑，則治其固與其守法。凡國都之竟，有溝樹之固。郊亦如之。」司險：「掌九州之圖，以周知其山林川澤之阻而達其道路；設國之五溝五涂而樹之林以爲阻固，皆有守禁而達其道路；國有故則藩塞阻路而止行者，以其屬守之，惟有節者達之。」翔鳳案：説文：「困，故廬也。」廬爲種田臨時所居，其故廬謂之「困」。段注：「疏廣所謂自有舊田廬，令子孫勤力其中也。」説文：「殖，脂膏久殖也。」字林：「膱，膏敗也。」地員：「壯土之次曰五殖，五殖之狀，甚澤以疏，離坼以臞塉。」「殖」爲荒瘠之地，加以叢莽而多骨殖。此種土壤，種植價值不高，而用兵則不可忽，人迹不到，敵人易藏也。諸説均非。

〔六〕張文虎云：「藏」疑「識」字之誤。張佩綸云：「盡」上當奪「必」字，「盡」當作「書」，量人「書而藏之」是其證，涉上「必盡知之」而誤。翔鳳案：張文虎不知軍事地圖不公開，故須收而藏之。「藏」字不誤。「必盡知之」，因爲易忽視。密藏則無忽視者，張佩綸不知其義，故加「必」字，亦誤。

〔七〕安井衡云：古本無「地」字。

人之衆寡，士之精麤，器之功苦，盡知之，此乃知形者也。形，謂兵之形。知形不如知能，知能不如知意，故主兵必參具者也，主明、相知、將能之謂參具。明、智、能三者合，故謂之參具。故將出令發士，期有日數矣。宿定所征伐之國，宿，猶先也。使羣臣、大吏、父兄、便辟左右不能議成敗，人主之任也。事之成敗，明王獨斷於心，故其臣不能議。論功勞，行賞罰，不敢蔽賢有私。不敢蔽隱賢能。行用貨財，供給軍之求索，言相室或用私財供軍所求，若竇嬰、李牧之爲也。使百吏肅敬，不敢解怠行邪，以待君之令，相室之任也〔一〕。繕器械，選練士，爲教服，設教令，使士服習。連什伍，使其什伍各相鈎連，有所統屬。徧知天下，審御機數，此兵主之事也。

〔一〕張佩綸云：漢書五行志「僖公三十三年十二月『李梅實』」，「記曰：『不當華而華，易大夫；不當實而實，易相室。』」顔師古曰：「『相室』猶言相國，謂宰相也。合韻，故言『相室』。相室者，相王室。」

參患第二十八

短語二

太强亦有患，太弱亦有患，必參詳强弱之中，自致於無患也。

豬飼彦博云：漢書鼂錯傳引篇内數語，冒之以「兵法曰」，疑漢初未編入管子書中。又自篇首至「故曰猛毅者伐，懦弱者殺也」，與法法所云略同。下文不相屬，蓋他篇之錯簡也。張佩綸云：僞房注非也。「猛毅則伐，懦弱者殺」一節，與後初不相承，明是錯簡，强爲之説。通章之指，傅益支離，今以法法篇「知擅備患」一節移置此篇，則所謂「參患」者，乃參考用兵之患與廢兵之患耳。前後既有條不紊，章指亦如絲不棼，後之君子詳焉。翔鳳案：張良、韓信校管子，編入兵書權謀中，見漢書藝文志，故鼂錯直以兵書稱之，豬飼不知也。國語：「臧文仲曰：『大刑用甲兵，次刑用斧鉞，中刑用刀鋸，薄刑用鞭朴。』」兵刑掌在主持政權者之手，即人主也。不知其義，動輒以爲錯簡，誤矣。

凡人主者，猛毅則伐，懦弱則殺〔一〕。猛毅者何也？輕誅殺人之謂猛毅。懦弱者何也？重誅殺人之謂懦弱〔二〕。此皆有失彼此。凡輕誅者殺不辜，而重誅者失有罪。故上殺不辜，則道正者不安〔三〕；上失有罪，則行邪者不變。道正者不安，則才能之人去亡。行邪者不變，則羣臣朋黨。才能之人去亡〔四〕，則宜有外難。能士去亡，必構鄰來伐，故有外難也。羣臣朋黨，則宜有内亂。羣臣朋黨，則狗變爲虎，篡殺常因是生，故有内亂也。故曰：猛毅者伐，懦弱者殺也〔五〕。

〔一〕張文虎云：此「殺」字當音所界反，尹注失音，則與諸「殺」字混。戴望云：此「殺」字當讀爲弑，言懦弱則見弑也。翔鳳案：「殺」指内亂言，戴説是也。然以爲「讀爲弑」則非。説文：「弑，臣殺君也。」段注：「音家多有讀殺爲弑者。按述其實則曰殺君，正其名則曰弑君。春秋正名之書，故言弑。三傳述實以釋經之書也，故或言殺，或言弑。」則殺君言其實，不讀弑明矣。

〔二〕翔鳳案：「重」爲遲疑不敢輕決之意。司馬相如傳「重煩百姓」，索隱：「猶難也。」懦弱之君，恐殺人激變，不敢輕於執行。

〔三〕翔鳳案：禮器「則禮不虚道」，注：「由也。」制分諸「道」字同訓。

〔四〕翔鳳案：説文：「去，人相違也。」明離爲去。論語：「微子去之。」暗逃爲亡。説文：「亡，逃也，从人从乚。」「乚，匿也。讀若隱。」廣雅釋詁三：「亡，避也。」晉語：「公子生十年而亡。」

〔五〕張佩綸云：自篇首「凡人主者猛毅則伐」至此，與法法篇末「猛毅之君」一節大同小異。歷證吕氏春秋蕩兵篇、淮南兵略訓、史記律書、漢書刑法志，其説悉本於此，既足疏明此篇之義，且可證法法篇末乃此篇之錯簡。翔鳳案：行政與執法，互相依賴，有時相混。本篇言行政，法法篇言執法，言各有當，部份意義相近，而以爲錯簡則非是。

君之所以卑尊，國之所以安危者，莫要於兵。故誅暴國必以兵，禁辟民必以刑〔一〕。然則兵者，外以誅暴，內以禁邪。故兵者，尊主安國之經也，不可廢也。若夫世主則不然。外不以兵而欲誅暴，則地必虧矣。無兵誅暴，暴必内侵，故地虧。內不以刑而欲禁邪，則國必亂矣。無刑禁邪，邪必上侵，故國亂。故凡用兵之計，三驚當一至，驚，謂耀威示武，能驚敵使懼。如此者三，可當師之一至敵國。三至當一軍，師之三至，可當一軍之用。三軍當一戰〔二〕。軍之三用，可成一戰之功。故一期之師，十年之蓄積殫〔三〕。師行一期，能盡十年之蓄積。一戰之費，累代之功盡。傾國一戰，能盡累代之功。今交刃接兵而後利之，則戰之自勝者也〔四〕。交刃接兵，必卒喪刃折，貨財空耗，雖未被敵勝，先已自勝。攻城圍邑，主人易子而食之，析骸而爨之，則攻之自拔者也。主人食子爨骸，攻者必智窮力竭，財殫士喪，城雖未攻，先已自拔。凡此皆庸主之師，非善計者。是以聖人小征而大匡〔五〕，不失天時，不空地利，用日維夢〔六〕，其數不出於計〔七〕。小征，謂誅暴國。大匡，謂正天下。既合天時，又得地利，用吉日，襲吉夢，其數從何而生？皆出於計謀也。故計必先定，而兵出於竟〔八〕。計未定而兵出於竟，則戰之自敗，攻之自毁者也。

〔一〕翔鳳案：荀子成相「邪枉辟回失道途」，注：「『辟』讀爲僻。」

〔二〕豬飼彦博云：「用兵之計」，謂會計用兵之費也。「驚」當作「警」，謂戒嚴以備。張佩綸云：易「震驚百里」，鄭注：「『驚』之言警戒也。」言三驚之費當一至之費，三至之費當養一軍之費，三軍之費當一戰之費。原注未晰。陶鴻慶云：說文：「軍，圜圍也，從車從勹，會意。」廣雅釋言：「軍，圍也。」是「軍」之本義爲圍，後世遂爲師旅之通名。「三至當一軍」者，言三至當一圍也。「三軍當一戰」者，言三圍當一戰也。尹注下二句云「師之三至可當一軍之用，軍之三用可成一戰之功」，說非是。

〔三〕張佩綸云：「期」即驚也。翔鳳案：說文：「期，會也。」「一期」猶言一次會戰，張說誤。

〔四〕丁士涵云：「勝」當作「敗」。下文「戰之自敗」，七法篇亦譌作「勝」。「戰之自敗」與「攻之自拔」同義。翔鳳案：廣雅釋詁：「自，從也。」書召誥「自服於土中」，鄭注：「利也。」「利」假爲「賴」。周禮大宰「六曰主，以利得民」，注：「讀如上思利民之利。」即「賴」也。交刃接兵而後賴之，則必戰之所從勝也，否則不敢輕於用兵矣。「勝」字不誤。「自」訓自己，僅見於大學「毋自欺也」。朱駿聲謂「古傳注未見此訓」，是也。

〔五〕孫星衍云：案禮記禮器「衆不匡懼」，注：「匡，猶恐也。」尹注非。翔鳳案：「匡」仍訓正，不必作異解。「征」同「正」，屢見前。聖人重其事，小則正之，大則以兵匡救之。

〔六〕豬飼彦博云：「用日維夢」疑當作「用財雖多」。孫星衍云：「夢」讀爲召誥「女乃是不蘉」之「蘉」，馬融云：「蘉，勉也。」洪頤煊云：說文：「夢，不明也。」毛詩：「視天夢夢。」

古者師行早，常在天未明時，牧誓「時甲子昧爽」，史記高祖本紀「黎明圍宛城三匝」，皆其證也。俞樾云：說文：「夢，不明也。」然則「夢」之本義爲夜不明，故此以「夢」與「日」對。「用日維夢」謂將於其日有事，必先其夜預爲之計，是所以用日者在夢。因經傳「夢」皆「寢」之假借，而無用其本義者，故於此文莫得其解耳。翔鳳案：說文：「夢，不明也。从夕，瞢省聲。」苜部：「瞢，不明也。」心部：「懜，不明也。」三字同義，與「明」同音而義相反，實可以相反而相成。如論語「予有亂臣十人」，「亂臣」即撥亂之臣而訓爲治。「逆」是反向而行，亦可爲相向而行爲迎接。「孟津」又作「盟津」，則「夢」可訓爲明。改字改訓，都不能解決問題。

〔七〕豬飼彦博云：「不出於計」上疑脱「無」字。七法曰：「其數多少，其要必出於計數。」丁士涵云：「不」當作「必」。尹注云「其數從何而生？皆出於計謀也」，是尹所見本非作「不出於計」。七法篇曰「其數多少，其要必出於計〔數〕」，是其證。翔鳳案：七法：「剛柔也，輕重也，大小也，實虚也，遠近也，多少也，謂之計數。」二人未明「夢」之爲不明，疑有脱誤，非是。

〔八〕劉師培云：「而」下當有「後」字，七法篇作「然後兵出乎竟」，是其證。孫子計篇張預注引作「計先定於内而後兵出境」，亦有「後」字。翔鳳案：有「先」字義自明，不必加「後」字。

得衆而不得其心，則與獨行者同實。不得其心，則叛亡至，故與獨行同實也。**兵不完**

利，與無操者同實〔一〕。甲不堅密，與俴者同實〔二〕。俴，謂無甲單衣者。弩不可以及遠，與短兵同實。射而不能中，與無矢者同實。中而不能入，與無鏃者同實。將徒人，與俴者同實〔三〕。徒人，謂無兵甲者。俴，單也。人雖衆，無兵甲，則與單人同也。短兵待遠矢，與坐而待死者同實〔四〕。遠矢至，短兵不能應，則坐而受死也。故凡兵有大論，必先論其器，論其士，論其將，論其主。故曰：器濫惡不利者，以其士予人也。士不可用者，以其將予人也。將不知兵者，以其主予人也。主不積務於兵者〔五〕，以其國予人也。故一器成，往夫具，而天下無戰心。一器，謂師之器。其器既成，敢往之夫又具，則天下不敢生心與戰也。二器成，驚夫具，而天下無守城。二器，謂軍之器。其器既成，驚敵之夫又具，則天下不敢守城而禦也。三器成，游夫具，而天下無聚衆〔六〕。三器，謂一國之器。其器既成，游務之夫又具，則天下之衆懼而自散也。所謂無戰心者，知戰必不勝，故曰無戰心。所謂無守城者，知城必拔，故曰無守城。所謂無聚衆者，知衆必散，故曰無聚衆。

〔一〕何如璋云：自此至「以其國予人也」，與鼂家令（錯）言兵事書（見漢書鼂錯傳）文意大同，疑即鼂書雜入者，亦未可知。翔鳳案：何不讀藝文志，不知漢初定管子爲兵書，疑鼂書雜入，妄矣。

〔二〕豬飼彦博云：「俴者」，漢書鼂錯傳作「袒裼」。　張佩綸云：秦風俴駟釋文引韓詩「駟馬不著甲曰俴」，「甲不堅密，與俴者同實」，言與無甲同也。　翔鳳案：殷王河亶甲，卜辭作「戔甲」。舌上讀舌頭，音同「袒」。　荀子議兵「路亶者也」，注謂「露袒」。則「俴」即「袒」矣。

〔三〕安井衡云：「徒人」，白徒也，謂不教練者。　「俴」、「翦」通，殺也。　與待殺同。　張佩綸云：「俴」當爲「殘」。　文選東京賦薛綜注：『殘』猶殺也。」言如自殘殺之也。　論語「不教民戰，是謂棄之」，即此意。　此二句當在「坐而待死者同實」下。　翔鳳案：說文：「徒，步行也。」左襄元年傳「敗其徒兵於洧上」，疏：「步兵謂之徒兵。」隱八年傳：「彼徒我車。」當時以車戰爲主，僅有步兵，而無車馬衝鋒陷陣，雖有堅甲，與袒者同實。諸說均誤。

〔四〕翔鳳案：我之兵短，未能攻人，人先以遠矢攻我，與坐待相同。

〔五〕張佩綸云：漢書鼂錯傳云「故兵法曰：器械不利，以其卒予敵也；卒不可用，以其將予敵也；將不知兵，以其主予敵也；君不擇將，以其國予敵也。四者，兵之至要也」，本此。　鼂錯引兵法不言管子者，管子本入兵法，疑任宏所定，即本張良、韓信，自東漢時復省出之耳。　管書溷亂，亦未必不因此也。（趙充國傳引孫子亦曰「兵法」，蓋諸子入兵法者，皆冠以兵法之名，不必言某子也。）　翔鳳案：張知張良、韓信曾校管子，非人所及，而以爲管書混亂則誤。司馬遷謂其書世多有之，安得混邪？　管書有二十七篇者，四十一篇者，十一篇者，九十六篇者，各因其用而有不同，未嘗混也。　叙論詳言之，此處從略。

〔六〕趙用賢云：「驚夫」，智謀驚衆之夫。「游夫」，才辨游説之人也。張文虎云：「往夫具」，「往」疑「狂」字之譌。張佩綸云：疑「往夫」當作「征夫」。詩桑柔「征以中垢」，韓詩外傳作「往以中垢」，是其證。詩何草不黄「哀我征夫」，箋：「征夫，從役者也。」「驚」即上「三驚」之「驚」。詩車攻篇「徒御不驚」，釋文作「警」。「游夫」即游士，言遣士一游説而天下無聚衆。此極言利器之效。翔鳳案：三夫之中，「游夫」最重。大匡令隰朋爲東國，賓胥無爲西土，公子開方游衛，季友游魯，蒙孫游楚。輕重丁：「使賓胥無馳而南，隰朋馳而北，甯戚馳而東，鮑叔馳而西。」此管子重游夫之證。「驚夫」如張所云「三驚」之「驚」。説文：「驚，馬駭也。」詩車攻：「徒御不驚。」步兵馬車，均可使之驚，而在車戰爲重時，能驚駭敵人之馬，則勝利過半矣。張改「往夫」爲「征夫」，有證。然「征夫」爲普通戰士，此處當爲勇士。孟子：「自反而不縮，雖千萬人吾往矣。」此「往夫」之義也。

制分第二十九

短語三

凡兵之所以先爭。謂欲用兵，所當先而爭爲者，謂下事。**聖人賢士，不爲愛尊爵。**有聖人賢士，則以尊爵加之，而不愛惜也。**道術知能，不爲愛官職。**有道術智能，則以官職加之。巧伎勇力，不爲愛重禄。聰耳明目，不爲愛金財。故伯夷、叔齊非於死之日而後有名也，其前行多修矣。由前行多修，故死後有名。武王非於甲子之朝而後勝也，其前政多善矣。由前政多善，故甲子之朝，一戰大勝。故小征千里徧知之，小征，謂以諸侯之衆有所征。古者諸侯大國有五百里者，今既與衆而征，己國與敵國皆當知之，故徧知千里。築堵之墻，十人之聚，日五閒之。閒，謂私候之。假令築一堵之牆，或十人聚作，主者猶日五候之，況戎事之大，可以不徧知哉。大征徧知天下，大征，謂以天下之衆有所征伐。天子以天下爲家，故徧知天下也。日一閒之〔一〕。散金財，用聰明也。夫動衆，當令主者日一閒候之。其閒候之也，或散金財，有所慕賞；或用聰明，度其不虞也。故善用兵者，無溝壘而有耳目。溝壘，防禦小。耳目，視聽遠。兵不呼儌，不苟聚，不妄行，不强進。呼儌則敵人戒，苟聚則衆不用，無事徒聚，衆必不用，若周幽之僞烽也。妄行則羣卒困，强進則鋭士挫。故凡用兵者，攻堅則軔〔二〕，軔，牢固之名也。所攻既堅，則軔而難入。乘瑕則神〔三〕。瑕，謂虛脆也。所乘既脆，纏然瓦解，故若神。攻堅則瑕者堅，所攻雖堅，能令脆者，則以士卒堅强故也。乘瑕則堅者瑕〔四〕。所乘雖脆，却爲堅者，則以士卒脆弱故也。故堅其堅者，瑕其瑕者，謂强卒攻堅，弱卒攻脆。屠牛坦朝解九牛，而刀可以莫鐵，莫，猶削也。則刃游閒也〔五〕。刃游理閒，故刀不虧。

〔一〕豬飼彦博云：「築堵之牆」以下十二字，當在上文「故小征」之上。「日一閒之」四字，因上文而誤衍。丁士涵云：當作「一堵之牆」，與「十人之聚」對文。尹注云「假令築一堵之牆」，蓋探下文「十人之聚」，故加一「築」字，足成文義。自後人誤會尹注，遂改正文「一」字爲「築」矣。「閒」，「瞷」字之借，尹注「謂私候之」，即瞷義也。張文虎云：丁云「築」當作「一」，是也。然此文疑有錯簡，當云「一堵之牆，日一閒之，十人之聚，日五閒之，故小征千里徧知之，大征徧知天下」。張佩綸云：「日」當爲「曰」，「五間」，即孫子所謂用間有五：因間、内間、反間、生間、死間是。「一間」，即孫子所謂「五間之事，主必知之，知之必在於反間也」。「築堵之牆」皆用間之地，「十人之聚」皆行間之人。微哉微哉，無所不用其間也。原注失之。翔鳳案：此節主要在「牆」與「聚」。「聚」字無人解釋，似乎十人聚處，衆所共喻，不知「聚」爲臨時「市場」。史記五帝紀：「舜一年所居成聚，二年成邑。」趕集趕場，川、滇各省尚多有之。説文「堵，垣也，五版爲一堵」，爲用兵小工事。不知其與軍事之關係，慢言「私候」，其亦遠於事情矣。張釋「一間」爲「反間」，太泥。「五間」言其多。千里範圍小，可以多間，天下範圍大，故用間少。

〔二〕豬飼彦博云：作「軔」爲是，止車輪之物名軔。謂所攻既堅，則兵威頓挫也。孫星衍云：「軔」當作「靭」，説文云：「靭，柔而固也。」張佩綸云：孫説引伸舊注。「軔」、「神」皆就攻者言之，不必改字。説文：「軔，礙車也。」原注非。詩小旻正義引作「礙車木」。漢書楊雄傳注：「服虔曰：軔，止車之木。」尹桐陽云：「韌」同「訒」，頓也。廣雅云：「難也。」以兵攻堅，則難破。翔鳳案：豬飼説是。

〔三〕翔鳳案：説文無「⿰王叕」字。「叕，綴聯也。」「輟，車小缺復合者。」「綴，合箸也。」合玉爲「⿰王叕」，同「脃」，小耎易斷也。同「膬」，耎易破也。與「堅」義相反。諸本不知而改爲「瑕」。説文：「瑕，玉小赤也。」淮南精神訓「審乎無瑕」，注：「猶釁也。」則謂罅之借，其義不切合，世俗沿誤久矣。房注：「『⿰王叕』謂虚脆也。」「脆」即「脃」。字本作「⿰王叕」，「瑕」爲誤字。大典二一九四九卷正作「⿰王叕」。

〔四〕陶鴻慶云：尹注「所攻雖堅，能令脆者，則以士卒堅强故也」，此説殊謬。自「凡用兵者」以下，皆明舍堅攻瑕之義。「攻堅則瑕者亦堅」，即上所謂「攻堅則韌」也。「乘瑕則堅者亦瑕」，即上所謂「乘瑕則神」也。故下文云「堅其堅者，瑕其瑕者」。如尹注，則上下文不可通矣。

翔鳳案：攻堅者消耗實力，不能再猛攻，則敵人之脆轉而爲堅矣。

〔五〕孫星衍云：莊子養生主篇釋文云「管子有屠牛坦，朝解九牛，而刀可剃毛」，與此文異。安井衡云：「莫」讀爲摹，「摹鐵」猶鐫鐵也。戴望云：御覽八百九十九獸部引「屠牛長朝解九牛而刀可以割髮，則刃遊于其間也」。淮南齊俗訓：「屠牛吐一朝解九牛而刀可以剃毛，庖丁用刀十九年而刀如新剖，何則？游乎衆虚之閒。」注：「屠牛吐，齊之大屠。衆虚之閒，剖中理也。」張佩綸云：「鐵」乃「鈍」之誤。漢書賈誼傳：「屠牛坦一朝解十二牛而芒刃不頓者，所排擊剥割皆衆理解也。至於髖髀之所，非斤則斧。」師古曰：「坦，屠牛者之名也，事見管子。芒刃，謂刃之利如毫芒也。『頓』讀曰鈍。」案：顏監所見管書必作「莫鈍」，故讀「頓」爲鈍。莊子釋文引作「刜毛」，亦「弗屯」之誤。翔鳳案：北人讀「勃」爲「簿」。「弗」古讀勃，則「弗」、「莫」同音，「莫」假爲「刜」。説文：「刜，擊也。」廣雅釋詁一：「刜，斷也。」釋言：「刜，斫也。」左昭二十六年傳：「苑子刜林雍，斷其足。」齊語：「刜令支。」是「刜」爲齊所用，而「莫」之假爲「刜」，無可疑矣。屠牛長、屠牛吐當别爲一事。莊子釋文所引，乃其正文。賈誼傳用其意，詞意不同。張强解爲一詞，誤矣。

故天道不行，屈不足用兵者必順天道，若及天道之不行，必屈竭而不足。**從**〔一〕。**人事荒亂，以十破百。**敵國人事，既荒且亂，故十可破百。**器備不行，以半擊倍**〔二〕。敵國器備，不可施行，故此雖半，可以擊彼之倍。**故軍爭者不行於完城池**〔三〕，行，謂先覘之也。欲以軍爭而行其城池，彼則知而備之也。**有道者不行於無君**〔四〕。覘彼無君，亦恐知而有備。**故莫知其將至也，**既不先覘以潛襲，所以不知其將至。**至而不可圉**〔五〕。**莫知其將去也，**不可圉者，必潛而遁，故不知其將去，楚幕有烏之比。**去而不可止。敵人雖衆，不能止**去既不可止，雖衆何能止。**待**〔六〕。**治者所道富也，治而未必富也**〔七〕，有所待而治，其道當然，未必能富。**必知富之事，然後能富。富者所道强也，而富未必强也，**富者，其道當强，而未必能强也。

必知强之數，然後能强。强者所道勝也，而强未必勝也，必知勝之理，然後能勝。勝者所道制也，而勝未必制也，必知制之分，然後能制。是故治國有器，富國有事，强國有數，勝國有理，制天下有分〔八〕。

〔一〕劉績云：「從」字爲句，舊讀下，非。何如璋云：「行」猶順也。言天道不順，人即屈服，亦不足從而圖功也。

〔二〕姚永概云：「行」字涉上「天道不行」而誤，當作「器械不備」。翔鳳案：國語吳語「無以行之」，注：「『行』猶用也。」口語謂不中用爲不行，非誤字。

〔三〕丁士涵云：「池」字衍。「城」與「君」爲韻。翔鳳案：用兵無論攻守，城池同樣重要。孟子：「城非不高也，池非不深也。」左傳：「屈完曰：楚國方城以爲城，漢水以爲池。」「池」字非衍。此非韻文，丁説非是。

〔四〕張佩綸云：「無君」謂不伐喪。司馬法仁本篇：「不加喪，不因凶，所以愛夫其民也。」尹注非。翔鳳案：張謂「無君」爲不伐喪，是也。舊君已亡，新君未立。

〔五〕翔鳳案：説文：「圉，守也。」公羊莊十年傳「圉不言戰」，注：「以兵守城曰圉。」地員「以圉羣殃」，注：「『圉』同『衛』。」衛亦守也。其訓包圍者，乃「□」之借，趙本不知而改爲「圍」。

〔六〕劉績云：「待」即上「圉」意，注非。又不知此爲句。王引之云：「止待」即止禦也，「止」字承上「不可止」而言，「待」字承上「不可圉」而言。尹以「待」字下屬爲句，大謬。劉已辯之。

張佩綸云：「敵人雖衆不能止待」，即尹注。寫本誤入正文，而僞房因之，注復加注。此八字決非管書也。翔鳳案：有道者兵至不能守，「待」承「守」來，王以爲承「圉」字，誤。圉在途中，非待也。

〔七〕豬飼彦博云：「道」，由也。「治而」當作「而治」。言富由治而成，然治國者不必成富。王念孫云：「治而未必富也」，當依朱本作「而治未必富也」，方與下文一例。道者，由也。（見禮器、中庸注。）尹注誤解「道」字。

〔八〕張佩綸云：此節乃制分篇本文，餘皆他篇錯簡，今不可考矣。翔鳳案：篇首言兵術，即所以制天下者，兵不强不能制天下。張説陋。

君臣上第三十

短語四

爲人君者，修官上之道，而不言其中〔一〕。君在衆官之上，但修此官上之道而已。至於官中之事，則有司存，非所言也。**爲人臣者，比官中之事，而不言其外**。比，謂校次之也。若言官外，則爲越職。**君道不明，則受令者疑。權度不一，則修義者惑**〔二〕。**民有疑惑貳豫之心，而上不能匡，則百姓之與閒**〔三〕，閒，謂隔礙不通也。人心有疑，君不能正，故其所與爲多礙而不通也。猶揭表而令之止也〔四〕。揭，舉也。表，謂以木爲標，有所告示也。既使舉於表，又令止之，是亦不一也，故以況人心之疑也。是故能象其道於國家〔五〕，加之於百姓，而足以飾官化下者，明君也〔六〕。象，法也，謂能本道而立法。能上盡言於主，下致力於民，而足以修義從令者，忠臣也。上惠其道，下敦其業〔七〕，上下相希，言相希准以爲法也。若望參表，則邪者可知也〔八〕。參表，謂立表所以參驗曲直。吏嗇夫任事，吏嗇夫，謂檢束群吏之官也，若督郵之比也。人嗇夫任教〔九〕。人嗇夫，亦謂檢束百姓之官。教在百姓，論在不橈，謂百姓有不從教，論其罪罰，不橈法以行私。賞在信誠。體之以君臣，其誠也以守戰〔一〇〕，既賞信罰，必君臣合體，莫不至誠，故入可以守城，出可以野戰也。如此則人嗇夫之事究矣。吏嗇夫盡有訾程事律〔一一〕，訾，限也。程，准也。事律，謂每事據律而行也。論法辟衡權斗斛，文劾不以私論，而以事爲正〔一二〕，辟，刑也。文劾，言據文而舉劾。謂論法刑已下，皆據事以爲正，不曲從其私也。如此則吏嗇夫之事究矣。人嗇夫成教，吏嗇夫成律，之後，則雖有敦慤忠信者不得善也，人嗇夫之教既成，則人皆忠信，故無有獨得善者也。而戲豫怠傲者不得敗也〔一三〕，吏嗇夫之律既成，人皆懼法，不敢爲非，雖有豫怠，不得爲敗也。如此則人君之事究矣。是故爲人君者，因其業，謂因人嗇夫之業也。乘其事，謂乘吏嗇夫之事。而稽之以度。又以國之法度考此二者。有善者，賞之以列爵之尊，田地之厚，而民不慕也。善自應賞，故不善者不敢横慕。有過者，罰之以廢亡之辱，僇死之刑，而民不疾也。過自應罰，故人不敢疾怒。殺生不違，而民莫遺其親者，或罰而殺之，或賞而生之，皆不違其理，則人知主德之有常，不輕爲去就，故人不遺其親也。此唯上有明法，而下有常事也。

〔一〕張佩綸云：廣雅釋詁一：「官，君也。」「官上之道」即君道。説文：「官，吏事君也。」「官中之事」，吏事也。

〔二〕王念孫云：「脩」當爲「循」，下文「而足以脩義從令者」同。下文曰「下之事上不虚，則循義從令者審也」，是其證也。説詳形勢篇。

〔三〕安井衡云：「百姓之與間」，與百姓間也。凡虚字當在實字上者，移之置下，必加「之」字以匀句。左傳「爲淺丈夫」作「淺之爲丈夫」、戴記「使小人治國家」作「小人之使治國家」，及「謂此」作「此之謂」之類，皆是也。張佩綸云：廣雅：「與，待也。」左傳哀二十七年「故君臣多間」，賈注：「間，隙也。」

〔四〕張文虎云：「止」當爲「正」之誤，此與七法篇「猶立朝夕於運均之上擔竿而欲定其末」義同。蓋測景者當立表平地，若以手舉，何能定景？此文「揭」字，彼文「擔」字，尹注竝訓「舉」，似不誤。雜志謂『擔』爲『摇』誤」，夫立表運均而手擔之已不能定，何待摇乎？證以此文，不煩改字。張佩綸云：「揭表」猶「擔竿」，張説是也。爾雅釋詁：「尼、定、曷、遏，止也。」又：「尼，定也。」郭注：「『止』亦定。」改「止」爲「正」，失之。翔鳳案：「止」非誤字，張佩綸說是也。

〔五〕翔鳳案：「象」謂明示。周禮大宰：「乃縣治象之灋於象魏。」白虎通：「武王曰：象者象太平而作，示已太平也。」

〔六〕安井衡云：「飾」讀爲飭，正也。

〔七〕張佩綸云：詩燕燕篇「終温且惠」，傳：「惠，順也。」爾雅釋詁：「敦，勉也。」　翔鳳案：張說是。

〔八〕安井衡云：「希」，摩也，猶言切磋。立三表而望之，彼此相正，則邪者可知也。　俞樾云：「希」讀爲睎，說文目部：「睎，望也。」「上下相睎」，謂上下相望也。故下句曰「若望參表」。　何如璋云：淮南天文「正朝夕：先樹一表東方，操一表却去前表十步，以參望日始出北廉。日直入，又樹一表於東方，因西方之表以參望日入北廉。則定東方兩表之中，與西方之表，則東西之正也」，即其義。　孫詒讓云：「參表」即九數重差之法，安井衡釋爲「三表」，是也。「希」與「睎」通，亦望也。呂氏春秋不屈篇云「或操表掇以善睎望」，與此文可互證。注及纂詁說竝未得其義。　翔鳳案：周髀算經「希望牽牛中央之中」，「希望」二字連用。春分秋分，日出震入兌，爲正東西，餘皆有偏斜。何引淮南文當補入「日冬至，日出東南維，入西南維。至春秋分，日出東中入西中。夏至，日出東北維入西北維，至則正

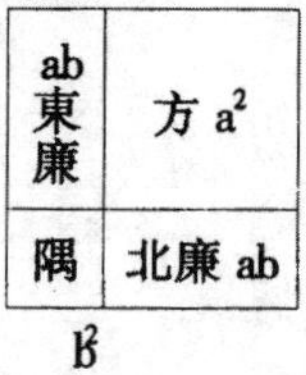

（上南下北與現代相反）

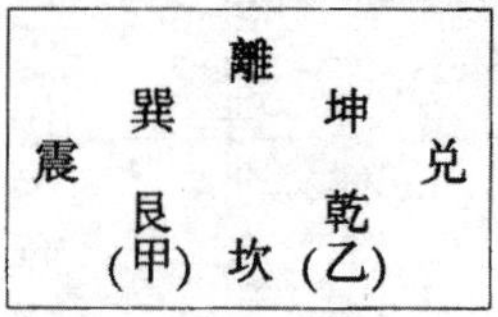

南」。周易卦位，震、兑、坎、離爲四正。巽、坤、艮、乾爲四維，維即隅（管書有「四維」而無「四正」，維即廉，與周易不同，爲殷制，詳牧民篇）。説文：「廉，仄也。」鄉飲酒禮「設席於堂廉」，注：「側邊曰廉。」古語謂「失之東隅，收之桑榆」，日出入之方位，均以廉隅説明之矣。日出入北廉，爲夏至後觀測之情形。周髀云：「冬至從坎，陽在子，日出巽入坤。夏至從離，陰在午，日出艮入乾。」乍看似兩書相反，實則冬至一陽始，日極短而漸長。夏至相反。春分以後，日出地平，偏東南，夏至在極南，又折回北移，黄道線成爲弧形，轉至北廉之上。「以參望日始出北廉之上」以此。先樹一表於東，在甲。操一表，退後去前表十步，在乙。可以參望日之出北廉矣。至日直入之時，又樹一表於坎，而在乙之東方，甲、坎、乙三表成一直線，相去五步。而在坎時，可見日由北廉之乙直入，回視東方甲、坎兩表，而知坎在甲、乙之中，其直線則東西之正也。「參」同「三」。孔子閒居「參於天地」，注：「其德與天地爲三。」「望參表」，兼有三表相參考之義。東西之正，本在震兑直線上，而甲坎乙直線與平行，故其向相同。淮南一字不誤。

〔九〕張佩綸云：「人」當作「民」，唐諱。春秋昭十七年左傳引夏書曰：「辰不集于房，瞽奏鼓，嗇夫馳，庶人走。」漢書五行志引左傳：「説曰：掌幣吏。庶人，其徒役也。」儀禮覲禮「嗇夫承命告于天子」，鄭注：「嗇夫，蓋司空之屬也。爲末擯，春秋傳曰『嗇夫馳』。」詩「田畯至喜」，鄭箋：「田畯，司嗇；今之嗇夫。」胡匡衷儀禮釋官曰：「嗇夫之官，始見於夏書，周殆因夏制與？曲禮疏引音義隱云：『嗇夫主諸侯所齎幣帛皮圭之禮，奉以白於天子。』解與經略合。儀禮惟覲禮尚存天子之禮，而有嗇夫，其爲冬官之屬無疑。」據漢書「庶人，其徒役」，則嗇夫當士爲之。「吏嗇夫」即掌幣嗇夫及承命嗇夫之類，「民嗇夫」即司嗇之類。疑周時六官皆有嗇夫，鄭以嗇夫爲冬官之屬，亦涉意斷。覲禮掌於春官，似「末擯」必不用冬官之屬。疏以爲「冬官已亡，故言『蓋』以疑之」，是也。史記張釋之傳有「虎圈嗇夫」，漢書何武傳有「市嗇夫」，即「吏嗇夫」之類也。漢書百官公卿表：「十亭一鄉，鄉有三老、有秩、嗇夫、游徼。……嗇夫職聽訟，收賦稅。」朱邑爲舒桐鄉嗇夫，張敞爲有秩。後漢書鄭康成亦嘗爲鄉嗇夫，即「民嗇夫」之類也。夏小正「嗇人不從」，胡氏疑即嗇夫。鶡冠子王鈇篇「五家爲伍，伍爲之長，十伍爲里，里置有司，四里爲扁（「扁」當爲「面」），扁爲之長，十扁爲鄉，鄉置師，五鄉爲縣，縣有嗇夫治焉，十縣爲郡，有大夫治焉」，蓋即本此。以爲「成鳩之道」，則無稽之言也。原注失之。

〔一〇〕俞樾云：「誠」當爲「成」，言人嗇夫教成之後，可用以守戰也。涉上文「賞在信誠」句而誤爲「誠」耳。然「誠」與「成」古亦通用。　翔鳳案：「誠」即信誠之誠。

〔一一〕張佩綸云：漢書枚乘傳注李奇曰：「訾，量也。」説文：「程，品也。」周禮司書「九正九事」，注：「九事，謂九式。」尹注非。

〔一二〕張佩綸云：文選幽通賦注引項岱「舉罪曰劾」，「文」與「劾」平列，尹注亦非。　翔鳳案：

說文「劾」從力，段注謂：「俗作刻，从刃。恐从刀則混於刀部之『刻』也。」由楊本知隸書已然，不自近日始。

〔一三〕劉績云：言教律既成，善惡不能損益。張佩綸云：釋名：「善，演也。演，盡物理也。」說文：「繕，補也，繕之言善也。」此言賢者不能補，不肖者不得敗。原注分承，失之。

天有常象，懸象著明，不改其貞。地有常刑〔一〕，山澤通氣，不改其靜。人有常禮，尊君父，卑臣子，其儀不易。一設而不更，此謂三常。兼而一之，人君之道也。人君無官，兼統衆官，故曰「兼而一之」。分而職之，各有司存。人臣之事也。君失其道，無以有其國〔二〕。臣失其事，無以有其位。然則上之畜下不妄，而下之事上不虛矣。上之畜下不妄，所出法則制度者明也〔三〕。下之事上不虛，則循義從令者審也。上明下審，上下同德，代相序也〔四〕。代，更也。謂上明下審，更相序。君不失其威，下不曠其産〔五〕，而莫相德也。君以威覆下，下以産供上，各有所恃，故不相德。是以上之人務德，而下之人守節。義禮成形於上，而善下通於民，則百姓上歸親於主，而下盡力於農矣。故曰：君明、相信、五官肅、士廉、農愚、商工愿，則上下體上下各得其體也。而外內別也〔六〕。民性因而三族制也〔七〕。三族，謂農、商、工也。言因①上下有體，内外有别，故此三族各得其制也。夫爲人君者，廕德於人者也。君者以德廕人。爲人臣者，仰生於上者也。臣者仰君而生。爲人上者，量功而食之以足〔八〕。量其功之多少，制禄以食之，各得足也。爲人臣者，受任而處之以教〔九〕。受任者必設教。布政有均，民足於産，則國家豐矣。以勞授禄，則民不幸生〔一〇〕。有勞者必得禄，人則致死以立功，不徼倖而偷生也。刑罰不頗，則下無怨心。名正分明，則民不惑於道。刑名職分明，則人於道不惑也。道也者，上之所以導民也。是故道德出於君，德從君出。制令傅於相〔一一〕，令因相傅。事業程於官。官各以其事業程於君也。百姓之力也，胥令而動者也〔一二〕。胥，視也。視令而動，則所舉不妄。

〔一〕翔鳳案：「刑」通「形」。漢書終軍傳「刑乎宇内矣」，注：「見也。」孫叔敖碑：「辟患乎無刑。」趙本已改作「形」，當非管書之舊。

〔二〕翔鳳案：「以」訓從，「無從有」文義自通。

〔三〕丁士涵云：「所」字即「則」之譌而衍者，「則出法制度者明也」，與下文「則循義從令者審也」對文。宋本作「所出法則制度者明也」，恐非。安井衡云：「出法制度」資之於道，故曰

① 「因」字下原衍「士」字，據補注删。

「所」。或云「『所』字衍」，非也。　張佩綸云：詩傳「則，法也」，爾雅釋詁同。各本均作「則所出法制度者明也」，惟宋本不誤。　翔鳳案：七法：「根天地之氣，寒暑之和，水土之性，人民鳥獸草木之生物雖不甚多，皆均有焉，而未嘗變也，謂之則。」「則」即法。素問八正神明論：「必有法則焉。」古代文字，不尚排偶。楊本不誤，丁誤。

〔四〕翔鳳案：上尊下卑不能更迭相序次。「代」本作「世」，避唐諱，此例不少。言世世職分如此相序列也。

〔五〕翔鳳案：吕氏春秋無義篇「以義動則無曠事矣」，高注：「曠，廢也。」

〔六〕丁士涵云：「則上下體」當連下「而外内別也」爲句。尹讀非。　翔鳳案：承上文「君明、相信、五官肅」，爲上爲内；「士廉、農愚、商工愿」，爲下爲外。房注「上下各得其體」，尚爲有間。詩行葦「方苞方體」，箋：「體成形也。」謂上下一體也。下文「上下之分不同任，而復合爲一體」，是其證矣。

〔七〕豬飼彦博云：「性」、「生」同。「因」謂有所因依。　安井衡云：「三族」，父族、己族、子族也。「制」謂守制度。　尹知章云：「三族，謂農、商、工。」管子有此言，然此似非其義。　張佩綸云：仲尼燕居篇「以之居處有禮，故長幼辨也。以之閨門有禮，故三族和也」，鄭注：「三族，父、子、孫也。」此節極言禮之效，與孔子之言正同。原注以「三族」爲「農、工、商」，非也。　顔昌嶢云：「三族」謂士與農與商工也。小匡篇亦「商工」併言。尹注非。　翔鳳案：當時四民世代爲恒産，故民性因，安井説是。

〔八〕翔鳳案：論語亦有「足食」之説。下文「布政有均」承「教」字，「民足於産」承「足」字。

〔九〕張佩綸云：「教」即上文「任教」。劉師培云：「教」字疑當作「敬」。翔鳳案：「教」即虞書「敬敷五教」之「教」。劉説非是。

〔一〇〕翔鳳案：房注「不儌倖而偷生」，謂假爲「倖」。公羊宣十五年傳「小人見人之厄則幸之」，注：「僥倖也。」晉語：「其下幸以媮。」以「幸」爲「倖」，乃當時通義。

〔一一〕于省吾云：此言制令由相以傅布也。「傅」與「敷」通。書禹貢「禹敷土」，荀子成相篇「敷」作「傅」。

〔一二〕王念孫云：諸書無訓「胥」爲「視」者，「胥」，待也。尹注非。翔鳳案：「胥」訓「視」不誤，詳樞言篇。

是故君人也者，無貴如其言。君以言制下，無言，則下無所稟令，故言最貴也。人臣也者，無愛如其力〔一三〕。臣則宣力事君，故其力最可愛也。言下力上，君言下於臣，臣力上於君也。而臣主之道畢矣。是故主畫之，相守之；畫，謂分別其所授事。君既畫①其事，相則守而行之也。相畫之，官守之；官畫之，民役之。官既畫之，人則役力以行其事。則又有

① 「畫」字原作「盡」，據校正改。

符節、印璽、典法、筴籍以相揆也，符節印璽，所以示其信也。典法策籍，所以示之制也。凡此，可以考其真僞，定其是非，故曰「以相揆也」。此明公道而滅姦僞之術也。論材量能，謀德而舉之，謀知其德，然後舉用之。上之道也。專意一心，守職而不勞〔二〕，不以職事爲勞苦。下之事也。爲人君者，下及官中之事，則有司不任。下及官中之事，則君奪臣職，故有司不任也。爲人臣者，上共專於上，則人主失威〔三〕。臣當上供，從君之命，今乃專上之權，故主失威。是故有道之君，正其德以莅民〔四〕，而不言智能聰明。智能聰明者，下之職也。所以用智能聰明者，上之道也。謂用下之智能聰明。上之人明其道，下之人守其職，上下之分不同任，而復合爲一體。君爲元首，臣爲股肱，故曰一體。是故知善，人君也。知善則謀慮深遠，故可以爲人君也。身善，人役也〔五〕。身善則材能可任，故爲人役也。君身善則不公矣〔六〕。君身善，則智淺，故不公人也。人君不公，常惠於賞而不忍於刑，不公，則不識理之正，故惠賞而不忍刑也。是國無法也〔七〕。治國無法，則民朋黨而下比，飾巧以成其私。法制有常，則民不散而上合〔八〕，竭情以納其忠。是以不言智能，而順事治，國患解，大臣之任也。不言於聰明，而善人舉，姦僞誅，視聽者衆也〔九〕。是以爲人君者，坐萬物之原〔一〇〕，而官諸生之職者也〔一一〕。謂授諸生之官，而任之以職也。生，謂知學之士也。選賢論材而待之以法，舉而得其人，坐而收其福，不可勝收也。得人則福多，故不可勝收。官不勝任，犇走而奉，其敗事不可勝救也〔一三〕。不勝任，則敗廣，故不可勝救。而國未嘗乏於勝任之士，上之明適不足以知之〔一三〕。是以明君審知勝任之臣者也。故曰：主道得，賢材遂，百姓治，治亂在主而已矣。故曰：主身者，正德之本也〔一四〕。官治者，耳目之制也〔一五〕。官稟君命而後行，若耳目待心制而後用，故曰「官者耳目之制」。身立而民化，德正而官治。治官化民，其要在上。是故君子不求於民。立身正德而已。是以上及下之事謂之矯，及，猶預也。矯，僞也。上預下事，則僞有餘而實不足也。下及上之事謂之勝〔一六〕。下預上事，則威權勝君故也。爲上而矯，悖也。爲下而勝，逆也。國家有悖逆反迕之行，迕，背。有土主民者失其紀也。

〔一〕戴望云：中立本作「臣人」，與上「君人」對文。

〔二〕張佩綸云：「不勞」即論語「無施勞」。翔鳳案：即勝任愉快之意，房注不誤。

〔三〕劉績云：此言臣奪君職，共其專令。朱長春云：「共」者侵分上柄，國如兩君。「專」者擅奪上勢。翔鳳案：郭沫若謂「上」當作「官上」，是也。篇首「官上」屬君，「官中」屬臣，上句君不下及官中，則下句臣不共專官上，文義方合。

〔四〕翔鳳案：老子：「以道莅天下。」易需彖辭「位乎天位」，上「位」字鄭讀爲莅。周禮鄉師「執斧以涖匠師」，故書「涖」作「立」，「立」即古「位」字。朝會束茅表位曰蕝。晉語：「置茅蕝表坐。」「位」加艸爲「莅」，即此意。

〔五〕陶鴻慶云：尹注解「知善」爲「謀慮深遠」，「身善」爲「材能可任」，讀「知」爲智，非也。「知」當讀如字。「知善」者，知人之善也。「身善」者，自善其身也。下文云「選賢論材而待之以法」云云，正承此義而言。　翔鳳案：廣雅釋言：「善，佳也。」釋名釋言語：「善，演也，演盡物理也。」陶説「知善」爲「謀慮深遠」，即大匡謂小白有大慮；「身善」爲「材能可任」，即小匡管仲論隰朋、甯戚諸人之優點。「身善」爲自身有材德，而謂「自善其身」，則措辭失當。

〔六〕張文虎云：「公」疑當作「法」，下文云「是國無法也」，「無法」即「不法」，蓋身善者人臣之事。君身善，則所謂「代馬走、代鳥飛」矣，故云「無法」。　翔鳳案：材識局於一偏，而無大慮，則有好惡之私，而不能秉公處理。「公」字不誤。

〔七〕翔鳳案：不能公則不宜賞而賞，是惠之過。當罰而不罰，是不忍於刑。

〔八〕豬飼彦博云：「不」當作「下」，「下散」謂下不比。　俞樾云：「不」字衍文也。上云「治國無法則民朋黨而下比」，此云「法制有常則民散而上合」，兩文正相對。「散」者散其朋黨也。昔文王寓政於臧丈人，而列士散植壞羣，見莊子田子方篇。此所謂「民散」，即「散植壞羣」之意。後人不達其旨而妄增「不」字，非管子原文也。　翔鳳案：郭沫若云：「『不』字不誤。『法制有常』則民不朋黨下比，不飾巧成私，是即『不散』也。」郭説是。

〔九〕陶鴻慶云：上文云「是故有道之君正其德以莅民而不言智能聰明」，此文承上言之，不當及於大臣。「大臣之任也」本作「大臣勝任也」，與「視聽者衆也」文義相配。下文云「官不勝任，犇走而救，（今誤作「奉」，從俞氏説改。）其敗事不可勝救也，而國未嘗乏於勝任之士，上之明適不足以知之，是以明君審知勝任之臣者也」，正承此言，是其證也。又案：「不言於聰明」，衍「於」字。　翔鳳案：智能在己，聰明則寄耳目於人，故有「於」字，非衍文。禮記禮器「順之至也」，釋文：「順，本作『慎』。」

〔一〇〕翔鳳案：左桓十二年傳「楚人坐其北門」，注：「猶守也」。

〔一一〕宋翔鳳云：「諸生」猶言「羣生」，書中屢見。此注云「生謂知學之士」，非。　翔鳳案：「諸生」見水地，猶佛教言衆生，現代言生物。此處義稍狹，宋釋「羣生」，猶詩之「羣黎百姓」也。禮記王制疏：「官者，管也。」

〔一二〕丁士涵云：「奉」當爲「救」，「事」字衍。尹注曰「不勝任則敗廣」，所見本無「事」字。「救其敗不可勝救」，與上文「收其福不可勝收」相對。　翔鳳案：「收」即「牧」之隸書別體，見問篇。「奉」俗作「捧」，不誤。

〔一三〕于省吾云：金文「適」字通作「啻」，適、啻字通，亦詳經傳釋詞。秦策「疑臣者不適三人」，史記甘茂傳作「疑臣者非特三人」，是「適」猶特也。

〔一四〕俞樾云：「主」當作「立」，涉上文兩「主」字而誤。下文曰「身立而民化，德正而官治」，「身立」、「德正」即承此文「立身」、「正德」而言。　王先謙云：據下文王説衍「治」字，當從之。下文作「官者」，此仍當作「主身者」，相對爲文，不當改「立」。俞説非。　翔鳳案：「主」與「官」對，「主身」爲「主之身」，不誤不衍。

〔一五〕王引之云：「治」字因下文「官治」而衍。尹注曰「官稟君命而後行，若耳目待上制而後用（「上」字誤，當爲「心」），故曰官者耳目之制」，則無「治」字明矣。此但言「官」，下文乃言「官治」也。　張佩綸云：藝文類聚五十四引風俗通「吏者治也」，「官治」者猶言官吏。周禮太宰職：「三曰官聯以會官治，四曰官常以聽官治。」「官治」與「主身」對文。注似脱誤或避唐高宗諱省之。上「官治」與下「官治」，虚實稍别；王説與俞樾改「主身」爲「立身」，均不可從。　于省吾云：「治」字不誤，金文「治」與「司」同用。「制」謂制度。言國家之有官司猶人身之有耳目，其制度正同。心術上篇「九竅之有職，官之分也」，注「百官之有其分也」，與此可互證。　翔鳳案：于説是也。

〔一六〕王念孫云：淮南俶真篇注曰：「矯，拂也。」上而及下之事，則拂乎爲上之道，故下文云：「爲上而矯，悖也。」「勝」者，陵也。下而及上之事，是陵其上也。故下文云：「爲下而勝，逆也。」侈靡篇曰「得天者高而不崩，得人者卑而不可勝」，謂卑而不可陵也。易漸六四「終莫之勝」，虞注曰：「勝，陵也。」尹注皆失之。　張佩綸云：大戴禮曾子立事篇：「非其事而居之，矯也。」　翔鳳案：王説是。

是故别交正分之謂理，别上下之交，正君臣之分。**順理而不失之謂道，道德定而民**

有軌矣。有道之君者，善明設法而不以私防者也。而無道之君，既已設法，則舍法而行私者也。爲人上者，釋法而行私，則爲人臣者，援私以爲公。公道不違，則是私道不違者也。臣之所以爲公者，乃是私也。名曰不違公道，更是不違私道也。行公道而託其私焉，寖久而不知，姦心得無積乎？既久行私而不知，則是姦心之積也，故言姦心豈復無積乎！姦心之積也，其大者有侵偪殺上之禍，其小者有比周内爭之亂。此其所以然者，由主德不立，而國無常法也。主德不立，則婦人能食其意〔一〕。君意委曲，隨於女謁。若食之充口，故曰「婦人能食其意」。國無常法，則大臣敢侵其勢。大臣假於女之能以規主情〔二〕，假，因也。因女之能食主意，以規度主之情也。婦人嬖寵假於男之知以援外權，婦人既得君之嬖寵，又因大臣之智以引其外權，則何爲而不成也？於是乎外夫人而危太子，女寵既隆，又挾大臣之助，故夫人被外，太子見危。兵亂内作，以召外寇，此危君之徵也。

〔一〕俞樾云：尹注曰：「君意委曲隨於女謁，若食之充口。」其説甚迂，且如此則君食婦人之意，非婦人食君之意矣。「食」當讀爲蝕，周易豐彖詞「月盈則食」，釋文曰：「『食』或作『蝕』。」是古字「食」與「蝕」通。説文虫部：「蝕，敗創也。」婦人能蝕其意者，婦人能敗其意也，正和下文「國無常法則大臣敢侵其勢」文義一律。下篇云「便辟不能食其意」，義亦同此。翔鳳案：釋名釋天：「日月虧曰食，稍稍侵虧，如蟲食草木葉也。」「食其意」，所謂浸潤之譖，即使不信，亦漸漸不覺而信之。俞説是。

〔二〕丁士涵云：「規」，古「窺」字。説文：「窺，小視也。」荀子非十二子篇「瞡瞡然」，楊注：「規規，小見之貌。」安井衡云：「規」讀爲窺。窺，伺也。翔鳳案：「規」從夫見會意。木匠以斧削木，測其直否，閉一目以窺之，丁説是也。「窺」爲從穴中小視，其義少别，若謂假「規」爲「窺」則誤矣。

是故有道之君，上有五官以牧其民，則衆不敢踰軌而行矣。下有五横以揆其官，則有司不敢離法而使矣〔一〕。横，謂糺察之官得入人罪者也。五官各有其横，曰五横。朝有定度衡儀以尊主位，衡，正。衣服緷絻盡有法度，緷絻，古衮冕字。則君體法而立矣。體，猶依也。君據法而出令，有司奉命而行事，百姓順上而成俗，著久而爲常，著明而且久，積習而爲常也。犯俗離教者，衆共姦之，衆以離教爲姦而罪之也。則爲上者佚矣。天子出令於天下，諸侯受令於天子，大夫受令於君，子受令於父母，下聽其上，弟聽其兄，此至順矣。衡石一稱，斗斛一量，丈尺一綧制〔二〕，所謂同律度量衡也。綧，古准字。准節律度量也，謂丈尺各有准限也。戈兵一度，書同名，車同軌〔三〕，此至正也。從順獨逆，從正獨辟，此猶夜有求而得火也〔四〕。衆皆從順，而有獨逆者；衆皆從正，而有獨僻者，必爲順正者所伏也。姦僞之人，無所伏矣，此先王之所以一民心也。是故天子有善，讓德於天。諸侯有善，慶之於天子。諸侯有善，讓於天子而慶也。大夫有善，納之於君。民有善，本於父，慶之於長老〔五〕。此道法之所從來，是治本也。道法以讓爲主。是故歲一言者，君也〔六〕。謂正歲之朝，布政縣象。時省者，相也。月稽者，官也。務四支之力〔七〕，修耕農之業以待令者，庶人也。是故百姓量其力於父兄之間〔八〕，聽其言於君臣之義，而官論其德能而待之〔九〕。謂百吏之官，各論其德能，以待君命。大夫比官中之事，不言其外，而相爲常具以給之。具論衆官之法制也。相總要者，相無常官，所以總統百吏之要。官謀士〔一〇〕，量實義美，匡請所疑〔一一〕。士，事也。官各謀其職事也。又當量實宜其有美善者，用匡於所疑，必陳而請之也。而君發其明府之法瑞以稽之〔一二〕，府，謂百吏所居之官曹也。立府必有明法，故曰「明府之法」。瑞，君所與臣爲信者，珪璧之屬也。又必合其瑞以考之也。立三階之上，南面而受要。君之路寢前有三階。要，謂百吏之目也。是以上有餘日，上唯受要，故有餘日。而官勝其任，各理其職，故能勝任。時令不淫，而百姓肅給，言其敬而供上。唯此上有法制〔一三〕，下有分職也。

〔一〕張佩綸云：「横」、「衡」古通用。「五衡」似指法度而言。本篇「又有符節印璽典法筴籍以相揆」，下文「定度衡儀」，是也。原注非。章炳麟云：尹注「横，謂糾察之官得入人罪者也。五官各有其横，曰五横」，其説得之。「五横」即「五潢」，假天象以名官也。此如天有司禄之星，周官亦有司禄也。天文志：「西宮咸池曰天五潢。五潢，五帝車舍。」又曰：「德成衡，觀成潢，傷成戉，禍成井，誅成質。」晉灼注：「觀，占也。」方言「凡相竊視南楚或謂之占」，此謂「占」、「覘」通。成十七年左傳注：「覘，伺也。」廣雅釋詁：「占，視也。」又云：「占，譣也。」是潢主伺察按驗之事，故糾察之官亦曰「五潢」也。其官蓋如今六科給事中。翔鳳案：「横」如章説。

〔二〕王念孫云：「綧」讀若準，字或作「淳」，敦、純竝同耳。周官内宰「出其度量淳制」，鄭注曰：「故書『淳』爲『敦』，杜子春讀『敦』爲純，『純』謂幅廣也，『制』謂匹長，玄謂純制，天子巡守禮所云『制幣丈八尺，純四㹷』與？」質人「同其度量，壹其淳制」，杜注與内宰同。聘禮釋幣「制玄纁束」，注曰：「朝貢禮云：純，四只（咫、㹷、只竝同）；制，丈八尺。」士喪禮下篇「贈用制幣玄纁束」，注曰：「丈八尺曰制。」内宰疏引鄭答趙商問曰：「巡守禮『制丈八尺，純四咫』，咫八寸，四咫三尺二寸，太廣。四當爲三，三八二十四，二尺四寸，幅廣也。古三四積畫，是以三誤爲四也。」韓子外儲説右篇曰「終歲布帛取二制焉」，淮南天文篇曰「四丈而爲匹，一匹而爲制」，地形篇曰「門閒四里，里閒九純，純丈五尺」，此所言純制之度與鄭所引逸禮不合，所傳者異也。尹注皆未考。

〔三〕張佩綸云：中庸：「車同軌，書同文。」江瀚云：「同名」即同文也。周禮大行人「諭書名」，注曰：「書名，書文字也，古曰名。」又外史「掌達書名於四方」，注曰：「古曰名，今曰字。」

翔鳳案：中庸作「同文」，秦刻作「同文字」，管作「同名」。衡以「古曰名，今曰字」，非秦人作，漢無論矣。

〔四〕張文虎云：尹注「從」作「衆」，是。張佩綸云：「獨」當作「燭」。呂氏春秋知度篇高注：「燭，照也。」翔鳳案：「獨」爲古「蜀」字，「蜀」訓一，即「獨」也。舌上讀舌頭，「蜀」、「獨」同音。「蜀」即「燭」，詳形勢「抱蜀不言」。

〔五〕王念孫云：兩「慶」字皆當作「薦」，薦，進也。言下有善，則進之於上也。祭義曰：「天子有善，讓德於天；諸侯有善，歸諸天子；卿大夫有善，薦於諸侯；士庶人有善，本諸父母，薦諸長老。」（今本「荐」譌作「存」，辯見經義述聞。）是其證。隸書「薦」字或作「𢈰」（見漢魯相史晨饗孔廟後碑），形與「慶」相似而誤。（大戴禮四代篇「臣聞之弗薦，非事君也」，晏子春秋問篇「薦善而不有其名」，今本「薦」字竝譌作「慶」。史記司馬相如傳封禪文「將以薦成」，漢書「薦」作「慶」。）尹注非。翔鳳案：霸形記桓公聞仲父之言，薦之先君，朝於太廟之門，是其薦與後代之推薦有殊也。

〔六〕劉績云：一作「王省惟歲」，是。陳奐云：「一言」當是「省」之譌。「歲省者君也」，與「時省者相也」、「月稽者官也」句法相同。俞樾云：周官冢人「及葬言鸞車象人」，司農注曰：「言，言問其不如灋度者。」此「言」字與彼同義。歲一言者，謂每歲一言問其不如灋度者也。下文云「時省者相也，月稽者官也」，言問亦有省察稽考之意。尹注曰「謂正歲之朝，布之縣象」，是未解「問」字也。張佩綸云：洪範「王省惟歲，卿士惟月，師尹惟日，庶民惟星」，意同。「歲一言」承上「無貴如其言」，陳奐改「一言」爲「省」，非也。商君書禁使篇：「夫吏專制決事于千里之外，十二月而計書以定，事以一歲別計，而主以一聽，見所疑焉，不可蔽員不足。」案：商書文有挩誤，大致謂主一聽不足見疑，安見其不可蔽欺？正駁此篇「歲一言者君也」之説。管、商之判在此，學者審之。翔鳳案：王於正月公佈一年之計，懸其法於象魏，此「王言」也。相以下則奉王言而省稽之，王但言之而已，無言何從而稽之省之乎？俞説得其半，陳則誤矣。劉補注蓋一本依洪範而改之也。

〔七〕翔鳳案：「四支」即「四肢」，見前。

〔八〕劉績云：此言庶人。

〔九〕翔鳳案：禮記王制「凡官民財，必先論之」，注：「謂考其德行道藝。」儒行：「儒有席上之珍以待聘。」「待」字不誤。

〔一〇〕何如璋云：「者」當爲「考」，謂考其官也。「士」者事也，謂謀其事也。張佩綸云：「者」乃「省」之誤，上文「時省者相也」，是其證。尹桐陽云：「者」同「諸」，諸官謂衆官。翔鳳案：相總内外之要，「者」字不誤。

〔一一〕丁士涵云：「實」，功實也。「義」當作「議」，謂量其功實，議其美善也。張文虎云：「義」，「儀」之借字。儀，度也。翔鳳案：莊子讓王「有倫有義」，釋文崔本作「議」。議而請之。訓「度」則與「量」複矣。

〔一二〕劉績云：「明府之法瑞」，謂太史既布憲，入籍於太府者，猶象魏所懸之法也。稽考其合否。「瑞」或疑「端」字誤。翔鳳案：説文「瑞，以玉爲信也」，與法並當稽考，房注謂「珪璧之屬」，是也。「端」字與「明府」不貫。

〔一三〕丁士涵云：「唯此」當作「此唯」。上文云：「此唯上有明法而下有常事也。」翔鳳案：上文「此唯」論其理。此文乃稽而受要之後，述其效果，語氣不同，不必一致。

道者，誠人之姓也，非在人也〔一〕。姓，生也。言道立人之生，人之所從出，故非在人。而聖王明君善知而道之者也〔二〕。道，猶言也。聖王善知道理，故言而相告也。是故治民有常道，而生財有常法。道也者，萬物之要也。爲人君者，執要而待之，則下雖有姦僞之心，不敢殺也〔三〕。不敢殺君。夫道者虚設，道無形而善應，故曰「虚設」。其人在則通，其人亡則塞者也，非茲是無以理人，非茲是無以生財〔四〕。前茲是，謂是道。民治財育，其福歸於上，是以知明君之重道法而輕其國也〔五〕。得道之真以理身，緒餘以理國家，故重道而輕國。故君一國者，其道君之也。道可爲君，故君一國。王天下者，其道王之也。道可王，故王天下。大王天下，小君一國，其道臨之也。其道足以臨國與天下也。是以其所欲者，能得諸民。君之所欲，人則順之令得。其所惡者，能除諸民。君之所惡，亦順之而除。所欲者，能得諸民，故賢材遂。所惡者，能除諸民，故姦僞省。如冶之於金，陶之於埴，制在工也。廢置之由君，若金埴之由工也。

〔一〕陶鴻慶云：「誠」當爲「成」，「姓」讀爲生。成，立也。國策秦策「以成百王之名」，高注云「成，立也」，是也。尹注云「言道立人之生，人之所從出，故非在人」，是其所見本正作「成」。翔鳳案：説文：「姓，人所生也。」桂馥義證：「顧炎武曰：姓之爲言生也。左昭四年：『問其姓，對曰：余子長矣。』詩曰：『振振公姓。』天地之化，專則不生，兩則生。故叔詹謂其『男女同姓，其生不蕃』。晉語曰：『同姓不婚，懼不殖也。』中庸『君子之道，造端乎夫婦』，即兩姓之謂。」「姓」字不誤。

〔二〕張佩綸云：「道」讀爲導。陶鴻慶云：「道」，由也。尹注解「道」爲「言」，非是。翔鳳案：「道」訓由，前文屢見，陶説是也。

〔三〕王念孫云：「殺」當爲「試」，言不敢試其姦僞也。下文云「然則躁作姦邪僞詐之人，不敢試也」，語意正與此同。今作「不敢殺」者，「試」譌爲「弑」，又譌爲「殺」耳。尹注非。翔鳳案：一字輾轉訛誤，此無證者。廣雅釋詁三：「殺，賊也。」陰爲賊害，乃姦僞之人。

〔四〕王念孫云：「人」當作「民」，唐人避諱改之。王引之云：「茲」，此也，謂道也。「是」字屬下讀，爾雅曰：「是，則也。」蓋理民者道也，非道則無以理民。生財者道也，非道則無以生財。上文所謂「治民有常道，生財有常法」也。尹不知「是」之爲則，而以「茲是」連讀，失之。

〔五〕陶鴻慶云：「知」字當在「明君」下。「是以明君知之」爲句，承上文「聖王明君善知而道之」而言。翔鳳案：原文自通，陶説非是。

是故將與之，惠厚不能供〔一〕。謂欲與人，雖有惠厚之意，財不能供。將殺之，嚴威不能振。謂欲殺人以致其理，然而嚴威銷縮，不能振起也。嚴威不能振，惠厚不能供，聲實有閒也。或有聲無實，或有實無聲，聲實閒礙，故不供不振也。有善者不留其賞，故民不私其利。善必得賞，私利何爲？有過者不宿其罰，故民不疾其威。宿，猶停也。罰得其過，則人不疾其威。疾，怨也。威罰之制〔二〕，無踰於民，因人所欲罰而罰之，故不踰於人也。則人歸親於上矣。如天雨然，澤下尺，生上尺。澤從上降，潤有一尺，則苗從下生，上引一尺。澤下降，苗上引，猶君恩下流，人心上就也。是以官人不官，事人不事，獨立而無稽者，人主之位也。君者與人之官而不自官，授人之事而不自事，獨立於無過之地，臣下莫得而稽之，如此者，人主之位也。先王之在天下也，民比之神明之德，先王善牧之於民者也〔三〕。夫民別而聽之則愚，別而聽之，則各信其一方，暗莫之發，故愚。合而聽之則聖〔四〕。合而聽之，則得失相輔，可否相濟①。芻蕘之言，賢聖不能易，故聖也。雖有湯、武之德，復合於市人之

①「可否相濟」四字原作「可不相齊」，據補注改。

言。是以明君順人心，安情性，而發於衆心之所聚。聚，謂同所歸湊。是以令出而不稽，稽，留也。刑設而不用。人不犯法，故無所用刑。先王善與民爲一體。以百姓心爲心，故言一體。與民爲一體，則是以國守國，以民守民也。一國同一意，萬人同一心。然則民不便爲非矣。爲非則失利，故不便。雖有明君，百步之外，聽而不聞。耳聽有所極。間之堵牆，窺而不見也。目視有所窮。而名爲明君者，君善用其臣，臣善納其忠也。君能善用，臣能善納，則何聽而不聞，何視而不見。耳目不壅①，非明而何也。信以繼信，善以傳善〔五〕，君信而臣繼之，君善而臣傳之。是以四海之内，可得而治。是以明君之舉其下也，盡知其短長，知其所不能益，若任之以事。夫任人以事者，必擇其可否②。君之舉臣，亦猶是也。賢人之臣其主也，盡知短長，與身力之所不至，謂知君之短長及其身力所不至也。若量能而授官〔六〕。天授人官者，亦擇其可否③。臣之擇事，亦猶是也。上以此畜下，擇其可畜而畜之。下以此事上，擇其可事而事之。上下交期於正，君有賢臣，臣有令主，欲求不正，

① 「壅」字原作「擁」，據校正改。
② 「可否」原作「可不」，據校正改。
③ 「可否」原作「可不」，據校正改。

其可得乎。則百姓男女皆與治焉。君臣正，則百姓無自爲淫僻也。

〔一〕丁士涵云：「惠厚」當作「厚惠」，與「嚴威」對文，下同。翔鳳案：春秋時不尚排偶。論語「迅雷風烈必變」，未嘗以「烈風」對文。丁改之，妄矣。

〔二〕劉績云：「威」當作「賞」，注非。翔鳳案：踰當民仍歸親於上，所難者罰不踰節，此單承，非雙承也。劉説非是。

〔三〕陶鴻慶云：「牧」當爲「收」字之誤。廣雅釋詁：「收，取也。」「善收之於民」者，善取之於民也，其義具見下文。（輕重甲篇「牧貧病」，朱本「牧」作「收」。侈靡篇：「智者能牧之。」明法解：「牧漁其民以富其家。」王氏以爲皆當作「收」。）

〔四〕張佩綸云：舊唐書裴度傳韋處厚上言：「管仲曰：人離而聽之則愚，合而聽之則聖。」「民」，唐諱作「人」。「離」、「别」異文。

〔五〕戴望云：「傳」當爲「傅」字之誤，説見前「制令傳於相」下。張文虎云：「傳」猶繼也。戴君謂「傳」當作「傅」，非。

〔六〕俞樾云：兩「若」字並當訓乃。小爾雅廣言曰：「若，乃也。」國語周語引書曰「必有忍也，若能有濟也」，韋注曰：「『若』猶乃也。」此文言君必知其臣，乃任之以事，臣必知己，乃量能而受官。「授」當作「受」，周官典婦功職曰「凡授嬪婦功」，司儀職曰「登再拜授幣」，鄭注並云「『授』當爲『受』」，是古「授」、「受」得通言也。「陳力就列，不能者止」，是謂量能而受官矣。

管子校注卷第十一

短語五

君臣下第三十一

朱長春云：是先秦荀、韓間一篇長議論文字。

何如璋云：商君有君臣篇，首句爲「古者未有君臣上下之時」，殆即此文所本。

翔鳳案：韓非五蠹：「藏商、管之法者家有之。」當時誰敢襲商君書以欺人耶？此必無之事。何無證，騰其口説，妄矣。

古者未有君臣上下之别，未有夫婦妃匹之合〔一〕，獸處羣居，以力相征。若野獸之處，以羣而居，力强者征於弱也。於是智者詐愚，强者凌弱，老幼孤獨不得其所。故智者假衆力以禁强虐，而暴人止。智者，即聖王也。爲民興利除害，正民之德，正人之邪德。而民師之。師智者也。是故道術德行出於賢人，賢人，知道術德行者也。其從義理兆形於民心〔二〕，則民反道矣〔三〕。道術既出，故莫不從義而順理。理之極，則無姦僻之事，始見於人心，則人無不道矣。名物處違是非之分〔四〕，則賞罰行矣。人既反道，故以正其善惡之物，處其背理之違，則爲是非者自分矣。是非既分，故行賞罰以當其功過也。上下設，民生體，而國都立矣〔五〕。上下既設，人則生其貴賤之禮，故國都立也。是故國之所以爲國者，民體以爲國。貴賤成禮，方乃爲國。君之所以爲君者，賞罰以爲君。無賞罰，則君不足貴。致賞則匱，賞而不已則匱。致罰則虐〔六〕。罰而無節則虐。財匱而令虐，所以失其民也。是故明君審居處之教，而民可使，人從教，故可使。居治戰勝守固者也〔七〕。居處既治，戰則勝，守則固。夫賞重則上不給也，賞重則費用多，故不給也。罰虐則下不信也。令虐，則人無所措手足，故不信也。是故明君飾食飲弔傷之禮，飲食，謂享燕。傷，謂喪祭也。而物厲之者也〔八〕。禮行則物親也。是故厲之以八政，八政，謂洪範之八政。旌之以衣服，衣服所以表貴賤也。富之以國裹〔九〕，裹，謂財貨所苞裹而藏也。貴之以王禁〔一〇〕，禁令行，然後知常者之可貴也。則民親君，可用也。民用，則天下可致也。

〔一〕丁士涵云：廣韻去聲十二霽：「媲，配也，匹詣切，又作『䠘』，見管子。」疑此文「妃匹」，古本當作「䠘匹」。陳奐云：「䠘」是俗字，當本是「媲」字而譌作「䠘」者。翔鳳案：遠古無君臣夫婦之别，此爲歷史事實。古本不知而删「未」字，爲任意改削之一證。

〔二〕丁士涵云：「理」上脱「順」字。尹注云「道術既出則莫不從義而順理」，可證也。翔鳳案：「從」爲信從。孟子：「堯舜帥天下以仁而民從之。」易繫辭：「理財正辭禁民爲非曰義。」「理」爲條理，「兆」爲吉凶之端。荀子儒效「井井兮其有理也」，注：「有條理也。」魏都賦

「兆朕振古」，注：「兆，猶事之先見者也。」

〔三〕劉績云：「反」，復還也。言民有所趨向則反道。

〔四〕劉績云：處名物爲是，違名物爲非。戴望云：「名物」，謂正名其物也。張佩綸云：「之」字衍。當作「名物處，是非分」，與下「上下設，民生體」對文。翔鳳案：說文：「處，止也。」「違，離也。」詩節南山「惡怒是違」，傳：「違，去也。」二字用其本義，正相反對。有處違即有賞罰。

〔五〕姚永概云：據尹注，則兩「體」字均本作「禮」。以下文「墳然若一父之子，若一家之實，義禮明也」，又「此禮，正民之道也」，又「君臣上下之分素則禮制立矣」，又「君人者制仁，臣人者守信，此言上下之禮也」，又「君子食於道則義審而禮明，義審而禮明則等倫不踰」諸語證之，亦應作「禮」。張佩綸云：「而」當作「則」。安井衡云：「體」猶親也。貴賤既設，民生體君之心，而國都因以立矣。言國以民爲本。翔鳳案：說文：「體，總十二屬也。」文王世子「體異姓也」，注：「猶連絡也。」「生」同「姓」，見上篇。「民生體」即民姓體。諸說均誤。

〔六〕翔鳳案：漢書公孫弘傳「致利除害」，注謂：「引而至也。」

〔七〕劉績云：言明不致賞罰，但審教可使民，居國則治，以戰則勝，以守則固也。翔鳳案：以居則治，以戰則勝，以守則固，此使之之效，重在可使。論語「民可使由之」，「民可使富也」。劉說非。

〔八〕戴望云：宋本「屬」作「厲」，涉下「厲之」而誤。張佩綸云：「物厲之」，即霸言篇「物利之謂也」。論語「必先利其器」，漢書梅福傳引論語作「必先厲其器」。史記陳杞世家索隱：「『厲』、『利』聲相近。」翔鳳案：書臯陶謨「庶明厲翼」。漢書儒林傳「以厲賢焉」，注：「勸勉之也。」假爲「勵」。「厲之以八政」即「勵之以八政」。若作「屬之以八政」，則不順適矣。戴説非是。

〔九〕王引之云：書傳無謂財貨爲「裹」者，「裹」當爲「稟」，字形相似而誤。稟，古「廩」字。「富之以國稟」，謂食以國之廩粟，所謂「禄以馭其富」也。周官廩人「掌九穀之數，以待國之匪頒賙賜稍食」，鄭注曰：「稍食，禄廩。」翔鳳案：富國以農事爲本。詩公劉：「乃積乃倉，乃裹餱糧。」穆天子傳：「米三百裹。」房注不誤。禄即米也。

〔一〇〕俞樾云：「貴」讀爲會，言以王禁會集之也。尹注非。許維遹云：尹注固非，俞説亦不可從。「禁」猶法制也。「貴之以王制」，猶言以官制尊貴之。廣韻：「禁，制也。」翔鳳案：吕氏春秋離謂「此爲國之禁也」，注：「禁，法。」孟秋「禁止姦」，注：「禁，令。」淮南氾論訓「是故因鬼神禨祥而爲之立禁」，注：「戒也。」許説是。

天下道其道則至，君得君道，則天下至。不道其道則不至也。夫水，波而上，盡其摇而復下，其勢固然者也〔一〕。言水波湧而上，既盡其勢，還復摇動歸下而止。此自然之勢，喻人懷德而來，畏威不去者也。故德之以懷也，威之以畏也，則天下歸之矣。有道之國，發號出令，而夫婦盡歸親於上矣。布法出憲，而賢人列士盡功能於上矣〔二〕。千里之内，束布之罰〔三〕，束，謂帛也。布，謂錢也。古者罰刑或令出錢帛也。一畝之賦，盡可知也。賢人爲之視聽，故無不知。治斧鉞者不敢讓刑，讓，猶拒也。當其罪，不敢①讓刑也。治軒冕者不敢讓賞〔四〕。賞當其功，故不讓也。墳然若一父之子〔五〕，若一家之實，義禮明也〔六〕。墳，順貌。或刑賞之，莫敢違逆。若子之從父，家之從長。如此者，禮義明故也。夫下不戴其上，臣不戴其君，則賢人不來。上下不交，則賢人隱。賢人不來，則百姓不用。百姓無賢人，則不知所歸，故百姓不用也。百姓不用，則天下不至。百姓不用，則天下無邦，將何至哉！故曰：德侵則君危，君德見侵，不危何待。論侵則有功者危，論議②侵理則功過不明，故有功者危。令侵則官危，令侵則法不行，故官危也。刑侵則百姓危，刑侵則無辜受戮，故百姓危也。而明君者，審禁淫侵者也。上無淫侵之論，則下無異幸之心矣〔七〕。

〔一〕戴望云：「波」爲「播」之假字，言水播蕩而上，盡其動摇而復下也。「波」與「播」古字通，詳見王氏經義述聞「滎波既豬」條下。金廷桂云：「摇」與「遥」古字通。注作「摇動」解，未

---

① 「不敢」原作「敢不」，據校正乙。
② 「議」字原作「義」，據補注改。

是。翔鳳案：說文：「波，水涌流也。」平讀爲波，去讀爲播，本一字之孳乳也。説文：「摇，動也。」方言十二：「摇，上也。」左昭十二年傳「摇蕩我邊疆」，文義相似。金説乃旁義，非正解。

〔二〕俞樾云：「功」當作「貢」。説文貝部：「貢，獻功也。」「貢能於上」，猶上文言「歸親於上」也。周易繫辭傳「六爻之義易以貢」，釋文曰：「貢，荀作『功』。」是「功」、「貢」相通之證。翔鳳案：説苑臣術：「列士者，所以參大夫也。」史記伯夷列傳：「烈士徇名。」

〔三〕劉績云：此即「宅不種桑麻者有里布」之類。安井衡云：「束布」，一束布也。十端曰束。翔鳳案：孟子「廛無夫里之布」，戒篇「市征而不布」，注皆訓「錢」。周禮廛人「掌斂市紋布、總布、質布、罰布、廛布。」注：「泉也。」「泉」即錢也。合而觀之，罰之爲布明矣。房注及安井之説不誤。

〔四〕俞樾云：尹注曰：「『讓』猶距也。」然此以「治斧鉞」、「治軒冕」者言，非以受之者言。尹解「讓」字，殆非其義。「讓」當讀爲攘。禮記曲禮篇「左右攘辟」，鄭注云：「攘，古『讓』字。」是「攘」、「讓」古字通也。此文兩「讓」字，並當爲攘竊之「攘」。「不敢讓刑」，「不敢讓賞」，謂不敢攘竊刑賞之權也。張佩綸云：楚辭「知死不可讓兮」，王注：「讓，辭也。」翔鳳案：治斧鉞軒冕者乃工人，可以攘竊刑賞之權乎？此不可能也。賞可辭，犯罪而受斧鉞之誅，是可辭乎？俞、張之説不可通。「讓」之本訓爲責讓。治軒冕者，不能以軒冕爲己所治，責上無功而賞以軒冕。治斧鉞者，不以斧鉞爲己所治，責上有罪不當刑以斧鉞。當注意「不敢」二字也。

〔五〕陳奐云：尹訓「墳，順貌」，「墳」於順義不可通。「墳」當爲「隤」字之誤。易繫辭「夫坤隤然，示人簡矣」，馬融、韓伯注竝云：「隤，柔貌。」柔、順義同，尹所見本蓋不誤。丁士涵云：玉篇「墳」與「隤」同，蓋本是「墳」字。安井衡云：「墳」本作「隤」，今本作「墳」者，形相涉而誤。李國祥云：「其人若一父之子，其財若一家之實。」張佩綸云：玉篇「『隤』或作『頹』」，禮檀弓「頹乎其順也」，曲禮「凡遺人弓者」，鄭注：「隤然，順也。」陳丁説是。翔鳳案：「墳」讀爲賁。左昭十二年「三墳五典」，王政碑「研典賁」；尚書之「黑賁」即「墳」，皆可爲證。湯誥「賁若草木」，詩白駒「賁然來思」，「賁若」與「賁然」同義。易雜卦傳「賁，无色也」，王肅注：「賁有文飾黃白色。」房注訓「墳」爲「順貌」，不誤。説文：「賁，飾也。」與下「一家之實」相應。諸説俱誤。

〔六〕張佩綸云：「實」，呂氏春秋行論篇「左右官實」，高注：「官實，官長也。」（尹）注「家之從長」，本此。説文：「室，實也。」「一家之實」猶言「一家之室」，即天下一家之意。陶慶鴻云：「實」與「室」聲近義通。釋名：「室，實也，人物實滿其中也。命士以上，父子異室。」「一家之室」，與「一父之子」文異而義同。尹注未晰。翔鳳案：張、陶説是也，「實」與「墳」相應，見前。「義禮明」之「明」，即「墳」（賁）矣。「義禮」即儀禮。

〔七〕翔鳳案：説文：「冀，北方州也。」假爲「覬」。魯語「吾冀而朝夕修我」，注：「望也。」

爲人君者，倍道棄法而好行私，謂之亂。爲人臣者，變故易常而巧官以諂上，謂之騰〔一〕。亂至則虐，騰，謂凌駕於君。騰至則北〔二〕。騰至則摧降故敗北①。四者有一至，敗，敵人謀之〔三〕。四者，則上之四危也。則故施舍優猶以濟亂，則百姓悦〔四〕。言施恩厚，舍罪罰，二者優厚，雖非用法，猶能濟亂，故百姓悦之也。選賢遂材而禮孝弟，則姦僞止。遂，達。要淫佚，別男女，則通亂隔。要，謂遮止之也。言能止淫佚，別男女，則先雖通亂，今能隔阨也。貴賤有義，倫等不踰，則有功者勸。國有常式，故法不隱，則下無怨心。隱，謂伏而不行。此五者，興德匡過，存國定民之道也。

〔一〕王引之云：「官」當爲「言」，字形相似而誤。幼官篇「攻之以言」，今本誤作「攻之以官」，是其證。張文虎云：「巧官」猶巧宦。「騰」疑當作「勝」，上篇「下及上之事謂之勝」，王云：「勝者陵也。」本篇下文云「倍其官，遺其事，穆君之色，從其欲阿而勝之」，即申此文言之。翔鳳案：説文：「諂，諛也。」「『巧官』猶巧宦」，張説是也。「騰」謂超昇也。洛神賦「騰文魚以驚策」，注：「昇也。」西京賦「乃奮志而騰驤」，注：「超也。」是其義。巧官不必用巧言，

① 「降故敗北」原作「故敗降北」，據補注乙。

别有陰險手段，王改「官」爲「言」，意反淺矣。

〔二〕趙用賢云：「北」應作「比」，臣下比周也。王念孫云：「北」與「背」同，言不忠之臣，必背其君也。説文曰：「北，乖也，從二人相背。」韋注吴語曰：「北，古之『背』字。」齊策曰「食人炊骨，士無反北之心」，「反北」即反背。尹注非。翔鳳案：奸臣騰達，時至則叛。王莽、司馬懿是也。

〔三〕王念孫云：「至」字因上文兩「至」字而衍。「敗」當作「則」，字之誤也。言四者若有一於此，則敵人謀之矣。「四者」謂亂也、騰也、虐也、北也。尹注非。張佩綸云：「至」非衍文。虐由於亂，北由於騰，亦不當爲四者。「四」當爲「二」之誤。

〔四〕王念孫云：尹説非也。「故施舍優猶以濟亂」當作一句讀，「優猶」即「優游」。荀子正論篇曰「優猶知足」，是也。「濟」，止也。鄘風載馳篇「不能旋濟」，毛傳曰：「濟，止也。」莊子齊物論篇曰：「厲風濟則衆竅爲虚。」施舍以厚之，優游以畜之，則可以止亂矣。安井衡云：「則」字衍。翔鳳案：爾雅釋詁：「是，則也。」「則故」猶是故，「則」字非衍。

夫君人者有大過，臣人者有大罪。國所有也，國之所有也。**民所君也，**民者，己之所君。**有國君民，而使民所惡制之，此一過也**〔一〕。言民惡君之制己，此亦君之過。**民有三務不布，其民非其民也**〔二〕。三務，謂春夏秋務農。人不務三，則餒餓成變，故民非其民也。**民非其民，則不可以守戰。此君人者二過也。夫臣人者，受君高爵重禄，治大官。倍**

其官，遺其事，穆君之色〔三〕，穆，猶悦也。從其欲，阿而勝之〔四〕，阿，曲也。巧言令色，委曲從君，至於動也。剛漸以勝之，其終或至於篡殺，故曰阿而勝之也。此臣人之大罪也。君有過而不改謂之倒〔五〕，臣當罪而不誅謂之亂。君爲倒君，臣爲亂臣，國家之衰也，可坐而待之。是故有道之君者執本〔六〕，相執要，大夫執法，以牧其羣臣。羣臣盡智竭力，以役其上。謂給上之役也。四守者，得則治，易則亂，故不可不明設而守固〔七〕。明設上四法，固而守之。昔者，聖王本厚民生，審知禍福之所生，是故慎小事微，違非索辯以根之〔八〕。謂有違非，必尋索分辯，得其根而止之也。然則躁作姦邪僞詐之人，不敢試也。不敢爲非以嘗君。此禮正民之道也〔九〕。制禮者，用此道以正人也。

〔一〕張佩綸云：「民所惡」指姦僞。上篇：「其所惡者能除諸民，所惡者能除諸民故姦僞省。」「使民所惡制之」，言以民所惡之人制民。陶鴻慶云：尹注云「民惡君之制己，此亦君之過」，非也。此言貪佞之臣，人民所惡，使之制國，君之過也。小稱篇「甚矣百姓之惡人之有餘忌也」，劉氏引別本注云「百姓見惡人之所忌」，義與此同。

〔二〕王引之云：「布」當爲「務」，蓋「務」字脱左畔之「矛」，其右畔之「务」，與隸書「布」字作「希」者相似（「希」見校官碑），因譌爲「布」矣。尹注曰：「農人不務之，則餒餓成變，故民非其民也。」是所據本正作「務」字。「其民非其民也」，上「其」字因下「其」字而衍。下文「民非其民則不可以守戰」，即承此句言之，不當有上「其」字。注曰「故民非其民也」，則無上「其」字可知。　張佩綸云：王氏之説非也。説苑辨物篇：「古者有主四時者：主春者張，昏而中，可以種穀，上告于天子，下布之民；主夏者大火，昏而中，可以種黍菽，上告于天子，下布之民；主秋者虚，昏而中，可以種麥，上告之天子，下布之民；主冬者昴，昏而中，可以斬伐，田獵蓋藏，上告之天子，下布之民。」「三務」指春夏秋，原註不誤。　翔鳳案：左傳：「三時不害，而民和年豐也。」合之張説，其義已明。

〔三〕俞樾云：續漢祭祀志注引決疑要注曰：「穆，順也。」「穆君之色」即順君之色。下句曰「從其欲」，「從」亦順也。尹訓「穆」爲「悦」，未得。

〔四〕豬飼彦博云：「勝」當作「騰」，上云：「巧官以諂上謂之騰。」　張文虎云：「從」字疑當讀爲縱。此「勝」字蓋亦「騰」字之誤。　張佩綸云：「勝」即騰也。〔逸〕周書文酌注：「騰，勝也。」　翔鳳案：説文：「勝，任也。」阿君欲而任行之，本訓可通。

〔五〕翔鳳案：大戴禮虞戴德：「有子不事父，有臣不事君，是非反，天倒行也。」即越語之「倒行逆施」。莊子外物：「草木之到植者過半。」説文無「倒」字，漢碑始有之。益知楊本之爲漢隸矣。

〔六〕李哲明云：此「者」字疑當衍。　翔鳳案：「者」爲別事之詞。藝文志「某家者流」，同此。與不明君相別，非衍文。

〔七〕丁士涵云：尹注云「明設上四法固而守之」，疑當作「明設而固守」。翔鳳案：「明設守固」即明設固守，與論迅雷風烈相似，錯綜成文，不必對偶也。

〔八〕丁士涵云：「違」字疑「韙」之誤。説文：「韙，是也。」上文曰「名物處違是非之分，則賞罰行矣」，即此所謂「韙非索辯以根之」也。翔鳳案：説文：「違，離也。」其違與非則根究之。若爲「韙」，則何必根究乎？

〔九〕丁士涵云：「禮」上疑脱一字。尹注云「制禮者用此道以正人」，豈本作「制禮」邪？吴汝綸云：「禮」上有脱字。翔鳳案：説文：「此，止也。从止从匕，匕相比次也。」以禮比次之。不脱不衍。

古者有二言，牆有耳，伏寇在側。牆有耳者，微謀外泄之謂也。伏寇在側者，沈疑得民之道也〔一〕。微謀之泄也，狡婦襲主之請而資游慝也〔二〕。襲，入也。謂狡婦①妖蠱人主，遂行請謁。謂所請既從外資游説爲姦慝者也。沈疑者，得民者也〔三〕。前貴而後賤者，爲之驅也。所驅役之人，前得貴寵，今怨淪賤，然賤者必思貴，常伺君以興禍，故謂之伏寇也。明君在上，便僻不能食其意〔四〕，便僻者不能諂君以得意，故曰「不能食其意」也。刑罰亟近也〔五〕。既不能得君意，故刑罰數也。大臣不能侵其勢，不能侵君之勢。比黨者誅，明也。

①「婦」字原作「人」，據補注改。

君明，故比黨者誅之。爲人君者，能遠讒諂，廢比黨，淫悖行食之徒〔六〕，行食，游食。無爵列於朝者，此止詐拘姦厚國存身之道也。爲人上者，制羣臣百姓，通中央之人和〔七〕。中央之人，謂君之左右也。左右與君和之也。是以中央之人，臣主之參，左右之人，在臣主之閒參會其事者也。制令之布於民也，必由中央之人。中央之人，以緩爲急，急可以取威；君雖曰緩，左右行之乃爲急，故能取威也。以急爲緩，緩可以惠民。君雖日急，左右行之爲緩，故能惠人。威惠遷於下，則爲人上者危矣。賢不肖之知於上，必由中央之人。財力之貢於上，必由中央之人。能易賢不肖，而可威實賢謂之不肖，實不肖謂之賢，故曰「易賢不肖」也。黨於下〔八〕。有能以民之財力，上陷其主，而可以爲勞於下〔九〕。用人財力，上以陷主，即於下以爲勞。兼上下以環其私〔一〇〕，上則擅君之柄，下則用人材力，上下之利皆用遶身，故曰「環其私」也。爵制而不可加，則爲人上者危矣。勢既凌君，故爵制不能加也。

〔一〕李國祥云：「沈」，沒也。「疑」，攜貳也。謂包藏禍心者。「得民」，得君之民也。丁士涵云：「沈疑」解上「伏寇」二字。「沈」猶伏也。（周語注）「疑」，姦慝也。（太玄玄衝：「格好也是，而疑惡也非。」）「得民」當作「得君」，下文「狡婦襲主之情」，是言君，非言民。下文曰「沈疑之得民也」，當作「沈疑之得君也」，言伏寇奪君之威惠耳。戴望云：丁解「沈疑」二字是也，其改「得民」爲「得君」則非也。下文曰「沈疑之得民也，前貴而後賤者爲之先驅也」，蓋「前貴後賤」者乃上所黜退之人，姦臣欲得民心必先加恩於黜退之人，使其宣君之惡而揚己之善，因驅民來歸於己。若如丁説，則下句難解矣。翔鳳案：説文匕部：「𠤕，未定也。从匕，吴聲。吴，古文『矢』字。」子部：「疑，惑也。从子止匕，矢聲。」二字同音而相混。詩桑柔「靡所止疑」，傳：「定也。」士昏禮「疑立於席西」，注：「正立自定之貌。」「凝」乃俗「冰」字。易坤卦「陰始疑也」，荀、虞作「凝」。中庸「至道不凝焉」，釋文本作「疑」。易鼎「君子以正位凝命」，鄭注：「成也。」書臯陶謨「庶績其凝」，馬注：「定也。」「𠤕」、「疑」、「凝」三字相亂已久。「沈疑」之「疑」訓定。沈默而凝定，以陰險之道得民，是爲「伏寇」，言潛伏而不覺也。諸説俱非。

〔二〕丁士涵云：「襲」者密取之意，狡婦密取主之情，謀之所由泄也。「請」與「情」通。宋本尹注作「狡人」。陶鴻慶云：「請」讀爲情。「襲」，掩取也，謂刺取主之情實以爲遊士之資也。上篇云「大臣假於女之能以規主情」，可證此文之義。尹注云「襲，入也，謂狡婦妖蠱人主，遂行請謁」，非是。翔鳳案：荀子成相「聽之經，明其請」，「請」即「情」也。

〔三〕翔鳳案：上言沈疑爲得民之道。此言得民者，即爲沈疑者。

〔四〕張文虎云：「食」字與上篇「婦人能食其意」同。俞氏讀爲「蝕」，是也。下文「行食之徒」，「食」字同此義，或訓「食」爲「僞」，非。

〔五〕豬飼彦博云：「亟」，急也。言刑罰先加於近臣。翔鳳案：豬飼説是也。

〔六〕翔鳳案：郭沫若説「『行食之徒』，謂遊客辯士之類」，是也。

〔七〕孫星衍云：「制羣臣」爲句，「百姓通」爲句，「中央之人和」爲句。言爲人上者，所以宰制羣臣而百姓得通於上者，由於「中央之人和」也。故下文云：「制令之布於民也，必由中央之人。」豬飼彦博云：「通」當作「道」，由也。「和」字疑衍。丁士涵云：「通」疑「道」字之誤。道，由也。管子書皆以「道」爲「由」。尹注不爲「通」字作解，則所見本尚是「道」字。言上之制羣臣百姓，必由中央之人，是以中央之人，臣主之參。以文義論之，蓋「和」字衍。劉師培云：「中央」上疑挩「則」字。「制」與「令」同。（小匡篇曰「制重罪入以甲兵犀脅二戟」，「制」亦訓令。）此謂人君令羣臣百姓上通，則中央之人調順也。舊説均非。翔鳳案：「中央」二字，諸家無解釋。房注「左右與君和之」，以「中央」爲朝廷，似可通，然與孟子所謂天時地利人和不完全相合，蓋孟子所謂人和，包括百姓在内，非專指朝廷也。乘馬：「六步一斗，命之曰中歲。方六里名之曰社，有邑焉，名之曰央。」説文：「央，中央也。从大在冂之内。大，人也。」「冂」即「坰」字，在林外，象遠界也。「中央」爲現代村鎮，房注非是。

〔八〕劉績云：「威」當作「爲」。謂能易賢不肖而可以爲朋黨于下。注非。方苞云：以賢爲不肖，則可以示威；以不肖爲賢，則可以植黨。翔鳳案：廣雅釋詁三：「黨，比也。」論語「吾聞君子不黨」，孔注：「相助匿非曰黨。」作威而比黨於下也。非誤字。

〔九〕劉績云：「有」，又也。王引之云：「陷」字義不可通，疑當作「啗」，字形相似而誤。「上啗其主」，謂啗之以利也。史記樂毅傳「令趙嚪說秦以伐齊之利」，（今本脫「說」字，辯見史記。）「嚪」與「啗」同。高祖紀曰「使酈生、陸賈往說秦將，啗以利」，是也。尹注非。翔鳳案：「陷其主」，即使主墮其術中而不能自拔。王改「陷」爲「啗」，非是。

〔一〇〕王念孫云：尹未曉「環」字之義，「環」之言營也，謂兼上下以營其私也。「營」與「環」古同聲而通用。韓子五蠹篇曰：「古者蒼頡之作書也，自環者謂之私。」（「私」本作「ム」，見下。）說文「ム」字解，引作「自營爲ム」。韓子人主篇曰「當途之臣，得勢擅事，以環其私」，謂自營其私也。「環」字亦作「還」。管子山至數篇曰「大夫自還而不盡忠」，謂自營也。秦策曰「公孫鞅盡公不還私」，謂不營私也。（荀子臣道篇：「朋黨比周，以環主圖私爲務。」「環主」，謂營惑其主也。成相篇「比周還主黨與施」，「還」與「環」同。春秋文十四年「有星孛入於北斗」，穀梁傳曰「其曰入北斗，斗有環域也」，「環域」即營域。「環」與「營」同義，故「環繞」即「營繞」，「環衛」即「營衛」。又齊風還篇「子之還兮」，漢書地理志「還」作「營」，亦以聲同而借用也。）

先其君以善者，侵其賞而奪之實者也〔一一〕。先君行善，則是侵君之賞，奪君之富實也。先其君以惡者，侵其刑而奪之威者也。訛言於外者，脅其君者也。假說妖妄之言以惑衆，如此者，欲脅君也。鬱令而不出者，幽其君者也。鬱，塞也。君之令而不出行者，將欲幽君也。四者一作，而上下不知也〔二〕，則國之危可坐而待也。

〔一〕丁士涵云：「實」當作「惠」，「惠」對下文「威」字，上文亦「威」、「惠」對文。翔鳳案：上文「綏可以惠民」，與「侵」不同。侵君之賞而以實歸己，「實」非「惠」也。丁説非是。

〔二〕王念孫云：「上下不知」，當從朱本作「上不知」。「一」者，皆也。（大傳「五者一得於天下，民無不足，無不贍者」，言五者皆得於天下也。莊十六年穀梁傳「外內寮一疑之」，言皆疑之也。大戴禮衛將軍文子篇「若吾子之語審茂，則一諸侯之相也」，盧辯曰：「一，皆也。」家語弟子行篇「一」作「壹」。又三年問「壹使足以成文理」，王肅注竝云：「壹，皆也。」）翔鳳案：上知而下不知，其惡不昭著，「下」字不可少。

神聖者王，仁智者君，武勇者長，此天之道，人之情也。天道人情，通者質，寵者從，此數之因也〔一〕。質，主也。能通於天道人情者，可以爲主。其不能通，但寵貴之者，可以爲從，謂臣也。言臣主數，因此通而立也。是故始於患者，不與其事〔二〕；親其事者，不規其道。言初始謀慮而憂患者，乃行其事，令人爲之，而不自預，此謂君也。是以爲人上者，患而不勞也；百姓，勞而不患也。君臣上下之分素，有謀慮之患無別，謂上患而不勞也。則禮制立矣〔三〕。是故以人役上，人，謂百姓。百姓勞其身，供上之役也。以力役明，謂臣勤力役，用其明而理職位。以刑役心〔四〕，刑，法也。君則役心以出法制也。此物之理也。心道進退，心則度量可不，故進退也。而刑道滔赶〔五〕。滔，謂充也。赶，謂逡①巡曲也。設法有當不，故有合成②也。進退者主制，君心進退，所以主爲制令。滔赶者主勞。主勞者方，主制者圓。君臣之道主得制者，其事必有方有圓也。圓者運，運者通，通則和。圓，謂君道也。圓而不滯，必運而無礙，通者必暢，故和之也。方者執，執者固，固則信。方，謂臣道也。方而有常，故執而不舍則固，固而不妄則信也。君以利和，君道和則利也。臣以節信〔六〕，臣則守節。則上下無邪矣。故曰：君人者制仁，臣人者守信，此言上下之禮也。君之在國都也，若心之在身體也。道德定於上，則百姓化於下矣。戒心形於內，戒慎之心，成形於內。則容貌動於外矣〔七〕。正也者，所以明其德。必正然後德明。知得諸己，知得諸民，從其理也。於己既不失，於人必不妄，如此者，從理故也。知失諸民，退而脩諸己，反其本也。有失於人，必脩己自責，如此者，反其本也。所求於己者多，故德行立。求己多者，必進德脩業，故德行立也。所求於人者少，故民輕給之。求人少者，必薄賦斂，故人輕於給也。故君人者上注，臣人者下注。上注者，紀天時，務民力。上注，謂注意於上天，故紀要天

① 「逡」字原作「廸」，據補注改。
② 「成」字原作「或」，據補注改。

時，務全人力也。下注者，發地利，足財用也。下注，謂注意於下地，故發興地利，足於財用也。故能飾大義，審時節，上以禮神明，下以義輔佐者。所用輔佐，皆得其宜。明君之道〔八〕，能據法而不阿，上以匡主之過，下以振民之病者〔九〕，忠臣之所行也。明君在上，忠臣佐之，則齊民以政刑。牽於衣食之利〔一〇〕，君明臣忠則國理，國理則人重生，故人皆以養其形，而牽係於衣食之利也。故愿而易使，愚而易塞。塞，止也。易用法止也。君子食於道，小人食於力，分民〔一一〕。食道力不同，故曰分民也。威無勢也無所立，必有勢然後有所立。事無爲也無所生，必有爲然後有所生。若此則國平而姦省矣。君子小人既食於道力，邪惡之人復無所立生，故國平而姦省。君子食於道，則義審而禮明。義不審，則無所食也。義審而禮明〔一二〕，則倫等不踰，雖有偏卒之大夫，不敢有幸心，則上無危矣〔一三〕。國既明禮義，倫等不踰，雖有大夫偏獨出，伏罪而怨，不敢有幸亂心。齊民食於力，作本〔一四〕。作本者衆，農以聽命。是以明君立世〔一五〕，民之制於上，猶草木之制於時也。草木必得時然後生①。故民赶則流之，人太迂曲不行，則流通之。民流通則迂之〔一六〕。人太流蕩，則迂屈之。決之則行，塞之則止。雖有明君能決之，又能塞之〔一七〕。決之則君子行於

①「生」字原作「也」，據補注改。

禮，塞之則小人篤於農。君子行於禮，則上尊而民順。小民篤於農，則財厚而備足。上尊而民順，財厚而備足，四者備體，謂備具而成體。頃時而王，不難矣〔一八〕。四肢六道，身之體也〔一九〕。四肢，謂手足也。六道，謂上有四竅，下有二竅也。四正五官，國之體也。四正，謂君臣父子。五官，謂五行之官也。四肢不通，六道不達，曰失〔二〇〕。四正不正，五官不官，曰亂。是故國君聘妻於異姓，設爲姪娣命婦宮女，盡有法制，所以治其內也。明男女之別，昭嫌疑之節，所以防其姦也。是以中外不通，讒慝不生，婦言不及官中之事〔二一〕，而諸臣子弟無宮中之交，此先王所以明德圉姦，昭公威私也〔二二〕。明妾寵設〔二三〕，不以逐子傷義。明立正嫡，設其貴寵子，不令逐而廢之，故不傷義也。禮私愛驩，勢不竝論。嫡子者，所以傳重也，故禮許私愛，雖驩之超異，可也。餘子之勢，終不得與之竝論也。爵位雖尊，禮無不行。言嫡子爵位雖復尊異，必須行之以禮也。選爲都佼〔二四〕，冒之以衣服，旌之以章旗，所以重其威也。所立之嫡，必選其都雅佼好者，又以美衣麗服覆冒①之，章表旗幟旌異之。凡此，皆所以重嫡子之威也。然則兄弟無閒郄，讒人不敢作矣。嫡威

---

①「冒」字原作「習」，據補注改。

重則兄弟和，故讒人無所作其讒①矣。**故其立相也，陳功而加之以德，論勞而昭之以法，參伍相德而周舉之**〔二五〕**，尊勢而明信之。**其謂國相，則功德兩兼，勞法獲美，於此四者，參驗伍偶，相與俱得。其事既周，然後舉用之。既用之，尊勢而明信之也。**是以下之人無諫死之誋，**君明相賢，必從說如流，故無諫死之忌也。**而聚立者無鬱怨之心**〔二六〕**，**聚立，謂天下會同也。若得其所，故無怨望也。**如此則國平而民無慝矣。**慝，姦惡者也。**其選賢遂材也，舉德以就列，不類無德。**舉有德者以就列位，不以無德之人爲類。**舉能以就官，不類無能。以德弇勞，不以傷年**〔二七〕。有德者超於上列，使在有功勞者之前，故曰有德掩勞。苟有②德，雖年未至，而亦將用之，不以年少爲之傷也。**如此則上無困而民不幸生矣。**有功能必賞用之，故人不以苟生爲幸也。

〔一〕丁士涵云：案「寵」當爲「窮」，「通窮」猶尊卑也。呂覽貴信篇：「可與尊通，可與卑窮者，其唯信乎？」翔鳳案：說文「質，以物相贅」，謂以物受錢也。天道人情，非可虛致，必我有其實以應之。周書謚法「名實不爽曰質」，是其義矣。其承天人之寵者，勢尊矣，亦當順其道而行之。丁說誤。

---

① 「讒」字原作「故」，據校正改。

② 「有」字原作「其」，據補注改。

〔二〕劉績云：「始於患者不與其事」，即下「患而不患也」。「親其事者不規其道」，即下「勞而不勞也」。

何如璋云：「患」謂思患，即孟子「君子勞心，小人勞力」之義。翔鳳案：「患」訓爲憂，即慮難也。「始」字可通，于省吾改爲「治」，非是。

〔三〕張佩綸云：儀禮士喪禮注：「形法定爲素。」翔鳳案：中庸「素隱行怪」，注：「『素』讀爲傃，猶鄉也。」謂各有其嚮也。

〔四〕劉績云：「以人役上」，自君臣言。「以力役明」，自等類言。「以刑役心」，自一身言。「刑」乃「形」字譌，下同。此注及下俱非。洪頤煊云：劉說是也。「形」對「心」言，故下文云：「心道進退，而形道滔赶；進退者主制，滔赶者主勞。」「滔」與「蹈」通。楚辭謬諫篇「年滔滔而日遠兮」，王逸注：「滔滔，行貌。」廣雅釋訓：「蹈蹈，行也。」説文云：「赶，舉尾走也。」皆與「勞」義相近，尹注非。王念孫云：「以力役明」，所謂「君子勞心，小人勞力」也。「刑」、「形」古字通。

〔五〕王紹蘭云：説文：「夲，進趣也，從大從十，十，猶兼十人也，讀若滔。」（叔重「讀若」皆聲兼義，故讀從大從十進趣之「夲」，若水漫漫大皃之「滔」。）「赶，舉尾走也。」（「舉尾走」者，馬之疾者也。）「滔」即「夲」之假借。言運心之道進退有度，執法之道敏則有功。「滔」謂進趣，「赶」謂進趣之疾，故下文云「滔赶者主勞也」。大雅江漢篇「武夫滔滔」，謂武夫疾趣而進，猶此云「滔赶」矣。詩人因上言「江漢浮浮」，因即借「滔」爲「夲」，毛傳「滔滔，廣大皃」，即「夲」

從大從十之義。鄭箋「使循流而下滔滔然」，即「夲」進趣之義。可與此文參證。劉師培云：尹注云：「『滔』謂充也。『赶』謂逡巡，曲也。」注以「逡巡曲」訓「赶」，是「赶」係「迂」訛。下文云「故民迂則流之，民流通（王氏引之云「通」字衍）則迂之」，尹注云：「人太迂曲不行則流通之。」今楊本上「迂」字亦訛爲「赶」。以此互證，則「滔赶」當作「滔迂」，明矣。「滔」義同流（注略），「滔迂」，流迂之誼，約與屈伸、拘放相當。此文「刑」與「形」同，謂心運進退於無形，體呈屈伸於有形也。下文「滔赶者主勞」，「赶」亦「迂」訛。（瞿氏楊本提要亦以「滔赶」之「赶」即「迂」字。）翔鳳案：劉説是也。然以「赶」爲「迂」之訛，則未必。從辵從走之字多同，説文「䞴，趁也」，易屯卦作「邅」。「𧾌，疾也」。詩齊風「子之還兮」，傳：「便捷之貌。」「越，度也」，與「䢁」同。「超」與「迢」，「趍」與「迻」，皆聲近義同，則「迂」可爲「赶」，惟其字未收之於説文耳。而以「于」爲「干」，則少誤矣。

〔六〕翔鳳案：易文言：「利者，義之和也。」

〔七〕王念孫云：「戒」當爲「成」，字之誤也。「成」與「誠」通。（禁藏篇「賞罰莫若成必」，「成」即「誠」字。小雅我行其野篇「成不以富」，論語顏淵篇「成」作「誠」。）「誠心形於内，容貌動於外」，所謂「誠於中，形於外」也。此以身之從心喻民之從君，不當專以「戒心」言之。尹注非。

翔鳳案：管子有戒篇，以戒爲重。儒家之誠亦爲慎獨，房訓「戒慎」，不誤。王説誤。

〔八〕戴望云：元本「道」下有「也」字。翔鳳案：「明君之道」句起下，安得有「也」字？

〔九〕安井衡云：「振」，救；「病」，患也。

〔一〇〕丁士涵云：據尹注，則「政刑」當作「正形」。「齊民」猶言平民也。　張佩綸云：「牽於衣食之利」，即牧民「衣食足而知榮辱」意。　劉師培云：據注説，是「政刑」當作「養形」，蓋正文舊作「敎刑」，校者不識古「養」字，因易爲「政」。注文改用今字，故仍作「養形」。　張德鈞云：「齊」字作動詞解。「齊民以政刑」，即論語「道之以政，齊之以刑」意。　翔鳳案：張德鈞説是。孟子「明其政刑」，亦以「政刑」相連。「牽於衣食之利」句起下，房注誤連上矣。

〔一一〕吳志忠云：「分民」之「民」，當爲「也」字之誤。　李哲明云：「民」當爲「也」。言君子食道，小人食力，分固然也。孟子：「治人者食於人，治於人者食人，天下之通義也。」此節語意正同。秦刻石「也」字作「乜」，傳寫者以字似「民」，臆改致誤。注「分民也」，「民」字亦涉正文誤增。　翔鳳案：諸人改「民」爲「也」，以「分民」二字不當爲一句，然下文「作本」亦以二字爲句，則「民」非誤字。「分民」者，各盡其力之所能也。

〔一二〕戴望云：朱本作「禮審而義明」，下文同。　翔鳳案：義審是非之宜，禮明上下之等，朱本謬。

〔一三〕丁士涵云：「偏卒」，皆副佐之義。左襄三十年傳「令尹之偏」，注：「偏，佐也。」「卒」與「倅」同。説文：「倅，副也。」周官車僕注：「萃，猶副也。」萃、倅亦同義。「偏卒之大夫，不敢有幸心」，謂職居副佐者，不敢冀幸踰倫等，僭居正位也。尹注大繆。俞樾云：「偏」者車數，「卒」者人數，成七年左傳杜注引司馬法曰「百人爲卒，車九乘爲小偏，十五乘爲大偏」，是也。「有偏卒之大夫」，蓋謂大夫之家有車徒者耳。尹注未得。翔鳳案：俞説是。

〔一四〕翔鳳案：趙本、古本以二字不成句，而於「力」下加「則」字，然上文「分民」亦有二字句，不可信也。

〔一五〕翔鳳案：左襄十三年傳「小人農力以事其上」，大臣「耕者用力不農」，「農」謂努力。「立」訓莅，詳立政篇。「明君立世」，明君莅世也。

〔一六〕王引之云：「民流」下「通」字因注而衍。注於上「流」字訓爲「流通」，下「流」字訓爲「流蕩」，則無「通」字明甚。若有「通」字，不得訓爲「流蕩」矣。翔鳳案：房注即以「蕩」訓「通」，謂遷也。「赶」字不誤，見前。

〔一七〕戴望云：「雖」與「唯」同。翔鳳案：「雖」同「唯」，王引之已有此説，詳經傳釋詞。

〔一八〕王念孫云：「頃」當爲「須」，説見法法篇。翔鳳案：「頃時」形容「不難」，若作「須時」則難矣。孟子「以齊王猶反手也」，文意全同，王説誤。

〔一九〕張佩綸云：周禮天官疾醫「兩之以九竅之變」，鄭注：「陽竅七，陰竅二。」淮南天文訓：「天有九重，人亦有九竅。天有四時，以制十二月，人亦有四肢，以使十二節。」疑「六道」乃「九竅」之誤，注「四竅」即「七竅」，正引鄭注爲釋。翔鳳案：素問有六經：陽明、少陽、太陽、太陰、少陰、厥陰，爲氣血之通道，故下云「六道不違」。張説誤。

〔二〇〕翔鳳案：「失」，謂氣血失調。

〔二一〕翔鳳案：「婦言不及官中之事」，防其進讒，且與下文「宫下之交」相應。

〔二二〕俞樾云：「威」乃「烕」字之誤。烕者，滅也。劉氏績謂是「戒」字之誤，非是。翔鳳案：「威」從戌聲。説文：「戌，滅也。」王莽傳有「威斗」，今作「熨斗」。「熨」，從上按下也。「威」有抑義，「威私」即抑私。甘誓「有扈氏威侮五行」，猶滅侮也。非誤字。「威」

〔二三〕姚永概云：「明立寵設」屬嫡子言，不屬庶子言。下「選爲都佼」四句，即「明立寵設」之事。「不以逐子傷義禮」爲句。「私愛」爲因私而予之愛，「驩勢」爲因驩而予之勢，四字對文也。此乃言庶子矣。「私愛驩勢」焉能與禮並倫乎？然必「明立寵設」而後乃能不逐嫡子以傷義禮也。劉師培云：「妾」字當從他本作「立」。正世篇曰「設人之所不利欲以使，立人之所不畏欲以禁」，「立」、「設」並文，正與此同。「明立」者，尊所立之適也。「寵設」者，寵所設之適也。「明立寵設」文異誼同。尹注云「明立正嫡，設其貴寵子」，似解「寵設」爲設寵，與本文弗合。章炳麟云：尹注：「明立正嫡，設其貴寵，子不令逐而廢之，故不傷義也。」劉績曰：「言庶子雖有才有寵，亦不以逐適子而傷義。」雜志曰：「『明』猶尊也，言庶子雖尊寵，不以代適子也。」今謂劉以「明立寵設屬庶子言」，王又訓「明」爲尊，皆是矣，至「逐子」之義，猶取尹説。然下文言「禮私愛驩，勢不竝倫，爵位雖尊，禮無不行」，方言別嫌明微之始，而此處已戒其廢逐大子，于言陵躐無序，管子本義不如是，亦謂別嫌明微而已。「傷義」乃後人增竄之字。知者，「不以逐子」與「勢不竝倫」、「禮無不行」相儷。彼皆四字句，則此亦當然。「逐」借爲「胄」。易大畜「良馬逐」，釋文：「逐，如字，一音胄。」海外北經「夸父與日逐走入日」，注：「逐，音胄。」是「逐」、「胄」聲通也。後漢書班固傳「六師發胄」，（此「胄」非從月之甲胄字，若作甲胄字讀，終不可通。）文選西都賦作「六師發逐」，則明借「胄」爲「逐」矣。「胄」可借爲「逐」，「逐」亦可借爲「胄」。堯典「教胄子」，馬注：「胄，長也。」詩崧高疏引説文：「禮謂適子爲胄子。」「以」通作「與」，「與」即「一與一」之與，敵也。此言庶子雖尊寵，不得敵胄子，與下「禮私愛驩，埶不竝倫」同意。但彼據權勢言，此據禮秩言耳，後人不曉「逐」爲「胄」字之借，「以逐」爲「放逐」義，則「不以逐子」四字文義不足，乃又加「傷義」二字以足之，非舊本也。翔鳳案：「逐子」即「胄子」，章説是也。廣雅釋親：「妾，接也。」「妾」爲古「接」字，謂其接於君，見前。「明妾」謂明接之。趙本、古本不知其義而改爲「立」，非別有善本爲依據也。廣雅釋詁二：「設，合也。」

〔二四〕翔鳳案：説文：「佼，交也。」段引明法解「羣臣皆忘主而趨私佼」，證「佼」即「交」字。史記趙世家「齊之事王，宜爲上佼」，是齊以「佼」爲「交」，不訓佼好。漢書兒寬傳「嘗爲弟子都養」，注：「都，凡衆也。」與都督同義。「都佼」爲交際之總管。問篇「官都其有常」，即此「都」也。

〔二五〕李哲明云：注云：「參驗、伍偶，相與俱得。」依此，正文「德」當爲「得」，同聲而誤。翔鳳案：「周舉」猶徧舉。

〔二六〕翔鳳案：「誋」同「忌」。房注是也。「聚立」承上「立相」。方言二：「萃、襍，集也，東齊曰聚。」左成十三年傳：「我是以有輔氏之聚。」

〔二七〕章炳麟云：當作「不以年傷」，「傷」借爲「揚」。詩泮水「不吳不揚」，傳：「揚，傷也。」此謂借「揚」爲「傷」，則「傷」亦可借爲「揚」。文王世子云「或以德進，或以事舉，或以言揚」，「揚」亦「舉」也。此「以年揚」文法與「以言揚」正同。「不以年揚」者，謂不以歷官積日而舉之，如後世之奉滿例遷者，蓋德僅小任，雖歷久亦不遷也。凡絫日積官，亦得稱勞，故書言「三載考績」，以積久則有績也。然德不足以處高位，雖積勞不遷，德足以處高位，則無勞亦遷，是謂「以德弇勞，不以年揚」。翔鳳案：章説有理，且能尋出更多之證，然任何政府未有專重德而不顧年資者。德能並重，能可包於年中。德可弇勞，亦不以勞弇其年資。下文「及年而舉」，兼顧年資可知。

國之所以亂者四，其所以亡者二。內有疑妻之妾〔一〕，此宮亂也〔二〕。庶有疑適之子〔三〕，此家亂也。朝有疑相之臣，此國亂也。任官無能，此衆亂也〔四〕。四者無別，無別，謂妻妾嫡庶等不分別也。主失其體，群官朋黨以懷其私，則失族矣〔五〕。國亡則宗族隨之，故曰失族也。國之幾臣〔六〕，陰約閉謀以相待也，則失援矣。爲國之機，臣下陰爲要結，其所謀者，閉而不泄，以此相待，人必懷疑，而不相親矣，故失其援也。失族於內，失援於外，此二亡也。故妻必定，子必正，相必直立以聽，官必中信以敬〔七〕。故曰：有宮中之亂，有兄弟之亂，有大臣之亂，有中民之亂，中民，謂百吏之屬也。有小人之亂〔八〕，五者一作，則爲人上者危矣。宮中亂曰妬紛〔九〕，言積妬紛然，所以亂。兄弟亂曰黨偏〔一〇〕，黨偏，則强弱相凌，故亂也。大臣亂曰稱述〔一一〕，各稱述其己德①之長而不相讓，則亂也。中民亂曰讋諄〔一二〕，謂以智詐讋恐諄質則亂。小民亂曰財匱。賦稅重，則財匱，故亂。財匱生薄，財不供，則禮義息，故薄也。讋諄生慢，不重淳質，而智詐讋②恐之，此其慢也。稱述、黨偏、妬紛生變。此三者或生③，簒君弑④主，能爲大變也。故正名稽疑，刑殺亟近，則内定矣〔一三〕。正嫡庶之名，稽妻妾之疑，不正者之黨數，取其偪近者而刑殺之，如此，則黨偏妬紛之變息，故内定。順大臣以功，順中民以行，順小民以務，順用其務農也。則國豐矣〔一四〕。三者各稱其所順，故國豐也。審天時，天時各有宜也。物地生〔一五〕，以輯民力。禁淫務，繡文刻鏤，淫務。勸農功，以職其無事〔一六〕，無事者皆令得職也。則小民治矣。上稽之以數，謂上欲有

---

①「己德」原作「德己」，據補注乙。
②「智詐讋」原作「讋稱迷」，據補注改。
③「三」字原作「二」，「生」字原作「主」，據補注改。
④「弑」字原作「殺」，據補注改。

所徵發，必考其定數以命之也。**下十伍以徵，**既得其定數，下其什伍名以徵之也。**近其罪伏**〔一七〕**，以固其意。**日期既近，尚有不供者，則加之罪，以權伏之，所以固供者之意。**鄉樹之師，以遂其學，**每鄉必立之師，以遂之也。**官之以其能，及年而舉，則士反行矣**〔一八〕。舉而有材能者，則授之以官。既有年矣，則舉其功過而考察之，如此，則皆反其行矣。**稱德度功，勸其所能**〔一九〕**，若稽之以衆風，若任以社稷之任**〔二〇〕，既稱其德，又度其功，則其材能不可不知矣。既知其能，順而考之，或使之莅衆，以立風化。其材能尤高者，或授之以社稷之任者也。**若此，則士反於情矣**〔二一〕。有能必任之以職，故士反於情也。

〔一〕豬飼彦博云：「疑」、「擬」同。宋翔鳳云：「疑」讀儗，僭也，比也。下兩「疑」字同。漢書食貨志「遠方之能疑者」，顔注：「『疑』讀曰擬（同儗），僭也。」張佩綸云：韓子説疑篇：「故曰：孽有擬適之子，配有擬妻之妾，廷有擬相之臣，臣有擬主之寵。此四者，國之所危也。」

〔二〕戴望云：長短經十二引此「宫亂」作「家亂」，下「家亂」作「宗亂」。翔鳳案：妻妾同處宫中，「家」字謬。

〔三〕翔鳳案：説文：「嫡，孎也。」「孎，謹也。」「嫡」爲謹飭之意。段注：「俗以此爲嫡庶字，而許書不尒。蓋嫡庶字古衹作『適』，適者之也，所之必有一定也。詩『天位殷適』，傳曰：『紂居天位，而殷之正適也。』凡今經傳作『嫡』者，蓋皆不古。」儀禮士喪禮「死於適室」，注：「正寢之室也。」每日所往，故居是室者爲適。管子用本字。古聲舌上讀舌頭，「適」本讀嫡，韓非尚用「適」字（見下），則用「嫡」字在漢時。

〔四〕張佩綸云：「任官無能」與上三者不類，當依韓子作「官有疑主之寵」，「主」譌爲「任」，「寵」誤爲「能」，蓋狃於上文「舉能就官」耳。翔鳳案：「疑」通「擬」，擬謂相等，韓非所謂「内寵並后，枝子配適，大臣擬主也」。「擬主之寵」指大臣，管書之「衆亂」非大臣，不能以彼校此而改字也。

〔五〕丁士涵云：「懷」當是「環」字之誤。上文云「兼上下以環其私」，「環」讀爲營。姚永概云：此但言宗族微弱，不能衛其本根耳。觀下文「失族於内，失援於外，此二亡也」，明明但言有亡之徵。人臣竊國，必先弱其宗室，乃漸及篡弑。叔向憂公室之卑而三家分晉，崔、慶、欒、高之不保而陳氏代齊，皆其證矣。翔鳳案：説文：「懷，念思也。」此義至順，何必改訓？「環其私」，韓非作「營其私」，王念孫已指出，「懷」、「環」、「營」音理可相轉，然不可改。作文用字，前後當一致也。凡改字者，因其本義不可通，或有别證，否則不改，此常識也。

〔六〕安井衡云：「幾臣」與「羣臣」對，蓋謂掌機密之臣。國之幾臣陰與敵國約，閉藏其謀，以待可乘之時，則失鄰國之援。李哲明云：「幾」有近義，「幾臣」猶言近臣，與上「羣官」對文。「幾」、「近」雙聲，易屯卦「君子幾」，釋文：「幾，子夏作『近』。」中孚「月幾望」，釋文：「幾，京作『近』。」是「幾」、「近」通用之證。「陰約閉謀」對舉，正上所謂「疑相之臣」者也。翔鳳案：李説是。樂記「知樂則幾於禮矣」，此「幾」訓近之證。「幾」音近祈，「祈」、「近」同從斤聲。李謂「幾、近雙聲」，尚隔一層。

〔七〕張佩綸云：「直立」當作「正直」。劉師培云：治要「中」作「忠」。翔鳳案：説文：「直，正見也。」廣雅釋詁一：「直，正也。」「立」，古文「位」字，見前。聽政各有其位，而位仍當立，故曰「直立」。周禮大司樂「中和祗庸孝友」，注：「猶忠也。」漢張遷碑「中謇於朝」，魏横海將軍碑「君以中勇」，皆以「中」爲「忠」也。

〔八〕丁士涵云：下文三言「小民」，當據改。翔鳳案：此避諱回改未盡者，與誤字不同。

〔九〕張佩綸云：史記鄒陽傳：「女無美惡，入宮見妒。」楚辭惜誦注：「紛，亂也。」翔鳳案：左隱四年傳：「以亂，猶治絲而棼之也。」此「曰」與洪範「水曰潤下，火曰炎上」同一用法。

〔一〇〕翔鳳案：「黨偏」，謂與不正者爲黨。

〔一一〕劉師培云：「稱述」疑「偪邇」之訛。「偪」訛爲「偁」，因改爲「稱」。翔鳳案：儀禮士喪禮「不述命」，注：「既受命而中言之曰述。」大臣或假述天命，或假述王命，皆「稱述」者。

〔一二〕張文虎云：「諄」疑當作「誖」，「誖」亦亂也。下云「讋誖生慢」，則「誖」義亦與「悖」近。尹解爲「諄質」，謬。翔鳳案：孫子行軍篇「諄諄翕翕，徐與人言者，失衆也」，曹操注云：「失志貌。」桂馥謂「『翕』爲『讋』之借」，此「讋」、「諄」二字相連之證。張文虎改爲「誖」，其誤可知。「讋」爲「失氣言」，「諄」爲「告曉之孰」，均爲本義，失氣而言多也。

〔一三〕金廷桂云：「亟」，齊語也。揚子方言：「東齊海岱之間謂欺詐爲亟。」此言刑殺其欺詐近習之人耳。注太迂曲。

〔一四〕翔鳳案：孝經「先王有至德要道，以順天下」，「順」讀爲訓。

〔一五〕豬飼彥博云：「物」如「物土方」之「物」，相也。「地生」，地之所生也。翔鳳案：「生」與「性」通。

〔一六〕王念孫云：「無」當爲「典」，典，常也，常事即指農功而言。禁淫務，勸農功，則民皆職其常事矣。隸書「無」字作「無」，「典」字或作「典」，（漢益州太守高頤碑「游心典籍」，「典」字作「典」。）二形相似，故「典」譌爲「無」。尹注非。張佩綸云：王説非也。禁淫務而勸農功，則無事者皆有常職矣。尹注不誤。翔鳳案：「無」字有二。説文：「無，豐也，从林奭。或説規模字，从大，卌，數之積也。林者，木之多也。『卌』與『庶』字同意。」又曰：「無，亡也，从亡，無聲。」楷書二字不別。孳乳作「廡」，與「庶」同義。晉語「不能蕃廡」，是其證。形勢篇「譕臣」即「蹠巨」。「職其無事」，謂職其庶事也。諸人皆誤爲有無之無矣。

〔一七〕張文虎云：據尹注，則「其」當爲「期」字之誤。張佩綸云：當作「近伏其罪」，即上文「刑殺亟近」也。翔鳳案：詩民勞「赦彼有罪，既伏其辜」，此「罪伏」之義也。

〔一八〕俞樾云：「反」當爲「𠬝」字之誤。𠬝，古「服」字。許維遹云：俞説非也。「反」，復還也，下文「則士反於情矣」，上文「則民反道矣」，「反」字義與此同。老子云：「歸真反樸。」「反」、「歸」相對爲文，則反亦歸也。歸即復還。翔鳳案：許説是。

〔一九〕翔鳳案：大學「子庶民則百姓勸」。「勸」有勉義。

〔二〇〕丁士涵云：「風」與「諷」同。「衆諷」猶衆議，即「國人皆曰賢」之意，「風」與「任」韻。俞樾云：兩「若」字並當訓乃，説詳上篇，此承上文而言。既稱德度功，勸其所能，乃稽之以衆風，乃任以社稷之任也。「衆風」者，衆人之風謡，尹解非是。

〔二一〕安井衡云：此論「順大臣」而亦曰「士」者，天下無生而爲大臣者，大臣亦出於士也。翔鳳案：上文「則小民治矣」，與「小民亂曰財匱」對。此「士」指中民。

小稱第三十二

稱，舉也。小舉其過，則當權而改之。　短語六

管子曰：「身不善之患，毋患人莫己知。言但患身之不善耳，無患人不知己也。丹青在山，民知而取之。美珠在淵，民知而取之。丹青與珠，各有可用之性，故雖在山泉而藏，人猶知而取之，況在於人懷善而不知乎。是以我有過爲，而民毋過命。我身有過爲，人必知而名之，無有過而妄命者也。民之觀也察矣，不可遁逃，有過必知，故不可以遁逃。以爲不

善〔一〕。故我有善則立譽我，我有過則立毁我。當民之毁譽也，則莫歸問於家矣〔二〕。人既毁譽，則己之善惡審矣，故不復問家。問家，則左右佞媚者，善掩其過，而飾其非也。故先王畏民。民之毁譽，必當其過善，故畏之。操名從人，無不强也。謂君自行善，持名使之延譽，故强也。操名去人，無不弱也〔三〕。君既行惡，即是持名去人，無①善可稱，故弱也。雖有天子諸侯，民皆操名而去之，則捐其地而走矣〔四〕。皆持其名而去於人，則過惡日聞，人共畏之，故棄其地而走也。故先王畏民。無善名，則棄之走，故畏人。在於身者孰爲利？氣與目爲利〔五〕。氣也者，所以生全其形；目也者，所以獨見其運爲，功用莫大焉，故最爲利也。聖人得利而託焉，故民重而名遂。聖人之聖，精而又神，託而行善，則譽滿天下，故人重而名遂也。我亦託焉。聖人託可好，我託可惡。我託可惡以來美名〔六〕，又可得乎？我雖託氣，濁而不神，所行皆可惡。用此招來美名，其可得乎！愛且不能爲我能也〔七〕。託氣既濁，雖令人愛，猶不得美名，況於惡之乎！毛嬙、西施，天下之美人也〔八〕。盛怨氣於面，不能以爲可好。嬙、施雖美，而面有怨氣，亦不能爲可好。喻聖人外見其惡，亦不得美名。我且惡面而盛怨氣焉。怨氣見於面，惡言出於口，去惡充所往去於人者，皆以惡事充。以求美名，又可

① 「無」字原無，據校正增。

得乎〔九〕？喻人君既内無聖德，外皆行惡，必無美之名也。甚矣！百姓之惡人之有餘忌也〔一〇〕，惡人不善，更有餘忌。是以長者斷之，短者續之，滿者洫之〔一一〕，虚者實之。」洫，虚也。長滿者，人所忌，故或斷之，或虚之。短虚者，人之所好，故或續之，或實之也。

〔一〕劉績云：此爲句。言人之觀我甚明，豈可遁逃以爲不善也？翔鳳案：不以爲於我爲不善也，即畏民之意。郭沫若以爲注文誤入，非是。

〔二〕張文虎云：「莫歸問於家」，言善與過，視民之譽毁，不必問之家人。或欲改「家」爲「我」，非也。

〔三〕豬飼彦博云：持善名使人從我也，持惡名使人去我也。金廷桂云：此承上「有善譽我，有過毁我」而言。君有善名而從人者無不强也，有惡名而去人者無不弱也。「操名從人」猶孟子言「以善服人」也。「操名去人」猶言「苟不好善，士止於千里之外」也。翔鳳案：漢書張湯傳「雖賈人，有賢操」，注：「謂所執持之志行也。」楚辭諫大夫「何執操之不固」，注：「志也。」「操名」謂所執持之人。下文「民皆操名而去之」，「去之」與「去人」同意。王者亦人也，金説是。

〔四〕姚永概云：「捐地而走」，謂天子不保天下，諸侯不保社稷，非指民言。若言民，則既「去之」，又曰「捐地而走」，複矣。翔鳳案：天子諸侯，不願自棄其地，若爲人所逼，不得謂之捐棄矣。操名去人則弱，亦未必捐地而走。孟子「吾聞西伯善養老，盍往歸之」，「陳良之徒陳相，負耒耜而自宋之滕」，皆民之捐棄也。

〔五〕方苞云：「氣與目」能感人，故于身爲利，猶位與勢能動人，于治人爲利也。聖人得位勢之利而託之以爲善，世主託焉則以爲惡。張佩綸云：依後「明王懼聲以感耳，懼氣以感目」，則「氣與目」當作「氣與聲」，或脱「聲與耳」三字。翔鳳案：下文「充」字即氣，氣充則身强，目則觀測外界事物。「氣」字不誤。此節之義，宜與幼官、宙合參看。

〔六〕王念孫云：「來」當爲「求」。下文云「以求美名，又可得乎」，即其證。又侈靡篇「不出百里而來足」，「來」亦當爲「求」，言不出百里，而所求者足也。又任法篇「富人用金玉事主而來焉」，「來」亦當爲「求」。下文云「近者以偪近親愛，有求其主」，即其證。又九守篇「君因其所以來，因而予之」，「來」亦當爲「求」。鬼谷子符言篇正作「求」。隸書「來」字作「来」，「求」字或作「来」，（漢三公山碑「乃求道要，本祖其原」，「求」字作「來」，蕩陰令張遷碑「紀行求本，蘭生有芬」，「求」字作「𡴆」，皆與「來」字相似，惟首畫作曲形。自右而左，與「來」字不同。）二形相似，故「求」譌爲「來」。（「求」、「來」二字，書傳多互譌。吕刑「惟貨惟求」，馬注云：「求，有求請，賕也。」案：漢律有受賕之條，即經所云「惟貨」也。又有聽請之條，即經所云「惟求」也。二者相因，故馬注云云，以兼釋「惟貨惟求」之義。「求」字傳寫作「来」，故與「來」字相似，而某氏傳遂訓爲往來之來，失之矣。孟子離婁篇：「舍館定，然後來見長者乎？」史記李斯傳：「來丕豹、公孫支於晉。」（今本「來」字又皆譌作「求」。）尹注皆非。翔鳳案：我託可惡，不能有美名來歸我。若怨氣見於面，則求之亦不可得，況自來乎？又深一層。王以下校上，非是。

〔七〕安井衡云：「爲」猶謂也。張文虎云：下「能」字讀「如不相能」之「能」，義與「得」同。張佩綸云：「愛」謂親愛我者。翔鳳案：漢書百官公卿表「柔遠能邇」，注：「善也。」荀子勸學「非能水也」，注：「善也。」

〔八〕葉適云：管子非一人之筆，亦非一時之書，莫知誰所爲；以其言毛嬙、西施、吴王好劍推之，當是春秋末年。（習學記言卷四十五。）豬飼彦博云：「西施」，吴王夫差之姬。此乃贋作之破綻。戴望云：後人據此謂管子是周末書。考莊子齊物論釋文引司馬彪云：「毛嬙，古美人；西施，夏姬也。」謂夏時人，則非吴之西施明矣。張佩綸云：趙岐孟子注：「西子，古之好女，西施也。」淮南齊俗訓高注：「西施、毛嬙，古好女也。」脩務訓注：「西施、陽文，古之好女。」或據莊子齊物論釋文引司馬彪注「西施，夏姬」爲説，案夏姬即陳夏姬，亦在管子後。西施，古之好女，乃漢儒相傳古説，不必泥吴王事。翔鳳案：「西施」，孟子作「西子」，子，口語作「你」。説文「施，旗皃」，字亦作「旎」，與「你」同音，「施」即「子」。左隱公元年傳「惠公元妃孟子卒」，杜注：「子，宋姓。女以字配姓。」詩衡門：「豈其食魚，必河之魴？豈其娶妻，必齊之姜？豈其食魚，必河之鯉？豈其娶妻，必宋之子？」箋：「子，宋姓。」由是推之，則西爲字，子其姓也。高注、趙注稱「古好女」，則爲春秋以前之宋子，或爲殷女，以宋爲殷後也。所謂「好女」，從來誤解爲美女。丁山以甲文「御婦好於蒿」、「手婦好先共人於瀧」，謂好爲子姓之女，證以甲文之「婦妣」、「婦妊」，其言可信。妊爲薛姓，妣即詩之孟弋。姬、姜、嬀、嬴皆爲姓，好爲子姓無疑，然則「古好女」謂古代殷女也。越之西施，襲用古美人之名，或以其美而以「西施」稱之，決非「古好女」。由是而管書非周末之文，無可指摘矣。

〔九〕俞樾云：尹注斷「去惡充」三字爲一句，解曰「所往去於人者，皆以惡事充」，此説殊未安。「去惡充以求美名」，七字爲句，「惡充」、「美名」相對成文。詩山有扶蘇篇毛傳「子充，良人也」，正義曰：「充者，實也。」吕氏春秋正名篇「不肖者之充」，淮南子主術篇「此皆有充於内」，高誘注並訓「充」爲「實」。然則「惡充」者惡實也，正與「美名」相對。「求」乃「來」字之誤，上文「我託可惡以來美名」，字正作「來」，可證也。「去」、「來」亦相對成文，「去惡充以來美名」，謂自我而去者爲惡實，自人而來者爲美名，此必不可得之數也，故曰「又可得乎」。上文「怨氣見於面，惡言出於口」，此皆惡之實也。尹氏不知「充」有「實」義，故失其解。　姚永概云：俞樾訓「充」爲「實」，謂「『惡充』、『美名』相對成文」，是也。而訓「去」爲「自我而去」，又改「求」爲「來」，則非是。「去」即「弆」之缺字，弆，藏也。我藏惡實而以求人美名，又可得乎？　王氏方以此文之「求」證他文「來」字之誤，豈得反據誤文以改此乎？　翔鳳案：「惡充」謂惡氣充滿。詳宙合篇「諼充」。「求」字不誤，見前。

〔一〇〕豬飼彦博云：「甚矣百姓」以下至「虚者實之」三十字，蓋錯簡也，當移下章「此其所以失身也」之下。　張佩綸云：説文：「忌，憎惡也。」　翔鳳案：「百姓惡人」承上「先王畏之」。廣雅釋詁四：「忌，恐也。」豬飼説謬。

〔一〕洪頤煊云：「洫」當作「溢」。（莊子齊物論「以其老洫也」，釋文云：「洫，本作『溢』」，古字通用。）形勢解「天之道，滿而不溢」，與上下句文義相對。尹注非。張佩綸云：「洫」當作「泄」，素問有「滿者泄之」句。翔鳳案：莊子則陽「所行之備而不洫」，注「濫也」，爲「渫」之借。「渫」訓除去，與「泄」義近。

管子曰：「善罪身者，民不得罪也。成湯罪己，故人不罪之也。不能罪身者，民罪之。桀、紂罪人，故人罪之。故稱身之過者，强也。稱身之過，即是謙受益也。治身之節者，惠也〔一〕。懷智之人，然後理身節，故曰惠。不以不善歸人者，仁也。不以不善之事歸之於人，如此者，仁也。故明王有過，則反之於身；有善，則歸之於民。有過而反之身，則身懼。過反於身，則懼而脩德也。有善而歸之民，則民喜。民得善，故喜也。往喜民，善往則人喜也。來懼身，過來則懼身也。此明王之所以治民也。今夫桀、紂不然，有善則反之於身，有過則歸之於民。歸之於民則民怒，反之於身則身驕〔二〕。往怒民，來驕身，此其所以失身也。故明王懼聲以感耳，人以惡聲懼己，耳聞而感，則心不敢念非。懼氣以感目，人以惡氣懼己，目見而感，則身不敢造惡。以此二者有天下矣〔三〕，可毋慎乎！匠人有以感斤欘，故繩可得料也〔四〕。羿有以感弓矢，故彀可得中也。造父有以感轡筴，故遬獸可及〔五〕，遠道可致。彀，謂射質棲皮者也。感，謂深得其妙，有應於心者也。天下者，無常亂，無常治。不善人在則亂，善人在則治，在於既善所以感之也。」既，盡也。天下所以理，在於君人者内外盡善感之於人也。

〔一〕翔鳳案：仲尼燕居「樂也者，節也」，疏：「制也。」節之不可過。周語：「惠所以和民也。」周書謚法：「愛民好與曰惠。」

〔二〕王念孫云：羣書治要作「有過而歸之於民則民怒，有善而反之於身則身驕」，是也。上文云「有過而反之身則身懼，有善而歸之民則民喜」，是其證。今本無「有過而」、「有善而」六字者，後人以意删之耳。翔鳳案：管文勁潔，無此冗沓字句，此治要以意增之，王言非也。

〔三〕豬飼彦博云：「故明王」以下至「所以感之也」九十五字，亦錯簡也，當移上章「以求美名又可得乎」之下。又云：兩「懼」字並當作「慎」，蓋因上「懼身」而誤也。此承「怨氣」、「惡言」二句，言明王能慎其聲言氣色以感人之耳目。翔鳳案：此文在「以」字。房注感己耳己目是，豬飼説非。

〔四〕張佩綸云：文選赭白馬賦注引字林：「料，量也。」「繩可得料」，言木從繩則正。御覽作「斵」，誤。翔鳳案：張説是。

〔五〕翔鳳案：左氏成二年「衛侯速」，公羊作「衛侯遬」。左僖二十六年「公會莒子、衛甯速盟于向」，公羊作「甯遬」。方言二：「速，疾也。東齊海岱之間曰速。」以疾爲速，乃齊之方言。字本作「遬」。晏子春秋内篇雜上「二君之來遬」，可以爲證。楚辭與管子同爲殷文化，大司命「吾與君兮齊速」，不作「遬」，似乎例外。然禮記玉藻「見所尊者齊遬」，知楚辭本作「遬」也。爾雅釋獸：「鹿，其迹甗。」釋文亦作「速」。「遬」從欶從辵，「欶」爲氣疾。逐鹿迹而喘氣，故訓爲疾，「速」則省文矣。

管子曰：「修恭遜敬愛辭讓，除怨無爭，以相逆也，逆，迎也。謂用此恭遜等以相迎接也。則不失於人矣。遜以接人，有何失乎？嘗試多怨爭利，相爲不遜，則不得其身〔一〕。苟爲不遜，身尚不得，況於人乎！大哉！恭遜敬愛之道。吉事可以入察，凶事可以居喪〔二〕，大以理天下而不益也，直用恭遜敬愛，足以理天下，更不須益。小以治一人而不損也。雖復一身用恭遜敬愛理之，纔可足耳，亦不須損也。嘗試往之中國諸夏蠻夷之國〔三〕，以及禽獸昆蟲，皆待此而爲治亂。有恭遜敬愛則理，無之則亂也。澤之身則榮，去之身則辱〔四〕。恭遜敬愛，身之粉澤也，故在身則榮，去身則辱也。審行之身毋怠，雖夷貉之民，可化而使之愛。夷貉之人，殘戾凶暴，苟以恭遜敬愛化之，可使生愛。審去之身，雖兄弟父母，可化而使之惡〔五〕。父母兄弟，恩情結固，苟無恭遜敬愛化之，可令生惡。故之身者使之愛惡，之，是也。同是此身，有恭遜敬愛則愛，無之則惡。名者使之榮辱〔六〕。同是此身之名，有恭遜敬愛則榮，無之則辱也。此其變名物也，如天如地，言恭遜敬愛可以變化愛惡榮辱。名物之善惡，如天地之生殺也。故先王曰道〔七〕。」道者，貴作變化也。

〔一〕丁士涵云：「嘗試」二字，涉下「嘗試往之中國」而衍。「多怨爭利」承上「除怨無爭」言之。「相爲不遜」承上「修恭遜敬愛辭讓」言之。古音之、真對轉，「遜」與「利」、「身」爲韻也。張文虎云：丁云「嘗試」二字涉下而衍，是也。又云：「古音之、真對轉，『遜』與『利』、『身』爲韻。」案：之、真古不通轉，「利」亦非之部去聲，「遜」與「身」亦不同部。「則不得其身」與上「則不失於人矣」爲對。「身」下疑脱「矣」字。張佩綸云：「相爲」之「爲」讀爲僞，孟子：「是相率而爲僞也。」顏昌嶢云：丁、張（文虎）二説均非。「嘗試」下三句，乃反言以足上意，不與上文平列。且語氣未完，句末不當有「矣」字。翔鳳案：「嘗試」爲假定之問，非一定有之，非衍文。

〔二〕王念孫云：「察」當爲「祭」，「祭」，吉事也。「喪」，凶事也。二句相對爲文。安井衡云：尹不注「察」字，則其本作「祭」。張佩綸云：藝文類聚禮部上引書大傳：「祭之爲言，察也。」春秋繁露祭義篇：「祭者，察也，以善逮鬼神之謂也。善乃逮不可聞見者，故謂之察。」王氏、安氏改「察」爲「祭」，失之。翔鳳案：張遷碑「際」作「傺」，「察」作「蔡」。左昭元年傳「周公殺管叔而蔡蔡叔」，上「蔡」字讀如察。「察」從祭聲。淮南原道訓「際天地」，文子道原篇作「察天地」，是其證也。

〔三〕戴望云：「中國」二字衍，「諸夏」即「中國」，不得於「諸夏」之上更言「中國」也。于省吾云：戴説非是。「中國」就京師言，詩民勞篇「惠此中國」，傳：「中國，京師也。」「諸夏」就全國也。此文言「中國、諸夏、蠻夷」三者，係由近以及遠，層次井然。

〔四〕豬飼彦博云：「澤」當作「釋」，舍也。　張文虎云：「澤」字，尹解爲「粉澤」，曲。案下文云「審行之身」、「審去之身」，疑此「澤」字亦「行」之誤。　何如璋云：「澤」猶潤也。大學「德潤身」，義同。　翔鳳案：水地：「水者萬物之準也。」「萬物莫不盡其幾、反其常者，水之内度適也。」説文「澤」訓光潤，何説是也。

〔五〕張佩綸云：「審去之身」下奪「毋澤」二字。「怠」與「愛」韻，「澤」與「惡」韻。（「澤」當在藥鐸，詩、禮屢見，段氏説。）　翔鳳案：此非韻文，張説誤。行之可毋怠，去之不可毋怠，已去矣，何言「怠」乎？

〔六〕俞樾云：「身」上衍「之」字，蓋涉上文「澤之身」、「去之身」、「審行之身」、「審去之身」四句而衍。「身者使之愛惡」、「名者使之榮辱」兩文相對。今作「之身者」，於義難通。尹注曲爲之説，非是。　顔昌嶢云：俞説非也。此「之」字非衍文，惟下句「名」上脱一「之」字耳。繹尹注訓「之」爲「是」，上句注云「之，是也，同是此身」云云，下句注云「同是此身之名」，知尹所見本「名」上有「之」字也。但尹訓「之」爲「是」，則誤矣。「之」猶於也，往也。大學「之其所傲惰而辟焉」，檀弓「之死而致生之」，「之」皆訓於。此言恭遜愛敬辭讓之道，審行之於身則疏者可使之愛，審去之於身則親者可使見惡。故恭遜敬愛辭讓之道之於身也使人愛惡，於名也使己榮辱。此其變化名物之神速也，如天地之不可測度也，故先王命之曰道。翔鳳案：莊子逍遥遊「之人也」，「之」同「此」。「故之」即「故此」，二字一頓，統下文「身」與「名」二層，非有脱字也。

〔七〕吴汝綸云：「道」下當有脱文。張佩綸云：小稱止此，以下乃後人竄入。翔鳳案：房注小稱爲「小舉其過，則當權而改之」。前半言理，後半則管仲後學舉事實以證其説。管勸桓公去四子，而桓公不知懼；鮑叔勸桓公無忘在莒時，而桓公不能終守其戒。前後一貫，以爲竄入者，誤也。

管仲有病，桓公往問之，曰：「仲父之病病矣〔一〕，若不可諱而不起此病也，仲父亦將何以詔寡人？」管仲對曰：「微君之命臣也，故臣且謁之〔二〕。謁，謂有所告之也。雖然，君猶不能行也。」恐其不從，故以此言抑之。公曰：「仲父命寡人東，寡人東。令寡人西，寡人西。仲父之命於寡人，寡人敢不從乎？」管仲攝衣冠起，對曰：「臣願君之遠易牙、豎刁、堂巫、公子開方〔三〕。夫易牙以調和事公〔四〕，公曰惟烝嬰兒之未嘗，於是烝其首子而獻之公〔五〕。人情非不愛其子也，於子之不愛，將何有於公〔六〕？公喜宫而妒〔七〕，豎刁自刑，而爲公治内。人情非不愛其身也，於身之不愛，將何有於公？公子開方事公十五年，不歸視其親。齊、衛之間，不容數日之行〔八〕。臣聞之，務爲不久，務時爲事，久必發揚之也。蓋虚不長〔九〕。覆蓋虚妄，不得長掩，謂上三士皆務爲蓋虚者，其姦情終當彰露也。其生不長者，其死必不終〔一〇〕。」其所行之行，所長之性，其至於死，必將改復本情，未有能終爲意也。言三士之忠，皆僞①忠耳，必將復其不忠。桓公曰：「善。」管仲死，已葬。公憎四子者，廢之官。逐堂巫而苛病起兵〔一一〕，苛，煩躁也。巫善，今既逐之，而公有煩苛之病，起兵妄征伐，無使療之也。逐易牙而味不至，逐豎刁而宫中亂，逐公子開方而朝不治。桓公曰：「嗟！聖人固有悖乎！」四子既逐，而有四闕，故以管仲爲悖。乃復四子者。處朞年，四子作難，圍公一室，不得出。置公一室之中而圍之，故不得出也。有一婦人，遂從竇入，得至公所。公曰：「吾飢而欲食，渴而欲飲，不可得，其故何也？」婦人對曰：「易牙、豎刁、堂巫、公子開方四人分齊國，塗十日不通矣。既有兵難，故國之道塗行旅②十日不得通也。公子開方以書社七百下衛矣，古者群居二十五家則共置社，謂以社數書於策。謂用此七百之書社降下於衛者也。食將不得矣。」作亂，欲公之死，故不給之食。公曰：「嗟茲乎〔一二〕！聖人之言長乎哉！言其所見長遠。死者無知

① 「僞」字原作「爲」，據補注改。
② 「故」字原作「固」，「旅」字原作「伐」，據補注改。

則已，若有知，吾何面目以見仲父於地下。」乃援素幭以裹首而絶〔一三〕。幭所以覆軨也。死十一日，蟲出於户〔一四〕，乃知桓公之死也，葬以楊門之扇〔一五〕。謂用門扇以掩屍也。桓公之所以身死十一日蟲出户而不收者，以不終用賢也。

〔一一〕戴望云：當依吕覽知接篇作「仲父之疾病矣」，鄭君注論語子罕篇曰：「疾甚曰病。」

〔一二〕王引之云：當作「臣故且謁之」，「故」與「固」同，言臣固將謁之也。韓子難一作「臣故將謁之」，是其證。

〔一三〕孫星衍云：史記齊世家索隱引作「棠巫」，漢書古今人表、吕氏春秋知接篇引作「常之巫」。張佩綸云：左氏傳、史記有雍巫，集解引賈逵曰：「雍巫，雍人名巫，易牙字。」索隱：「賈逵以雍巫爲易牙字，未知何據。按管子有棠巫，恐與雍巫是一人也。」又正義：「易牙即雍巫也。賈逵曰：雍巫，雍人名巫，易牙也。」杜預左氏注：「雍巫，雍人名巫，即易牙。」漢表寺人貂、易牙、常之巫、衛公子開方並列下上。「常之巫」下師古注：「齊桓時人也，見吕覽。」周禮有内饔外饔，又有食醫，皆中士爲之。雍巫即食醫之類，乃官名。賈侍中以爲名巫字易牙，非也。疑易牙棠氏，其族有棠公，故亦稱棠巫。吕氏譌爲二人，而漢表因之，非是。

〔一四〕孫星衍云：羣書治要「和」作「味」。翔鳳案：周禮内饔「煎和之事」。食醫「掌和王之六食、六飲、六膳、百羞、百醬、八珍之齊」。「和」即和味。

〔一五〕孫星衍云：「首子」當作「子首」，韓非子難一篇宋本作「子首」。戴望云：治要「首子」作

「子首」，韓子難篇同，今本誤倒。　許維遹云：孫、戴説非也，作「首子」是。韓非子二柄篇作「首子」（據道藏本）、十過篇同（據趙用賢本，王先慎集解本均改爲「子首」，其誤與孫、戴同）。淮南主術篇：「昔者齊桓公好味，而易牙烹其首子而餌之。」淮南精神篇高注云：「齊桓好味，易牙蒸其首子而進之。」「首子」亦見漢書元后傳。是秦漢所述此事皆作「首子」，「首子」即長子。墨子魯問篇：「楚之南，有啖人之國者橋，其國之長子生，則鮮而食之，謂之宜弟。美則以遺其君，君喜則賞其父。」後漢書南蠻傳亦載此事，然則烝長子而獻於君，既爲當時之風尚，又可藉此得賞，故易牙烝其「首子」而獻之桓公。若改「首子」爲「子首」，則失其古義矣。説略本楊樹達易牙非齊人考。

〔六〕翔鳳案：左昭二十年傳「是不有寡君也」，注：「有，相親有也。」義同「愛」，王念孫曾言之。

〔七〕王引之云：「喜宫」，當依朱本作「喜内」，故下句云「豎刁自刑而爲公治内」。左傳、史記皆言桓公好内，韓子作「君妬而好内」，是其證。　翔鳳案：「宫」爲宫中，「内」爲内寢。君臣下有「宫中」，侈靡有「中寢」，改「宫」爲「内」，不合齊國稱呼，一誤。檀弓「晝居于内」，注：「正寢之中。」魯語「卿之内子爲大帶」，謂適妻也。「宫」兼妻妾，「内」惟妻一人，改「宫」爲「内」，與諸侯多宫人者不同，二誤。朱本妄改，王以近於常識而信之，非是。

〔八〕王念孫云：此下脱「於親之不愛，焉能有於公」十字，羣書治要有。呂氏春秋知接篇作「其父之忍，又將何有於君」，韓子作「其母不愛，安能愛君」，皆其證。上文云「於子之不愛，將何有於公」，「於身之不愛，將何有於公」，文義正與此相對。　翔鳳案：「不歸視其親」已足，下文「務爲不久」二句即釋其義，如王說添蛇足矣。

〔九〕王引之云：「爲」即「僞」字也。（兵法篇「僞詐不敢嚮」，幼官篇作「爲詐」。成九年左傳「爲將改立君者」，「爲」即「僞」字，與僖二十五年傳「僞與子儀、子邊盟者」文義正同。定十二年傳「子僞不知」，釋文「僞」作「爲」。史記封禪書「果是僞書」，漢書郊祀志作「果爲書」。淮南衡山傳「使人僞得罪而西」，漢書亦作「爲」。）「僞」與「虛」正相對。韓子及說苑說叢篇竝作「務僞不長」，是其證。（今本韓子「務」譌作「矜」。）尹注非。　翔鳳案：「務爲」乃專於作僞。

〔一〇〕陶鴻慶云：尹注云：「其所行之行，所長之性，其至於死，必將改復本情，未有能終爲意（「意」蓋「忠」字之誤）也。言三士之忠皆僞忠耳，必將復其不忠。」據此，尹所見「不長」本作「所長」，讀爲長短之長。「其生所長」承上「務僞」、「蓋虛」而言，注所謂「僞忠」也。「其死不終」承上「不久」、「不長」而言，注所謂「復其不忠」也。今本作「不長」者，涉上文「蓋虛不長」而誤。

〔一一〕豬飼彥博云：呂氏春秋無「兵」字。高誘曰：「苛病，鬼魂下人病也。」　王念孫云：「苛病起」下不當有「兵」字，尹曲爲之說，非也。羣書治要、呂氏春秋皆無「兵」字。　翔鳳案：「兵」字甚怪，然相沿不改，必非後人所增。「苛病」何以鬼魂下人病？尋知接云：「常之巫審此生死，能去苛病，猶尚可疑耶？」管子曰：『死生命也，苛病失也。君不任其命，守其本，而恃常之巫，彼將以此無不爲也。』明年，公有病，常之巫從中而出曰：『公將以某日薨。』」是常之巫自謂知人生死，能以術生死人。房訓「苛」爲「煩躁」，然煩躁無論陰燥陽燥，均非巫術所能左右，不合理。隸書從竹從艸無別，如「荅」、「荃」、「蕳」、「菅」、「萁」、「苻」等，皆變竹爲艸，則「苛」當爲「笴」。考工記「胡之笴」，注：「笴，矢幹也。」又「矢人爲矢，以其笴厚」，注：「『笴』讀爲稾。」今之巫治病者，取磁鋒刺兩足靜脈管，因血色黑，以爲陰兵放箭所傷，所謂「鬼魂下人病」即此。金匱謂：「武王伐紂，丁侯不朝，太公畫丁侯於册而射之，丁侯病大劇，願舉國爲臣虜。」然則齊用此種巫術，是謂「苛病起兵」，「兵」字非衍文也。知接云「苛病失也」，「失」爲「矢」之誤。易晉「失得勿恤」，王肅本作「矢」，可證。山東人所謂「撞苛」，即謂撞於苛矢之上。

〔一二〕王引之云：「嗟茲」即「嗟嗞」。說文：「嗞，嗟也。」廣韻：「嗞嗟，憂聲也。」秦策曰「嗟嗞乎司空馬」，說苑貴德篇曰「嗟茲乎，我窮必矣」，楊雄青州牧箴曰「嗟茲天王」，皆歎辭也。

〔一三〕王念孫云：尹以「幭」爲「鞹鞃淺幭」之「幭」，非也。「幭」謂帊幞也。（廣韻：「帊，帊幞。」通俗文曰：「帛三幅曰帊，普駕切。」今人言手帊是也。）方言曰「幡裷謂之幭」，郭璞曰：「即帊幞也。」廣雅曰：「幭帊幡裷，幞也。」說文曰：「幭，蓋幭也。」呂氏春秋知化篇「夫差乃爲幎以冒面而死」，事與此相類。「幎」即「幭」字也。帊幞可以覆面，故云「援素幭以裹首」，非車上之覆軨也。

〔一四〕張佩綸云：戒篇作「七日」，此作「十一日」，傳述各異，不必改。尹桐陽云：史記齊世家、説苑權謀、韓子十過、呂覽知接與貴公均作「蟲出於户」。魏武帝善哉行「齊桓之霸，賴得仲父，後任豎刁，蟲出於户」，其説均與此同。而韓子二柄「桓公蟲流出於尸而不葬」，難一「桓公死，蟲出尸不葬」，蓋蛆生於尸而浸行於户，故或云「出尸」，或云「出户」耳。

〔一五〕張佩綸云：「葬」，呂作「蓋」。高誘注：「楊門，門名。扇，屏也。邪臣爭權，莫能舉喪事；六十日而殯，蟲流出户，不欲人見，故掩以楊門之扇也。」案：「楊門」當是「稷門」之誤。

桓公、管仲、鮑叔牙、甯戚四人飲〔一〕。飲酣，桓公謂鮑叔牙曰：「闔不起爲寡人壽乎〔二〕？」奉尊者酒祝令增壽。鮑叔牙奉杯而起，曰：「使公毋忘出如莒時也〔三〕，使管子毋忘束縛在魯也，使甯戚毋忘飯牛車下也。」桓公辟席再拜，曰：「寡人與二大夫能無忘夫子之言，則國之社稷必不危矣。」

〔一〕張文虎云：此節錯簡，當在「管仲有病」節前。張佩綸云：此下當爲正言篇，故呂氏取之爲直諫，「直諫」即「正言」也。翔鳳案：小稱舉過，桓公忌其在莒時，爲失敗之根源，特著之，以爲全篇總結。二張不審文義，誤矣。

〔二〕孫星衍云：此「闔」字誤也。羣書治要、太平御覽五百三十九引俱作「盍」。劉師培云：藝文類聚七十三引「闔」作「盍」，類聚二十三、御覽四百五十九並引作「何」。新序雜事四作「姑爲寡人祝乎」。翔鳳案：祝壽爲禱，禱者所以求壽。

〔三〕王念孫云：上二句，當依羣書治要作「使公毋忘出而在於莒也，使管仲毋忘束縛在於魯也」，「在於莒」與「在於魯」對文。「莒」與「魯」、「下」爲韻，今本「出而在於莒」作「出如莒時」，則失其韻矣。藝文類聚人部七、太平御覽人事部一百、説郛卷六引此竝作「在莒」。又説郛引無「時也」二字。吕氏春秋直諫篇作「出奔在於莒」，新序雜事篇作「出而在莒」，皆無「時」字。

四稱第三十三

謂稱有道之君、無道之君、有道之臣、無道之臣以戒桓公。　短語七

桓公問於管子曰：「寡人幼弱惛愚，不通諸侯四鄰之義，仲父不當盡語我昔者有道之君乎？吾亦鑒焉〔一〕。」管子對曰：「夷吾之所能與所不能，盡在君所矣。君胡有辱令〔二〕？」言己能不皆盡①之於君，無所隱藏。今何勞辱君令，而②使己言之乎。桓公又問曰：「仲父，寡人幼弱惛愚，不通四鄰諸侯之義，仲父不當盡告我昔者有道之君乎？吾亦鑒焉。」管子對曰：「夷吾聞之於徐伯曰：昔者有道之君，敬其山川、宗

① 「皆盡」原作「盡皆」，據補注乙。
② 「而」字下原衍「令危」二字，據補注删。

廟、社稷，及至先故之大臣，收聚以忠而大富之〔三〕。先故之臣，謂祖考時舊臣也。今以忠誠收聚而賙恤之，令其大富也。固其武臣〔四〕，宣用其力。聖人在前，貞廉在側，競稱於義，上下皆飾〔五〕。形正明察〔六〕，四時不貸〔七〕，民亦不憂，五穀蕃殖。外内均和，諸侯臣伏〔八〕，國家安寧，不用兵革。受其幣帛，以懷其德，昭受其令，以爲法式。鄰國以幣帛來聘，當取之，以懷來有德。其或以制令來告者，則君受之，以爲法式乎。此亦可謂昔者有道之君也。」桓公曰：「善哉。」

〔一〕陶鴻慶云：「亦」當作「以」。下文「桓公曰：仲父既已語我昔者有道之君矣，不當盡語我昔者無道之君乎，吾亦鑒焉」，語氣與此相承，明此文不當作「亦」也。下文桓公先問「有道之臣」，繼問「無道之臣」，而前作「吾以鑒焉」，後作「吾亦鑒焉」，是其證。翔鳳案：「亦」，口語作「也」，對他事而言「亦」，非必第二次也。

〔二〕戴望云：册府元龜「令」作「命」。吴汝綸云：「有」讀又。

〔三〕張文虎云：「忠」疑「悳」字之誤，「大富」謂富有之，猶言善人是富。尹注非。翔鳳案：「大富」謂大賚之。論語：「周有大賚，善人是富。」

〔四〕安井衡云：古本「其」作「大」。戴望云：册府元龜「固」作「因」。翔鳳案：「固」猶今言團結。魯語「帝嚳能序三辰以固民」，與此同。左昭四年傳「固陰沍寒」，疏「牢也」，是其義。

〔五〕安井衡云：「飾」讀爲飭。飭，修治也。

〔六〕戴望云：朱本「形正」作「刑政」。

〔七〕陶鴻慶云：「貸」讀爲「忒」，禮記月令「毋有差貸」，鄭注云「謂無失誤」，亦讀「貸」爲「忒」也。

〔八〕劉師培云：元龜二百四十引「伏」作「服」。翔鳳案：「伏」爲本義，「服」爲借義。

桓公曰：「仲父既已語我昔者有道之君矣，不當盡語我昔者無道之君乎？吾亦鑒焉。」管子對曰：「今若君之美好而宣通也，既官職美道，又何以聞惡爲〔一〕？」言君既美好宣通，官又合於美道，脩而行之，自可爲理，何須聞於惡事乎？以此抑桓公，欲觀其意也。桓公曰：「是何言邪？以繣緣繣〔二〕，吾何以知其美也？以素緣素，吾何以知其善也？仲父已語我其善，而不語我其惡，吾豈知善之爲善也？」管子對曰：「夷吾聞之於徐伯曰：昔者無道之君，大其宮室，高其臺榭。良臣不使，讒賊是舍〔三〕。舍，止也。謂止讒賊於其旁與之近也。有家不治，借人爲圖。言自不能理其家，借他人圖也。政令不善，墨墨若夜。言其①昏闇之甚也。辟若野獸，無所朝處〔四〕。野獸各恣意爲生，不

---

① 「言其」原作「其言」，據補注乙。

相統屬，故無朝處也。不脩天道〔五〕，不鑒四方。有家不治，辟若生狂〔六〕。狂惑者失其性，不分善惡也。衆所怨詛，詛，祝之也。希不滅亡。進其諛優〔七〕，繁其鍾鼓。流於博塞〔八〕，戲其工瞽。誅其良臣，敖其婦女〔九〕。唯與婦女爲敖從也。獠獵畢弋，暴遇諸父。其所接遇諸父，惟以凶暴。馳騁無度，戲樂笑語。式政既輮，刑罰則烈。言其法式之政既已輮曲，至於刑罰惟益酷烈。内削其民，以爲攻伐〔一〇〕。反以削生爲伐功也。辟猶漏釜，豈能無竭？漏釜則江海不能滿，故必有竭也。此亦可謂昔者無道之君矣。」桓公曰：「善哉。」

〔一〕戴望云：朱本「君」上有「吾」字。翔鳳案：廣雅釋詁：「道，治也。」論語：「道千乘之國。」

〔二〕王念孫云：劉績曰：「繬，所力切。」案：劉音非也。「繬」當爲「緇」。下文云「以素緣素，吾何以知其善也」，「素」與「緇」正相對，是「繬」爲「緇」之譌也。「緇」從甾聲，「繬」從嗇聲，隸書「嗇」字作「啬」，「甾」字或作「畗」，（玉篇「菑」或作「葘」，集韻「淄」俗作「湽」，是「畗」爲「甾」之變體也。）二形相似，故「甾」譌爲「嗇」矣。又輕重甲篇曰：「越人果至，隱曲葘以水齊。」案：「葘」亦當爲「菑」，「曲菑」，菑水之曲處也。菑水東流，過臨菑城南，又折而北，過其東，（見水經注。）故有「曲菑」之名，若後人之言曲江矣。「隱」，塞也，（上文云「請以令隱三川」，謂塞三川也。小雅魚麗傳「士不隱塞」，正義曰：「爲梁，止可爲防於兩邊，不得當中皆隱塞。」是「隱」與「塞」同義。）謂塞曲菑以灌齊都也。輕重甲篇又曰：「楚之有黄金，中齊之有薔石也。」案「薔」亦當爲「菑」。「中」，當也。言楚之有黄金，當齊之有菑石也。輕重乙篇曰「使玉人刻石而爲璧」，尹注曰：「刻石，刻其菑石。」「薔石」、「菑石」皆「菑石」之譌也。又輕重丁篇曰：「今彗星見於齊之分，請以令朝功臣世家，號令於國中曰，彗星出，寡人恐服天下之仇，請有五穀菽粟布帛文采者，（舊本「叔」譌作「收」，辨見輕重丁。）皆勿敢左右。國且有大事，請以平賈取之。功臣之家，人民百姓，皆獻其穀菽粟帛布，（舊本「帛布」譌作「泉金」，辨見輕重丁）歸其財物，以佐君之大事，此謂乘天嗇而求民鄰財之道也。」案「嗇」亦當爲「甾」，「甾」即「災」字。（史記秦始皇紀「甾害絶息」，今本「甾」作「菑」，後人所改也。宋毛晁增脩禮部韻略、婁機班馬字類引此竝作「甾」，漢冀州從事郭君碑「降此𡿧甾」，字亦作「甾」。）慧星天災也，因慧星出而歛財物，故曰「此謂乘天災而求民鄰財之道」。戴望云：册府元龜引「繪」作「繢」。張佩綸云：作「繢」是。説文：「繢，一曰畫也。」臯繇謨作「會」。鄭注曰：「『繪』讀曰繢。」鄭司農注周禮引論語作「繢事後素」。「繢」、「素」對文，「繢緣繢」與「美」意合。王説非也。翔鳳案：王説是也。

〔三〕孫詒讓云：尹訓「舍」爲「止」，迂曲難通。「舍」當爲「予」之借字。隸續載魏三體石經大誥「予惟小子」，「予」字古文作「舍」，是其證。予、與義亦同。「讒賊是舍」猶言讒賊是與也。

（荀子成相篇云：「外不避仇，内不阿親，賢者予。」）

〔四〕戴望云：册府元龜作「就處」。翔鳳案：野獸處暗，承上「墨墨若夜」說。說文：「朝，旦也。」左昭十五年經「蔡朝吳出奔鄭」，公羊作「昭」。「朝處」猶昭處，指人。

〔五〕王念孫云：「脩」當爲「循」，下文「不修先故」同。說見形勢篇。

〔六〕安井衡云：上文既有「有家不治」，不當重出。下句云「辟若生狂」，則「家」當爲「身」。

〔七〕安井衡云：「俳」，諸本作「諛」，今從古本。翔鳳案：莊子漁父：「不擇是非而言謂之諛。」齊語：「優笑在前。」說文：「優，一曰倡也。」越語：「信讒喜優。」諛與讒同類，爲二種人，改爲「俳」則一種矣。古本非是。

〔八〕安井衡云：「流」猶溺也。「博塞」，局戲。

〔九〕孫星衍云：爾雅釋天疏引「敖」作「淫」，尹注非。安井衡云：「敖」亦戲也。

〔一〇〕豬飼彦博云：據注，古本「攻」作「功」。安井衡云：「伐」亦「功」也，朘削其民，自以爲功也。

桓公曰：「仲父既已語我昔者有道之君，與昔者無道之君矣，仲父不當盡語我昔者有道之臣乎？吾以鑒焉〔一〕。」管子對曰：「夷吾聞之徐伯曰：昔者有道之臣，委質爲臣〔二〕，不賓事左右。賓，敬也。君知則仕，不知則已。若有事必圖國家〔三〕，徧其發揮，良臣皆私其所有，必能於國家，及其發，又普徧之也。循其祖德〔四〕，辯其順逆。推育賢人，讒慝不作。事君有義，使下有禮。貴賤相親，若兄若弟。忠於國家，上下得體。居處則思義，語言則謀謨〔五〕，動作則事。居國則富，處軍則克。臨難據事，雖死不悔。近君爲拂〔六〕，遠君爲輔。義以與交，廉以與處。臨官則治，酒食則慈〔七〕。不謗其君，不諱其辭。君若有過，進諫不疑。君若有憂，則臣服之〔八〕。服，行也。此亦可謂昔者有道之臣矣。」桓公曰：「善哉。」

〔一〕戴望云：朱本「以」作「亦」，同上文。翔鳳案：「亦」字爲是，見前。

〔二〕安井衡云：「委」，置也。「質」、「贄」通，見君者所執。凡獻尊者，置而不授。翔鳳案：史記仲尼弟子列傳服注：「委質於君，然後爲臣，委必死節於其君也。」「質」爲斧鑕之鑕，安井誤。

〔三〕翔鳳案：「作」即「乍」，詩采薇叶「故」。「逆」，吕氏春秋任地叶「慕」，皆與「家」叶。郭沫若謂失韻，誤。

〔四〕戴望云：册府元龜「循」作「脩」。

〔五〕張文虎云：上下文三十句皆四字句有韻，此二句獨五字，不相叶。蓋「義」字、「謨」字後人妄增，元文當以「思」、「謀」爲韻。戴望云：册府元龜無「謨」字。翔鳳案：不能以己意强加古人，「義」與「俄」與「謨」韻。

〔六〕安井衡云：「拂」，弼也。矯過曰拂。

〔七〕劉績云：「慈」，一作「辭」。俞樾云：「酒食則慈」，謂有酒食必分以予人，以見慈惠之意也，或疑其當作「辭」，非也。翔鳳案：禮記内則「則慈以旨甘」，注：「愛敬進之也。」正「酒食則慈」之義。

〔八〕王引之云：「憂」，謂國有大患也。「服」當爲「死」。范雎言「主憂臣辱，主辱臣死」，義與此相近。「死」本作「𣦸」，「服」或作「𦚏」，下半相似而譌。（淮南主術篇「馬服於衡下」，今本「服」譌作「死」。）尹注非。翔鳳案：主憂臣辱，未遽至於死，房注訓「服」爲「行」，是也。王説非是。

桓公曰：「仲父既以語我昔者有道之臣矣，不當盡語我昔者無道之臣乎？吾亦鑒焉。」管子對曰：「夷吾聞之於徐伯曰：昔者無道之臣，委質爲臣，賓事左右，執説以進，不蘄亡已〔一〕。執①佞説以進於君，專固寵位，無求去也。**遂進不退，**所謂知進而不知退。**假寵鬻貴。**假，因也。因君之寵，必能鬻其貴。**尊其貨賄，卑其爵位。**不令入②，未必能貴其爵位，但尊其貨賄而已。**進曰輔之，退曰不可。**進於君，則言己能爲輔弼。退而私議，則曰君不可輔。**以敗其君，皆曰非我。**由斯之人不肖，故君有敗，乃更推過於君，云此非我。

---

①「執」字下原衍「事」字，據補注删。

②「入」字原作「人」，據補注改。

不仁羣處，以攻賢者。小人所忌者君子，故其羣處，常有陷賢之見。**見賢若貨〔二〕，**其見賢人，無敬恭之心，反欲規利，若求貨然。**見賤若過。**其見賤人無矜恤之心，蕭然不顧，若行者之過。**貪於貨賄，競於酒食。不與善人，唯其所事。**人有曲而事己與之交也。**倨敖不恭，不友善士〔三〕。讒賊與鬭〔四〕，不彌人爭〔五〕，**其人見爭則恣令鬭，無彌縫之心。**唯趣人詔〔六〕。**人有制命，不問可不，則向而順之，言其佞諛①。**湛湎於酒，行義不從〔七〕。**從，順也。**不脩先故〔八〕，變易國常。擅創爲令〔九〕，迷或其君〔一〇〕。生奪之政，**生猶奪政，況於死後乎。**保貴寵矜〔一一〕。**懼寵而矜夸者，則保依而貴重。**遷損善士〔一二〕，**善士則遷改而損棄之。**捕援貨人〔一三〕。**其所捕追而援引者，唯財貨之人。**入則乘等，出則黨駢〔一四〕。**其貨賄之人，與之入國則同乘而等，至其出也，又朋黨而駢並。**貨賄相入，酒食相親。俱亂其君。君若有過，各奉其身。**奉身自潔，推過於君也。**此亦謂昔者無道之臣〔一五〕。」桓公曰：「善哉。」**

〔一〕孫星衍云：「蘄」，求也，言不至於干求則不已，尹注非。王念孫云：「亡」當爲「正」，字之誤也。（賈子過秦篇「天下莫不引領而觀其正」，今本「正」誤作「亡」。）言但賓事左右，執邪說以進於君，而不求正己也。尹注非。于省吾云：「亡」，古「忘」字。此言「不蘄忘己」，

①「諛」字原作「設」，據補注改。

故下接以「遂進不退」也。莊子天地篇「有治在人，忘乎物，忘乎天，其名爲忘己。忘己之人，是之謂入於天」。是忘己乃古人成語。尹注以「去」釋「亡」，則尹所見本「亡」不作「正」，明矣。

〔二〕丁士涵云：「賢」當爲「貴」，「見貴」與「見賤」對文。「見貴若貨」，謂阿附貴者若奇貨可居，正與「見賤若過」義相反。「貨」、「過」爲韻。俞樾云：此本作「見貴若貨」，與下句「見賤若過」相對成義。謂見貴者則趨之若貨財然，見賤者則若行者之相過不相顧也。因涉上句「以攻賢者」句，而誤「貴」爲「賢」。尹注曲爲之説，非是。翔鳳案：説文：「賢，多財也。」多財爲本義，多才爲引申義。莊子徐无鬼：「以財分人謂之賢。」非誤字。

〔三〕翔鳳案：「居」爲「踞傲」本字，加人作「倨」可通。

〔四〕丁士涵云：當作「通」，與上文「恭」、下文「訟」、「從」爲韻。劉師培云：元龜作「與通」，與趙用賢補注所引或本合。

〔五〕張文虎云：「彌」字或作「弥」，與俗書「殄」作「殄」相似而誤。「彌」與「弭」古通。説文曰：「弭，弓無緣，可以解轡紛者。」「彌人爭」，即爲人解紛爭也。戴望云：册府元龜「彌」作「殄」。

〔六〕劉績云：「詔」，一本作「訟」。王念孫云：「趣」讀爲促；「詔」當爲「訟」，字之誤也。（「訟」、「詔」草書相似。）「不彌人爭，唯趣人訟」，意正相承。且「訟」與「從」爲韻，（「訟」字古讀平聲。召南行露篇「何以速我訟」，與「墉」、「從」爲韻。管子問篇「則人不易訟」，與「功」、「宗」爲韻。堯典「嚚訟可乎」，「訟」馬本作「庸」。史記呂后紀「未敢訟言誅之」，「訟」亦作「公」。）若作「詔」，則失其韻矣。尹注非。劉師培云：元龜「詔」作「訟」，與補注所引或本合，足爲王校之證。翔鳳案：隸書口厶相亂，如「船」作「舩」。「訟」寫爲「詔」，非誤字。

〔七〕于省吾云：「義」、「儀」字通。金文「威儀」之「儀」亦多作「義」。上云「湛湎於酒」，蓋醉酒則行不檢而儀不飭，故云「行儀不順」。

〔八〕王念孫云：「脩」當爲「循」，說見形勢篇。

〔九〕許維遹云：「爲」即「僞」字。

〔一〇〕安井衡云：古本「或」作「惑」。翔鳳案：孟子：「無或乎王之不智也。」易象傳：「或之者，疑之也。」「或」通用作「惑」，「惑」爲晚出字。

〔一一〕劉師培云：元龜「保」作「葆」，「葆」、「寶」古通，故與「寵矜」並文。

〔一二〕俞樾云：尹注曰「善士則遷改而損棄之」，疑正文及注文「損」字均「捐」字之誤。惟是「捐」字，故尹氏以「棄」字足成其義耳，宜訂正。戴望云：「損」當爲「捐」字之誤。「遷」猶去也。翔鳳案：墨子經上：「損，偏去也。」「損」亦有棄義，不必改「捐」。

〔一三〕陶鴻慶云：「捕援」二字義不相屬，尹注云「其所捕追而援引者，唯財貨之人」，說殊難通。

「捕」當讀爲扶。甫、夫二字聲義皆同，故从甫从夫之字古多通用。説文「尃，度四寸也」，禮記投壺篇「籌，室中五扶」，疏云：「扶，廣四寸。」山海經海外東經「湯谷上有扶桑」，呂氏春秋求人篇「禹東至榑木之地」，皆甫、夫通用之證。「扶」，謂扶助之，與「援」義同。　翔鳳案：説文：「捕，取也。」顔注急就篇：「捕，收掩也。」「捕」訓收取，非誤字。

〔一四〕王念孫云：尹以「乘」爲「同乘」，則「乘等」二字義不相屬。今案：「乘」者，匹耦之名。廣雅曰：「雙耦匹乘，二也。」方言曰：「飛鳥曰雙，鴈曰乘。」淮南泰族篇曰：「關雎興於鳥，而君子美之，爲其雌雄之不乘居也。」（今本「乘」譌作「乖」，辯見淮南。）乘爲匹耦之名，故二謂之乘，四亦謂之乘。周官「校人乘馬」，鄭注曰：「二耦爲乘。」凡經言「乘禽」、「乘矢」、「乘壺」、「乘韋」之屬，義與此同也。「等」亦乘也。廣雅曰：「等，輩也。」「入則乘等，出則黨駢」，其義一也。　安井衡云：「乘」，陵。「等」，輩也。「駢」，比也。入朝則乘陵等輩，出朝則結黨相駢比。

〔一五〕翔鳳案：決定之辭。管子人臣，故以此爲戒。古本「亦」下「可」字、「臣」下「乎」字不當有。

正言第三十四 闕

短語八

管子校注卷第十二

侈靡第三十五

短語九

劉績云：此篇多錯簡脱誤，不可讀。洪頤煊云：藝文類聚八十引：「周容子夏以侈靡見桓公，桓公曰：『侈靡可以爲天下乎？』子夏曰：『可，夫雕橑然後炊之，雕卵然後瀹之，所以發積藏、散萬物也。』」又初學記二十六、白帖九十七、太平御覽八百九十二引「武王爲侈靡（輕重乙篇有武王問於癸度），令人豹襜豹裘，方得入廟，故豹皮百金，功臣之家羅千鍾未得一豹皮」，皆今本所無。　此篇一問一答，以「侈靡」名篇，又「雕卵」二句見下文，二條疑皆此篇之闕文。

劉師培云：玉燭寶典二引「雕燎然後灼之，雕卵然後瀹之，所以發積藏、散萬物」，御覽八百九十二引子夏云「雕卵然後瀹之，所以發積藏、散萬物」，並與洪校所引類聚合。又書鈔一百二十九引管子云：「武王爲侈靡，令曰：『豹襜豹裘方得入廟。』」李石續博物志十云：「管子曰：武王爲侈靡，令曰：『豹襜豹裘方得入廟。』故豹皮百金，功臣之家羅千鍾而未得一豹皮。」並與洪校所引初學記、白帖、御覽相合。（寶典引「然後灼之」，足證類聚作「炊」之誤。）

翔鳳案：本篇認爲錯簡錯字最多，而不可讀，自劉績昌言之，至何如璋、張佩綸任意塗乙，面目全非。篇以「侈靡」名，僅反映其一面。大旨爲「生財教戰」，所謂「富者靡之，貧者爲之」。生財則以侈靡斂富人之財，所謂「發積藏，散萬物」，「豹皮百金，方得入廟」，即其義也。教戰則以神道設教，使民忘死，輕重甲所謂「藉於鬼神」，「聖人乘幼」，即其義也。管子作内政，寄軍令，恐大國，正卒伍，修甲兵，小國有征戰之備（見小匡），不欲顯言之，故但云侈靡，事有所隱也。持此意以讀全篇，涣然冰釋，無餘蘊矣。不總攬全篇大義，而枝枝節節以釋之，如治絲而棼，無從着手矣。管書以幼官爲骨幹，此篇關係尤密，雕燎雕卵，生教死教，皆夜間於神廟行之。古人祭神上朝都以夜，燭光輝煌，氣象森嚴，故曰「大昏也，博夜也」，同時於夜間觀察天象，一氣貫注。

問曰：「古之時與今之時同乎？」曰：「同」。天地四時，既無所易，故曰同。**「其人同乎？不同乎？」曰：「不同。**古淳而今澆，古質而今浮，故不同也。**可與政其誅**〔一〕。言今雖不同古，可爲政誅其不法以復古。**俈、堯之時，混吾之美在下，其道非獨出人也**〔二〕。俈，帝俈也。言二帝之時，比屋可封，美俱在下。其能若此，亦言非有出人之道，脩古而已。混，同也。**山不同而用掞**〔三〕，**澤不弊而養足**〔四〕。山無草木曰童。弊，竭也。**耕以自養，以其餘應良天子，故平**〔五〕。以其自養之餘，應天子之食，故天下平①。有時而賦曰良。**牛馬之牧不**

① 「故」字原作「須」，「平」字原作「半」，據補注改。

相及，各自足，則不相及也。**人民之俗不相知，**人至老死不相往來，故不相知。**不出百里而來足**〔六〕。行者不出百里，而來者所求足故也。**故卿而不理，靜也**〔七〕。雖立公卿，不理其事，以人靜故。**其獄一踦腓、一踦屨而當死**〔八〕。諸侯犯罪者，令著一隻屨以恥之，可以當死刑。**今周公斷滿稽**〔九〕，**斷首滿稽，斷足滿稽**〔一〇〕，**而死民不服**〔一一〕，**非人性也，敝也**〔一二〕。今周公，謂時所用法也。稽，考也。罪滿而斷，則從而考之。首滿其罪者，亦從而考之。應斷足所罪滿者，又①從而考之。凡此欲以爲慎審也。罪定者死之，然人尚不服其罪，豈人性之然乎？時爽故也。**地重人載，毁敝而養不足，事末作而民興之，**載，生也。今地利既重，人之生植穀物，君則從而毁奪弊盡之，所以養有不足。人既惰於本業，故競起而事末作。**是以下名而上實也。**謂下但有農作之名，不得自用，而實皆歸於上也。**聖人者，省諸本而游諸樂。**聖人察人之本，游之於富壽之域，則俈、堯以前爲然也。**大昏也，博夜也**〔一三〕。」夜，謂暗昧之行也。令人主至於大昏者，則以博爲夜事故也。

〔一〕張佩綸云：「可」，「何」之省。「何與」問辭。宋本、朱東光本、日本昌平學元本均無「其」字。
「誅」當爲「殊」，字之誤也。翔鳳案：首先注意古今之時同，而主持人的措施不同。

① 「又」字下原衍「亦」字，據補注删。

「誅」字不誤，要連下佶、堯之事看。史記楚世家：「共工氏作亂，帝嚳使重黎誅之而不盡。」韓非子外儲説左上篇：「堯又舉兵而誅共工氏於幽州之都。」「誅」字指共工，「政」者，正也。

〔二〕孫詒讓云：注義不可通。「混吾」疑即「昆吾」。「美」謂美金也。山海經中山經云：「昆吾之山，其上多赤銅。」文選子虚賦「琳瑉昆吾」，張揖注云：「昆吾，山名也，出美金。」尸子曰：「昆吾之金。」此言帝嚳與堯之時崇尚儉樸，弗貴美金，故在下也。姚永概云：詩采薇序「昆夷」，釋文：「『昆』字又作『混』。」漢書匈奴傳注：「『昆』、『混』、『畎』聲相近。」是「昆」、「混」通也。山海經「白淵，昆吾之師所浴也」，注：「昆吾，古王者號。」是昆吾氏甚古也。古王者後降爲諸侯，至佶、堯二帝之時又有賢美之君能佐二帝。或即四嶽，亦未可知與。又案史記司馬相如傳「琳瑉混珸」，司馬彪云：「石之次玉者。」索隱云：「字或作『昆吾』。」則此句或謂美玉埋藏地下，不發取之，以見當時風氣淳質，不事侈靡。與下文「牛馬之牧不相及，人民之俗不相知，不出百里而求足」合。翔鳳案：地數篇：「上有慈石者，下有銅金。上有赭者，下有鐵。苟山之見其榮者，君謹封而祭之。犯令者罪死不赦。」礦山保護很嚴，佶、堯之時不嚴，故曰「美在下」。

〔三〕趙用賢云：言山不童而材木不可勝用也。陳奂云：「同」讀爲童，「挍」古「瞻」字，「同」字或誤作「用」。劉績本作「山不用而童瞻」，「童」、「用」互易，其所據爲流俗之本。翔鳳案：爾雅「剡，利也」，郭曰：「詩曰：『以我剡耜。』」削木鋭利刺土。易繫辭「剡木爲楫」，「剡木爲矢」。山不同而用剡，「童」、「贍」二字皆不合。

〔四〕翔鳳案：當時無水利設備，灌溉賴自然之陂澤，房注訓「弊」爲「竭」，是也。

〔五〕豬飼彦博云：「良」當作「食」。丁士涵云：「良」疑「食」字誤。尹注云「以其自養之餘應天子之食，故天下平」，是其證。俞樾云：「應良天子」義不可通，「良」疑即「養」之壞字，「應」之言承也。爾雅釋樂「小者謂之應」，釋文引李巡注曰：「小者聲音相承，故曰應。」「應」，承也。説文手部：「承，奉也。」然則「應養」猶奉養也，言耕以自養，而以其餘奉養天子也。「養」字闕其上半而誤爲「良」，尹氏曲爲之説曰「有時而賦曰良」，謬矣。翔鳳案：釋名釋言語：「良，量也。量力而動，不敢越限也。」海内北經：「大封國有文馬，名曰吉良之乘。」「良」與「量」通，量其多少而備之。以其餘應天子之師役而量之，非誤字。

〔六〕王念孫云：「來」當爲「求」，説見小稱篇。翔鳳案：生活資料不需要從百里外來而自足，改「來」爲「求」，其義反淺。

〔七〕丁士涵云：「卿」乃「鄉」字誤。天子南鄉，即恭己正南面之意。下文「忽然易鄉而移」，今本亦誤爲「卿」。張佩綸云：「卿」，中立本作「鄉」，據原注則宋僞房此本已誤作「卿」。梅士享引白虎通「卿之爲言，章也，章善明理也」爲解，義亦通，然不如「鄉而不理」之安。一説「鄉」讀如「鄉也」之「鄉」，儀禮士相見禮注「曏，曩也」，「而」，耐字；「鄉能不理」與下文「今」字對文。翔鳳案：「卿」義如梅引白虎通所云，其本字爲「鄉」，詳章太炎小學答問，所謂事之制。諸人不知，改作「鄉」而釋爲「向」，非是。「理」爲法治，小匡「弦子旗爲理」，似大理院。

〔八〕劉績云：「踦」音奇，物體不具。　趙用賢云：言古者刑不加大夫。若諸侯犯罪，令其一足有履，一足無履以恥辱之，可以當死也。　王引之云：「腓」讀爲屝，乃草屨之名，非謂足腨也。方言：「屝，麤履也。」釋名：「齊人謂草屨曰屝。」字亦作「菲」，喪服傳曰：「菅屨者，菅菲也；繩屨者，繩菲也；疏屨者，藨蒯之菲也。」是「屝」爲「屨」之粗者。荀子正論篇「治古無肉刑，而有象刑：墨黥，慅嬰，共、艾畢，（劉氏端臨曰：『共』當爲『宮』。）菲、封屨，殺、赭衣而不純」，楊倞注曰：「菲，草屨也。」引尚書大傳曰：「唐、虞之象刑，上刑赭衣不純，中刑雜屨，下刑墨幪。」白虎通義曰：「五帝畫象者，其衣服象五刑也，犯宫者履雜屝。」漢書刑法志亦曰：「墨黥之屬，菲履赭衣而不純。」是象刑有屝履也。「一踦屝、一踦屨」，謂足箸一隻屨，一隻草屨，明罪人之屨異於常人也。「屨」與「屝」對文，蓋以絲作之者。方言：「絲作之者謂之履。」「履」即「屨」也。　尹桐陽云：御覽刑法引慎子曰：「有虞氏之誅，以蒙巾當墨，以草屨當劓，以菲履當刖，以艾韠當宫，布衣無領當大辟。」此「腓」即菲履，「屨」即封屨及雜屨之類也。

〔九〕俞樾云：尹注曰「今周公，謂時所用法也」，如注義則當云「今周公之法」，於文方足，不得但云「今周公」也。疑「周公」二字乃「用法」二字之誤。「法」字奪水旁，止存「厺」字，與「公」相似，因誤爲「公」，後人因「用公」二字無義，妄加「口」於下而爲「周」字耳。尹氏作注時，文尚未誤，故曰「今用法，謂時所用法也」。後人據已誤之正文而改注文，遂并注義而不可通矣。

翔鳳案：篇首言古今之時不同，俈、堯與周公爲古今之斷限。「今周公」，謂其所制之刑法遠重於前也。改爲「今用法」，則是齊國之法，與俈、堯不相應。周公殺管叔，即在齊境，管仲爲管叔之後（詳小匡），於周公有宿怨，以法家反儒。商之始祖簡狄爲女酋長，顓頊爲氏族祀爲天帝，俈、堯才是男性中心之帝王。簡狄與嚳非夫婦，天問疑之，謂「簡狄在臺嚳何宜」，屈原不信也。

〔一〇〕趙用賢云：有斷指之罪，有斷首之罪、斷足之罪，充滿于獄。豬飼彦博云：「稽」，計也。言刑罪數多，滿于計帳。王引之云：「稽」者，計罪人名之簿書。言斷指、斷首、斷足之罪人，名滿於計簿也。周官小宰「聽師田以簡稽」，先鄭司農云：「簡稽，士卒兵器簿書。『簡』猶閱也，『稽』猶計也，合也。合計其士之卒伍，閱其兵器，爲之要簿也。」引吳語「黃池之會，吳陳其兵，皆官師擁鐸拱稽」，是其證。尹訓「稽」爲「考」，失之。翔鳳案：乘馬：「春曰書比，秋曰大稽。」斷獄用秋決，周時已然。四時「刑始於秋」，明言之矣。幼官西方副圖「刑則紹昧斷絶」，西方屬秋。問篇「官都其有常斷，今事之稽也何待」，「稽」與「斷」連言之。「周公斷滿稽」爲斷獄之斷，與斷首、斷足爲斬斷者不同，乃斷決或判斷也。趙本不解文義，而加「指」字，大謬。孝經「五刑之屬三千」，周之刑繁。周公分康叔以殷民六族，康叔以殷民七族（左傳定公四年）。周滅殷，把殷民變爲奴隸，周族爲自由民，比奴隸高一等，且監視奴隸。

〔一一〕俞樾云：此本作「而民死不服」，言民至死不服也。「民死」二字傳寫誤倒，尹注遂斷「而死」二字爲句，失之矣。　翔鳳案：「死民不服」猶言死者不服。口語有言「死人不服」者，非誤倒。

〔一二〕豬飼彦博云：民毁弊，故犯刑也。　張文虎云：此謂法玩則敝，尹注「時爽」，非。　翔鳳案：周滅商，以商民爲奴隸，「敝」指民族失敗。

〔一三〕梅士享云：莊子：「廣成子謂黄帝曰：至道之精，窈窈冥冥，至德之極，昏昏默默」，「上脩渾沌氏之術」，是「大昏」也。「而百姓醇醇不知所往」，是「博夜」也。堯時童謡曰：「立我蒸民，莫匪爾極，不識不知，順帝之則。」「大昏」、「博夜」之義，此其一徵。「苑風謂諄芒曰：致命盡情，天地樂而萬事銷亡，萬物復情，此之謂混冥。」「游諸樂」之義，此又其一徵。　豬飼彦博云：「載」字當在「地」字下。「載」，事也。租稅重，故人毁弊。　張文虎云：此文錯簡。「大昏也」二句，當承「養不足」之下。「事末作」二句，當承「游諸樂」之下。「樂」乃「末」字之誤。「民興之」當爲「民興化」。蓋言庶而不富，民生困敝，故如在大昏博夜中。「聖人省諸本而游諸末」，即下文所謂「侈靡」也。「事末作而民興化」，即下文所謂「興時化」也。「上名下實」，即下文所謂「賤有實，敬無用」也。　張佩綸云：梅氏引莊證管，近之，而意未盡。民趨末，故「省諸本」。上聚財，故「游諸樂」。爾雅釋詁：「昏，代也。」説文：「夜，舍也，天下休舍也。」此以起其以侈靡爲時化之説。陶鴻慶云：「大昏也，博夜也」，注家多以爲指今時而言，殆非本篇之旨。此與上句意義相承。上云「聖人者省諸本而游諸樂」，尹注云「聖人察人之本，游之於富壽之域，則佶、堯以前爲然也」，其説是也。而其所以然者，則以其時民智茫昧，事物簡而欲易給，故曰「大昏也，博夜也」。若指今時言，則與上文不相屬矣。劉師培云：「大昏」、「博夜」，均喻治不外呈。形勢篇云：「唯夜行者獨有也。」宙合篇：「若覺卧，若晦明。」此文之旨，略與彼同。張（文虎）指爲錯簡，非是。翔鳳案：「地重人載」，謂地厚而載物，中庸「載華嶽而不重」，易文言「坤厚德載物」，可以印證。商人做農奴，竭其力而不足養身家，不得已而經營商業。行商坐賈，「商」的含義即從商族來的。「賈」、「古」、「嘏」同音，坐致厚利而享福，衹有奴隸主。奴隸做小貿易，是到處奔走的。「事末作而民興之」，「末作」爲商，「興」爲興起，「民」指商族。奴隸經商，奴隸主分享一部分，故曰「下名而上實」。然而齊國的聖人則是同情商民的，於祭祖時，大昏博夜，讓他們同樂。幼官篇是祭祖的，「夜虛人靜，人物則皇」，即此意。

問曰：「興時化若何〔一〕**？」**謂度時興化，其理若何也。**「莫善於侈靡。」**侈靡，謂珠玉之用也。管氏以爲，珠玉者飢不可食，寒不可衣，然時共貴之。君若不重，不重則强者守之以招人，故度時興化，莫若重珠玉以爲侈靡。**賤有實，敬無用**〔二〕**，則人可刑也**〔三〕**。**有實，謂穀帛可貴而賤之。無用，謂珠玉可賤而敬之。若此，則人之賢不肖可刑也。故賤粟米而如敬珠玉，好禮樂而如賤事業，本之始也〔四〕。言粟，常人賤之，賢者貴之，如常人之敬珠玉。末業，常人貴之，賢人賤之。今則賢者之好禮樂，如常人貴末業，若此者，可謂務本之始。珠者，陰之陽也，故勝火。珠生於水，而有光鑒，故爲陰之陽，以向日則火烽，故勝火。玉者，陰之陰也，故勝水〔五〕。玉之生於山，而藏於石①，故爲陰之陰，以向月則水流，故勝②水。其化如神。言珠玉能致水火，故曰如神也。故天子臧珠玉，諸侯臧金石，大夫畜狗馬，百姓臧布帛。不然，則强者能守之，智者能牧之〔六〕，賤所貴而貴所賤。粟米可貴而賤之，珠玉可賤而貴之。不然，鰥寡獨老不與得焉，均之始也。」君不貴而藏之，則利積於强智，雖矜鰥寡獨老③，無所與之。今藏之者，所以賑貧乏，故爲均之始。

〔一〕陶鴻慶云：「『興時化』，『興』蓋『與』字之誤。『與時化』者，與時爲變。尹注云：『謂度時興化，其理若何。』不知本篇凡言『化』者，義皆訓變，無讀爲風化者，尹據誤本作注，故失其解。」

翔鳳案：虞書「懋遷有無化居」，「化」即「貨」。金石索引齊刀文「齊吉化」，即齊貨。有

① 「石」字原作「山」，據補注改。
② 「勝」字原作「爲」，據補注改。
③ 「矜」字原作「務」，「老」字原無，據校正改、增。

早晚時價各種商品。上中下包括珠玉刀幣穀，三者互相爲權，其輕重由國家控制。

〔二〕陳奐云：「敬」乃「苟」字誤。「苟」與「亟」同。後人不識「苟」字，因改「苟」爲「敬」。下「敬珠玉」，亦當作「苟」。翔鳳案：無實用之珠玉，佯爲尊敬，以斂富人之財。若有實用的粟米，其價值反賤，以便民，則人可爲型範也。

〔三〕張文虎云：「刑」疑當作「制」。何如璋云：「刑」通「型」。型者鑄器之法。土曰型，金曰範，木曰模。言人可陶鑄。張佩綸云：廣雅釋詁三：「刑，治也。」翔鳳案：何義爲長。

〔四〕豬飼彥博云：「如」字疑衍。或曰珠玉是無用之物而權貴之，故曰「如敬」也。王引之云：兩「而」字後人所加，「如」即「而」也。「賤粟米而敬珠玉，好禮樂而賤事業」，正所謂「賤有實、敬無用」也。尹注非。

〔五〕王念孫云：「陰之陰」當作「陽之陰」。珠生於水，爲陰，而其形圓，故曰「陰之陽」。玉生於山，爲陽，而其形方，故曰「陽之陰」。大戴禮勸學篇作「玉者陽之陰」，淮南地形篇「水圓折者有珠，方折者有玉」，高注曰「圓折者陽也，珠，陰中之陽。方折者陰也，玉，陽中之陰」，皆其證。太平御覽珍寶部三引此正作「陽之陰」。尹注非。劉師培云：事類賦九引作「陽之陰」，足證王校之確。郭大癡云：「陰之陽」、「陰之陰」，上兩「陰」字謂地。春秋繁露人副天篇「陰地氣也」，謂地所産也。下分科一陽一陰，始言物質性之別。王改非是。翔鳳案：郭說是，而未盡。水地篇以水藏於玉而論玉有九德，其勝爲純陰，即「陰之陰」。說文：「珠，蚌之陰精。春秋國語曰『珠以禦火災』是也。」以其能禦火災，而定爲「陰之陽」，非以其形圓也。

〔六〕王念孫云：「牧」字於義無取，「牧」當爲「收」，謂强者能以力守之，智者能以術收之也。俗書「收」字作「収」，與「牧」相似而誤。又輕重甲篇「以振孤寡，牧貧病」，「牧」亦當依朱本作「收」，謂收恤之也。又明法解篇「牧漁其民，以富其家」，「牧」亦當爲「收」，謂收漁民財以自富也。張佩綸云：「牧」爲「收」誤。國蓄篇「分地若一，彊者能守；分財若一，智者能收」，是其證。大戴禮勸學篇「牧」作「秉」。尹桐陽云：「牧」，蓄也。大戴禮作「秉」。君棄而下守牧以爲害，若漢吳王濞、朐肕是。翔鳳案：魏正平太守元仙墓誌「收」作「収」，知「牧」爲「收」之隸變，非誤字也。

「政與教孰急？」政者立法以齊物，教者訓誘以感心，用二①者何先也？管子曰：「夫政教相似而殊方。若夫教者，標然若秋雲之遠，動人心之悲。標，高舉貌。秋雲淒慘，有愁悴之容，高置且遠，能生人之悲心。喻教者憂人之不令見其戚容，人亦爲之傷悼之。藹然若夏之靜雲，乃及人之體。鵬然若謞之靜〔一〕，藹，油潤貌。鵬然，和順貌。夏雲之起，油然含

① 「二」字原作「一」，據補注改。

潤，將降其澤，及人之體，去除熱氣而和順，雖有謪躁之人，亦皆①恬靜。喻教者灑之温辭，而强梁者亦能②感服之。**動人意以怨。蕩蕩若流水，**教者若秋雲之動人意，人意既動，則自怨而蕩摇，自怨而蕩摇，則從教若流水也。**使人思之。人所生往〔二〕，教之始也，身必備之〔三〕。**教者若夏雲之順適，故其人使人思之。人既思③之，則生其善心。教人之始，必備此二者，然後可也。**辟之若秋雲之始見〔四〕，賢者、不肖者化焉。**教者既若秋雲始見而哀憐之，又若夏雲之起而潤悦之，則天下之賢與不肖無不化焉。**敬而待之，愛而使之，若樊神山祭之〔五〕。**既從④聖化，人則敬而來待，愛⑤而後使，尊衛其君，若樊落神山，設祭而祈福者也。**賢者少，不肖者多，使其賢，不肖惡得不化〔六〕？**賢與不肖皆教而使之，則不得不化也。**今夫政則少則，**即皆從教，則人無所犯，故於爲政少用爲則也。**若夫成形之徵者也。去則少，可使人乎〔七〕？」**欲成太平之形，以知其徵驗者，全能去則而使人，斯太平之先兆也。**「用貧與富，何如而可？」**問貧

① 「亦皆」二字原無，據補注增。
② 「亦能」二字原無，據補注增。
③ 「思」字上原衍「可」字，據補注删。
④ 「從」字原作「後」，據補注改。
⑤ 「愛」字下原衍「之」字，據補注删。

富之中適。**曰：「甚富不可使，**甚富則驕，故不可使。**甚貧不知恥**〔八〕，甚貧則濫竊，故不知恥也。**水平而不流，無源則遬竭。**平而不流，謂水也。停水無源，必速竭。**雲平而雨不甚，無委雲，雲則遬已**〔九〕。平雲少雨，又無委雲以助之，其雨必遬。已上二事，爲下有比例。**政平而無威則不行，**此則爲政者威以爲本也。**愛而無親則流。**但行汎愛，無所偏親，則其愛流漫，賢智不盡力。**親左有用，無用則辟之。若相爲，有兆怨**〔一〇〕。雖曰當有所親，而用親之理避左，則有爲用者，不爲用者。譬①猶言有中不中。此但爲怨兆而已②，親之無益也。**上短下長，無度而用，則危本。不稱**或復上得短而下持長，其役用之不以度。如此者，或能懷怨以敗國，故曰「危本不稱」也。**而祀譚次祖，犯詛渝盟傷言**〔一一〕。譚，延③也。國敗絶祀之事，延及次祖，更有犯詛渝盟傷言之罪。**敬祖禰，尊始也。**祖禰，人之始也。**齊約之信，論行也。**詛盟欲爲整齊要束之信，所以論行也。**尊天地之理，所以論威也**〔一二〕。天地以秋冬肅殺雷震電耀爲威，爲政者所取則，故威不可**弛之也。薄德之君之府囊也**〔一三〕，凡尊始論行論威，爲政者

---

① 「譬」字上原衍「不爲用者」四字，據補注删。
② 「已」字原作「以」，據校正改。
③ 「延」字原作「近」，據校正改。

所當行。德薄之君，皆囊而藏之，故有敗亡之禍。必因成刑而論於人，此政行也，可以王乎〔一四〕？」必因王事之成刑，論考於人事。此爲政所行也，遵而勿失，故可以王也。

〔一〕豬飼彥博云：「夏之靜雲」，「之靜」二字蓋因下文而誤衍。「乃」當作「之」。「鵖」，字彙補與「驩」同。「鵖然」難解。疑「鵖」當作「嵲」。「嵲然」，山高貌。「謞」當作「高山」二字。「動」字衍。　孫星衍云：當作「若夏雲之靜」，與上句「秋雲之遠」相對。　王念孫云：此當作「藹然若夏雲及人之體」，九字作一句讀，言君子教澤及人，藹然若夏雲之爲雨，而及人之體，莫不沾濡也。今本作「若夏之靜雲」，「之靜」二字涉下文「若謞之靜」而衍。據尹注，但言夏雲之起，油然含潤，而不言其靜，則本無「之靜」二字明矣。其「乃」字，則「及」字之誤而衍者耳。　俞樾云：「動人心之悲」當作「動人心以悲」，與下文「動人意以怨」一律，古「以」、「而」字通用，說見王氏引之經傳釋詞。「動人心以悲」，猶云動人心而悲也。「動人意以怨」，猶云動人意而怨也。今作「之悲」，則不詞矣；蓋涉上句有「之」字而誤耳。「藹然若夏之靜雲」當作「藹然若夏雲之靜」，與上「秋雲」句一律，惟雲不能及人之體。尹注增成其義曰「油然含潤，將降，其澤及人之體」，此曲說也。疑管子原文本作「藹然若夏雲之靜，動人意以怨」，與上文「標然若秋雲之遠，動人心以悲」相對成文。「乃及人之體」當在「鵖然若謞之靜」下，「鵖然」句不可解，疑當作「窵然若高山」，與下「蕩蕩若流水」相對成文。「山」字與篆文「之」字相似而誤，又涉上文「夏雲之靜」句而衍「靜」字。後人因「若高之靜」義不可通，乃加

「言」旁作「謞」耳。「鵑」字字書所無，乃「窵」字之誤。因其字從穴從鳥，篆字「穴」字與隸書「肉」字相似，傳寫者誤從肉，後人因從肉之字皆在左旁作月，因變而爲「鵑」矣。墨子備城門篇有「膭」字，即「竇」字之誤，正與此同，說詳墨子，可以爲證。「乃及人之體」，「乃」字衍文，即「及」字之誤而複者也。「及」讀爲岌。文選羽獵賦「天動地岋」，注引韋昭曰：「岋，動貌。」「窵然若高山岋人之體」，言如登高山動人之體也。管子此文最舛譌難讀，今考正之如此。

王紹蘭云：「鵑」當作「鴅」，讀「讙兜」之「讙」。「讙然」猶歡然也。「謞」當爲「歊」，說文：「歊歊，氣皃。」此謂教者藹然可愛，既若夏雲之靜，逮其及人，鵑然可歡，又若歊烝之靜也。

張佩綸云：此篇文既爛脱，注尤支離，孫、王之說近似而未盡，當作「若夫教者標然若秋雲之遠，動人心以怨，藹然若夏雲之清，（書「直哉惟清」，史記五帝紀作「直哉惟靜絜」，是其證。）及人體以靜」。「遠」、「怨」爲韻；「清」、「靜」爲韻。「動人心之悲」，即「動人意以怨」之衍文。「鵑然若謞之靜」，「鵑」、「謞」皆「藹」之壞字也。（注：「鵑，和順皃。」按廣韻「鴅兜四兇名」，古文尚書作「鴅」，重修本古文尚書作「腸」。蓋此文由「藹」誤「腸」，又誤「鵑」耳。元注「藹，和順皃」，僞房又改爲「藹，油潤貌，鵑，和順貌」，王氏校注加「潤」字，以「夏雲之潤及人之體」作一句讀，殆涉於滯。）如仍原文，「若謞之靜」何至「動人意以怨」乎？蓋百思之而不可通。且此節政教均以雲水爲譬，不應雜入「若謞之靜」一喻明矣。翔鳳案：此一節論政教原則，先論教，無一誤，諸人不解而改字，均謬。「標然若秋雲之遠，動人心之悲」。

秋天乾燥，低空無雲，惟高空有之。「遠」指高空。風吹流動快，故以「標」形容之。「票」爲火飛，「飄」、「焱」義皆相近。草木零落，心悲者見之愈悲，故曰「動人心之悲」。先有悲在心也。若改爲「動人以悲」，則見秋雲而心始悲，其義淺矣。「藹然若夏之靜雲，乃及人之體」。予於民國七年在考田高山寺避暑，天氣晴朗，大片雲貼地移動，穿人而過，其行極緩。以「靜」字形容其移之緩，非靜止也。房注「藹，油潤貌」，是也。説文：「乃，曳詞之難也。」以「乃」字狀其穿過人體之緩。濃雲之外，晴日照人，非霧，霧則滿山不見矣。「鵰然若謞之靜，動人意以怨」。此則非雲，而爲另一境界。説文無「謞」字。近尋此字，（一）與靜有關；（二）與怨有關；（三）音同「謞」，即呼交切。晉語「使人蒿焉，忘其安樂」，義與（二）合，音與（三）合。得一啓示。封禪書「鄗上之黍」，注：「鄗上，山也。」又得一啓示。知此字與「蒿」、「鄗」相近，求其同點，去邑去草，其字爲「高」，疑其音不合。然漢書武帝紀「禮高里」，服注：「高里，山名，在泰山下。」圖書集成泰安州「高里山在州西南三里，俗訛爲蒿里山，其陰有鬼仙洞，窈然幽暗，人不敢入」，則其幽然而使人怨，全部相合。齊陋赤齊造象記「高」作「髙」，移高於旁則爲「謞」，「謞」爲「高」之別體，訛爲「蒿里」。説文「薧，死人里也」，呼毛切，則讀「高」爲「蒿」矣。御覽三十九：「博物志曰：『泰山一名天孫，言爲天帝孫也，主乃人魂。』」水經汶水注：「泰山在左，亢父在右。亢父知生，梁父知死。」「人所生往」指亢父，「亢」者高也。月令「祀于高禖」，鄭注：「高辛氏之出，玄鳥遺卵，簡狄吞之而生契。」疏引鄭志：「娀簡狄吞鳳子之後，後王以爲媒官嘉祥，祀之以配帝，謂之高禖。」論語「高宗諒陰」，注：「凶廬也。」閒居賦注：「寒涼幽暗之處。」喪服四制作「梁闇」，此梁父之事。亢父、梁父都在泰山，主生主死不同，本篇都重要。鳳爲大鵬，殷之圖騰也。

〔二〕丁士涵云：疑當作「則人生善」。今本「人所」二字，「所」乃「則」字誤，又誤乙二字，「往」即「生」字之誤衍，又脱「善」字耳。伊注云「人既思之，則生其善心」，可證今本之誤。張文虎云：疑當作「人心所往」，猶言衆所歸往也。「心」字誤「生」，又倒。姚永概云：「生」當是「歸」字脱爛而誤。……人上應有「君者」二字。言「君者人所歸往，教之始也」。然欲教人，必先身備之。下云「敬而待之，愛而使之」，正是身備之義。「賢者少，不肖者多，使其賢，不肖惡得不化？」「使其賢」者，使其自賢也。翔鳳案：亢父、蒿里主人生死，人死即「往生」，如後代所謂天堂者。下文「民欲生而教以死」，故曰「教之始」。

〔三〕丁士涵云：「備」乃「犕」之誤。「犕」與「服」同。權修篇「上身服以先之」，法法篇「先民服也」，荀子宥坐篇「上先服之」。翔鳳案：丁説是也。欲民敬畏，上必以身率先。

〔四〕張文虎云：「賢者」二字，疑當在「辟」之上。謂賢者在上，如「秋雲之始見」，不肖者仰而化之，猶離熱而得涼也。張佩綸云：「辟之若秋雲之始」七字亦衍。「辟之若秋雲」乃注語，觀「教之始也」下注但言「夏雲」而不及「秋雲」，知其闌入本文。「之始」二字，乃「教之始也」之衍文。陶鴻慶云：尹注云：「教者既若秋雲始見而哀憐之，又若夏雲之起而潤悦之，則天下之賢與不肖無不化焉。」據此，正文「秋雲之始見」下，當有「若夏雲之起」五字。翔鳳案：「辟」同「譬」。荀子彊國：「辟稱比方，則欲自並乎湯、武。」以此蒿里譬秋雲也。賢與不肖同有怨怖情緒，故化。說文：「化，教行也。」已托勞教死教。

〔五〕張佩綸云：當作「若山神焚祭之」。或「樊」乃「癷」字之衍文。翔鳳案：「神山」指出金銀之鑛山。地數：「上有丹沙者，下有黄金。上有慈石者，下有銅金。上有陵石者，下有鉛錫赤銅。上有赭者，下有鐵。此山之見榮者也，君謹封而祭之。」改爲「山神」，誤。

〔六〕張文虎云：「使」猶用也。賢者見用，則不肖者自化，亦承上文。翔鳳案：承上文，「使」謂教之。

〔七〕丁士涵云：「少則」之「則」當作「行」，「也」字衍。「去則」當作「正行」，「正」與「政」通。「少」字衍。（尹注亦無。）當讀「今夫政則少行，若夫成形之徵者，正行可使人乎」。下文云「必因成形而論於人，此政行也」，又云「政平而無威則不行」，是其證。張佩綸云：「少則」，「少」當作「尚」；「則」，法也。「去則少」當作「尚法則」。李哲明云：「則」者，法也。此言政取少者爲則，「少」謂賢者。蓋「賢常少，不肖常多」，任使賢者爲不肖者法，此政之成形足徵者也。去其法則，豈可使人化之乎？下「少」字涉上而衍。劉師培云：「今夫政則少則」，下「則」字疑當作「别」，冡上「相似而殊方」言。翔鳳案：說文「則，等畫物也。从刀从貝，」會意。今作「鍘」。下文「國之山林，則而利之」。分富人之財而使之少。聚少成多，爲行政之大用，故曰「若夫成形之徵者也」。

〔八〕張文虎云：此四句與上下文意義不屬，當是它處錯簡。張佩綸云：此一問一答當在「請問用之若何」前，誤厠于此。翔鳳案：承上文「則少」，重在「甚富不可使」句。分其財用於貧者，免其甚貧而不知恥。二張未明其意，以爲錯簡，誤矣。

〔九〕張文虎云：此上疑亦有錯簡。張佩綸云：淮南説山訓：「地平則水不流。」「雲則遫已」當作「雨則遫已」。姚永概云：「委」字當衍。「無源則速竭」，「無雲雨則速已」，正相對爲文。翔鳳案：「雲」本作「云」，象回轉之形。廣雅：「雲，運也。」戒篇「四時云下」，即以「云」爲運。無委雲運轉則速已。趙本「雲」作「雨」，不通其義。「委」，委隨也，正以形容雲。姚説誤。

〔一〇〕孫星衍云：「爲」讀作僞，言若詐僞相尚則生怨。尹注非。丁士涵云：此承上文「愛而無親」言之。「左」字即「有」之譌。「親有用」者，親近賢者也。「無用則辟之」者，遠去不肖也。「若相爲兆怨」句屬下讀。（「有」字衍。）尹注下文「危本不稱」句云：「如此者，或能懷怨以敗國。」管子文義本如此也。張佩綸云：「親左有」當作「親左右」。疑「怨」乃「眢」字之誤。説文：「眢，目無明也，瞽，目但有眹也。」淮南詮言訓「游無眹」，高注：「眹，兆也。」「有兆」即有眹也。周禮眡瞭「相瞽」，注：「『相』謂扶工。」論語「固相師之道也」，馬注：「相，導也。」鄭注：「相，扶也。」相當用有目者，今乃爲目但有眹之眢，無用明矣。禮記仲尼燕居篇：「治國而無禮，辟猶瞽之無相與，倀倀乎其何之。」　李哲明云：「左」，古「佐」字。「有用」當斷句，「辟之」斷句，「辟」讀爲避。言親近佐我之人爲甚有用耳。若「無用」則匪唯不親之，且當避之。「爲」，當從孫星衍説同「僞」。親之與否，無所容僞。若相與爲僞，「兆怨」之道也。　翔鳳案：親佐有用，無用則避之。小爾雅廣言：「辟，除也。」孟子「行辟人可也」，假「辟」爲「避」。若作「親左右」，則與「近便辟」無別，張佩綸説誤。詐僞相尚，不能以「相僞」二字代之，孫説不可通。「爲」假爲「譌」。詩正月「民之譌言」，毛本作「訛」。堯典「平秩南訛」，史記作「南譌」，司馬貞本作「南爲」。「爲」爲訛詐，則詞順矣。「有」訓又，不誤。

〔一二〕丁士涵云：「譚」與「覃」通。「祖」疑「神」字誤。「次神」當爲「神次」。下文云：「知神次者，操犧牲與珪璧以執其眾。」此涉下「祖」字而誤。　張文虎云：句不可解，疑「祀」乃「亂」之誤，俗書「亂」作「乱」也。「禫」與「神」草書形似，「次」字衍，「祖犯」倒，「詛」即「祖」字之譌，衍文，當作「而亂神犯祖渝盟傷言」。「犯祖」見漢書翟方進傳。　何如璋云：「譚」宜作「諂」。「祀諂」云者，言不尊祖而祭非其鬼。　劉師培云：丁校是也。五行篇云「貨曋神廬」，正與此句約同。「神廬」猶之「神次」也。此文「祀譚」之「譚」，亦必與「貨曋」之「曋」同字。惟「譚」及「貨曋」義並未詳。（下文「辟之若尊譚」亦然。）　李哲明云：「則危」當斷句，與上「則不行」、「則流」文法一例。「本不稱」蓋屬下「而祀譚」爲句。祀莫崇於報本，故祖爲重。本不稱而祀及之，是「非其鬼而祭之」，誣其祖矣。「譚」，依注訓「延」，延，及之也。

「次祖犯詛」與「渝盟傷言」對文。「次」字疑「欺」之誤。詛盟正以表其不欺，自欺其祖則犯詛矣。盟言不可以渝，犯詛則渝盟，是「傷言」也。翔鳳案：權脩：「地之生財有時，民之用力有倦。以有時與有倦，養無窮之君，而度量不生於其間，國雖大必危。」「危」指農業，「稱」指輕重說。「譚」爲國名，無意義。「譚」爲「禫」之借。說文：「禫，除服祭也。」士虞禮「中月而禫」，注：「祭名也，自喪至中凡二十七月。古文『禫』或爲『導』。」廣雅釋詁四：「次，舍也。」說文「次」，古文作，象茅舍形。釋名：「茨，次也。次艸爲之也。」「次祖」爲叢社。左傳：「殺鄫子於次睢之社。」「次睢」即「次祖」。秦策「范睢」，韓非子外儲作「且」，即「祖」字。祀禫次祖時又犯詛盟。左隱十一年傳鄭伯使「詛射潁考叔者」。宣二年傳「驪姬之亂，詛無畜羣公子」，杜注：「詛，盟誓。」楚語「潰而所犯必大矣」，注：「敗也。」說文：「渝，變汙也。」「祖」之用凡三變。其始爲告廟，所謂始廟也。次爲叢社，爲詛盟之所。三將行犯軷之祭爲祖。詩韓奕：「韓侯出祖。」烝民同。

〔二〕翔鳳案：「敬祖禰」句承「祀譚次祖」，「齊約之信」句承「犯詛渝盟」，「論威」句承「無威則不行」。「齊約」即「劑約」。

〔三〕丁士涵云：「尊始」、「論行」、「論威」，不可言「薄德」，疑當作「博德」，猶大德也。史記張儀傳「欲王者務博其德」，下文言政行可王，皆指大德之君言。俞樾云：尹注但云「德薄之君，皆囊而藏之」，不釋「府」字之義，疑「府」乃「所」字之誤。隸書「所」字作「所」，與「府」相似而誤。管子原文本云「薄德之君之所囊也」，故尹注止解「囊」字也。張文虎云：丁、俞二説皆是也。「囊」字疑當作洛誥「汝乃是不蘉」之「蘉」。釋文「蘉，莫剛反」，引馬氏云「勉也」，與「囊」字形聲相近。（「蘘」，俗「囊」字。）翔鳳案：淮南精神訓「薄食無光」，借爲「普」。天文訓「薄靡而爲天」，「薄」亦訓普。本經訓「旁薄衆宜」，即「旁溥」也。易升「君子以順德」，姚信本作「得」。「薄德之」，普得之也。諸人誤解。「府囊」者，貨財所藏。管子有輕重九府。

〔一四〕翔鳳案：「刑」同「形」，屢見前。説文：「衍，水朝宗於海。」

「請問用之若何？」問用政何如也。**「必辨於天地之道**〔一〕**，然後功名可以殖。**天地有尊卑恩威之序，故明之然後可以立功名也。**辯於地利，而民可富。通於侈靡，而士可戚。**戚，親也。貴珠玉以賞士，故士可親也。**君親自好事**〔二〕，謂好爲政之事。**强以立斷，**强立其志，以斷是非。**仁以好任**所謂悦以使用。**人**〔三〕**。君壽以政年**〔四〕，君所以①壽考，由爲政以順年之四時令也。**百姓不夭厲，**厲，廢②疾也。**六畜遮育，五穀遮熟**〔五〕，遮，猶兼也。**然後民力可得用。**人俱富而力全可用也。**鄰國之君俱不賢，然後得王。」**若俱賢，則不可得而制難以王矣。**「俱賢若何？」**問之。**曰：「忽然易卿而移，**黜不肖，立仁賢。**忽然易事而化，**去

①「所以」原作「以所」，據校正乙。
②「廢」字原作「發」，據補注改。

故而取新。**變而足以成名**〔六〕，革當而故成名。**承弊而名勸之**〔七〕，承先代之弊，而成能名，故民勸勉之①也。**慈種而民富**〔八〕。流慈以勉種，故人富。**應言待感，與物俱長**〔九〕。應物而後言，待感而後動，所謂應天順人者也，故與物俱長之也。**故日月之明**〔一〇〕，所謂與日月齊其明。**應風雨而種**〔一一〕。風時雨若，則以君禮不失故也。**天之所覆，地之所載，斯民之良也**〔一二〕。君人者，德苞天地，首出庶物，有生莫能踰，故曰人之良。**不有而醜天地，非天子之事也**〔一三〕。不有上事，而又醜惡天地之化，此非天子之事。**民變而不能變，是梲**之梲反。**之傅革**。梲，柱也。革，皮也。梲之附革，則外革而內不革也。今人變而君不能變，亦外革而內不革之類，故取喻焉。**有革而不能革，不可服**〔一四〕。可革而不革，則人有輕君之心，故不服也。**民死信**，人無信不立，故死②在信也。**諸侯死化**〔一五〕。」變通之，以盡利不化，則利竭故死。

〔一〕安井衡云：下句言「地」，此「地」字當衍。翔鳳案：此節貨幣與農業並言，不僅地利，天道亦有之，無衍文。「天地之道」詳宙合。用之爲權衡輕重。

〔二〕吴汝綸云：「自」當爲「目」。翔鳳案：許維遹亦改「自」爲「目」，以「親自」連文，非先秦所有。公羊宣公十二年傳：「楚莊王伐鄭。鄭伯肉袒，左執茅旌，右執鸞刀以逆。莊王親自

① 「民」字原無，「之」字原作「者」，據補注增改。

② 「死」字原無，據補注增。

手旃，左右撝軍，退舍七里。」則「親自」連文，齊人常用，許乃妄改。其所改多類此。

〔三〕王引之云：「任」當作「仕」，字之誤也。「仕」與「士」同，此承上「士可戚」而言。且「仕」與「事」爲韻，尹注非。　何如璋云：「仁以好人」句，「任」字衍。　張佩綸云：當作「仁以任人」。論語子張問仁於孔子，孔子曰：「信則人任焉。」言其效則人任，言其體則任人，亦仁之一端也。　翔鳳案：王斷句不當而改字，謬。「任」字、「好」字均不當衍。

〔四〕丁士涵云：「政」當爲「致」。　張佩綸云：「君壽以政年」當作「政以壽年」。漢書刑法志：「詩云：宜民宜人，受禄于天。書曰：立功立事，可以永年。言爲政而宜於民者，功成事立，則受天禄而永年命。」　翔鳳案：説文：「壽，久也。」呂氏春秋尊師「以終其壽」，注：「年也。」漢書高帝紀「莊入爲壽」，注：「凡言爲壽，謂進壽於尊者，而獻無疆萬壽。」張説是。

〔五〕惠棟云：「康侯用錫馬蕃庶」，鄭氏曰：「蕃庶，謂蕃遮禽也。『庶』音止奢反。」棟案：管子「六畜遮育，五穀遮熟」，則「蕃遮」猶蕃育也。（九經古義）　洪頤煊云：説文：「遮，從辵，庶聲。」易晉卦「用錫馬蕃庶」，釋文云：「庶，鄭止奢反，謂蕃遮禽也。」「遮」、「庶」古字通用。爾雅釋詁：「庶，衆也。」尹注非。

〔六〕俞樾云：尹注解「易卿」句曰「黜不肖，立仁賢」，解「易事」句曰「去故而取新」，皆非管子之意也。管子蓋謂鄰國之君俱賢，則不得王，故必待其有變。「忽然而易卿」，「忽然而易事」，皆就鄰國言之。「易卿而移」，「易事而化」，皆謂變而不善，使我有可乘之機也。故下文曰「變而足以成名」。尹注失之。張佩綸云：「卿」當作「鄉」，字之誤也。荀子賦「四時易鄉」，文選東京賦「授時順鄉」，薛注：「鄉，方也。」翔鳳案：俞説是。自此至「斯民之良也」，皆言鄰國之君賢。「足以成名」，以其變也。「化」即「貨」，此本篇通義。「易事而化」，謂其重視經濟。

〔七〕張佩綸云：「承弊而名勸之」，謂承周法之弊而重名以勸之，即下文「輕財重名」是也。各本改爲「民勸之」，誤。陶鴻慶云：尹注解「承弊」爲「承先代之弊」，非也。上文云：「鄰國之君俱不賢，然後得王，俱賢若何？曰：忽然易卿而移，忽然易事而化。」俞氏云：「此皆就鄰國言之，謂其變而不善，使我有可乘之機也。」然則此云「承弊」，亦謂「承鄰國之弊」，其功易成，故民勸之也。劉師培云：「名」字當從他本作「民」。「之」字衍。（尹注所據本已作「名」。）下云「慈種而民富」，與此對文。翔鳳案：郭沫若讀「弊」爲「幣」，非也。鄰國之君俱賢，我當謹慎從事，並非束手無可作爲，靠我贈幣於民，即足以制服。主要在承敵之弊，發揮民衆力量。陶説是也。

〔八〕丁士涵云：「慈」讀曰滋，説文：「茲，草木多益。」「滋，益也。」種殖繁茂，故民富。一曰：滋亦種也，楚辭「余既滋蘭之九畹兮」，注：「滋，蒔也。」一切經音義三：「滋，古文『孖』、『稵』二形同。」玉篇：「稵，益也，與『滋』同，一曰蒔也。」李哲明云：「慈」當爲「茲」。茲，益也，即今滋長字。言滋養種植而民自富也。下文「與物俱長，應風雨而種」，即申「茲種」之義。古「慈」與「茲」通。左氏春秋經「公孫茲如牟」，公羊作「公孫慈」。又宋襄公茲父，公羊作「慈父」，即其證。　翔鳳案：李説是也。讀「慈」爲茲，爲齊之方音，故管子、公羊用之。

〔九〕張文虎云：「言」疑「旹」字之譌，「旹」古「時」字，下文云：「變之美者應其時。」（「之」字本作「其」，從雜志説。）　張佩綸云：「應言待感」，「言」乃「變」之壞字。即下文「變之美者，應其時也」。　翔鳳案：「言」即上詛盟之言，有詛盟在先，以待天心之感動。諸説非是。

〔一〇〕俞樾云：「故」疑「放」字之誤。唐石經桓九年穀梁傳「則是放命也」，今本「放」誤作「故」，即其例也。「放日月之明」，正尹注所謂「與日月齊其明」者，若作「故」字，則文義未足矣。張佩綸云：禮記禮器：「爲朝夕必放於日月。」　李哲明云：「故」疑「效」之誤。度地篇「以毋敗爲固」，宋本「固」作「故」，元本作「效」，亦一證也。　翔鳳案：俞、李之説俱有證，含義相同。「放」同「倣」，亦「效」也。然以俞説爲佳。

〔一一〕張文虎云：「種」疑當作「動」。　翔鳳案：承上「慈種」。種植須應風雨，最易知，非「動」字。

〔一二〕豬飼彦博云：上云「應風雨而種」，「良」疑當作「食」，謂五穀也。　翔鳳案：「良」即「糧」，見上。

〔一三〕丁士涵云：形勢篇云「有聞道而好定萬物者，天地之配也」，此「醜」字或「配」之誤。　張佩綸云：「不有而醜天地」當作「道不而媲天地」。廣韻：「蜫，見管子。」案：媲，俗字也。此必三家修廣韻所見本尚作「蜫」，及宋本傳刻有作「配」者，有作「魄」者，遂誤刻爲「醜」矣。

陶鴻慶云：「醜」，類也。「也」讀爲邪。此承上文，言不有其功而德齊天地，非天子之事而何。管子之意，蓋謂鄰國之君俱賢，雖不得王，苟有上事，則亦天子之事矣。尹注云「不有上事而醜惡天地之化，此亦非天子之事」，殊不成義。姚永概云：禮記「比物醜類」，猶比也。此言不有天地覆載之德，不可比於天地耳。尹以爲「醜惡天地」，失之。郭大𤢖云：方言：「醜，同也。」「醜天地」，同其覆載也。翔鳳案：承上「應風雨而種」，不有此不能同天地也。

〔一四〕丁士涵云：「棁」當爲「毻」。輕重甲篇「請文皮毻服而以爲幣乎」，尹注曰：「它卧切，落毛也。」廣雅：「毻，毻解也。」「毻，鳥易毛也。」方言「毻，易也」，郭璞注云：「謂解毻也。」江賦「産毻積羽」，李善注曰：「字書曰：毻，落毛也。」「毻」與「毻」同。説文：「蜕，蛇蟬所解皮也。」莊子寓言篇云：「予蜩甲也，蛇蜕也。」「毻」、「毻」、「蜕」竝同義。「毻」之言墮也。「毻」之言脱也。蛇蟬所解皮曰蜕，鳥獸所脱毛亦曰毻矣。「傅」與「附」同，「革」猶皮也。（説文：「革，獸皮，治去其毛，革更之象。」又云：「鞹，去毛皮也。」詩羔羊傳：「『革』猶皮也。」疏：「獸皮治去其毛曰革，對文言之異，散文言之則皮革通云。」）民之變化，辟若鳥獸之脱毛。變而不能變，辟若鳥獸所脱之毛仍附於其皮。其皮不能去舊更新，所謂有革而不能革也。上

「革」字指皮革言，下「革」字指革更言。尹注誤。張佩綸云：説文：「梲，木杖也。」詩羔羊傳：『革』猶皮也。」説文：「服，用也。」傳革於木杖，不可用，以喻不能變民，民亦不可用也。定四年傳：「吳用木也，我用革也。」翔鳳案：丁説是也，然而未盡。「毻」本作「髵」。説文：「髵，髮隋也。從髟，隋省。」輕重甲「發、朝鮮不朝，請文皮毻服而以爲幣」，指一豹之皮，發、朝鮮爲四夷之一，即揆度篇之「豹飾」、「豹幨」，即武王之侈靡政策。「傳」即「皮之不存，毛將焉傅」之「傅」。貫通上文「鄰國」、下文「可服」。

〔一五〕豬飼彦博云：下「死」字，當依下作「之」。張文虎云：兩「死」字疑當作「服」，承上「不可服」來，古文「服」作「𦨈」與「𣦸」形近而譌。「化」乃古「貨」字。張佩綸云：兩「死」字皆「无」字之誤，言民无信，由於諸侯之无化。翔鳳案：「死」字不誤。「信」即詩「信誓旦旦」之「信」，承詛盟言。「化」即「貨」。

「請問諸侯之化弊也。」弊，謂久行而無益者。**「弊也者，家也。」**言國之弊，則以家習不革。**家也者，以因人之所重而行之**〔一〕。非人所重，則當革也。**吾君長來獵，君長虎豹之皮**君好虎豹皮，故來獵。**用**〔二〕。**功力之君，上金玉幣**〔三〕。君上用金玉爲幣，故用功力。**好戰之君，上甲兵。甲兵之本，必先於田宅。**有田宅，然後①可以充甲兵之賦。**今吾君戰，則**

①「後」字原無，據補注增。

請行民之所重〔四〕。飲食者也，侈樂者也，民之所願也〔五〕。足其所欲，贍其所願，則能用之耳。君之於人，必足欲贍願，然後可用也。今使衣皮而冠角，食野草，飲野水，孰能用之？言士既乏於衣食，則君之不能用也。傷心者不可以致功〔六〕，謂富者奢靡而有餘，貧者窘悴而不足，則傷心矣。傷心則無聊而苟且，故不能致功。故嘗至味而罷至樂〔七〕，謂富者先奏至樂，及食至味而罷之。而雕卵然後瀹以灼反。之，雕橑力道反。然後爨之〔八〕。皆富者所①爲也。橑，薪也。丹沙之穴不塞，則商賈不處〔九〕。趨丹穴而求利，故不處也。富者靡之，貧者爲之〔一〇〕。富者所以得成此侈靡，則重幷貧者而爲之也。此百姓之怠生，百振而食，非獨自爲也〔一一〕，百姓既爲富者所兼，則怠於作業，故能生此富者之靡。富成此侈靡②，亦以百姓振起之故也，豈富者能自爲乎！爲之畜化用〔一二〕。今欲爲此畜貧富之法，當變化富者之用也。其臣者〔一三〕，予而奪之，謂臣富者，今欲化之使貧，或先少與而後多奪之也。使而輟之，既使之多所費用，然後成其功。徒以而富之，或空言與利，而令③得富且取其物終之也。父擊而伏

① 「者所」二字原無，據補注增。
② 「侈靡」原作「至味」，據補注改。
③ 「令」字原作「今」，據補注改。

之〔一四〕，或加父罪而擊之，子必伏而破産以贖父也。**予虚爵而驕之**，或空與爵名，而無其位以驕此人，令有所貴用也。**收其春秋之時而消之**〔一五〕，富者先貯物以射春秋之利，今則官自收而消也。**有雜禮我而居之**〔一六〕，或有費用財物雜禮於我，若此者，順其意而居之。**時舉其强者以譽之。**富而又强，則爲之作聲譽，或令有所統率。**强而可使服事**，服，行也。强者服事，事必成。**辯以辨辭**，其有辯明者，則令辯繁辭。**智以招請**，富而多智，則使招來而請謁也。**廉以摽人。**富而清廉，則使爲人摽式。**堅强以乘六，廣其德以輕上位**，君能堅意强力，以乘上之六者，可以廣其德，又可以分其上之任，故位輕者也。**不能使之而流徙，此謂國亡之郄**〔一七〕。」若不能使任上之六者，乃流移而徙之，斯亡國之郄也。

〔一〕張文虎云：「化」亦讀爲貨。「弊」與「幣」古通。「弊」無「家」義，疑「帛」之譌。古文四聲韻引古文「家」字作「𡩧」，與「帛」形近。説文：「幣，帛也。」下「家」字疑當作「弊」，涉上而誤。劉師培云：張謂「弊」與「幣」古通，其説是也。「家」疑「易」訛，或係「賈」字之假。（莊子列禦寇篇云「單千金之家」，釋文云「家，本一作『賈』，又作『價』」，是其例。）下文云「家也者，以因人之所重而行之」，作「易」作「賈」，義並可通。李哲明云：幣爲凡有家者之所須，故云「家也」。言所以殖其家也。「家也」者，以因人所重在幣，家所恃以立，必求以流行之。翔鳳案：齊幣爲刀形。「弊」同「幣」，見前。「家」爲大夫之家。諸侯侈靡對象，主要是大夫。「雕卵」、「雕橑」即生財之道，同時顧及教戰，所謂「富者靡之，貧者爲之」也。

〔二〕王念孫云：此當作「吾君長來獵虎豹之皮」，尹注云「君好虎豹皮，故來獵」，是其證。其下「君長」二字，則因上而衍。丁士涵云：「來」疑「求」字之誤。「獵」，取也。「虎豹之皮用」，猶周官言邦國之財用耳。尹讀「用」字下屬，非。俞樾云：上「長」字衍文，下「長」字當訓爲上。呂氏春秋貴公篇「用管子而爲五伯長」，勿躬篇「雖不知可以爲長」，高注並曰：「長，上也。」此文當以「吾君來獵」爲句，「君長虎豹之皮」爲句。「君長虎豹之皮」者，君上虎豹之皮也，與下文「上金玉幣」、「上甲兵」文異而義同。尹注曰「君好虎豹皮故來獵」，則其所據本尚未衍上「長」字。若如今本，則「君長」二字連文。「君長虎豹之皮」文義未明，尹何以云「君好虎豹皮」乎？注文「好」字，正釋「長」字之義，「長」即上也。上之，是好之也。後人不達，誤以「君長」連讀，遂於上句亦增「長」字，而文義失矣。張佩綸云：當作「校獵之君，長虎豹之皮」，上「吾君長」三字衍。劉師培云：「吾君長」三字均係衍文。（「君長」涉下而衍，「吾」又「君」字之訛。）「君」上脱「之」字。下文云「用功力之君上金玉幣，好戰之君上甲兵」，此與並文。又下句尹注云「君上用金玉爲幣，故用功力」，本文尹注云「君好虎豹皮故來獵」，兩注句例正同，則尹注所據之本當作「來獵之君，長虎豹之皮」（「來」亦誤字，丁疑「求」字，義較長），「長」猶上也。左傳桓五年「君子不欲多上人」，鄭世家作「犯長且難之」，此「長」、「上」古通之證。（國語吳語注：「長，先也。」）翔鳳案：孟子：「事之以皮幣。」虎豹之皮爲皮幣。武王爲侈靡，豹皮百金（見前），虎皮當更貴矣。「來」假爲「勑」。孟子「勞之來之」。中庸「來百工」。上「長」字訓久，長久招致獵者。下「長」字訓崇貴，漢書杜欽傳「廢奢長儉」，注：「崇貴之也。」崇貴虎豹之皮用，用於宗廟也。諸說均誤。

〔三〕丁士涵云：「幣」字衍。「上金玉」與「上甲兵」對文。張佩綸云：「用功力之君」，「用」當作「通」，孟子「通功易事」。朱東光本無「力」字，即「功」字之壞也。翔鳳案：說文：「功，以勞定國也。」史記高祖功臣年表：「用力爲功。」以金玉爲賞賜，故重之。

〔四〕丁士涵云：十一字當一句讀，上文云：「以因人之重而行之。」翔鳳案：謂皮幣也。

〔五〕張佩綸云：當作「飲食者民之所欲也，侈樂者民之所願也」。禮記：「飲食男女，民之大欲存焉。」補此句，則兩「者」字文義始順。下文「欲」、「願」並承亦合。陶鴻慶云：此文本云「飲食者，民之所欲也，侈樂者，民之所願也」，下云「足其所欲，贍其所願，則能用之耳」，即承此言。傳寫「飲食者」下奪「民之所欲」四字，校者不能是正，輒於「侈樂者」下加「也」字以相配耳。翔鳳案：詩伯兮「願言思伯」，箋：「念也。」「念」謂不忘。足其所欲，則贍其所不忘，直承，非分承。諸人拘牽於禮記，而以爲分承，非是。

〔六〕翔鳳案：本篇重其爲國宣勞，以作「功」爲是。古本作「力」，謬。

〔七〕劉績云：別本注：「罷至樂，謂耳倦絲竹也。」姚永概云：「嘗至味而」爲句，「罷至樂而」爲句。兩「而」字讀如論語「偏其反而」及「已而已而」之「而」。致功之人不可令其傷心，必有以娛樂之，故其言如此。　翔鳳案：劉説是。廣雅釋詁一：「罷，勞也。」姚説謬。

〔八〕段玉裁云：「橑」當爲「燎」，庭燎，大燭也。「爨」，然也。洪頤煊云：藝文類聚八十引作「夫雕橑然後炊之，雕卵然後瀹之」，與此不同。淮南本經訓「橑檐榱題」，高誘注：「橑，椽橑也。」大戴記保傅篇「二十八橑以象列星」，注：「橑，蓋弓也。」一切經音義：「燎，古文『橑』同。」　張佩綸云：玉燭寶典引管子云：「雕燎然後灼之，雕卵然後瀹之。」又云：「古之豪家，食稱畫卵，今世猶染藍蒨雜色，仍加雕鏤，遥相餉遺，或置槃。」　翔鳳案：篇首言「賤有實，敬無用」，爲侈靡政策，其效用是興時貨。「賤有實」爲賤粟米，下文已明言之。貨爲珠玉而言「如神」，則非無用者。名爲無用而又敬之，意義何在？不明顯。御覽引：「武王爲侈靡，令人豹襜豹裘方得入廟，故豹皮百金。功臣之家糶千金未得一豹皮。」以漢武帝白鹿皮方尺緣以繢爲皮幣直四十萬例之，是以某種無用之物，敬之而高其價，斂富人之財以爲軍用。齊之刀幣爲貨，則貨亦幣也。洪頤煊疑御覽所引爲侈靡之闕文，不知管子語多散見，如輕重甲之五戰散在各篇，非闕也。所引當在亡逸九篇中。「雕卵然後瀹之，雕燎然後灼之」，其作用爲發積藏，散萬物。漢書郊祀志「不如西鄰之瀹祭」，注：「煮新菜以祭。」燎爲大燭，「雕燎」即畫燭。禮記：「庭燎之百，自齊桓公始。」玉燭寶典引管子：「古之豪家食稱畫卵。」皆桓公所爲，以靡富人之財，與豹襜、豹裘入廟同。雕燎用於宗廟易知，雕卵用於宗廟，惟殷俗有之。商頌「天命玄鳥，降而生商」，指簡狄吞燕卵言之。所雕之卵必燕卵也。月令鄭

注：「玄鳥遺卵，簡狄吞之而生契。」疏引鄭志：「娀簡狄吞鳳子之後，後王以爲媒官嘉祥，祀之以配帝，謂之高禖。」「鳳」即離騷之「鷖」，爲鳳之別體，青黑色，是爲玄鳥，即輕重己之「大惢」。雕卵瀹祭，嘗至味而罷至樂，貧者亦能享有，敬祭祀之燎卵，有精神作用。

〔九〕張文虎曰：上「不」字當衍，言利源塞則商賈去也。　張佩綸云：國蓄篇曰：「塞民之養，隘其利途。」不塞則利不「出於一孔」，而商賈他往矣。　塞之則商賈處而貧民日有所業，不至甚貧。　翔鳳案：地數：「上有丹沙者，下有黃金。」「丹沙之穴」重在黃金，「塞」謂封禁，不讓商賈得其利。說文：「處，止也。」

〔一〇〕張文虎云：「靡」與「爲」韻。言富者能不恤其財，則貧者不憚其勞。　陶鴻慶云：尹注云：「富者所以得成此侈靡，則重（疑「兼」字之誤）並貧者而爲之也。」此失其旨。此言富者費財而貧者致力耳。　翔鳳案：二句爲本篇之宗旨。此節言生財祀簡狄。

〔一一〕豬飼彥博云：「怠」當作「息」。「息生」猶養生也。「百振」當作「相振」，謂相救也。　丁士涵云：「百」當爲「不」，此涉上文「百姓」而誤。「振」與「賑」同，給也。　俞樾云：「百」乃「自」字之誤，言自振作而食，非獨自爲也。兩「自」字正相應，因涉上句「百姓」字而誤「自」爲「百」。文不可通。　張文虎云：丁君云「『百』當爲『不』」，是也。「怠」疑當作「治」。言此百姓之所以爲生，貧富相濟，不待上之振恤，而自以得食也。　張佩綸云：「百姓」，百族。「生百」即「百姓」之衍文。「怠振」當作「振德」。　姚永概云：此言商賈之財散之以生百姓，必爲上者代民爲之，民不能自爲也。富者肯侈靡，然後貧者之力有所售，故曰「富者靡之，貧者爲之」。「怠」字當衍。此百姓之生必百方振作而食，然非獨自爲，必君相「爲之畜化用」之法以生之也。化富者之財用之貧者，化貧者之力用之富者，所謂「化用」矣。郭大癡云：「百」讀魯僖廿八年左傳「距躍三百，曲踊三百」之「百」，杜預注：「猶勵也。」「百振」者，勉力自奮以爲之也。翔鳳案：周語「百姓兆氏」，注：「官有世功受姓氏者。」指富者而言。郭沫若謂「怠生」爲「怡生」，有據。易雜卦傳「謙通而豫怠也」，釋文：「怠，虞作『怡』。」然此節爲富者靡之，貧者覺飲食侈靡於己無望，因而怠惰。説文：「振，救也。」多方賑救，食養貧者，非獨富者自爲而已。

〔一二〕翔鳳案：「化用」即「貨用」。王念孫以「用」屬下爲句，非是。

〔一三〕王念孫云：「用其臣者」四字，統下八句而言。尹以「用」字上屬爲句，非也。翔鳳案：蓄貨用爲富者。「其」指富者。「臣」爲富者家奴，自然爲之勞動。「其臣者」三字領下，王説非是。

〔一四〕豬飼彦博云：「以」當作「予」，「父」疑當作「久」。王念孫云：「父」字義不可通，當是「又」字之譌。（篆文「又」、「父」相似。）又者，承上之詞，尹注非。張佩綸云：徒役，以而富之。「父」，詩伐木傳：「天子謂同姓諸侯，諸侯謂同姓大夫皆曰父。」「擊而伏之」，漢書王陵傳「主臣」，注：「晉灼曰：主，擊也；臣，服也。言其擊伏，皇恐之辭。」章炳麟云：尹

注：「或加父罪而繫之，子必伏而破産以贖父也。」此説殊爲譎詐之尤，管子雖尚權術，何至于是？且于文義亦甚迂曲。雜志謂「父」爲「又」之誤，然尚須改字。「父」乃「捕」之省借，「捕」從甫聲，「甫」從父聲也。「伏」借爲「偪」，猶考工「不伏其轅」，故書「伏」作「偪」也。此謂有逋國絡者，則捕繫以逼迫之使完納也。　翔鳳案：説文：「父，矩也。家長率教者，从又舉杖。」白虎通：「父者，矩也，以法度教子也。」「父擊」謂父之教子。「擊」字古本作「繫」。訓「父」爲「捕」，訓「伏」爲「偪」，均不合文之本意。以爲「皇恐之辭」，更謬。

〔一五〕丁士涵云：「時」當爲「利」，尹注亦作「利」。「春秋之利」，若春收以斂繒帛，夏貸以收秋實，以及泰春泰秋斂穀之説，皆是也。　張文虎云：「時」疑當作「財」，古音同部，字形相近。「消」蓋「捎」之借字。説文：「捎，自關以西，凡取物之上者爲撟捎。」解見段氏注。　姚永概云：春秋之時，民皆收歸於農畝以消散之。若使富者常擁衆，亦非策也。　翔鳳案：承上文農業言之。虞書「播時百穀」，鄭注：「讀曰蒔。」廣雅釋地：「蒔，種也。」富者秋穀所入，於國家與民衆都不利，用輕重之策消其種植所有而歸之衆人。播時百穀之義不生僻，諸人皆以「時」爲誤，何耶？

〔一六〕王引之云：「有」讀爲又，亦承上之詞。「禮我」當爲「禮義」，脱其上半耳。　俞樾云：「有」當爲「肴」，「我」當爲「義」，並壞字也。「肴」讀爲殽。説文殳部：「殽，相雜錯也。」漢書食貨志「殽雜爲巧」，亦以「殽雜」連文。　姚永概云：王説是也，俞説不可通。「褋」乃

「集」之誤。又集之於禮義之中，使其得所居，然後末作之人乃不生事。此與上句皆爲防弊之法。

翔鳳案：俞説是也。此篇言叢社多雜宗教感情。禮記禮運：「殺以降命，命降於社之謂殺地，降於祖廟之謂仁義。」宗教儀式必繁。「我」同「義」。墨子天志上：「天欲其治而惡其亂，此義所以知天欲義而惡不義也。」孟子：「是集義所生者，非義襲而取之也。」「義」皆同「我」。「我」之爲「義」，非假借，乃引申也。説文：「我，施身自謂也。从戈从手。手，或説古『垂』字，一曰古『殺』字。」義爲己之威儀。持戈示勇，有威儀者。武器防身，用以戰鬥，爲個人私有。「義」、「我」同意。韓詩「如食儀」，傳：「儀，我也。」「儀」即「義」。今江南人稱「我」爲「倪」，即「儀」也。

〔一七〕朱長春云：「招」，召而謀議。「請」如請事、請問。安井衡云：古本「摽」作「標」。俞樾云：「國亡之郄」，當依注作「亡國之郄」，與下文「成國之法」正相對成文。然則此七句者，非美事也，而尹注皆失之。今爲釋其義曰：「强而可使服事」者，言下不順從上令，强之而後可使服事也。「辯以辯辭」者，下「辯」字當讀爲變，禮記禮運篇「大夫死宗廟謂之變」，鄭注曰「『變』當爲『辯』」，是其例也。謂以辯給變亂人之辭也。「智以招請」者，「請」讀爲情。荀子成相篇「聽之經，明其請」，楊注曰「『請』當爲『情』」，是其例也。國語周語曰「而好盡言以招人過」，此「招」字義與彼同，言恃其智以招人之情實也。「廉以摽人」者，「摽」讀爲剽。後漢書崔寔傳「剽賣田宅」，李賢注曰「『剽』一作『標』」，是其例也。説文刀部：「剽，砭刺也。」廉而剽人，言恃其廉而傷人也。「堅强以乘六」者，尹注曰：「君能堅意强力，以乘上之六者。」然上文並無六者，注説非也。「六」乃「下」字之誤，草書相似故也。國語周語曰「乘人不義」，韋注曰：「乘，陵也。」「堅强以乘下」，言堅强以陵下也。「廣其德以輕上位」者，「位」字當屬下讀。「廣其德以輕上」，與「堅强以乘下」正相對成文，言廣樹其德，以分上之權，若齊之陳氏也。「位不能使之而流徙」者，「位」字據尹注作「任」，故云「可以分其上之任」，是「位」乃「任」之誤也。此文當作「任不能而使之流徙」，言不能之人任之以事，而使之得罪流徙，所謂「賊夫人之子」也。今「而」字在「使之」下，乃傳寫誤倒，又誤「任」爲「位」，而屬之上句，遂不可曉矣。張文虎云：俞説是也。然「强而可使服事」句不辭，疑有衍字，謂以强服人也。與下「辯以辯辭，智以招請，廉以摽人」，句法當一例。翔鳳案：所言爲又一部份奴隸，不種田而任事，君臣下所謂「近其罪伏也」。此處論各用其才，能使者使之，不能使者流徙之。正世「人君不廉而變」，大臣「吏不進廉意」，「廉」，察也。説文：「摽，擊也。」有觀察能力之人，用以摽擊人。「六」爲「下」之誤，俞説可通。然抄書不用草字，不可爲訓。「六」爲「大」之訛。輕重戊「六㤥」，古本「六」作「大」，是其例。法法「不與大慮始」，注：「『大』猶衆也。」「郄」與「隙」同，間隙也。

「故法而守常〔一〕，謂古法。得其法者則守常，故而不革也。**尊禮而變俗**，流遁之俗，則當變之。**上信而賤文**，文虚而寡用，故賤之。**好緣而好駔**〔二〕，子朗反。緣，即捐也。駔，馬之壯健者。怯惡者必亂，故棄之。喻姦人之雄亦亂國，當絶。此謂成國之法也。爲國者，反民性然後可以與民戚。戚，親也。反者，冥也。順其性欲，必敗亡。若能反之，然後有成，可與之親也。民欲佚而教以勞，勞致於耕鑿①，則有功。民欲生而教以死。死致於寇難，則有功也。勞教定而國富，積財故也。死教定而威行。致死則莫敢當其鋒，故威行也。聖人者，陰陽理，言法陰陽之理。故平外而險中〔三〕。此則含陰於內，發陽於外。故信其情者傷其神，美其質者傷其文〔四〕。情盛則神滅也。化之美者應其名，實應其名，故化美也。變其美者應其時〔五〕，事應其時，故變美也。不能兆其端者菑及之。來事之端，不知其兆者，常失於幾，故災及之也。故緣地之利，緣，順也。承從天之指〔六〕，指，意也。當承順天之意也。辱舉其死〔七〕，辱，猶逆也。逆地天以舉事，則死也。開國閈辱〔八〕。若能開國以納善言，則辱可閈也。知其緣地之利者，所以參天地之吉綱也〔九〕。知能順地之利，則能參天地之吉綱。承從天之指者，動必明。辱舉其死者，與其失人同，逆天舉事，故與失人同也。公事則，道必行〔一〇〕。公事則無擁，故其道必行也。開其國門者，玩之以善言，有善言可玩，故開國以納之

① 「耕鑿」原作「寇難」，據補注改。

也。奈其斝〔一一〕。辱亦既有辱，當奈之何。唯有執①斝爵祭神以謝過耳。知神次者，操犧牲與其珪璧，以執其斝〔一二〕。常令巫祝知神之次秩者，操牲及珪璧，執斝爵以禱神，而謝逆舉之罪也。家小害，以小勝大〔一三〕。祭祀之費，家雖有小損，因此小損，以勝大災。員其中，辰其外既以謝過，又當員中，心無所專，固有善則從，無失外事之時也。辰，時也。而復〔一四〕，畏强，長其虚〔一五〕其有强大於己者，則當長其謙虚之心，而敬畏之也。而物正，以視其中情〔一六〕。」其於物也，雖見外正猶未可信，又當視其中情以驗之。公曰：「國門則塞，百姓誰衍敖，胡以備之〔一七〕？」謂寇有至，國門以塞，百姓警衛，而誰可放敖者？事至於此，如何救而可？「擇天下之所宥，謂不爲②天下之所疾者。擇鬼之所當，謂爲神所福助者也。擇人天之所戴，謂爲人所戴仰者也。而亟付其身〔一八〕，此所以安之也。」得此三德之人，付其身而任之，雖有寇賊，無若我何，故安。

〔一一〕王念孫云：此當作「法故而守常」，「法故」與「守常」對文。「法故而守常」與下文「尊禮而變俗，上信而賤文」，文亦相對。尹注非。郭大癡云：「故」、「固」古通。「故法」，堅持成憲

① 「執」字原作「報」，據校正改。
② 「不爲」原作「王不」，據補注改。

也。「守常」，循爲世典也。翔鳳案：這一節是教戰。勞教定而國富，死教定而威行。以烈士公墓表現之。魯世家「不忘固實」，「固」，故也。

〔二〕洪頤煊云：古者禮服皆有緣，玉藻云：「緣廣寸半，謂衣邊飾也。」晏子春秋諫篇云：「聖人之服中侻而不駔，今君之服駔華，不可以導衆。」周禮典瑞「駔圭璋璧琮琥璜之渠眉」，鄭注：「駔，讀爲組，以組穿聯六玉。」「好緣」、「好駔」，皆謂衣服華飾，尹注非。丁士涵云：「緣」，順也。「駔」猶麤也。下「好」當爲「棄」，尹所見本不誤，注文可證。俞樾云：上「好」字，乃「惡」字之誤。尹注曰「『緣』即捐也。怯惡者必亂，故棄之」，是其所據本正作「惡緣」，惟尹解此句未得其義。「緣」之言循也。廣雅釋詁曰：「緣，循也。」莊子列禦寇篇曰：「緣，循仗物而行者也。」然則「緣」與「駔」義正相反。「惡緣而好駔」，謂惡因循而好壯健也。張文虎云：上「好」字疑當作「惡」，謂惡華飾而好駔馬也，與上「尊禮而變俗，上信而賤文」，句法當一例。張佩綸云：周禮「内司服緣衣」，鄭注：「雜記曰『夫人服稅衣，揄狄』，又喪大記曰『士妻以禒衣』（今本喪大記作「稅衣」），言『禒』者甚衆。此『緣衣』者，實作『禒衣』也。禒衣御于王之服，亦以燕居。男子之禒衣黑，則是亦黑也。『緣』，字之誤也。」儀禮士喪禮「禒衣」，注：「古文『禒』爲『緣』。」禮記玉藻「士禒衣」，注：「『禒』或作『稅』。」是則「禒衣」古文作「緣」，亦或作「稅」。晏子「聖人之服中侻而不駔」，正當作「中稅而不駔」，即「緣」之或體也。釋名釋衣服：「禒衣，禒然黑色也。」「駔」讀爲組，據晏則華飾也。「好駔」之

「好」承上而誤。元注：「『緣』即捐也。駔，馬之壯健者。怯惡者必亂，故棄之。」「緣」之訓「捐」，於古無徵。且本文「緣」、「駔」相對，「好捐」更不可解。説文：「捐，棄也。」「『緣』即捐也」當作「『捐』猶棄也」。訓「捐」爲「棄」，故下云「棄之」。「好駔」當作「捐駔」。丁士涵謂當作「棄駔」，「棄」字易明，不必更釋爲「捐」矣。「捐駔」猶言黜華。翔鳳案：以「尊禮而變俗，上信而賤文」例之，「緣」必與「駔」有關。「即捐」與「捐也」不同，乃相類而非訓詁。爾雅釋器：「弓，有緣者謂之弓，無緣者謂之弭。」左僖二十三年正義引李巡曰：「骨飾兩頭曰弓，不以骨飾曰弭。」此骨飾作環形，釋器又云：「環謂之捐。」房注合用，故曰「『緣』即捐也」。郝氏義疏：「『捐』與『肙』音義同。肙，空也。環中空以貫轡，故謂之捐。」房不知此義而誤訓「棄」，然謂「『緣』即捐」則不誤。張佩綸考之不審，而謂「於古無徵」也。弓馬相連，故云「好緣而好駔」。三句正喻夾寫，爲當時常有文法，一字不誤。若以衣飾言之，則洪説以晏證管，恰合。

〔三〕翔鳳案：勞教死教，假陰陽以神其説，而其情不可以告人，故曰「平外而險中」。「險」即陰也。

〔四〕張佩綸云：「信其情」，「信」讀爲伸。翔鳳案：神道設教，不可以情實告人，此政治之文飾，以質樸形式行之，否則有傷害矣。「傷」爲哀傷，與害不同。

〔五〕王念孫云：當作「變之美者應其時」，與上句「化之美者應其名」相對爲文。尹注云「事應其時，故變美也」，即其證。今本「之」作「其」者，涉上下諸「其」字而誤。翔鳳案：「美」謂美其質。「質」與「文」對，變其美者所以應其時，「其」字不誤。恐傷文，當變之也。

〔六〕戴望云：「從」字衍，蓋一本作「承」，一本作「從」，校者誤合之耳。下文同。翔鳳案：「緣地之利」申述上文「民欲佚而教以勞」，「承從天之指」申述上文「民欲生而教以死」，非爲政府而死，乃「從天之指」，而政府則承奉天之指者。從者戰士，承者政府，「從承」二字不衍，亦非有誤也。

〔七〕丁士涵云：「辱」與「蓐」古字通用。方言、廣雅並云：「蓐，厚也。」金神曰蓐收，亦以厚收爲訓。左昭廿九年傳「祭法蓐收」，釋文：「本作『辱』。」章炳麟云：下文釋之曰：「辱舉其死者，與其失人同，公事則道必行。」「辱」乃借爲「蓐收」之「蓐」。左昭二十九年「蓐收」，釋文作「辱」，可證。白虎通五行釋「蓐收」云：「蓐，縮也。」按「縮」與「收」義本相近。周語云：「縮取備物。」淮南覽冥訓云「春秋縮其和」，注：「縮，臧也。」是皆與「收」義近。「蓐舉其死」，猶云「收舉其死」，「死」即「屍」之借。（陳湯傳「求谷吉等死」，尹賞傳「安所求子死，桓東少年場」，可證。）謂收舉捐瘠也。云「與其失人同」者，「其」讀爲「己」，如詩揚之水「彼其之子」，箋云「『其』或作『己』」也。言收舉捐瘠與己家失亡人同，謂其求之之懇切也。視人如己，爲事至公，故曰「公事則道必行」也。翔鳳案：「蓐」之訓厚，見方言十二，然非本義。説文：「蓐，陳艸復生也。一曰蔟也。」左宣十二年傳「軍行右轅，左追蓐」，杜注：「在左邊者，追求草蓐爲宿。」復生之草可宿，引申爲「褥」。後漢趙岐傳：「臥蓐七年。」鹽鐵論散不足篇：「古者皮毛草蓐，無茵席之加。」再引申爲「厚」，即由簇生得義。說文：「葬，藏也。从死在茻中，一其中，所以薦之。易曰：『古之葬者，厚衣之以薪。』」「死」即「屍」。「蓐舉其死」，厚藉以薦，舉屍而行，所以寵之也。是之謂「死教」。

〔八〕豬飼彥博云：當依下文作「開其國門，奈其斝辱知神次」，「奈」疑當作「奉」。俞樾云：以下文證之，「其」字當在「開」字之下，「閉」字乃「門」字之誤。「辱知」下有「神次」二字，而今奪之。管子原文本作「開其國門，辱知神次」，下云「開其國門者，玩之以善言，辱知神次者，操犧牲與其珪璧，以執其斝」，皆舉此文而釋之，因傳寫脫誤，遂不可讀。尹注以「知其」二字屬下「緣地之利者」爲句，不知「緣地之利者」亦是舉上文而釋之，不當有「知其」二字也。章炳麟云：俞先生曰「上六字當作『開其國門，辱知神次』，下云『開其國門者，玩之以善言，辱知神次者，操犧牲與其珪璧，以執其斝』，皆舉此文而釋之」也，斯說塙矣。又曰「『奈其斝辱知神次者』，『辱』字屬下讀，『奈其斝』三字衍文」，說皆的。然麟謂「辱知神次」當作「知神辱次」，此誤寫在尹氏之前矣。「辱」亦即「蓐」，而與訓縮者殊。廣雅釋器「『蓐』謂之菆」，說文「菆，一曰蓐也」，是「菆」、「蓐」一聲之轉，音義皆同。墨子明鬼下「必擇木之脩茂者，立以爲菆位」，襍志曰：「『菆』與『叢』同，『位』當爲『社』。」急就篇『祠祀社稷叢臘奉』，『叢』一本作『菆』。秦策『恒思有神叢』，呂氏懷寵『問其叢社大祠民之所不欲廢者而復興之』，太玄聚次四『牽羊示于叢社』，皆其證也。」是故通論。然諸言「神叢」、「叢社」者，實與陳涉世家之「叢祠」有異。字當作「菆」爲塙。畢校墨子以「菆」爲「蕝」字假音，于韻理固不合，然義未嘗不通。蓋「蕝」即「綴兆」之「綴」，樂記注云：「綴，謂酇舞者之位也。」「酇」即「欑」字假音。倉頡篇：「欑，聚也。」說文：「欑，一曰叢木也。」喪大記「君殯用輴欑至於上」，注：「『欑』猶菆也。」是「綴」與「欑」、「欑」與「菆」，義相轉注。綴爲酇舞者之位，又爲叢神之位，即作蕝位，義亦可通。而「菆社」即「叢社」，本當言「社叢」，謂社神之叢位，古人文法倒耳。「蓐」、「菆」、「叢」一聲之轉，此「蓐次」即菆次，「次」亦位也。「知神菆次」，言知神之位，猶楚語所謂「能知次主之度，屏攝之位，壇場之所」也。　翔鳳案：「蓐舉其死開國閉蓐」八字一氣讀。「知其」二字屬下。「國」爲殯宮，其義奇特，此癥結所在也。說文口部：「國，邦也。」戈部：「或，邦也。」「域，或又从土。」「或」、「域」、「國」三字音義同。金文多以「或」爲「國」。廣雅釋詁：「域，國也。」釋丘：「域，葬地也。」周禮冢人：「掌公墓之地，辨其兆域而爲之圖。」詩葛生「蘞蔓于域」，傳：「域，營域也。」後漢書光武紀「爲起明堂靈臺辟雍及北郭兆域」，「北郭」猶北邙，其「兆域」即公墓。合而觀之，公墓爲「域」，即爲「國」。考工記：「匠人營國，左祖右社。」此「國」即兆域，旁有祖與社。牧誓：「用命賞於祖，不用命戮於社。」「國」爲戰士公墓，十分明顯矣。禮運：「祭帝於郊，所以定天位也。祀社於國，所以列地利也。」此「國」即公墓。舊注未析。黃梅謂停柩小屋爲國屋，爲長方形，有三面而空其上，入棺而後封之。「或」訓邦，邦即封也。古無輕脣音，「邦」、「封」音義全同。齊侯甗「國」作「或」，缺一面，與國屋全合。於是而「國」爲公葬烈士無疑矣。「辱舉其死」，爲以艸薦而厚舉其屍；「開國閉辱」，爲開公墓之國屋，薦以草而閉之，一字不誤矣。「閈」，趙本作「閉」，魏石門頌「閉」作「閈」，乃隸字，非誤字。章說以爲「叢社」，至是益明矣。此一小節，俞氏以爲錯誤不可讀，全行改易，可以定其好改之謬矣。

〔九〕丁士涵云：「吉」疑「告」字誤，太玄「陰陽啓告」，注：「告，音化。」尹桐陽云：「吉綱」，紀綱也。文選左思蜀都賦「天以日月爲綱，地以四海爲紀」，注引越絕書范蠡曰：「天貴持盈，不失日月星辰之綱紀。」詩：「滔滔江漢，南國之紀。」翔鳳案：「地利」二字見禮運，指國而言，即兆域也，上文已述之矣。孝經「卜其宅兆而安厝之」，卜兆取其吉。「吉綱」即「吉岡」，「岡」爲「綱」之古文。山國軌：「去其田賦，以租其山，巨家重葬其親者服重租，小家菲葬其親者服小租。」私墓在山，公墓可知。古人葬必卜日，是謂天時，「吉岡」爲地利。「知其緣地之利者，所以參天地之吉綱也」，無錯字，無錯簡。紛改原文，甚無謂也。

〔一〇〕翔鳳案：由「開國閉辱」觀之，決非家中所立之尸，以活人爲之。「失」同「秩」，爾雅釋鳥釋文「秩秩，本作失失」，是其證。戰士立功，生者加官，死者厚葬。荀子王制「重其官秩」，注：「禄也。」「與其秩人同」，死生之榮寵無殊也。無誤字。

〔一一〕俞樾云：「辱」字當屬下「知神次者」爲一句，乃覆舉上文而釋之也。「奈其斝」三字並衍文，即下文「執其罫」之誤而衍者。「執」字闕壞，止存左旁之㚔，因誤爲「奈」矣。翔鳳案：「奈其罫」三字句。「罫」爲名詞，「奈」當爲動詞。「柰」爲果名。廣雅釋言：「柰，那也。」王念孫疏證：「宣二年左傳『棄甲則那』，言棄甲則奈何也。奈何二字，單言之則曰柰。楊雄廷尉箴云『惟虐能殺，人莫予柰』是也。」釋言所釋百餘字，無一虚詞，「柰」訓奈何，非張揖本意。黄梅謂以手按下曰「那」，讀「那」之濁去。集韻「捺，手重案也」，形聲義皆合。「柰」即「捺」，猶「采」即「採」，手旁爲後加也。「人莫予柰」者，人莫能抑制我也。「柰其罫」即「捺其罫」，此義久廢矣。按「罫」有祝嘏之意。周禮鬱人「大祭祀，與量人受舉罫之卒爵而飲之」，注：「罫，受福之嘏，聲之誤也。」「嘏」、「罫」音同，取諧聲以祝福，非誤字也。禮運：「醆罫及尸，君非禮也。」明堂位：「殷以罫。」行殷制，非誤字。「辱知神次者」，謂於叢祠中知死者位次也。「玩之以善言」，祝嘏之詞。易繫辭：「居則觀其變而玩其占。」葬墳祝其發福，此常見者也。

〔二二〕何如璋云：原文多脱誤顛倒，不可讀。俞云「閉」乃「門」之誤，「辱知」下有「神次」二字，「柰其罫」衍。「辱」屬下爲句。張云「吉綱」當爲「本綱」。愚案：「失人」二字乃「佚」字之壞，「兩「罫」字乃「勞」字之誤，「公」當爲「生」，「事」當爲「神」，「以」當爲「次」。今證以上下文，更其錯誤，次第於次：「故緣地之利，從天之指，承執其勞，辱舉其死，開國門，知神次，所以參天地之本綱也。緣地之利者道必行，從天之指者動必明。（以上五句張文虎所定。）承執其勞者與其佚，辱舉其死者同其生。開其國門者玩之以善言，知其神次者操其圭璧與犧牲。」「緣地之利」者，因地宜也。「從天之指」者，順天時也。「承執其勞」者，謂勸農之教也。「辱舉其死」者，謂明刑之教也。「開國門」者，謂達其聰也。「知神次」者，謂致其敬也。張佩綸云：此節紊雜極矣，俞樾讀「閉」爲「門」，「知其」下補「神次」二字，甚當，而餘文不能是正。佩綸初校以「緣地之利者道必行，承天之指者動必明」對舉，而疑義未盡釋然。俄讀兩「罜」字爲「勞」之誤，以「勞」、「死」二句承上「勞教」、「死教」而言。批却導窾，脈絡分明，因覆細勘之，無不豁然矣。今隨文訂正於左方：「故緣地之利，承天之指，從執其勞，辱舉其死，開其國門，知其神次，所以參天地之吉綱也。緣地之利者道必行，承天之指者動必明，從執其勞者與其佚，辱舉其死者與其生，開其國門者玩之以善言，知其神次者操珪璧以司公事。」「從執其勞」，詩「黽勉從事，不敢告勞」是也。「辱舉其死」，説文「辱，恥也」，文選注二十引周書「君憂臣勞，君辱臣死」是也。「從執其勞者與其佚，辱舉其死者與其生」，即牧民篇「能佚樂之則民爲之憂勞，能生育之則民爲之滅絶」之意。「開國門」，書曰「闢四門」是也。「知神次」，書曰「肆類于上帝」之類是也。詩「于以用之，公侯之事」，傳：「之事，祭事也。」翔鳳案：何、張二氏所校，分貼「勞教」、「死教」是也。而死教之義，相去極遠。紛紛更改，成爲不倫不類之八股文，使管子面目全非，而自以爲「批却導窾，脈絡分明」，爲之驩然。如上所釋，文從字順，何曾「脱誤顛倒」？又何曾「紊雜極矣」？郭沫若讀「罜」爲㗅，非何、張所及也。

〔一三〕張文虎云：「家」疑「蒙」字之譌。　何如璋云：「家」謂世禄之家。言其封邑雖小，恐有所害，有時乃以小勝大，故不可不防也。　張佩綸云：「家」乃「災」之誤，當是「大災小害，以小勝大」，與内業合。　翔鳳案：列子「將嫁於衛」，「家」通「嫁」。趙世家：「是欲嫁禍於趙也。」當時有秘祝，宋景公時，熒惑守心，羣臣請移過於下，景公不允。周文王時地動，羣臣請移過，文王不允（見吕氏春秋及宋世家）。移過即嫁禍也。晏子春秋外篇：「祝有益也，詛亦有損。雖其善祝，豈能勝億兆人之詛。」祝嘏爲祝，嫁禍爲詛。「勝」爲厭勝之勝。

〔一四〕陳奂云：「員」與「辰」對文，辰有廉隅之義。説文「唇，口耑也」，毛詩傳「漘，水隒也」，竝與此「辰」字義近。作「辰」者，假字耳。尹注失之。　何如璋云：「辰」乃「振」之譌。「員其中」，周之以恩。「振其外」，檢之以法。　姚永概云：「辰」當是「展」字之譌。詩車舝「辰彼碩女」，列女傳作「展彼碩女」。廣雅釋詁「展，直也」，與「員」正相對。　翔鳳案：此接「神次」而言，當讀「員其中，辰其外而復」爲句。詩「景員維何」，傳：「均也。」「辰」即蜃殼，非誤字。「辱」從辰從寸，即「耨」之古文。説文：「裖，社肉盛以蜃，故謂之裖。」春秋定十四年「天王使石尚來歸脤」，周禮掌蜃引作「蜃」，此「辰」即「蜃」之證。莊子：「雲雨草木怒生，銚辱於是始修。」蓋耒耜未大興以前，以蜃殼挖土，以手（寸）持辰，是之謂「辱」。説文：「辱，恥也。从寸在辰下，失耕時，於封畺上戮之也。辰者農之時也，故房星爲辰，田候也。」舊説不知其義，以爲迂曲，若知「辰」爲農器，則迎刃而解矣。「辰其外」，以蜃殼修治其外也。「復」，所以招死者之魂。儀禮士喪禮「曰臯某復」是也。

〔一五〕張文虎云：此謂示以懦怯，因以長彼之虚憍，蓋驕敵之術也。翔鳳案：烈士爲國殤，多爲强死者。九歌國殤：「終剛强兮不可凌。」「强」者，鬼神精氣之强也。祭義「强者强此者也。」説文「虚，大丘也」，即叢葬之大冢。易繫辭：「精氣爲物，游魂爲變。」説苑有辨物篇，即精氣之物也。畏其鬼之强，培修其墓，而精氣正矣。張説誤。

〔一六〕張文虎云：「物」如射禮「物長如笴」之「物」，射者所立處也。窺彼盈虚以爲進退，此篇故多陰符家言。何如璋云：「物」乃「勿」字之譌。謂宗之强者亦復可畏。防之之道，則當長其虚，與之委蛇，而勿遽加裁抑，徐徐察視其中情焉。翔鳳案：易繫辭「精氣爲物，游魂爲變，故知鬼神之情狀」，與此「情」字同義。其情由物而知之。諸説所云，不知其所謂，與上文有何關也？

〔一七〕丁士涵云：宋本是也。「誰」乃「讙」之誤，寫者脱去「雚」字上半耳。荀子彊國篇亦云「百姓讙敖」，楊注：「讙，喧譁也。敖，喧噪也。」「敖」亦讀爲嗷，謂叫呼之聲嗷嗷然也。張佩綸云：「百姓誰衍敖」，各本作「百姓誰敢敖」，此必張嵲於「敢」下校注「衍」字，傳刻者删「敢」字而轉以「衍」字入正文矣。「則塞」當作「不塞」。「百姓誰敖」當作「百姓讙敖」，語見荀子彊國篇。公慮國門開而不塞，則百姓讙敖，故問胡以備之。翔鳳案：詩板「及爾游衍」，傳：「衍，溢也。」説文：「敖，出游也。」「衍敖」與「游衍」同意。趙本改「衍」爲「敢」，謬極。「則」猶即也。言叢社之門即塞，百姓畏懼鬼神，誰來遨游，何以預備之乎？諸説俱誤。

〔一八〕王念孫云：「天下之所宥」當作「天之所宥」，「天」與「人」、「鬼」對文，不當有「下」字。「宥」讀爲「自天祐之」之「祐」，（漢書禮樂志郊祀歌「神若宥之」，師古曰：「宥，祐也。」）尹注非。「鬼之所當」，「當」宜爲「富」，字之誤也。郊特牲曰「富也者，福也」，故尹注云「爲神所福助」。（大雅瞻卬篇「何神不富」，毛傳曰：「富，福也。」大戴禮武王踐阼篇「勞則富」，盧辯注曰：「躬勞終福。」謙彖傳「鬼神害盈而福謙」，京房「福」作「富」。）「富」與「宥」、「戴」爲韻。（「富」古讀若背，「宥」古讀若異，竝見唐韻正。）翔鳳案：荀子宥坐「此蓋宥坐之器」，注：「勸也。」莊子徐无鬼「於五者無當也」，釋文：「合也。」吕氏春秋大樂「莫不咸當」，注：「合也。」易繫辭：「與鬼神合其吉凶」。周語「衆非元后何戴」，注：「奉也。」孟子：「不負戴於道路矣。」頂於頭爲「戴」。説文：「天，顛也。」「顛」同「頂」。易睽：「其人天且劓」。「人天之所戴」，人之所頂禮，與上文「天下」不複。擇死者之功德，爲天下之所勸，鬼之所合，人之所頂禮者，急附其身於祖廟，以妥其靈，所以安之，不畏其精氣之强也。周禮大祝「付練祥」，「付」與「附」通。文氣貫注，無一誤字，更無不辭者矣。王説誤。

「强與短而立齊，國之若何〔一〕？」謂寇賊既持强弓，又執短兵，列陣而立，以攻齊國，若之何禦之？此亦公問之辭。「高予之名而舉之〔二〕，高舉其名，則歡悦也。重予之官而危之〔三〕，與之重官，則①不避危亡也。因責其能以隨之。猶傶則疏之，毋使人圖之。責知其能，隨而任之，則自課厲，而無所顧望。啓寵納侮，使人圖之也。猶疏則數之，毋使人曲之。因不寵任而疏己者，則數加恩意以悦之，無使人見怨陰謀，曲求己隙者也。此所以爲之也〔四〕。」撫人若此，可以禦上强與短兵之寇也。「大有臣甚大，將反爲害〔五〕。謂大臣富有，既臣且甚大，甚大則逼君，故將反爲害。吾欲優患除害，將小能察大，爲之奈何〔六〕？」言我且欲寬優此患，漸除其害，每見其小能，則察知其大欲，爲此事如何？亦公之問辭也。「潭根之，毋伐。潭，深也。此以大樹喻惡也。譬若大樹，深根不可伐。大臣根黨盤，亦未可卒誅。固事之，毋入。既未能誅，且固事之，無得入同其惡也。深黮之，毋涸。黮，謂探其深情，常令見之，無使涸竭也。不儀之，毋助〔七〕。儀，善也。彼爲不善，無得助爲之也。章明之，毋滅。當發明不善，令人皆知之，無使昧滅也。生榮之，毋失〔八〕。謂生篡殺之心，若草木之生榮，此其可誅之時，必不得失之。十言者不勝此一〔九〕，謂令他事有十言之善，不如此一言也。雖凶必吉。忍而客之，屈而事之，凶也。惡稔易誅，吉也。故平以滿。」「無事而總，以待有事而爲之，若何〔一〇〕？」總，謂收積也。故使國家從故平安之時滿積其財，以無事之時收積，至時散其積而用

①「則」字原作「財」，據補注改。

也。「積者立餘食而侈〔一一〕，美車馬而馳，多酒醴而靡，積，謂富而積財者。富而侈食，美車多醴，財有所散，因其散而收之。千歲毋出食，此謂本事〔一二〕。」雖復千歲，常令自食其財，無使他外，則富者之財可得而收之，此積之本。

〔一〕張文虎云：「短」字疑亦當作「强」，「齊」下絶句。「强與强而立齊」，謂强臣相結而竝立，若魯三桓、晉六卿，故下文言御之之術。尹注「齊國」連文，又以「强」爲「寇賊」，與下文不相應。安井衡云：以下文例之，「齊國」下當脱「爲」字，言强有力者與才短者，而同立齊國之朝，爲之將若何。張佩綸云：「短」當爲「族」，字之誤也。「與强族而立齊國」，言與强族竝立齊國，所謂「大都耦國」也。陶鴻慶云：尹注云「謂寇賊既持强弓，又執短兵，列陣而立，以攻齊國，若之何禦之」，據此是正文「之若何」本作「若之何」，寫者倒之耳。然注説殊謬。此當以「强與短而立齊」爲句，「國若之何」爲句。「强與短」皆指大臣之才識言，「立」讀爲位，「位齊」者，位相等也。蓋管仲既言國有寇賊，當「擇天（今本衍「下」字）之所有，鬼之所富（今本訛作『當』），人之所戴」者，付以大任，則國安，此所謂强臣也。故公復問設有才識短淺者與此强臣權位相等，則一遇變故，將觀望牽制，而事權不一，又將若何也。下文「高予之名」云云，正言任此强臣之法。如注説，則答語爲不倫矣。翔鳳案：此節言侈靡政策，諸人誤解。九章算術：「凡有贏餘命曰强。」「短」爲短少，口語常用之。吕氏春秋先識「此治世之所以短」，注：「少也。」「立」爲「位」，陶説是也。周禮小宗伯「掌建國之神立」，注：「古者『立』、『位』同字。」位同而財力不同也。廣雅釋詁四「國，謀也」。「規」之借，王念孫廣雅疏證以爲「圖」之誤，非是。「國」同「域」，限制之也。承前節「人天」說。

〔二〕翔鳳案：此一法也。

〔三〕翔鳳案：此又一法也。莊子盜跖「去其危冠」，李注：「高也。」以虛名榮之。陶鴻慶云：「猶」與「由」同，「僦」與「戚」同，「曲」讀爲局。方言五：「所以行棊謂之局，或謂之曲道。」詩正月「不敢不局」，傳：「曲也。」是「局」、「曲」聲義竝同，故「曲」得借爲「局」。言此受任之大臣若由貴戚進者，其勢易逼君，當戒其燕昵，則人不得圖議之矣。下文「據大臣之家而飲酒」，正此義也。若由疏逖進者，其情易隔，君當勤與延納，則人不得拘局之矣。

〔四〕丁士涵云：「僦」當作「戚」，上文「通於侈靡而士可戚，然後可以與民戚」，皆作「戚」。「爲之」讀如「夫子爲衛君」之「爲」，「爲」猶助也，皆所以助之成功也。尹注並非。章炳麟云：「猶」借爲「欲」，如詩「匪棘其欲」，禮器引作「匪革其猶」也。此言欲戚近其人，則外示疏之之形，毋使人謀陷之也。蓋戚近者爲人所嫉妬，故懼其致此。欲疏遠其人，則外示數之之形，毋使人枉曲之也。蓋疏遠者爲人所凌侮，故懼其致此。凡此皆以權術代爲道地，故曰「所以爲之也」。翔鳳案：疏貴戚者謀將泄。戚則疏，毋使知密謀，人將圖我。疏則數之，毋使得見，有委曲不能自達。陶說非。

〔五〕豬飼彥博云：「有」字衍。王念孫云：上「大」字，涉下「大」字而衍，尹注非。安井衡云：上「大」當爲「夫」。張文虎云：上「大」字疑作「夫」，下「大」字與「將反爲害」韻。又疑上「大」字不誤而衍「有」字。翔鳳案：「大有」，即春秋、周易之「大有」。年豐則富者更富，上文「甚富不可使」，故云「將反爲害」。無誤字。

〔六〕丁士涵云：「患」當作「惠」，表記「節以壹惠」，注：「『惠』猶善也。」優善，即下文「潭根毋伐」云云。李哲明云：「優」疑爲「擾」，擾，安也。周禮地官「以佐王安擾邦國」，注「擾，亦安也」，是其義。「優」、「擾」形近而誤。翔鳳案：承上文「將反爲害」言。「優」同「憂」。素問五行大論注：「憂，慮也。」詩長發「布政優優」，説文夊部引作「布政憂憂」。諸説非是。

〔七〕丁士涵云：「潭」與「覃」通，淮南原道注：「潭，讀葛覃之覃。」毛詩傳：「覃，延也。」「入」當作「乂」，「毋乂」與「毋伐」同義，（爾雅：「乂，治也。」）「乂」與「伐」爲韻。「深」當作「淫」，多皃也。（楚辭沈江注。）「𪑳」乃「黨」之譌，「涸」當爲「錮」之譌字。何如璋云：「𪑳」乃「黝」之誤，「黝」讀爲幽，「深幽之毋涸」，言「察見淵魚不祥」。張佩綸云：丁云『入』當作『乂』。案「事」當作「蒂」，深根固柢聯文。翔鳳案：楚辭抽思注「楚人名淵曰潭」，「潭」有深義。深植其根，毋輕剪伐。漢書蒯通傳：「不敢事刃公之腹者，畏秦法也。」文選思玄賦注引作「傳」，韋昭云：「北方人呼插物地中曰傳。」「入」從「事」得義。「𪑳」即「刺」。考工記廬人「去一以爲刺圍」，司農注：「刺，謂矛刃胸也。」説文齊謂黑爲「黸」，則廬人之「刺」正當作「𪑳」，朱駿聲以「𪑳」爲「刺」之異體，是也。説文：「儀，度也。」莊子徐无鬼「顏不疑歸而師董梧，以助其色」，注：「除去也。」即假「助」爲「鋤」。郭沫若讀「毋助」爲「毋鋤」，有證。文意言用侈靡取富人之財，但不可根本傷害之。無誤字。

〔八〕張佩綸云：「榮」當作「殺」，字之誤也。漢書五行志中之下：「殺生之秉，失而在下。」翔鳳案：説文「失，縱也」，玉篇引作「縱逸也」。此用其本義。五輔「貧富無度則失」，與此同義。此又反言之，不可傷殘，亦不可放縱。郭沫若説「生」假爲「旌」，是也。

〔九〕丁士涵云：「十」乃「六」字誤，指上文六句。張佩綸云：此上止六言，疑脱四句。翔鳳案：説文：「十，數之具也。」言政策既定，任何多數之言論，不爲動摇也。

〔一〇〕翔鳳案：「無事而總，以待有事而爲之」句。「若何」兩字爲問語。

〔一一〕劉績云：「餘」一作「爲」。丁士涵云：據尹注亦作「食」字，下文「千歲毋出食」，即承「餘食」言之。張佩綸云：當作「餘日」，莊子天道注「有餘者，閒暇之謂也」，餘日即暇日。翔鳳案：周頌「立我烝民」，箋：「『立』當作『粒』。」「立食」同「粒食」，即王制所謂「粒事」也。委積之富人，粒食有餘而侈。趙本改「食」爲「日」，謬。

〔一二〕李哲明云：此似言積財之多，雖至千歲，可不必出而求食。一説「千」疑爲「歉」，音近而訛。歉歲毋出食，此閉糴之意也。翔鳳案：「出」假爲「詘」。周禮庭氏注「嘻嘻詘詘」，釋文本亦作「出」。荀子勸學「詘五指而頓之」，注：「與『屈』同。」淮南詮言「聖人無屈奇之服」，注：「短也。」「無出食」，不短食也。李説非是。

「縣人有主，縣，謂繫屬也。言欲繫屬於人，必有所主。主於財。人此治用，官既積財，人則於官取之，以理其器用也。然而不治，積之市〔一〕。謂不取官財以理其用，翻乃積之於市，使高價得其利也。一人積之下，一人積之上，此謂利無常。財既入市，則公私共積之，上雖積一分，下亦積一分，可謂利無常也。百姓無寶，以利爲首。百姓無他寶，唯以利爲寶之首。一上一下，唯利所處。利積多者，百姓則從而歸之也。利然後能通，通然後成國。無利而不通，則國亡也。利靜而不化〔二〕，觀其所出。從而移之，利而不化者，則由所出不變故也，觀而移變之。視其不可使，因以爲民等〔三〕。等，謂率而齊之。不可使，謂其人非有文武之材，又不任作役，若此者，使之率興利之人而齊之也。擇其好名，因使長民，其有好虛譽之名者，則擇之使爲興利者之長。好而不已，是以爲國紀。好名不已，財①乃彌積，故爲國紀。功未成者，不可以獨名。積財之功未成，則無獨與之名。事未道者，不可以言名〔四〕。成功然後可以獨名，衆共言此人有名。事道然後可以言名〔五〕，然後可以承致酢〔六〕。既有獨名，又有言名，然後可以至於承君之酢報也。先其士者之爲自犯，人有士行，當推以爲先。今反自先之，是爲自犯其過也。後其民者之爲自贍〔七〕。人能興利，亦當先之充國。今乃後之，是自爲其贍，

①「財」字原作「則」，據補注改。

不憂國也。輕國位者國必敗，輕國位，則有散君之心，故國敗也。疏貴戚者謀將泄。疏貴戚，則有外顧之意，故謀泄。毋仕異國之人〔八〕，是爲經〔九〕。異國之人，所謂非我族類者也。今而仕之，其必異，此所有國之經也。毋數變易，是爲敗成。數變易，則事繁而無功，故曰敗成。大臣得罪，勿出封外，是爲漏情。毋數據大臣之家而飲酒，是爲使國大消〔一〇〕。飲酒於臣家，則威權移焉。物不兩盛，故臣强則國消也。三堯在，臧於縣，返於連比。若是者〔一一〕，必從是嚚亡乎〔一二〕！雖使三堯在臧，但懸其物而不散施之，終亦不能守。其物亡，必不返於連比之臣。臣既得之，自用樹福，則國從是嚚敗而亡乎！嚚，即梟之也。辟之若尊譚〔一三〕，未勝其本，亡流而下，譚，延也。雖堯守藏，不施必亡。猶如尊位將反，而未能勝其本。此位既不可得，自然流而下者也。不平。令苟下不治〔一四〕，凡始理下者，必先能平令。令既不平，令雖下，而不理者也。高下者不足以相待〔一五〕，自處其高，欲下待上，必不待之也。此謂殺〔一六〕。」

〔一〕張佩綸云：「縣人有主人」有脱誤，「此治用」當作「此謂治用」。翔鳳案：儀禮喪服「人治之大者也」，注：「『治』猶理也。」齊制大夫所轄有縣有鄉（見山至數），故以縣言之。

〔二〕戴望云：尹注無「靜」字，疑正文「靜」字衍。翔鳳案：靜爲留滯於少數人手中，施以侈靡政策，則從而移之也。此節就大夫說。

〔三〕翔鳳案：「不可使」指富者，上文「甚富不可使」，是其證。荀子富國「等賦府庫者，貨之流也」，注：「以等差制賦。」此以等差散財。

〔四〕劉積云：別本注：「獨擅名譽。」翔鳳案：上文「高予之名而舉之」。長民之富人，功未成不可獨予之名。廣雅釋詁三：「道，治也。」論語：「道千乘之國。」

〔五〕丁士涵云：「成功」當作「功成」，與下「事道」對文。下文云：「成而不信者殆。」翔鳳案：古人不尚排偶，丁説非是。

〔六〕張佩綸云：「然後可以承致酢」上脱一句。尹桐陽云：「酢」同「胙」，祭福肉也。史記周本紀：「致文武胙於秦孝公。」後漢書鄧彪傳：「四時致宗廟之胙。」翔鳳案：説文：「承，奉也，受也。」爾雅釋詁：「酢，報也。」上報其功而下承受之。兩「然後」連用，非有奪文。非祭神，不得爲「致胙」。

〔七〕翔鳳案：所得之財，主要用於戰士，其次則民衆。先其士而用之，則有陵犯。後其民而用之，則是自足也。

〔八〕王引之云：「仕」當爲「任」，字之誤也。上文「疏貴戚者謀將泄」，言不可疏其所親也。此言「毋任異國之人」，言不可親其所疏也。今本「任」作「仕」，則非其旨矣。

〔九〕翔鳳案：房注「有國之經」，是也。趙本作「是爲失經」，既云「毋仕」，安得言「失經」？

〔一〇〕何如璋云：「是爲使國」當作「侵邦」。「經」、「成」、「情」、「邦」叶。舊注連下「大消」爲句，誤。「大消三垚在」五字，「大」乃「下」之誤，「消」乃「削」之誤，「三」乃兩「上」字，古文「上」作「二」，脱去一畫乃爲「三」矣。「在」乃「下」之誤。以意定爲「下削上，上垚下」。張佩綸云：上「經」、「成」、「情」與「消」不合韻，「使」當作「侵」，「消」當作「省」，皆字之誤也。公羊傳莊二十有二年「肆大省，大省者何？災省也」，二傳皆作「大眚」。「侵國」，言臣侵主權，乃大災異也。正應上「將反爲害」句。翔鳳案：非韻文。釋名：「消，削也，言減削也。」對積纍而言。

〔一一〕張佩綸云：「三堯在」上有奪字。荀子富國篇：「雖左堯而右舜，未有能以此道得免者焉。」韓子難勢篇：「今夫堯、舜生而在上位，雖有十桀而不能亂者，則勢安也。桀、紂亦生而在上位，雖有十堯、舜而不能化之，則勢亂也。」與此文義同。言雖有三堯在，亦必從是敗亡也。元注於「雖有聖人，惡能用之」下云「堯爲匹夫，不能服三家」，即其事也。疑此作「三堯在下」矣。姚永概云：「臧於縣」爲句，「返於連」爲句，「比若是者」爲句。「臧」即「藏」字，「連」即「四里爲連」之「連」。「比若是者」，每每若是也。翔鳳案：此節言親貴大臣，在大夫之上，於齊爲國子、高子，與桓公合稱「三堯」。小匡篇言參國以爲二十鄉，桓公帥十一鄉，國、高各帥五鄉。桓公入齊，國、高有推戴之功，特尊崇之。説文：「堯，高也。从垚在兀上。」韻會：「垚積纍而上，象高形。」漢之高祖、唐之神堯同，非指堯、舜。

〔一二〕洪頤煊云：「𤳳亡」疑「㗊亡」字之譌。俗作「喪」，蘇浪反。宋翔鳳云：説文：「儡，相敗也，從人畾聲，讀若雷。」説文無畾字，而多用畾聲，「畾」即古「靁」字之省，音近，故亦假「靁」

爲「儡」。管子之「罍」即「鼺」字，猶言敗亡也。書仲虺古文作中鼺，當亦爲「鼺」字之省。張佩綸云：宋説是也，元注「則國從是罍敗而亡乎，『罍』即『臭』字也」，正以「敗」訓「儡」。字書無「臭」字，「『罍』即『臭』」當是「『罍』即『儡』」之誤。王氏謂尹注作器解，非是。（文選寡婦賦注引説文作「儡，敗也」，無「相」字。西征賦注引作「壞敗之皃」。道德經傅奕本「儡儡」，陸釋文：「儽，一本作『儡』，敗也，欺也。」禮記「喪容纍纍」，選注引作「儡儡」。康熙字典「罍」字引管子此注：「即『臭』字，敗也。」似内府必有别本管子勝於今之宋本。）翔鳳案：古書疑義舉例云：「罍，古『儡』字也。説文人部：『儡，相敗也。从人鼺省聲。』『罍』字亦從人從鼺省，而止省去中間一回，猶『鸓』字從鳥，鼺省聲。而籀文作『鼺』，止省去中間一回也。『罍亡』猶言敗亡。」俞釋「儡」字是也。訓敗亡亦通。然若知「三堯」之爲累積，則是言其積累之亡失，非泛言敗亡也。由下文取譬於流失，其義益顯。「儡亡」由上文「三堯」來。

〔一三〕何如璋云：「譚」宜作「觶」。張佩綸云：「尊譚」當作「尊觶」。翔鳳案：何、張校「譚」爲「觶」，是也。輕重甲「夫妻服簟」，亦爲「單」之誤。取譬承上「致酢」來。説文：「觶，鄉飲酒角也。」禮記：「尊者舉觶，卑者舉角。」角形尖，重心不在下，易於傾倒，故曰「未勝其本，亡流而下」，以其不平也。

〔一四〕丁士涵云：「未」當爲「末」，「亡」當爲「上」，「末勝其本」與「上流而下」對文成義。張佩綸云：「未勝其本」當作「末勝其本」，「亡流而下不平」爲句。詩旱麓「瑟彼玉瓚，黄流在中」，傳：「黃金所以飭流鬯也。」周禮典瑞「裸圭有瓚」，鄭司農注：「於圭頭爲器，可以挹鬯。」「流鬯」猶「挹鬯」。「亡流」則中無流鬯之地，而下又不平，宜其覆矣。「令苟下不治」當作「令苟不治」，「下」涉上下文「下」字而衍。翔鳳案：「辟之」至「不平」爲喻言，「令苟下」至「相待」爲正文，申明使國大消之理。

〔一五〕張佩綸云：言上下不足相當。翔鳳案：觶上重下輕，上下不足以相持。與經濟上下不足相持同。許維遹解「待」爲「持」，是也。

〔一六〕翔鳳案：周禮稾人「詔王殺邦用」，注：「猶減也。」漢書杜鄴傳「陰義殺也」，注：「謂減降也。」「此謂殺」三字句，猶言此之謂衰減，承上文「大消」、「流失」而言。

「事立而壞，何也？兵遠而畏，何也〔一〕？此謂弑君之事。其事既立而後壞，如此者何也？即以德不素積故也。民已聚而散，何也？人不歸，無道故。輟安而危，何也？」神不祐故也。皆謂篡弑。「功成而不信者，殆。兵强而無義者，殘〔二〕。不謹於附近，而欲來遠者，兵不信〔三〕。欲來遠者，必謹於附近，然後遠而來信也。略近臣合於其遠者，立〔四〕。略，禮爲不繁也。言於近則略之，於遠則合之，若此者，則可以立功。亡國之起，毀國之族〔五〕，則兵遠而不畏〔六〕。先自疏國之宗族，漸以至三者若此，則兵皆逃遠。無兵則威息，故不畏也。國小而脩大，仁而不利，猶有爭名者，累哉是也〔七〕！不量國之小，好脩遠大，雖復行仁，不遇其利，而①猶與他國爭名，是必自累者也②。樂聚之力，以兼人之强〔八〕，以待其害，雖聚必散。好自勉以聚力，欲兼他人之强，用此以禦危害。如是者，先雖聚，後必散。大王不恃衆而自恃〔九〕，百姓自聚，供而後利之，成而無害〔一〇〕。大王亶父爲狄所攻，乃去豳之岐，杖策而往，百姓曰：「仁君也，不可失。」扶老携幼而從之。一年成邑，二年成都，三年五倍其初。言大王雖有衆，不恃，但自恃其德，故百姓隨而聚之，供其所須而利之，遂至於成功而無危害者也。疏戚而好外企，以仁而謀泄，賤寡而好大，此所以危〔一一〕。言自疏已親，好交外人，雖企慕於仁，而所謀多泄漏。既賤且寡，好爲迂大，凡此皆危敗之道也。衆而約，謂與衆爲約束也。實，取而言讓〔一二〕，謂實取彼③物，於言更成遜讓。行陰而言陽。於行實爲陰，密在言，更成顯陽。利人之有禍，謂因禍而生利。言人之無患〔一三〕，人雖實禍，於言乃爲無患。吾欲獨有是，若何〔一四〕！」凡此獨君之事也。問獨有之何如。自「衆而約」已下，公問之辭。

〔一〕陶鴻慶云：「畏」與「威」通，「兵遠而畏」當作「兵遠而不畏」，言雖勤兵於遠而不能威敵也。下文云「亡國之起，毁國之族，則兵遠而不畏」，是其證。翔鳳案：廣雅釋言：「畏，威

① 「而」字原作「不如小好脩遠是以」，據補注删改。
② 「是必自累者也」原作「是者必相累而惕」，據補注删改。
③ 「彼」上原衍「危」字，據校正删。

也。」兵能威遠，則遠者來。觀下文自明。「兵遠而畏，何也」，問兵遠而威之道，非脱「不」字也。此節承前，就教戰言之。

〔二〕李哲明云：「功成」句承上「事立而壞」言，「兵强」句承「兵遠而不畏」言，「功成」即「事立」。「不信」，所以壞也，宜其殆矣。

〔三〕李哲明云：此申「功成而不信」句，答上「事立而壞」之詞。「兵不信」，「兵」字涉上下文而衍。此言政事，於兵無與，觀注不及「兵」字，知尹所據本尚未衍。夫子答葉公問政云「近者悦，遠者來」，即此句確誼。翔鳳案：此「信」字作信實解，從「不謹」二字看出。生教死教即包兵事在内，李謂衍「兵」字，謬。

〔四〕丁士涵云：「立」即「亡」字之誤，下文「亡國之起」四字義不可通，蓋涉上下文而衍。陶鴻慶云：「立」上當有「事」字，「立」下當有「而壞」二字。元文本云「略近臣合於其遠者事立而壞」，上文「事立而壞何也，兵遠而不畏何也，民已聚而散何也，輟安而危何也」，共爲四事，自「亡國之起」云云，分釋「兵遠而不畏」以下三事，此乃釋「立而壞」之由也。言忽於貴近之臣而合疏遠之臣，則事雖立而必壞也。尹據誤本而曲爲之説，非是。劉師培云：據注「近」下無「臣」字，當係衍文。此解上文「立而壞」句。以下文證之，當作「則事立而壞」。惟尹注所據本已僅存「立」字。翔鳳案：説文：「略，經略土地也。」引申則爲經略。左昭七年傳：「天子經略，諸侯正封，古之制也。」「略近臣」，此侈靡政策而言。「合」，和也。呂氏春秋有始「夫物合而成」，注：「和也。」能如此則事立矣。勤遠略則戰事多，侈靡政策所得者又復毀壞。此正答，非反答，無誤字。

〔五〕張佩綸云：「亡國之起」無義，「起」當作「紀」，字之誤也。「國紀」，上文「好而不已，是以爲國紀」。「國族」即「公族」。翔鳳案：素問五行應大論「少陽司天，火氣下臨，肺氣上從，白起金用」，注：「臨，謂御下；從，謂從事於下；起，謂價高於市；用，謂用於刑罰也。」下文「市也者勸也，勸者所以起本」同。用侈靡提高皮幣之價，取之於公族，國之財力雄厚，兵能威遠，否則兵遠而不威矣。

〔六〕張佩綸云：此節文多複沓，賴問辭甚明，今爲正之：「亡國之紀，毀國之族，略近臣合於其遠者，則事立而壞。不謹於附近而欲來遠者，則兵遠而不畏。」文顛倒，遂不可讀。翔鳳案：此節文不複沓，張自不解耳。詞義已説明於前矣。

〔七〕張佩綸云：「累哉是也」當作「累棊是也」。「棊」俗作「碁」，譌而爲「哉」。秦策四黄歇説昭王曰「臣聞之：物至而反，冬夏是也；致至而危，累碁是也」，是其證。李哲明云：「哉」當爲「戰」，形近而訛。翔鳳案：説文無「累」，而「緦」之古文作「累」，與此相混。爾雅釋言「諈諉，累也」，釋文：「本又作『纍』，又作『絫』，同。」此「累」字與上「囂」字同。「猶有爭名」，敗壞哉，是此情況也。

〔八〕張文虎云：上「之」字，蓋「己」之譌。尹注云「好自勉以聚力」，是所見本未誤。何如璋云：「聚」下脱「己」字，宜補。　翔鳳案：積聚所得，由人之樂輸，乃有此財力。若以此兼併他人之强，則已聚而終散矣。

〔九〕俞樾云：尹注以「大王亶父」爲説，非也。古之賢王多矣，何獨舉一「亶父」乎？「大王」，蓋泛言古之王者，曰「大」者，尊之之辭，猶言盛王也。説詳羣經平議禮記。　張文虎云：無由闌入「大王」，疑是「人主」二字之譌。　尹注引「亶父」釋之，非。　翔鳳案：趙策「臣之所甚願，無大大王」，與此同義，俞説是也。「兼人之强」，勤遠略，皆爲恃衆，「恃」字不誤。

〔一〇〕丁士涵云：「供而後利」，與下「成而無害」句例同，「之」字衍。　何如璋云：「供而後利之」，「供」乃「仁」之譌，上文可證。　張佩綸云：當作「仁而後利之」，與上「仁而不利」相反。「成而無害」義亦通，惟參考前後文，當作「危而無害」，幼官篇「計緩急之事則危而無難」，兵法篇「危危而無害」，皆其的證。　翔鳳案：財爲百姓自聚（指貴族，見上），上供而後利之，則事成而無害。

〔一一〕俞樾云：法法篇「故仁者知者有道者，不與大慮始」，尹彼注曰：「『大』猶衆也。」然則「賤寡而好大」，猶賤寡而好衆，謂不問是非曲直，但以衆寡爲斷也。尹此注非。　何如璋云：「企」字衍。「以仁而謀泄」，「仁」乃「人」之譌，謂用人不慎也。　張佩綸云：「企以仁而謀泄」言「欲及人而謀泄」，「仁」、「人」通。「賤寡」當作「殘寡」，「好大」當作「奸大」。　李哲明云：「以仁」，「以」字涉下文「所以危」而衍，「仁」當從張説作「人」。「企人」，猶言仰賴其人。「謀泄」，言泄漏其人之謀計。「寡」，少也，少之言小也。「賤」與「好」對文，「寡」與「大」對文。翔鳳案：上文「疏貴戚者謀將泄」。釋名：「企，啓也。」「啓，開也。」言自延竦之時，樞機皆開張也。「外企」者，企與外親密。左定十年傳「封疆社稷是以」，注：「『以』猶爲也」。説文：「仁，親也。」爲親而謀泄，不衍不誤。

〔一二〕張文虎云：尹注於「約」下絶句，非是。「實」乃「寡」字之譌，當屬上爲句。「衆而約寡」，謂行之者衆，則餘者不約而自從。（觀下文自明。）與「取而言讓」句例相同。宋本「約」作「納」，與尹注「約束」不合，蓋譌字。姚永概云：「衆而約，實取而言讓，行陰而言陽」，此三句皆以相反爲義。「衆而約」者，雖衆而故示以約也。翔鳳案：曲禮「典司五衆」，注：「謂羣臣也。」説文：「實，富也。」哀公問「好實無厭」，注：「『實』猶富也。」周禮司約注：「言語之約束。」士師「正之以傅別約劑」，注：「所持券也。」此二義皆可。侈靡之策，但施之於巨富，而不可偏施於羣臣也。

〔一三〕王念孫云：「言」當爲「害」，字之誤也。（隸書「害」字或作「宫」，「言」字或作「吉」，二形相似。）謂所利在人之有禍，所害在人之無患也。（昭十五年左傳：「楚費無極害朝吳之在蔡也。」哀十五年傳：「莊公害故政，欲盡去之。」）「利」與「害」、「有禍」與「無患」相對爲文。尹注非。翔鳳案：隸書未有以「言」作「害」者，王説無據。房注「人雖實禍，於言乃爲無患」，以「利人之有禍，言人之無患」爲相承之語，王以平列解，視爲不通而改字。此二句補足上文「行陰而言陽」，謂別有陰險之用心，而外貌則以爲非禍而無患也。

〔一四〕張佩綸云：元注以「衆而約」已下爲公問之辭，非是。「是」當作「實」，言欲獨有其實。此承「爲之」節言，既獨有其名，復欲獨有其實。　翔鳳案：「是」字總結上文，爲詠歎之詞。莊子齊物論「是以無有爲有，無有爲有，雖有神禹且不能知，吾獨且奈何哉」，與此相類。

「是故之時陳財之道，可以行令也。管氏言，此乃古之陳設致財之道，亦可行求於今。**利散而民察，必放之身然後行〔一〕。」**然利散於下，人則察而知之，置之於身，勿令下知，然後可以行放置之言也。**公曰：「謂何？」**問所以行之。**「長喪以毀其時，**毀，黯也。居①喪者毀曆之息，謂增長叛居喪之禮，使人皆毀黯之敗也。**重送葬以起身財〔二〕。**重送葬，則費用廣，惰慢則不及事，由人習爲精厲，庶事不怠，故能起身之財。**一親往，一親來，所以合親也，**謂一親往死，一親來生，親無絶時②，故曰合親。**此謂衆約〔三〕。」**人皆親教之，重葬可以起財，故曰衆要之也。**問：「用之若何？」**問用衆要。**「巨瘞培，所以使貧民也〔四〕。**瘞培，謂壙中埋藏處深暗也。貧人雖無財，力則己有焉，故教之巨瘞培以役其力也。**美壟墓，所以文明也〔五〕。**壟墓高

① 「居喪」原作「吾喪」，據補注改。下同。

② 「時」字原作「特」，據補注改。

美，文明而不滅①也。**巨棺槨，所以起木工也。**人習爲棺槨，則增長木②之工也。**多衣衾，所以起女工也。**習爲衣衾，則增長女工也。**猶不盡，故有次浮也。**謂上之理猶有不盡也，次浮，謂棺槨壟墓之外遊飾也。**有差樊，**樊，蕃也。謂壟墓之外樹以蕃，其制尊卑之外，此壟之次浮也。**有瘞藏〔六〕，**謂古之樊者，或藏以金玉，或以器物，此棺槨之次浮也。**作此相食，然後民相利，守戰之備合矣〔七〕。**方喪之時，孝子荒迷，或不舉火，鄰里爲食以相飼。如此，則人遞相銜親，恩情結固。至於守戰之時，必誠力齊敵而不能當之矣。**鄉殊俗，國異禮，則民不流矣。**流，移也。俗禮殊異，則人各得③其所安，故不流移也。**不同法，則民不困〔八〕。鄉丘老不通，覯誅流散，則人不眺〔九〕。**丘，大也。大老者，各足於其所，不相交通。流散於其鄉則誅之。今其覯見如此，則人安其本，不眺望他所而歸之。**安鄉樂宅，享祭而謳吟，稱號者皆誅〔一〇〕，所以留民俗也。**皆令安樂鄉宅，享祭先祖。其有謳吟思於他所者，則誅之。或有稱舉號詠於④他鄉者，皆誅之。凡此，皆欲留止人俗，不令轉移。**斷方井田之數，**謂分人之地，每斷定其方，而立

① 「滅」字原作「威」，據補注改。
② 「木」字原作「久」，據補注改。
③ 「得」字原無，據校正增。
④ 「於」字原無，據補注增。

之田數，屋三爲井也。乘馬田之衆，每一甸之衆，數賦長轂。一乘馬四疋，謂之乘馬。十六井曰丘。四丘爲甸。制之〔一一〕。陵谿立鬼神而謹祭，每大陵深谿，皆有靈焉，立鬼神之祠，使人祭之。皆以能別以爲食數，示重本也〔一二〕。人之大小，皆各有材，能多者食衆，能少者食寡，故曰「以能別爲食數。」凡此皆重人本之事也。故地廣千里者，禄重而祭尊。其君無餘〔一三〕。言不脩祭，以餘地與飼也。地與他若①一者，從而艾之。從，謂次當受封者。艾，謂減削也。言脩祭之君，受地與他同，故曰「若一者」。則削減其地與次受封之君者也。君始者謂始爲君者也。艾，若一者從乎殺，與于殺若一者。言始受封之君，本既無地，故取先受君者。彼或不與，從而殺之。彼或自取，與受而殺之。彼自取與于始封者，令與先受封者地均若一也。從者艾艾，若一者從于殺，與于殺若一者。從無封始，王事者上〔一四〕。王者言從者先無封，令始王事，故艾②取他國之地，與先者均齊若一則止也。上事，霸者生功〔一五〕，言重本。言諸侯既受地分，則上事霸主，隨政命以生立其功。凡此，皆爲重本也。是爲十禺，分免而不爭，言先人而自後也〔一六〕。禺，猶區也。十禺，謂十里之地。每里爲一禺，故曰十禺。若他國來分，明勸

---

① 「若」字原無，據校正增。

② 「艾」字原作「父」，據補注改。

勉而與之，不敢交爭。如此者，所以先陳他人，自取其後。官禮之司，言國官禮各有司①。昭穆之離，離，謂次位之別也。先後功器事之治，功有大小，器有精麤，各定其先後之差也。尊鬼而守尊鬼，謂謹其享祭之禮也。故，戰事之任，高功而下死本事，戰士雖有高下之殊，各令死其本事也。食功而省利勸臣。飼其有功，省其無功，則臣勸也。上義而不能與小利。上當操大義而主斷，不可顧小利而移也②。五官者，人爭其職，然後君聞〔一七〕。官爭理職則國治，故君名聞於天下。祭之時，上賢者也，謂助祭之時，賢者居上爲儀而已，非能有所益。故君臣掌。祭者掌禮以行事，所用其智謀，或君有故，使臣攝之，事亦無曠，故曰「君臣掌」也。君臣掌，則上下均。臣能行君事，故曰上下均者也。此以知上賢無益也，其亡兹適。祭祀之時，非不上賢，但庸臣亦能行君之事，無損於令主。人雖云上賢，而不用其智謀，與祭時適，故曰無益。既不賢，則動皆違理，故兹適於危。上賢者亡，謂空上之而已，不能用之也。而役賢者昌〔一八〕。役賢則功成，故國昌。上義以禁暴，義者所以除去不宜，故禁暴也。尊祖以敬祖，祖，始也。尊立祖廟，所以敬始封之君也。聚宗以朝殺〔一九〕，示不輕爲主也。」謂聚會也。小之封宗以朝

---

① 「言」字上原衍「享」字，「司」字原作「私」，據校正删改。

② 「也」字原作「止」，據補注改。

於君，而有親疏之殺，凡此爲主之重者也。

〔一〕王引之云：「故」讀爲古，（尹注曰「此乃古之陳設致財之道」，是尹亦讀「故」作「古」。）「可以行」爲句，「今也」二字屬下讀，言古之時陳財之道如是，則可以行矣。今也則利散而民察，必放之身然後行，是今不同於古也。張佩綸云：「是」字涉上而衍。古之時陳財之道可以行，今也利散而民察，必以身爲準，然後可行也。李哲明云：「放」讀爲昉，始也。言散財之道必自身始，身行之，民然後行。下文「長喪」云云，皆所謂「放之身」者也，其義至明。翔鳳案：「是故」爲更端之詞。「之」，此也。周禮内宰「陳其貨賄」，注：「猶處也。」處財之道，可以令行之。趙本「令」作「今」，非是。爾雅釋言：「身，親也。」大戴記哀公問：「身者親之枝也。」由巨族之葬親，利散於民，從其身始。下文「身財」、「合親」皆身之事，「身」字不誤。此侈靡之又一法也。此節承上「死教」言之，不獨烈士公墓，可推行於一般也。

〔二〕丁士涵云：尹注「長喪」句與今本不同，「身」疑「其」字誤，與上文對。張文虎云：「䵒」字不知何字之誤，尹注舛謬，無從攷證，而就其意審之，疑「喪」上當有「居」字，「身」字當作「其」，句法一例。何如璋云：「䵒」字字書未收，疑乃「毁」之誤。謂設爲三年之喪以毁其時也。張佩綸云：「䵒」或「毁」之或體，或「黷」之誤。翔鳳案：説文：「涅，黑土在水中者也。」廣雅釋器：「涅，黑也。」論語：「涅而不緇。」「涅」爲染緇黑土，故變其字作「䵒」，非「毁」字也。方言三：「涅，化也。燕朝鮮洌水之間曰涅，或曰譁。」曰化曰譁，即「䵒」

之義，猶言花費，謂久喪以敗其時日也。「身」義見上，非誤字。左昭二十六年傳「王師起於滑」，注：「發也。」「起身財」，與大學「以身發財」相似。巨族葬親，親朋送厚禮，故可起身財。

〔三〕李哲明云：「一親往，一親來」，似指喪家親故之往來。言不吝財費，往來繁數。喪葬之侈，彼一親然，此一親又何不然？故云「衆約」。翔鳳案：此習俗之喪葬靡費，所謂約定俗成。

〔四〕丁士涵云：「培」疑「埋」字誤。張佩綸云：「培」當作「培」，字之誤也。方言：「晉楚之間，冢或謂之培。」劉師培云：尹注云「瘞培，謂壙中深藏處深暗也」，其説弗訛。「培」即説文「窨」字，謂土室也。丁疑「埋」字，大誤。翔鳳案：劉説是也。巨族墓葬，有地下室，陳列各種器用，且有壁畫。

〔五〕丁士涵云：「文明」上當脱一字。劉師培云：上云「使貧民」，下言「起木功」、「起女功」，本節之旨均謂厚葬有裨於養民。此作「文明」，與上下文弗合。竊疑「明」當作「萌」，上奪一字。「文」又「使」之壞字也。「貧民」、「□萌」兩言「使」，猶「木工」、「女工」兩言「起」也。揆度篇云「良萌也，力作者也」，輕重丁篇云「以利吾貧萌」，此本書「氓」恒作「萌」之證。翔鳳案：「明」指明器。檀弓：「其曰明器，神明之也。」論語：「文之以禮樂。」文其明是謂「文明」，上下文均合。非誤字。

〔六〕丁士涵云：「次浮」當作「沈浮」，下文云「沈浮，示輕財也」，是其證。何如璋云：「次浮」，「次」謂次第，「浮」當爲「捊」。「捊」與「捄」通。說文：「捄，盛土於梩中也。一曰桴也。」言於墓域桴聚土壤，築牆周之，如城之有郛郭也。「差樊」者，壟外植木爲樊，而制其廣狹之差也。「瘞藏」者，明器之屬。皆文之以禮，使貧富相資也。淮南道應：「繁文滋禮以弇其質，厚葬久喪以亶其家，含珠鱗、施綸組以貧其財，深鑿高壠以盡其力。」蓋本此文爲說，而未盡達其旨也。　張佩綸云：檀弓「見若覆夏屋者矣」，鄭注：「覆，謂茨反也。」詩角弓「如塗塗附」，箋：「附，木桴也。」檀弓「天子之殯也，菆塗龍輴以椁，加斧于椁上畢塗屋」，鄭注：「菆木以周龍輴，如椁而塗之。」詩「捄之陾陾」，傳：「捄，虆也。」箋：「捄，捊也。捊取壤土，盛之以虆，而投諸版中。」說文：「捊，引堅也。捄，盛土於梩中也。」由天子以降，或間用茅草木皮，即所謂斬板封也。「茨」作「次」，管子多古文，「捊」假爲「浮」，同部。釋名釋宮室：「屋以草蓋曰茨。茨，次也，比草爲之也。」莊子徐无鬼「具茨」，一本作「次」。說文：「茨，以茅葦蓋屋。」「差」疑「羡」之誤。墨子節葬下：「今王公大人之爲葬埋異於此，曰必埵垛差通壟，雖凡山陵，此爲輟民之事，靡民之財，不可勝計也。」荀子禮論篇「抗折其貌，以象槾茨番閼也」，楊倞注：「『番』讀爲藩。」儀禮：「陳明器於乘車之西，折横覆之抗木，横三縮二加抗席三。」「次浮」、「差樊」，即既夕之「抗折」矣。　劉師培云：「次」當作「羡」，「羡浮」同誼，謂餘乎正制之外也。據注文觀之，似所據本亦作「羡」。　章炳麟云：此節皆言葬事，「次浮」、「差樊」、「瘞藏」三者平列。「次浮」下有「也」字，助語詞，古人立文不必截然整齊，亦所以免平直也。「浮」借爲「苞」，「樊」借爲「藩」。説文「捊」或作「抱」，「罟」或作「罦」，諸書「孚」聲、「包」聲之字闕通者不可勝數，故可借「浮」爲「苞」。釋言云：「樊，藩也。」是「樊」、「藩」聲義同。詩青蠅「止于樊」，武五子傳引作「止于藩」，故可借「樊」爲「藩」。「次苞」，苞有次也。「差藩」，藩有差也。既夕禮「徹巾苞牲，取下禮」，雜記「遣車視牢具」，注：「言車多少各如所包遣奠牲體之數也。遣奠：天子大牢，包九個；諸侯大牢，包七個；大夫亦大牢，包五個；士少牢，包三個。」（按此字作「包」，則其與「浮」通用，猶左隱八年之「盟于浮來」，穀梁作「包來」，假借更切。）此所謂包之次也。既夕禮「設披」，注：「今文『披』皆爲『藩』。」是「披」亦名「藩」。按喪大記曰：「君纁戴六纏，披六，大夫戴前纁後玄，四披亦如之，士戴前玄後纁，二披用纁。」此謂君六披，大夫四披，士二披。（從王伯申説。）此所謂藩之差也。

〔七〕李哲明云：「此」字總上「巨瘗培」至「瘗藏」，言謂興作侈喪之事，使貧民及工人得因勞力而獲食也。民以獲食爲利而樂盡其利，斯守戰時用其力亦易易矣，故云「備合」。翔鳳案：此侈靡政策之一，「富者靡之，貧者爲之」，李説是也。

〔八〕張文虎云：「矣」字不知何字之誤，當屬下文爲文，今本作「矣」，遂以屬上句之末，非也。翔鳳案：「不流」謂不遷徙。「不同法」即異法，與「異禮」同意。齊之法不同於他國，則民不困矣。

〔九〕洪頤煊云：「丘」讀爲區，古者「丘」、「區」同聲。「老不通」，老子所謂「老死不相往來」。「眺」

即「逃」之借字。廣雅云「逃、眺，避也」，義本此。尹注非。丁士涵云：「覩」，「都」字之誤。「不通都」，禁民流散也。張佩綸云：洪氏解「眺」爲「逃」，失之。以「老不通」爲句，而「覩誅流散」不復置論，亦疏。此當爲「鄉丘老不覩征誅流散」，「延」，古文「征」字，見玉篇，誤而爲「通」。「眺」當爲「佻」，詩「視民不恌」，昭十年左傳及説文、玉篇俱作「佻」。老子「小國寡民，使有什伯之器而不用，使民重死而不遠徙，雖有舟輿無所乘之，雖有甲兵無所陳之，使人復結繩而用之，甘其食，美其服，安其居，樂其俗，鄰國相望，雞犬之聲相聞，民至老死不相往來」，全本乎此。「不覩征誅」，即甲兵無所陳也。「不覩流散」，即舟輿無所乘也。翔鳳案：洪説是。「覩」同「堵」。魏策「文侯謂覩師贊」，後語作「堵」。「誅」，責也。堵責流散則不逃，承上文守戰而言。

〔一〇〕張佩綸云：「皆誅」當作「皆殊」。翔鳳案：大傳「殊徽號」，周禮大司馬「辨名號之用」，注：「徽識所以相別也。」「誅」，責也。叢葬，不准自有稱號。

〔一一〕丁士涵云：謂乘馬爲一甸之衆制之也。「甸」、「田」古字通。尹注正如此讀。今本誤以「制之」二字屬下「陵谿」爲句。張佩綸云：「乘馬田之衆」，各本作「甸之衆」，「斷」字當屬下，作「制斷之」。度地篇「乃別制斷之」，是其證。翔鳳案：周禮職方「甸服」，注：「『甸』之言田。」詩甫田「無田甫田」，上「田」字讀甸。釋名釋州國：「甸，乘也。出兵車一乘。」丁説是也。「制之」，定爲法制也。此爲備戰守條件之一，「立鬼神」亦在其中，張不知而以爲錯簡也。

〔一二〕張佩綸云：「皆以能別以爲食數」指禄言，上似有脱文。翔鳳案：陵谿立鬼神，與國家立叢社配合。食兼人鬼而言，鬼神有血食也。張不知以爲有脱文，非是。

〔一三〕張佩綸云：「其君無餘地」爲句，注雖不明，本以「餘地」爲句，坊本妄於「餘」字句絶，非是。「其君無餘地」，即「先人而自後」之證。翔鳳案：説文「餘，饒也」，承上「累積三堯」而言。荀子富國「不求其餘」，注：「謂過度。」禄祭皆不過度。「餘」字絶句，張説非是。

〔一四〕張佩綸云：「與他一者從而艾之」，各本作「與他若一者，從而艾之」，「他」當作「世」，字之誤也。元注「從，謂次當受封者」不可通，「從」亦「世」字之誤。此節文幾不可句，然以上文之「禄重祭尊」及下文之「聚宗以明殺」參稽互證，猶可疏通其義。「與世若一」者，言昭穆如一者也。「艾」，報也，君始者報，始封之君，百世不遷也。「若一者從乎殺」，親盡則祧也。「與于殺若一者從」，言此六世之族亦從祖而殺也。「者艾艾」三字當作「大夫始者」，「大夫」或作「夫夫」，與「艾」字形近而譌，又挩「始」字，遂不可讀。今依「君始者」句例改補之。大夫事三世，一昭一穆，六親盡則殺。其族之與于殺若一者亦從之。「無封始王事者」，謂士事一世。「上」則「止」字之誤，元注可證。李哲明云：此二節句義難曉，姑以意通之，大抵受地分封之差等也。蓋地廣千里者，封地之特殊者也，其禄重而祭尊。無餘地可以分給，至受地與他國同一者，與千里者異，則從而削減之，分諸次封之君。（「地與他一者，從而艾之」兩句爲一段，「若」字當從宋本衍。）次受封而始爲君者，其封地與已減艾若一，則從而降殺之，視地與他一者又減矣。（「君始者」至「從乎殺」爲一段。）其次，受地與已降殺若一者，又從而減艾之；「從者艾」當爲「從乎艾」，涉上下文「者」字而訛；視從乎殺者又減矣。（「與于殺若一者從乎殺」爲一段。）其又次，受地與又經降殺若一者，則與初無封始服王事者同，其減降至始封而止，無可再殺也。「始王事者上」，「上」乃「止」之訛，觀注「與先者均齊若一則止也」，即其確證。（「與于殺若一者，從無封始王事者止」爲一段。）　翔鳳案：釋名：「艾，乂也。乂，治也。治事能斷割芟刈無所疑也。」同「刈」。周禮薙氏：「掌殺草，春始生而萌之，夏日至而夷之，秋繩（孕）而芟之，冬日至而耜之。」月令注：「欲稼萊者先薙其草。」「君始者艾」，從割刈開始。「若一者從乎殺」，若整塊是雜草則芟除之。芟除之後，還有整塊的小草及根核，再割刈之。與之芟除之後，還有一整塊者，越界向外再墾治之，從無封疆之界處開始。「王者上事，霸者生功」，言重視根本的做法，稱農爲本，即此義也。有墾荒經驗者，蒿萊叢木，遍地皆是，是不可以一次成功者。「艾」與「殺」相連聯，「殺」即殺草，解爲差等非是。

〔一五〕丁士涵云：「生」乃「上」字誤。「王者上事，霸者上功」，二句對文。以上多不可讀，可正者此耳。　張佩綸云：「王者上事」當作「王者上德」。　李哲明云：「王者上事」二句對文，言王者以實事爲上，能勤其事則封之。霸者但責人以功，欲報其功則封之。其量之廣狹不同，而同爲「重本」。本者何？修人事而敬祭祀也。「生」疑「主」之誤。　翔鳳案：説文：「生，進也。」非誤字。

〔一六〕豬飼彦博云：「分免」疑與「黽勉」同。　丁士涵云：「免」疑「地」字誤。　張佩倫云：「禺」當作「耦」，上有脱文。「免」當作「衆」。　李哲明云：「禺」讀爲齵，省借字。人齒牙參差謂之齵，見考工記注，因以齵爲差別之名。上曰「艾」、曰「殺」，約皆以十爲差，分等而勸勉之，奮事循職，故不爭也。「免」、「勉」亦省借字。王者不私國土，但因事程功，不吝封賞，亦不留遺餘，故曰「先人而自後也」。　翔鳳案：「禺」通「偶」或「耦」，偶耕從之得義。房訓「區」，「區」讀歐，「禺」、「區」音義皆同。上文「斷方井田之數，乘馬田之衆」，「馬田」爲牧馬場，與井田之九區合爲十區，即「十禺」。田疇牧場，分免而不爭，大家退讓，言先人而自後也。　壟墓多爲荒地，可墾治者墾治之，地廣千里者必考慮之。

〔一七〕梅士亨云：「先後功器」爲句。「功」當作「工」，臣工也，宗祝之類。「器」，祭器也。「事」當作「祀」，乃祭祀之治也。「戰事」至「下死」句，言成功爲上，死事爲下也。「本事」至「省利」句，大小臣工莫不有事。　原本其事以爲之祿，是食功也。省察其利，不以虛利冒功也。「勸臣」至「小利」句，言不以小利害大義也。　如此方合上「官禮之司」爲下「五官」。　丁士涵云：當讀「尊鬼而守故」爲句。　本篇云「法故而守常」，「故」與「古」同。「高功而下死」，「高」當作「尚」，下文「上義」，「上」亦與「尚」同。「本事食功而省利勸臣」，「利」字衍，朱本無「利」字。原本其事之有功者而食之，所以省試而激勸之，即周官「以功詔祿」之意。　俞樾云：「先後功器事之治」，「事」字衍文也。尹注曰「功有大小，器有精麤，各定其先後之差也」，是其所據本無「事」字。張佩綸云：此節明言「五官」，則上所言者，五官之職掌矣。而挩誤不復可辨，今以意正之。「官禮之司，先功而後器」，此司徒兼太宰也。「昭穆之離，尊鬼而守故」，此宗伯職也。「戰事之任，高功而下死」，此司馬職也。「本事」當作「本事之治」。上「事之治」雖雜厠于前，而兩「事」字猶可證明。「食功而省利」，此司空職也。「勸臣上義而不能與小利」，當作「勸臣之義，上能而慎刑」。「與小」二字乃「慎」字之壞。「利」涉上「省利」而誤，當爲「刑」字，此司寇職也。「聞」當作「明」。陶鴻慶云：「故」字疑當屬上，「尊鬼而守故」，言尊鬼而用其故俗也。此文讀云「戰事之任」句，「高功而下死」句，「本事」句，言戰事以有功爲上，徒死爲下，凡以事爲本也。「高功而下死本事」與下文「食功而省利」句、「勸臣」句，句法一律。尹注非。翔鳳案：「功」爲田功或戰功，「器」爲祭器。立功爲上，死本事次之。「省利」之「省」爲省察。「義」訓己之威儀。易繫辭：「理財正辭禁民爲非曰義。」以武力禁暴，爲理官之職。下文「上義而禁暴」，明明説出齊五官爲大諫、行人、理、將、田（見小匡），與周不同，張不知也。「君聞」即聞於君。

〔一八〕丁士涵云：「君」當作「羣」，「下」當作「不」，方與上下文義融貫。惠棟云：「掌」猶攝也。言臣行君事，惟祭則然，其它不攝也。苟非祭而亦攝焉，名爲上賢，適足以亡而已，姑存備攷。（見禮説。）俞樾云：「掌」當爲「黨」，字之誤也。祭禮有賓主，故有賓黨主黨，天子諸侯之祭亦然，故曰「君臣黨」。張佩綸云：管子一書屢言「尚賢」，此節殊謬妄無理。使管子果爲此言，直聖王之亂民而已，豈特不知禮哉？夫「上賢」乃太公之遺法，即墨子之非儒猶有尚賢三篇，老子始有「不尚賢使民不爭」之説，莊子從而解之，則曰「至治之世不尚賢，不使能，上如標枝，民如野鹿」，道家清虚之説不過如是而已，安得云「上賢，其亡茲適」乎？證之元注，當作「此以知不尚賢無益也，其亡茲適，役賢者亡，而上賢者昌」。僞房所見本下兩句已互誤，故曲爲之解曰「非不尚賢」，又曰「既不賢，則動皆違理」，然後人猶可攷見原文，若惠氏之説，則支離穿鑿矣。案文王世子：「宗廟之中，以爵爲位，崇德也。宗人授事以官，尊賢也。」中庸：「序事所以辨賢也。」皆祭時上賢之證。「君臣」當作「羣臣」，「羣臣掌」即序事也，其所掌之事，周禮詳矣。孔子曰：「均無寡，和無傾。」上下均則昌盛之兆矣。此遥應「亡國之郄」，「徒以而富之，父擊而伏之」，「父」爲同姓之臣，故以祭時證之，尤爲悚切。

李哲明云：「君臣」，當從張説作「羣臣」。「掌」下應有「之」字。注雖未瞭，然云「使臣攝之」，即「掌」下有「之」字之證。「此以知上賢無益也」，「上賢」上當從張説補「不」字。「上賢者亡」當作「不上賢者亡」。「役賢」見孟子，與「不上賢」正相反。「其亡茲適」，「適」字或「速」字之訛，「茲」即「滋」字，「茲速」云者，猶言「魯之削滋甚」也。翔鳳案：祭時尚賢，位尊者主祭；戰時尚功，功大者得獎，並不矛盾。賢，多財也。不能尊重多財者，故有侈靡。

〔一九〕丁士涵云：「敬祖」疑當作「敬宗」，禮記大傳曰：「尊祖故敬宗。」「朝」乃「明」字誤，謂收聚宗族以明親疏之殺也。張佩綸云：「朝殺」當作「設廟」。劉師培云：「朝」疑「廟」誤。章炳麟云：此與「上義以禁暴，尊祖以敬祖」文義一例。「朝」當借爲「昭」。左氏春秋昭十五年經「蔡朝吳出奔鄭」，公羊作「昭吳」，是「朝」、「昭」通之證。列子楊朱篇「子産有兄曰公孫朝，有弟曰公孫穆」，疑亦以昭、穆命。此「聚宗以朝殺」，言聚族人于宗室以昭親疏之殺也。翔鳳案：周禮有大宗，五世則遷。齊十世，無大宗，聚宗於朝則禮制較簡。山至數：「三世則昭穆同祖，十世則爲祏。」説文：「祏，宗廟主也。禮有郊宗十室。一曰大夫以石爲主。」（依御覽五百三十一引校改。）比周禮簡約爲殺。

載祭明置〔一〕。載，行也。言公將爲行祭，至明而置之，欲人不知也。高子聞之，以告中寢諸子〔二〕。高子，齊大夫。聞君之將行，故告中寢諸子，諸侯諸子之居中寢者。中寢諸子告寡人，舍朝不鼎饋。常禮，退朝常鼎饋而食。今不然，故致怪之。中寢諸子告宮中女子曰：「公將有行，故不送公〔三〕。」言何故不送公也。公言：「無行，女安聞之？」曰：「聞之中寢諸子。」索中寢諸子而問之：「寡人無行，女安聞之？」「吾聞之先人〔四〕，諸侯舍於朝不鼎饋者，非有外事，必有内憂。」公曰：「吾不欲與汝及若，若不欲與汝論此言也。女言至焉，不得毋與女及若言〔五〕。至，謂盡理。吾欲致諸侯，諸侯不至，若何哉？」女子不辯於致諸侯，婦人無豫於外政①，故不明於致諸侯之理。自吾不爲汙殺之事，人布職不可得而衣〔六〕，汙殺言然，人必有所污②殺染戮者，所以伏遠而來近。今既爲人，雖織不爲己用，故有布不得而衣。言此者，欲桓公立威以伏其諸侯③也。故雖有聖人，惡用之〔七〕？」服④者寡也。后不用威，聖人亦何⑤能用之？堯爲疋夫，不能服三家，即其事也。

〔一〕張佩綸云：當作「載祭明悳」。　翔鳳案：孟子：「諸侯危社稷則變置。」殷人重社，詩玄鳥「天命玄鳥，降而生商，宅殷土茫茫」，史記作「殷社」。公封則置社，承上分封言之。此句冒下，下文「致諸侯」可證。郭沫若以爲錯簡而欲移之，非也。

〔二〕劉績云：此以下至「雖有聖人，惡用之」，皆錯簡也。　張文虎云：「中寢諸子」，案戒篇作「中婦諸子」，「婦」字與「寢」字形相似，疑「寢」字是。　孫詒讓云：自此至「雖有聖人，惡用之」，與上下文義不相屬，而與前戒篇「桓公外舍而不鼎饋」章文略同，或即彼文錯簡複著於此。「中寢諸子」，當從戒篇作「中婦諸子」，古「寢」字作「寑」，與「婦」形近，故誤。注曲爲

---

①「政」字原作「致」，據校正改。
②「污」字原作「訐」，據補注改。
③「立」字原作「訐」，「侯」上「諸」字原無，據補注改增。
④「服」字原作「人」，據校正改。
⑤「何」字原作「可」，據校正改。

之説，失之。張佩綸云：「中寢諸子」一節，戒篇無「雖有聖人，惡用之」句，仍是此篇之文。翔鳳案：桓公爲置社而有行，高子聞之，以告中寢諸子，文義直承，此爲正文。戒篇作爲大事記入，而以爲戒。此婦人干預政事，爲管子所不滿。因祀簡狄而兼及之，時不同也。篇末「婦人爲政，鐵之重反旅金」，可見。

〔三〕王念孫云：「故」當爲「胡」，尹注非。翔鳳案：史記馮唐傳集解「令人故行」，索隱：「『故』與『雇』同。」漢書食貨志「公得顧租」，注：「顧租，謂顧庸之租。」是「顧」與「雇」同。則「故」通「顧」，猶乃也。「故」、「胡」古無通假之例，王説非。

〔四〕劉師培云：「吾」上當脱「曰」字。翔鳳案：吾聞之某某，史記多有之，無「曰」字。劉説非是。

〔五〕豬飼彦博云：「若」下脱「言」字。孫詒讓云：戒篇作「公曰善，此非吾所與女及也，而言乃至焉，吾是以語女」，文義較此完備。翔鳳案：「若」，此也。「吾不欲與女及若」，包括言行在内，下文「不爲汙殺」句可見。豬飼以爲脱「言」字，非也。

〔六〕戴望云：宋本「織」作「職」，古字通。安井衡云：古本「辯」作「辨」，辨，别也。言吾一女子，不能辨别於致諸侯之道。孫詒讓云：此乃中婦諸子答語。戒篇「中婦諸子曰：自妾之身不爲人持接也，未嘗得人之布織也。（「職」、「織」古通，以此校之，疑尹本亦作「布織」。）意者更容不審耶？」此文多譌捝，當以彼文互校，「汙殺」疑即「持接」之誤。尹釋「汙殺」爲「染戮」，殊繆。翔鳳案：「汙殺」，謂殺牲塗血以祭。説文：「釁，以血有所刏涂祭也。」「汙，一曰涂也。」「汙殺」爲塗血明矣。汙染則用新衣。「職」爲「織」之本義，非借也，詳輕重篇。戒篇作「持接」，謂持牲而接之，言各有當。小問「釁社塞禱」，汙殺之證。

〔七〕孫詒讓云：此言婦人不與外事，雖聖人無所用之。戒篇云：「明日管仲朝，公告之。管仲曰：此聖人之言也，君必行也。」此文與彼異，或有脱誤，尹注亦難通。張佩綸云：「雖有聖人惡用之」當在「鬼神不明」下。牧民篇：「不明鬼神，則陋民不悟。」此釋其義，謂不明鬼神，雖有聖人惡能用民也。翔鳳案：言不習於汙殺之事，無所用。張説非是。

「能摩故道新，道定國家，然後化時乎〔一〕？」摩，謂新其事也。故道，謂先王之典刑。新道，謂度時而制法。言能摩①故道以成新道，定國安家，然後可以化時也。「國貧而貪鄙富，苴美於朝，市國。言國朝貧而邊鄙富饒，若此者，邊鄙之邑必苞苴財貨，好遺朝以市權利也。國富而鄙貧，莫盡如市〔二〕。國富財故富，鄙輸貨故貧，其取半反也。其物莫知盡入於市，以市人不虚取，故鄙人不虚與故也。市也者，勸也，勸者所以起。本善農者能多致市利，則自勸而不怠，故能起本也。善而末事起，不侈，本事不得立。侈，謂饒多也。末事不饒多，農事不

① 「摩」字原無，據校正增。

給，故本事不得立。選賢舉能不可得〔三〕，惡得伐不服用〔四〕？欲伐不損用，必待賢能。百夫無長，衍可臨也〔五〕。若無賢，雖百夫之長無人爲之。千乘有道，不可修也〔六〕。雖千乘之國，有道以用之，則不可脩營而伐之也。夫紂在上，惡得伐不得〔七〕？紂在上位，萬人讎之，鬼神怒之，雖其旅若林，莫不倒干自伐，故無有伐而不得者也。鈞則戰，守則攻〔八〕。言伐紂者力鈞則與之野戰，城守則固而攻之。百蓋無築，千聚無社，謂之陋〔九〕，一舉而取。天下有一，事之時也〔一〇〕。言紂人苟且，雖有千①聚之夫，不立一社以統之，如此者，爲政之陋也，故武王一舉取天下而有之，此萬代一時之事也。萬諸侯鈞，萬民無聽。雖使萬諸侯鈞引於人，人必不聽，此言王者貴。上位不能爲功更制，其能王乎〔一一〕？居上位，不獨立其功，不更共制之，若此者，必不能王也。緣故脩法，以政治道〔一二〕，則約殺子，吾君故取夷吾謂替〔一三〕。」子，君之子也。其能緣②順故常，脩理法制，爲政不違於道。若此者，可共謀要殺君子之不當立者。吾君所以取夷吾爲替者，爲有此道也。公曰：「何若？」問何以獨取夷吾也。對曰：「以同。以其德智同，故取也。其日久臨，可立而待〔一四〕。鬼神不明，謂君子不當立者，雖久臨其位，危

① 「千」字原無，據校正改。
② 「緣」上原衍「制」字，據補注删。

亡可立而待。其享祭鬼神之禮，又不能明也。**囊橐之食無報，明厚德也**〔一五〕。此論桓公之隱，雖以囊橐之食遺人，不求其報，所以明厚德也。**沉浮，示輕財也**〔一六〕。其散施於人，不顧其沉，所以示輕財也。不得其報曰沉，得報曰浮。或曰祭川曰沉浮也。**先立象而定期**〔一七〕，**則民從之**，先立法象，與人定期，人則率服皆順從也。**故爲禱。**謂先人禱神祈福祥。**朝縷綿明，輕財而重名**〔一八〕。」縷，帛也。言每於朝置綿以賞賜。賞與所明，是輕財而重①名者也。**公曰：「同臨，所謂同者，其以先後智渝者也**〔一九〕。所謂臣德同君者，能先後於君，其遇危難，則智謀變而通之，詩所謂「予曰有先後」者也。**鈞同財，爭依則說。**假令財與人鈞同，人則悅而爭依於己。**十則從服，**若財十倍多彼，則服而從之。**萬則化**〔二〇〕。**成功而不能識**若財萬倍多彼，則變化而無不如意，故可以成功，而觀者莫能識之。**而民期，然後成形而更名，則臨矣**〔二一〕。」言人心期以爲主，相與樂推，然後成形於以名前所服之人，則臨之以爲君矣。

〔一〕張文虎云：「摩」讀如揣摩之摩，謂揣摩於新故閒而用之。何如璋云：「道定國家」，「道」字沿上衍。翔鳳案：此節承上封君置社言。新闢地在邊鄙，與鄰國有接觸。「故」指舊法，「新」指新地。「道」訓由也、治也。論語：「道千乘之國。」墨子明鬼：「燕之有祖，當

① 「重」字原作「亶」，據校正改。

齊之社稷，宋之有桑林，楚之有雲夢也。此男女之所屬而觀也。」「社稷」者廟會，即市。

〔二〕洪頤煊云：「苴」是「莫」字之譌，與下文「莫盡如市」文相對，言國中貧而邊鄙富，莫善趨於朝以爲市於國中。國中富而邊鄙貧，莫若盡趨於都鄙之市以益其貧。尹注非。丁士涵云：宋本、朱本「鄙富」上衍「貪」字，尹注云「言朝國貧而邊鄙富」，是所據本無「貪」字。尹注「苴美於朝市國」句，云「邊鄙之邑，必苞苴財物好遺朝以市權利」，是「國」字又涉下文「國富」而衍。以下文「莫盡如市」句例之，恐「市」字亦衍文。安井衡云：舊注云「莫盡入於市」，則尹所據本作「莫如盡市」矣。今本誤倒耳。言國富而鄙貧，莫如國及鄙咸爲市也。張佩綸云：「貪」字衍，「國」字複，洪解非是。丁删上「市」字，以「朝」、「市」對文，下文何以但解「市」而不言「朝」邪？「苴」涉「美」而衍，非「莫」字。文當作「國貧而鄙富，美如朝市；國富而鄙貧，盡如莫市」。史記孟嘗君列傳：「君獨不見夫朝趨市者乎？明旦側肩爭門而入，日暮之後，過市朝者掉臂而不顧。非好朝而惡暮，所期物忘其中。」此猶言：「百姓足，君孰與不足？百姓不足，君孰與足？」鄙富則民富，其美如朝市。國富則卿大夫私富，而民力耗盡，如莫市之無物。此正申明前節「均之始也」之義。陶鴻慶云：「苴」當爲「莫」之壞字，「市國」二字涉上下文而衍，「盡」當爲「善」字之誤，其文云「國貧而鄙富，莫美於朝，國富而鄙貧，莫善如市」，蓋朝所以聚鄙邑之財，市所以通都會之財，四句反義相對。下文云「市也者勸也，勸者所以起本善，而末事起，不侈，本事不得立」，正承「莫善如市」而言。翔鳳案：國貧而貪邊鄙之富，苴其美於朝，以市於國。漢書賈誼傳「冠雖敝，不以苴履」，注：「履中之藉也。」説文「藉」，祭藉也」，段注引申爲「承藉」。字或作「租」。爾雅釋詁：「如，往也。」國富而邊鄙貧，則不盡往市矣。

〔三〕張文虎云：「勸」字疑「觀」之誤，讀如觀兵之觀。此文疑有錯簡，當云：「市也者觀也，觀者所以起末而善本，末事不侈，本事不得立。」此侈靡本旨。張佩綸云：「市也者勸也」，「勸」者無義，當作「權」。（「市者貨之準也」，是其證。）「所以起本善」，「善」當作「事」，下當作「而末事不侈，本事不得起」，文義始順。「選賢舉能不可得」，「得」字涉下而誤，當作「不可立待」。元注「必待賢能」，是本作「待」字之證。李哲明云：「本善」當連讀。各勸生業，所謂「本善」也。「起」字蓋涉上而衍。「末事」即百工商賈逐末之事。工商不饒，農無所資，其用弗給，則邊鄙益貧，百業墮矣。故「本事不立」。張德鈞云：此處「而」字讀爲如，假設之詞。翔鳳案：「起」爲價高於市，見前。能使勸勉，「勸」字不誤。「本」指農，「末」指商。農豐收而商有起色，不侈則本事不得立。各説均誤。

〔四〕豬飼彦博云：「惡得伐不服」五字，疑因下文誤衍。丁士涵云：「用」乃「國」字誤，「國」與「得」韻。尹注云「欲伐不服國，必待賢能」，今本尹注「服國」二字譌作「損用」矣。張佩綸云：「惡」字衍，當作「得伐不服乎」，此桓公問詢。李哲明云：言欲伐四隣之不服，必須用賢。不得賢者與共圖之，而以伐不服，惡可得乎？「用」字似當移「不可得」下，句意自明。注「損」字，或即「服」字之訛。翔鳳案：左襄十三年傳「小人伐其技以馮君子」，注：「自稱其能爲伐。」曲禮「子貢問有無惡乎齊」，注：「何也。」何得自誇異於人而不服用皮幣。諸説均誤。

〔五〕張佩綸云：「百夫無長衍可臨也」，各本均作「不可臨也」，疑張嵲於「不」下注「衍」字，刻本削去「不」字而以「衍」字足行，當依下句例作「百夫有長，不可臨也」。有長雖百夫不可臨。翔鳳案：釋名釋地：「下平曰衍，言漫衍也。」説文：「臨，監臨也。」爾雅釋詁：「臨，視也。」百夫之衆，無長則散漫，可監臨之。改「衍」爲「不」，意義相反，非是。

〔六〕戴望云：「修」疑「備」字之誤，「備」與上「國」、「得」爲韻。張佩綸云：「修」當作「侵」。有道雖千乘不可侵。翔鳳案：千乘之國，自謂有道，當觀其實，不可文飾。説文：「修，飾也。」下文所述之紂，是其例也。

〔七〕豬飼彦博云：「不得」當作「不服」，言紂既無道，故不得伐不服。丁士涵云：當作「惡得不伐」，與上「惡得伐」句相對，下「得」字涉上「惡得」而衍。李哲明云：此蓋言紂無道，何伐不可得。「伐」上「得」字疑衍。觀注「無有伐而不得者」，是本無上「得」字甚明。寫者見上句「惡得伐不服」，遂增「得」字配句，而不知實不相蒙也。翔鳳案：説文：「德，行有所得也。」承上「不可修」言。夫以紂之不善而在上，其敗必矣。惡得自修飾爲善，而誇此不德之人乎？「伐不得」言怎麽伐不得，今俗語尚然。

〔八〕張佩綸云：孫子謀攻篇：「用兵之法，十則圍之，五則攻之，倍則分之，敵則能戰之，少則能逃之，不若則能避之。」「鈞則戰」，即孫子所謂「敵則能戰之」也。「守則攻」句，似當作「□則守，□則攻」。　翔鳳案：勢鈞而不能相統攝則戰，戰則攻其所守，非有誤字。

〔九〕丁士涵云：禮記王制注「今時喪葬築蓋嫁娶卜數文書」，疏云：「蓋，謂舍宇。」然則「百蓋」猶百室與？「千聚」疑當爲「十聚」。乘馬篇：「方六里曰暴，有社，五暴曰部，五部曰聚。」一聚積二十五暴，當有二十五社，無社，焉得不謂之陋？若作「千聚」，恐無此大也。　張佩綸云：「千聚無社」似當作「千社無聚」。　翔鳳案：左成二年傳「所蓋多矣」，注：「覆也。」晏子：「皆有蓋廬，以避暑濕。」覆其上曰蓋。「築」指四面築牆，詩「築室百堵」是也。言雖有百蓋，可謂屋多矣，然未有築牆，則謂之陋。雖有千聚，可謂人多矣，然未有神社，則謂之陋。此假定之詞，其重在社。張不知改爲「千社」，謬矣。

〔一〇〕張佩綸云：當作「非一時之事也」。　李哲明云：注云：「武王一舉，取天下而有之，此萬代一時之事也。」疑本文「有」字在「取」字下。「一事之時」當作「一時之事」，傳寫誤倒耳。　翔鳳案：「天下有一」句，承上「無築」、「無社」來，「有一」則爲可乘之機也。説文：「事，職也。」「職，記微也。」此記微之事，無誤也。結上，非起下也。

〔一一〕豬飼彦博云：「萬諸侯」，「萬」字疑衍。「鈞」，古本作「鈞」，觀注可見。然以作「鈞」爲是。　安井衡云：諸本「鈞」作「鈞」，俗本作「鈞」。然注以「引」釋「鈞」，則其本作「鈞」矣。

張佩綸云：「萬諸侯鈞萬民」，言今之時「地醜德齊」也。「無聽」當作「無德」，「無德上位」爲句，言無德而在上位，不能爲功更制，何以至於王乎？上俱不賢得王，此言己亦不賢，仍不得王。李哲明云：言萬諸侯勢力均同，莫能相尚，即萬民無適聽從，必居上位者獨立其功，革命制作，乃可王天下，不然則否。「更」讀平聲。「上位」謂方伯。

〔一二〕王念孫云：「脩」當作「循」，「緣」亦「循」也，「政」與「正」同，言緣循故常，遵循法度，以正治道也。尹注非。張佩綸云：「緣故脩法」，言循故以脩新法；「以政治道」，言因政而進於道也。李哲明云：此即「更制」之意。「政」者正也；「以政治道」，謂正其治國之道。尹注「謂爲政不違於道」，依本字讀，乃不成詞。王謂「修」是「循」誤，恐未是。

〔一三〕張佩綸云：「約」當作「鈞」，「子」當作「于」，「均殺于吾」，言諸侯均不及吾。「君故取」當作「君取故」。「夷吾謂替」，爾雅「替，待也」，夷吾言請待賢能也。李哲明云：「約」當依張説作「鈞」，「子」作「于」，當連下「吾君」爲句。夷吾言諸侯均不及吾君，君故取夷吾爲之伐籌治國。「替」者代也，「謂」當作「爲」。觀注「取夷吾爲替」可見。「爲」、「謂」古通，本書霸言篇「伐不謂貪」，王念孫云「『謂』與『爲』同義」，是也。翔鳳案：「子」同「巳」，即「祀」。易革：「巳日乃孚。」周以甲子滅紂，「巳」即「子」。損「巳事遄往」，釋文虞本作「祀」。子巳爲雙子，其祀爲契。左昭元年傳及史記鄭世家：「昔高辛氏有二子，伯曰閼伯，季曰實沈。日尋干戈，帝遷閼伯于商丘，主辰，爲商星。遷實沈于大夏，主參，唐人是因。」古十二辰當參商之位者，商爲雙子。閼伯即契，契作「卨」，即蝎之象，商星本爲蝎形。「殺子」即滅殺不典，所殺祀即簡狄之子契也。

〔一四〕張佩綸云：「臨」當作「賢」，字之誤也。儀禮鄉射：「大射若右勝則曰右賢於左，若左勝則曰左賢於右，若左右鈞則左右各執一算以告曰左右鈞。」左氏傳「年鈞擇賢」（襄三十），皆以「賢」與「鈞」對文。此節遠承「俱賢」，近承「選賢舉能」，似從「賢」義長。李哲明云：「同」謂同德。言君臣以同德相濟也。言其日久臨，制諸侯可立而待其治也。翔鳳案：「日」承上「陵谿立鬼神而謹祭」，與「約殺祀」緊接。説文：「同，合會也」。合會而計之，是爲「以同」。詩大明：「上帝臨女。」「其日久臨」，謂上帝久已監臨也。

〔一五〕何如璋云：「明厚德也」上脱二字，以下句證之可知。當指宗廟社稷之祭言，疑是「祼獻」二字。張佩綸云：「鬼神不明」以下錯簡。李哲明云：「鬼神不明」屬下「囊橐」句爲義。鬼神之道幽，幽故不明。「囊橐之食」指祭品，所謂「筐筥錡釜之器、蘋蘩蘊藻之菜可薦於鬼神」者。言君子謹祭鬼神，非望其報，所以報本反始，明厚德之意也。翔鳳案：左莊三十二年：「明神降之，監其德也。」旱乾水溢，是鬼神不明。「立」，古「位」字，見前。可變置其位而待之。非錯簡。變置後之處置，則如下文所云。

〔一六〕何如璋云：「沈浮」宜作「浮沈」，爾雅：「祭川曰浮沈。」川祭投玉，故云「示輕財」。

〔一七〕翔鳳案：「象」指神像。

〔一八〕李哲明云：「朝」疑當爲「廟」，古字通，連上「故爲禱」讀。「禱廟」承上鬼神言。「縷綿」，注謂「置綿以賞賜」，蓋如後世賜高年帛矣。此屬民言。「縷」有分析之義，「綿」疑本爲「帛」，涉「縷」字誤加「糸」旁耳。翔鳳案：「朝」假爲「召」，與招魂之「招」相應。招魂注云：「招者，召也。以手曰招，以言曰召。」説文：「名，自命也。」周禮小祝故書作「銘」，今書或作「名」。士喪禮古文作「銘」，今文皆爲「名」。銘死者之德，故曰「重名」。招魂「秦篝齊縷」，縷爲齊人所用。孟子「有布縷之征」，注：「鐵鎧甲之縷也。」説文：「綿，聯微也。」春秋無棉花，用縷聯鎧甲，以招戰士之魂。此與廟無關也。

〔一九〕張佩綸云：此有脱字，當作「何謂同，何謂賢」。「渝」當作「踰」，詩將仲子「無踰我里」，傳：「踰，越也。」言其先後之智相踰越也。李哲明云：「同臨」疑當作「何臨」，蓋公承上「久臨」而問「所謂」云云，管仲答詞。「同者」當作「臨者」，緣上文誤「何」爲「同」，又誤此「臨」亦爲「同」耳。「先後智渝」，「渝」當從張説作「踰」。惟先後之智相踰越，故得而臨之也。翔鳳案：同臨其地也，非誤字。詩黄鳥：「臨其穴，惴惴其慄。」爾雅釋言：「渝，變也。」臨沂竹簡孫臏兵法「智」均用爲「知」。

〔二〇〕何如璋云：「財」當作「則」，「依」當作「倍」，觀下有「十」字、「萬」字，可證。財倍於彼則彼悦，財十於彼則彼服，財萬於彼則彼化。如以一白入萬黑中，黑質不移，而白盡化爲黑矣。翔鳳案：周禮大司寇「入鈞金」，注：「三十斤曰鈞。」禮記坊記「先財而後禮」，注：「財，幣帛也。」黄金貯量相同，則以幣帛競爭。互相依賴則相悦。房注「若財十倍多彼，則服而從之」，「若財萬倍多彼，則變化而無不如意」，其言是也。

〔二〕翔鳳案：「名」，即上「重名」之「名」。有功德可銘，則臨其社矣。

「請問爲邊若何？」問所以防御邊境。對曰：「夫邊日變，不可以常知觀也。邊者，兩國交爭，寇敵伺郄，日有變，當應機而動，故不可以常智觀。民未始變而是變，是爲自亂。未變者，應機未發，且當循常而伺之。今人未當變而輒爲變，此謂先時也，更益其亂，故曰「是爲自亂」也。請問諸邊而參其亂，任之以事。因其謀〔一〕，諸邊，則四邊也。謂參驗知其委變之亂，然後以事任之，因其所謀而用之。此已上，公問之辭也。方百里之地，樹表相望者，丈夫走禍，婦人備食〔二〕。謂百里之國，自國都至邊境，每於高顯之處，樹立其表，使遞相望。其有寇賊之禍，丈夫則走而奔命，婦人則備食以餽①之也。内外相備，外拒寇以防内，内備食以給外，故曰「相備」也。春秋一日，敗曰千金，稱本而動〔三〕。春秋種穫，尤爲農要，此二時而有戰敗，但經一日，敗費千金，故爲國者必當稱本而動也。候人不可重也，唯交於上，能必於邊之辭〔四〕。候人，謂謁候之來入國者。候人入國，或伺我虚實，覘我動静，不可使重之。唯有能與上交，

①「餽」字原作「終」，據補注改。

必定邊境之辭至國不易者，其可重也。**行人可不有私，不有私，所以爲内因也**〔五〕。行人，使人也。若何而可？唯不有私耳。無私則意成，故能爲國内成事者也。**使能者有主矣，而内事**〔六〕。」使人出境，必有所主。其所主者，欲成内國之事。

〔一〕戴望云：元刻「因」上有「而」字。李哲明云：上文「鈞同財爭」（當作「鈞則爭」）以下就内情言，「夫邊日變」以下就外情言。「問」當爲「伺」，形近，兼涉上「請問」而訛。上文注云「寇敵伺隙」，又云「循常而伺之」，即其證。此注亦承上注。觀「諸邊則四邊也」（注兩「邊」字，刊本俱誤爲「變」），則字可知。言備邊之計不當自亂，須伺察四邊而參驗其變亂之萌，乃急修邊事，因其亂而謀之。「任之」句與上對文，許氏（光清）校影宋本「事」下有「而」字，當從之。二句本答語。翔鳳案：邊防即國防。請詢問諸邊而參考其亂象。因人之謀而定計，「而」字不當有。

〔二〕何如璋云：「表」者，立標爲識也。夏官大司馬：「虞人萊所田之野爲表，百步則一爲三表。」墨子號令篇：「士候無過十里，居高便所樹表。表三人守之。比至城者三表，與上烽燧相望。」本此。翔鳳案：釋名：「徐行曰步，疾行曰趨，疾趨曰走。」説文「⿰歹咼，屰惡驚詞也」，段注：「遇惡驚駭之詞曰⿰歹咼。」漢書五行志：「數其⿰歹咼福。」「禍」與「⿰歹咼」通。丈夫飛奔，報告邊警也。

〔三〕戴望云：宋本、朱本「敗」下有「事」字。丁士涵云：「事曰」二字，乃「費」字之壞。尹注云「但經一日，敗費千金」，是其證。張佩綸云：詩「無俾亡敗」，毛傳：「敗，壞也。」孫子用間篇：「凡興師十萬，出征千里，百姓之費，公家之奉，日費千金。」「敗日千金」猶日費千金。翔鳳案：「本」指穀，此處兼財力而言。檀弓：「喪事稱家之有亡。」中庸：「既廩稱食。」承「一日」、「千金」來，言量力而動，不可輕試也。說文：「敗，毀也，從攴貝。」言耗財也。

〔四〕何如璋云：當作「不可不重」。候人之職內關國是，外涉鄰交，所繫於安危者大。「必」者，誠信無貳之謂。墨子號令「發候必使鄉邑忠信善重士，有親戚妻子，厚奉資之，必重發候」，即重候之義。翔鳳案：言不可專重候人。「必」，說文：「分極也。」

〔五〕丁士涵云：疑當作「行人不可私」，與上文「候人不可重」句例相同。「有」字及下文「不可私」句皆衍。李哲明云：此當云「行人不可有私，有私所以爲內因也」，下文「無私交則無內怨」，即其證。蓋「有私」則輸內國之情，敵人因以成其計。故云「內因」，而內怨由此起矣。翔鳳案：任法：「私者，下之所以侵法亂主也。」行人受命而行，唯命是從，不可雜以己之私意，此爲內因。外因則在環境矣。「候人」爲斥候者，「行人」爲交通部長（小匡）。

〔六〕張佩綸云：問詞，「而」讀爲如，「如內事」下當有「何」字，言使能者既有所主矣，我之內事將若之何？李哲明云：疑於「主」字絕句。「矣」當爲「嚴」，簡寫「嚴」字與「矣」略近而誤。此承上文，言當使能者心有常主，嚴密其內事，不泄於敵人也。「能者」，即無私交而不爲敵所因之謂。翔鳳案：「內」古讀納。周禮鐘師「納夏」，故書作「內」，音轉爲「訥」。說文

「訥，言難也。从口从内。」使行人之能者心有所主，事之當承訥者訥之，是爲「内事」。諸説均非。

萬世之國，必有萬世之實〔一〕。無萬世之實，不能成萬世之國也。**必因天地之道，**天地之道，順以動者也。**無使其内，使其外，**應内而外，失外情也。**使其小，毋使其大，棄其國寶**〔二〕。應小而大，失事之宜。大臣，國之寶也。今非理使之，故曰棄國寶也。**使其大**〔三〕**，貴一與而聖稱其寶。使其小，可以爲道**〔四〕。謂使其大臣當尊之，一與其事，必無轉移。知此則舉輒有成，能立聖人之功，謂稱其寶矣。**能則專，專則佚。**使得其能，於事必專，專則功成，故佚樂也。**椽能踰則椽於踰，**椽，猶梯也。謂鑿椽以爲梯。凡欲蹈越高遠，必因梯而後能。若不因梯，直欲踰之，則不能踰矣。然則踰因梯而踰矣。此喻成功必有良臣賢佐，然後事遂而名立也。**能宫則不守而不散**〔五〕。宫，謂防禦之國。四國也，能有四國之宫，則不有寇難。若無宫，直欲守之，其衆必散也。**衆能伯，不然將見對。**伯，長也。謂材能之士①，衆必能爲之長。若不能長之，豪俊之人將來對己以兩雄。兩雄角②之，道也。**君子者，勉於紖人者也，**君子者，德民之

① 「士」字原作「主」，據補注改。
② 「角」字原作「者」，據補注改。

稱，故但糺察人，不爲人所糺。**非見糺者也**〔六〕。**故輕者輕，重者重，前後不慈**〔七〕。輕，謂臣人。重，謂君也。凡君臣所以能相慈者，輕能事重，重能制輕，然後慈惠之心油然生矣。今輕自在輕，重自在重，或前或後，不相交接，否之謂也，何慈之有乎！**凡輕者，操實也**。臣須君食，故必操君實也。**以輕則可使**，輕而操實，則可使也。**重不可起，輕雖重無實**，則輕不可起用。**重有齊。重以爲國**，重者不①限，則以②爲國。**輕以爲死**〔八〕。以道使輕，可以致死。**毋全祿貧國而用不足**，欲全其祿，不以與下，則賢去而人散，故國逾貧而用逾不足也。**毋全賞好德，惡亡使常**〔九〕。」雖曰好德，全賞而不與。雖曰惡亡，所使者乃常人。若此者，敗亡之道。

〔一〕王念孫云：「實」當爲「寶」，下文「棄其國寶」，即其證也。「寶」與「道」爲韻，下文「寶」字亦與「道」爲韻。戴望云：「實」，當從朱本作「寶」，説見七法篇。翔鳳案：欲國家永不衰亡，必有其實。有財寶即能永存乎？改「實」爲「寶」者謬。「寶」與「國寶」不同，不可據彼改此。非韻文，王説非是。下文「輕者操實」，與此相應。

〔二〕俞樾云：此當作「使其内無使其外」，與下句「使其小毋使其大」一律。張佩綸云：「使其外」句當在「無使其内」上。姚永概云：當作「毋使其大使其小」，與上句一律。且

① 「不」字原作「則」，據補注改。
② 「則以」原作「不過」，據補注改。

「道」、「小」、「寶」爲韻。下文「稱其寶，使其小，可以爲道」，亦以「寶」、「小」、「道」爲韻。翔鳳案：建國從内做起，從小事做起，是謂「國寶」。中庸「楚國無以爲寶，惟善以爲寶」，與此同意。若單言寶則爲財寶，不可混也。非韻文，諸説誤。

〔三〕張文虎云：「大」當作「外」，此與下「使其小」分承上文言之。翔鳳案：以使其小爲本，大非不可使也。此釋「使其大」之意，連下文言之。張説非。

〔四〕李哲明云：「聖」疑當爲「勝」，同聲而訛。「貴一與而勝」，即後所云「與大則勝」也。「稱」讀去聲，言稱其爲國寶也。「寶」上應脱「國」字。「可以」上脱「不」字。上明云「使其小爲棄國寶」矣，此何云「可以爲道」乎？當作「不可以爲道」甚明。翔鳳案：白虎通謂「聖」爲聞聲知情。「與」謂與國，管書屢言「權與」，可證。使大貴知敵情，與其所實相稱。無誤字。

〔五〕丁士涵云：上文云「交於上能」，又云「使能」，「能」即賢能之能。「宫」乃「官」字誤。言賢能皆官，則守而不散（尹注「守」上無「不」字）。權修篇云：「則民能可得而官也。」張文虎云：「椽」當爲「掾」。史記貨殖傳「陳掾其間」，讀如緣。張佩綸云：「椽」當作「隊」，説文：「隊，道旁卑垣也。」章炳麟云：尹注：「『椽』猶梯也，謂鑿椽以爲梯。」此訓無據，當借爲「隊」。説文：「隊，道邊庳垣也。」廣雅釋室：「隊，垣也。」吴語云「君有短垣而自踰之」，即其義。「隊於踰」猶「踰於隊」，亦倒句也。「能宫」之「能」讀爲而，「宫」猶喪大記「君爲廬宫之」、釋山「大山宫小山」之「宫」，謂周垣也。此言備盜徒恃庳垣，有能踰庳垣者則踰於庳垣矣，而周垣則高峻難踰，室中之物不必守而自不散也。此爲守國寶者設喻，謂立防宜峻，不可使庫墮易踰也。上云「萬世之國，必有萬世之寶」，又云「棄其國寶」，此即承上爲言。注非。翔鳳案：左桓十四年傳：「以大宫之椽歸，爲盧門之椽。」「椽」與「宫」有關係，下文「能宫」即承「椽」言之，此決不能解爲「緣」或「隊」。説文：「椽，榱也。」釋名：「桷或謂之椽。椽，傳也，相傳次而布列也。」「榱」從衰，有差等之義。房注訓「椽」爲「梯」，不誤。即以屋桷言之，相次布列，亦不易踰越也。章説近是。其訓「宫」字亦是。

〔六〕張文虎云：兩「糺」字乃「亂」之譌。「君子治人，非治於人」，即此。糾則小矣。翔鳳案：周禮大司寇「以五刑糾萬民」，注：「猶察異之。」郭沫若又改「見」爲「身」，强古書以從我，此不可爲訓者。

〔七〕丁士涵云：「慈」讀爲訾，君臣上篇「吏嗇夫盡有訾程事律」，七臣七主篇「貧富之不訾」，淮南原道「息耗減盈，通於不訾」。吳志忠云：當作「不愆」，「愆」古字作「僁」，與「慈」字形近致誤。説文：「愆，過也。」左傳云：「失所爲愆。」李哲明云：「君子者」以下，皆説官人之事。「輕」謂羣臣，「重」謂國相。「慈」疑爲「惑」，「惑」書「惑」，形近之誤。輕者輕之，重者重之，乃得其序，而前後不相淆惑。章炳麟云：「慈」借爲「戴」，禮記中庸「故栽者培之」，注：「『栽』或爲『兹』。」詩下武「昭兹來許」，謝承後漢書引作「昭哉來御」，是「兹」聲字與「𢦏」聲字通。説文：「嗞，嗟也。」淮南繆稱訓「意而不戴」，注：「戴，嗟也。」則直以「戴」爲

「嗞」之借矣，故知「茲」可借爲「戴」。喪服大記「皆戴綏」，注：「『戴』之言值也，所以連繫棺束與柳材使相值。」考工弓人「謂之牛戴牛」，注引鄭司農云：「牛戴牛角直一牛。」是相當值謂之戴。此蓋以衡之縣物爲喻，輕者自輕，重者自重，則衡之前後，必有低卬（「前後」即左右，據横縱言之則曰前後），不相當值矣。翔鳳案：地數「上有慈石，下有銅金」，通作「磁」，其本義仍爲「慈」。説文：「慈，愛也。」郭璞慈石贊：「慈石吸鐵，母子相戀也。」「前後不慈」，猶言輕重不相吸引也。

〔八〕許光清云：「重不可起輕」，句末「輕」字當連下「重」字讀，不複。元本亦不複「輕」字。何如璋云：「齊」，中也，劑也。言貴審其權衡也。吕覽慎勢「以大使小，以重使輕，以衆使寡」，又曰：「以重使輕，從。以輕使重，凶」，即此義也。張佩綸云：「重以爲國」，重名也。「輕以爲死」，輕財也。輕財皆爲喪祭，故曰「輕以爲死」。「使」、「起」、「齊」、「死」爲韻。李哲明云：「凡輕者操實」，「實」謂禄賞也。「以輕則可使」，「以」字涉下「以爲」而衍。「使」、「起」、「死」韻。「起」下「輕」字屬下讀，不當複出，許校是也。輕者可以禄賞使之，重者不可徒以禄賞起之，謂宜有加禮。「輕重有齊」，「齊」讀爲劑，君子於輕重因其才以劑其平而已。「重以爲國，輕以爲死」，言重者以主執國柄，輕者亦效死君上；興國用人，道無逾此。翔鳳案：雖以輕重爲喻，然實包含經濟之輕重，以申其侈靡政策，非泛言也。重而聚之，以爲國。輕而散之，以勵死士。生財教戰，始終不離其宗。

〔九〕丁士涵云：「亡」同「無」，「使」字涉上衍。「好德惡無常」，言全賞必窮，不能久也。何如璋云：「惡亡使常」，「亡」當爲「可」。賈子匈奴「凡賞於國者，此不可以均賞，均則國窾」，本此。張佩綸云：「惡亡」之「亡」衍，言賞爲好德，惡使民以爲常，下文「一爲賞，再爲常，三爲固然」，正釋此義。李哲明云：「禄」、「足」爲韻，「賞」、「常」爲韻。「好德惡亡使常」，疑「惡」字涉「德」字而衍。「德」古作「悳」，與「惡」形近。既訛爲「惡」，校者旁注「德」字，後乃並入正文。傳者遂删「而」字，以「好德惡亡」配句矣。此言禄賞公諸臣下，當有品限，如全以予人，雖好行其德，人轉視爲固常而無所勸，故必無使爲常也。後文「一爲賞，二爲常，三爲固然」，即其確詁。翔鳳案：「禄」爲常俸，「賞」則臨時所賜。「全禄貧國」。「惡亡」爲惡無。不使用一般輕重政策，賈誼所云「凡賞於國者，不可以均賞」。正當方法使其常規。無誤字。

「請問先合於天下而無私怨，謂與天下合同，人皆樂推，故無私怨也。犯强而無私害，雖犯於强，乃以公義，故無私害。謂貢楚苞茅之比①也。爲之若何？」對曰：「國雖强，令必忠以義。令忠以義，雖强必德之也。國雖弱，令必敬以哀〔一〇〕。令敬以哀，雖弱必②免也。强

---

① 「比」字原作「此」，據補注改。
② 「必」字原作「不」，據補注改。

弱不犯，則人欲聽矣。犯雖輕弱，則人違之。先人而自後，而無以爲仁也〔二〕。先人自後，大國禮之，何仁之爲也。加功於人而勿得〔三〕，施功而不求於報也。所橐者遠矣，橐貨而匱民者，當遠之①也。所爭者外矣〔四〕。交爭無禮者，當遣之外也。明無私交，則無內怨。私交則不公而偏，故內怨起之。與大則勝，能親與大國，故得勝。私交衆則怨殺〔五〕。夷吾也使君私交者，夷吾之由，故恐衆怨而殺之。如以予人財者，不如無奪時；如以予人食者，不如毋奪其事〔六〕。不奪其事，則各安其業，食無不足也。此謂無外內之患。」

〔一〕丁士涵云：「哀」當是「愛」字之誤。李哲明云：「哀」讀爲愛，古字通。翔鳳案：老子：「抗兵相加，則哀者勝矣。」凡國受凌辱，其令必哀，改「哀」爲「愛」，謬。

〔二〕李哲明云：「先人自後」本仁之術，而不矜謂仁，與下句「加功於人而勿得」同意。

〔三〕丁士涵云：「得」與「德」同。正篇云：「利民不德。」

〔四〕李哲明云：此言功德及人不自矜持，則量之所包容者遠，而所與爭者自阻於外矣。上句「囊括四海」之說，下句「天下莫與爭功」之意也。

〔五〕張佩綸云：「交衆則怨殺」下當接「此謂無外內之患」。「夷吾」以下與此節意不相貫。

① 「遠」字上原衍「而」字，「之」字下原無「也」字，據補注删、增。

翔鳳案：詩黃鳥「不可與明」，箋：「信也。」假爲「盟」。「與大」指與盟之大國。荀子大略「仁之殺也」，注：「差等也。」私友有怨，私交衆而怨有差等，更爲複雜。

〔六〕俞樾云：「如以予人財者」、「如以予人食者」，當作「如以財予人者」、「如以食予人者」。「不如無奪時」當作「不如無奪其時」。張佩綸云：淮南泰族訓：「故爲治之本，務在寧民，寧民之本在於足用，足用之本在於勿奪時，勿奪時之本在於省事，省事之本在於節用，節用之本在於反性。」翔鳳案：「如以」作爲假定之詞，其義自通。

事故也，財食足，則外內之患忘也。君臣之際也〔一〕。君臣非有骨肉之親，但以禮義相接也。禮義者，人君之神也，禮義在，則君尊臣卑，萬人以寧，故曰神。且君臣之屬也〔二〕。以義相屬。親戚之愛，性也〔三〕。相親相愛，性也。使君親之察同索，屬故也。索，求也。君親之於臣子，同求其愛敬矣。故，事也。臣雖屬君，當以事親之故事君。使人君不安者，屬際也〔四〕，使君不安其位者，則臣但以義際君，無愛敬故也。不可不謹也。臣無愛敬，或化爲仇敵，故不可不謹之也。賢不可威，威賢則邦國殄瘁。能不可留〔五〕。材能當引用之，不可留之於彼身。杜事之於前，易也〔六〕。水，鼎之汨也，姦凶之事，先其未然而杜塞之，則甚易。猶水之在鼎以烹之，食事亦不擾也。人聚之。壤，地之美也，由是地美，故人聚之也。人死之〔七〕。若江湖之大也，人所以爲君致死者，則君量若湖水之大，無不容納故也。求珠貝者不令也〔八〕。

君之於人，有所簡擇，若求珠貝之爲也，人必去而不令之。逐神而遠熱，交觶者不處〔九〕，**兄遺利**〔一〇〕。君之於人也，使敬之若逐神，畏①之若遠熱。其逐神者，交觶祭祀，不敢留處。其遠熱也，雖有兄弟之親，亦遺利而去。君之尊嚴莫與大，誰敢窺覦之哉。**夫事左**謂人君行事不得正。**中國之人，觀危國過君而弋其能者，豈不幾於危社主哉**〔一一〕！中國，謂得禮義之中國也。弋，取也。中國之人，見危國過君，不能用賢道爲己用，如此，則過君之社主近於危也②。

〔一一〕李哲明云：當於「患」字句絶，結上文之詞。「事故也，君臣之際也」二句當連讀。「也」當爲「者」。「事故者君臣之際也」，與「禮義者人君之神也」相對爲文。君以事故責臣而臣奉行之，故並言君臣。禮義爲御臣之大柄，故言人君。言各有當耳。張佩綸云：〔「事」句，「故也」句，〕「君臣之際也」，「之」字衍，「君臣」句，「際也」句。韓子難一「君臣之際，非父子之親也，計數之所出也」，蓋即本此以難管子。翔鳳案：廣雅釋詁三：「故，事也。」易序卦傳「蠱者事也」，書大傳「乃命五史以書五帝之蠱事」，即「故事」也，「故」同「蠱」。詩鴇羽「王事靡盬」，傳：「不攻緻也。」四牡「王事靡盬」，傳：「不堅固也。」時久則不堅固。「盬」爲河東鹽池，「蠱」爲腹中蟲，其訓爲「事」、爲「固」，皆假爲「故」，然則「事故」爲君臣之際所有。

① 「畏」字原作「長」，據校正改。
② 「也」字原無，據補注增。

〔二〕李哲明云：「屬」下當奪「義」字。「君臣之屬義也」，與「親戚之愛性也」亦對文。觀注云「以義相屬」，是尹所注本有「義」字矣。　翔鳳案：「且」字連上，不得再有「義」字。說文：「屬，連也。」釋名釋親：「屬，續也，恩相連續也。」君臣以禮義相連屬。

〔三〕俞樾云：古人稱父母亦曰「親戚」，韓詩外傳「曾子曰：親戚既没，雖欲孝，誰爲孝」，是也。「親戚之愛，性也」，正見人子之於父母，其愛出於天性，與君臣之以義相屬者不同也。尹注非。

〔四〕丁士涵云：據尹注無「察」字。　安井衡云：據上下文推之，「察」當爲「際」，字之誤也。「故」當爲「固」，聲之誤也。當使君臣之際同於親子之際，求君臣繫屬之堅固也。　章炳麟云：此當作「使君親之屬察同，索故也」。「察」借爲「際」，淮南原道篇「施四海，際天地」，文子道原篇作「施於四海，察於天地」，是「察」、「際」通之證。上文云「君臣之際，君臣之屬」，下文云「使人君不安者（「不」疑是衍文），屬際也」，明此亦以「屬際」連言。「屬際」猶交際也。「索」者，左昭十二年傳賈注「八索，八王之法」，定四年傳「疆以周索」，杜解：「索，法也。」言父母之愛（「親戚」爲古人父母之稱）出于天性，非君所得比也，乃使君親之交際相同，則法度之故也。　李哲明云：君臣以義屬，親戚以愛合，蓋言君之於臣當如親之於子，相聯以愛。但以義際，人君轉有不安。「屬際」當爲「義際」，參之注文可知。以義通之，疑或作「使君親之屬同愛故也，使人君不安者義際也」。「索」當爲「愛」，形略近而訛。「屬」字誤竄於下，遂以「屬故」、「屬際」對言。「察」又涉「祭」字而誤。翔鳳案：君臣以禮相接，與親戚之愛，皆自然發生，不是勉强加於人者，不必加「義」字。中庸：「天命之謂性。」

〔五〕何如璋云：「威」，制也，淩蔑也。「留」，止也，淹滯也。張佩綸云：「留」，鎦。說文：「鎦，殺也。」李哲明云：言能者當急用之，不可稽留。翔鳳案：賢者接之以禮，以威臨之，則不安而求去。下文「天地不可留」同義，殺之不合情理，李說是，張說誤。

〔六〕張佩綸云：「杜事之於前」當作「杜之於事前」。李哲明云：此結上文，言君之於臣以禮義相使，仍當以愛敬相結，謹之於前，以杜塞後慮，爲道甚易。翔鳳案：古今語法不同，管書以今視之多倒，其例不少。張說謬。

〔七〕洪頤煊云：「汨」當作「汩」，言水者鼎投之則汩没，人有舟楫之利，則聚居於上。壤者本地之美，往往爭奪而至於死者，皆杜事前不前之別，承上文對言，尹注非。何如璋云：「汨」當作「洎」，說文「灌釜也」，與「溉」通。「人聚之」，謂喜熱湯也。吕覽應言「市邱之鼎以烹鷄，多洎之則淡而不可食」，是也。陶鴻慶云：「鼎」當爲「泉」字之誤。隸書「鼎」作「鼎」，與「泉」相似，故「泉」誤爲「鼎」。水泉之汨，壤地之美，皆利源所在，人皆聚處而致死以求之，故曰「水泉之汨也，人聚之；壤地之美也，人死之」。下文「若江湖之大也，求珠貝者不舍也」（「令」爲「舍」之誤，從洪氏改），即由此二句之義。尹注「以水鼎之汨也」屬上句爲一義，「人聚之壤地之美也」爲一義，「人死之若江湖之大也」爲一義，大謬。翔鳳案：「鼎」字見漢景君碑，然與隸書「泉」字不相似，此説不可從。壤爲地之美，非「壤地」連文。與「水泉」不能對文。改「鼎」爲「泉」，又改「汨」爲「洎」，不妥。水汨於鼎，人收聚之。

〔八〕洪頤煊云：「令」當作「舍」，謂舍而去之。文選蜀都賦劉淵林注引此作「舍」。尹注非。安井衡云：「若」字衍。　翔鳳案：文爲「不令」，作「舍」則爲「不舍」，何能謂舍而去之？洪説之謬。隸書口、厶不別，此爲「合」字。楚語「合其州鄉朋友婚姻」，注：「會也。」非誤字。「若」字常用，非誤字。

〔九〕李哲明云：「逐神遠熱」言其敬畏，「交觶者」謂相酬酢也。蓋既逐而遠之，雖尋常酬宴亦不可與相處，况幸其有利乎？　翔鳳案：釋名釋天：「熱，爇也。如火所燒爇也。」「熱」同「爇」，蓋先有「熱」然後有「爇」也。

〔一〇〕劉績云：「兄」，古「況」字。　翔鳳案：劉説是也。詩：「彼有遺秉，此有滯穗，伊寡婦之利。」

〔一一〕何如璋云：「左」當作「在」。　張佩綸云：「夫事」當作「失事」，「失事」與「遺利」對。「左」即「在」字。「中國之人」當作「國中之人」，孟子：「國中無與立談者。」「弋其能」，「弋」乃「貣」字之誤，説文：「態，意也。」言危國過君，民皆變態。　李哲明云：「左」字當連「中國之人」讀，謂行事與中國之禮義相左也。「危國過君」即與中國左戾者。「能」，謂禮義之國能服役諸侯也。觀彼危國過君而欲挾無道以弋取其效，勢必棄德怙力，社稷之主豈不幾於危殆哉？翔鳳案：「左」，古「佐」字。佐人之國也。

利不可法，故民流。神不可法，故事之〔一〕。神亦不得其法，不知神之所在，故畏敬事之，所謂陰陽不測之者也。天地不可留，故動，化故從新〔二〕。天施地化，日夜不息，故能生成不已。以天地變化①不可留停，故動。化其故以就其新，然亦循②故之四時，周而復始，無③所易之也。是故得天者，高而不崩。謂得天變化日新之理，故能常保其尊高而不崩壞者也。得人者，卑而不可勝。得人則衆歸之，故雖卑不可勝。是故聖人重之，謂重天也。人君重之。謂重君也。故至貞生至信，至貞，正也。謂正心生，則至信生而應之也。言往至絞，生絞，謂急言私己。今空以言往，而無其實，則至絞已言生而應。至自有道〔三〕。正生則信至，言往則絞來，皆有因而然，故曰「至自有道」。不務以文勝情，以文勝情，情彌虛也。不務以多勝少。少是能正，衆非故多不能勝之。不動則望有廧，君子儼然不動，則望者如墻焉。旬身行〔四〕。旬，均也。君子身行，必令均平正直。

〔一〕張佩綸云：爾雅釋詁：「法，常也。」「故民流」當作「故流之」，唐諱「民」作「人」，此「之」字偶

① 「化」字原無，據補注增。
② 「循」字原作「楯」，據校正改。
③ 「無」字原作「而」，據補注改。

誤作「人」，淺人以意改「人」爲「民」耳。 翔鳳案：利王盈絀無常，故民流徙以就利。鬼神禍福無常，故人敬祀之。 張訓「法」爲「常」，是也。天地不停留，故常新。 正世：「不慕古，不留今，與時變，與俗化。」此管子中哲學思想，以天道言之，得天者與儒家言天命異。

〔二〕劉績云：別本注「天地變化，生成不息，不可留停」云。 張文虎云：此言「故動」而「化故從新」也（承上「能摩故道新道」來）。 尹以三字爲句，謬甚。 郭嵩燾云：「天地不可留故動」句絶，言其運行不熄也。「化故從新」句絶，言其循環發斂相乘也。 李哲明云：觀尹注「動化其故，以從其新」，是「從」上當有「以」字。傳寫者誤兩「故」字爲對舉詞，因删「以」耳。

〔三〕安井衡云：「言」當爲「信」，「往」當爲「生」，皆字之誤也。絞，交結也。至信則生鄰國至極之約結。 張文虎云：「言往」乃「信生」之譌，「絞」乃「效」之譌。當作「至信生至效」。 張佩綸云：安井衡説是也。左昭元年傳「叔孫絞而婉」，杜注：「絞，切也。」後漢李雲傳注：「絞，直也。」「生至自」上脱「至絞」二字，「自」乃「道」之壞，當作「至絞生至道」。 姚永概云：「絞」字不可通，當爲「交」字。「至言往」則人信，故至交乃生。 李哲明云：此當從安井衡説，「言」爲「信」，「往」爲「生」，作「至貞生至信，至信生至絞」。「至絞」二字當重，「自有」二字衍，當爲「至絞生至道」。張説同。 翔鳳案：「貞」訓卜問，訓當，訓正，三義都有。陽貞行而左，陰貞行而右，信而有徵。釋名釋言語：「往，旺也。謂歸往於彼也。」説文

「絞，縊也」，段注：「謂兩繩相交。禮喪服：『絞帶者，繩帶也。』兩繩相交而緊謂之絞。」姚不知「絞」可訓交。

〔四〕張佩綸云：「廧」當爲「齊」，字之誤也。「旬」當爲「均」，「身」乃「則」之誤。不動則有望，齊均則行，下文「不動以爲道，齊以爲行」，是其證。翔鳳案：説文無「廧」字。左襄二十六年傳「寺人惠廧伊戾」，釋文或作「牆」。「旬」同「徇」。入國「四旬五行九惠之教」，已爲證明。左傳正考父銘：「循牆而走，亦莫余敢侮。」昭元年傳：「人之有牆，以蔽惡也。」釋名：「牆，障也，所以自障蔽也。」行政在動，不動則望有成法可循，以自障蔽，免於無所適從。蓋「循牆」之義爲當時所周知，故取以爲喻。

法制度量，王者典器也。理國之常器也。**執故義道**〔一〕，**畏變也。**君人執守故義以尊於道者，畏輕躁之人妄有所變也。**天地若夫神之動，化變者也**〔二〕。**天地之極也，**若能祀神而動，化變流弊，天地之極理，善莫大焉。**能與化起而王用**〔三〕，**則不可以道山也**〔四〕。若能隨神化而起，王有天下，其所運用，則不可以常道格之，其富饒取類於山也。**仁者善用，智者善用，非其人則與神往矣**〔五〕。非其人尚能用之，則明無不用。如此者，可謂通靈合契，與①神往來也。**衣食之於人也，不可以一日違也。**一日違衣食，生理或幾乎不全也。**親戚可以時**

①「與」字原作「契」，據補注改。

人者難靜而易擾，大也〔六〕。謂時大聚會之，以結其恩意。**是故聖人萬民〔七〕，艱處而立焉。**故聖人處立其上，常有戰兢之心，畏難之也。

〔一〕安井衡云：「故」、「古」通。堅執古之義與道，是畏世變者也。何如璋云：「執」當作「埶」，「義」讀爲儀。張佩綸云：（孟子：）「天之高也，星辰之遠也，苟求其故，千歲之日至可坐而致也。」「執故」即孟子之求故。「義」讀爲儀，以天道爲儀也。李哲明云：注云「執守故義以尊於道」，似「道」上本有「尊」字。疑當作「故執義尊道」。翔鳳案：「執故」即上文「事故」之「故」。孟子「志義與道」，二字平列，安井説是也。

〔二〕丁士涵云：「天地」二字，涉下文「天地之極」而衍，尹注亦無。張佩綸云：「畏變也天地」當作「畏天地之變也」，「天地之」三字均誤厠于下。「若夫神之動化變者也」，「之」字屬上，「也」字衍。翔鳳案：説文：「神，天神引出萬物者也。」風俗通：「神者，申也。」神者引申變化，天地之變化，與神相若。變化爲天地之極。諸人不考「神」字之義，而以「天地」爲衍文，誤矣。

〔三〕豬飼彦博云：「用」當作「者」，蓋因下文誤也。安井衡云：「王」當爲「善」，上下壞殘，特存其中，下文「善用」乃述此句也。張佩綸云：「王用」當作「主用」。李哲明云：「王」不改字亦可。「王」即承上「王者」言。翔鳳案：「化」即貨，「起」爲價高於中。「王」讀旺，均屢見前文，一字不誤。孟子「王」讀旺最多。

〔四〕丁士涵云：「山」乃「止」字誤，尹注云「則不可以常道格」之「格」，即「止」字之訓。小爾雅曰：「格，止也。」下有「其富饒取類於山也」八字，乃淺人妄增，非注文所本有。張佩綸云：「山」當作「里」，淮南泰族訓「故凡可度者小也，可數者少也，至大非度之所能及也，至衆非數之所能領也，故九州不可頃畝也，八極不可道里也，太山不可丈尺也，江海不可斗斛也，故大人者與天地合德，與日月合明，與鬼神合靈，與四時合信，故聖人懷天氣，樞天心，執中含和，不下廟堂而衍四海，變習易俗，民化而遷善，若性諸己，能以神化也」，本此。説山訓「不可爲道里」，高注：「言相去遠也。」翔鳳案：「山」訓宣，詳山國軌，不可以道宣也。非誤字。

〔五〕李哲明云：此言唯仁智善用其化，非智者仁者則不能格乎天地，化與神俱往矣，能起化而致王乎？翔鳳案：廣雅釋詁二：「往，去也。」權脩「往而不可止」，注：「謂亡去也。」非智與仁者，則與神亡去而不知變矣。

〔六〕何如璋云：「大」當作「合」。張佩綸云：「大」當作「从」，字之誤也。言人於親戚有時相從，有時相違，惟衣食不可一日相違。元注非。翔鳳案：上文「親戚之愛，性也」，即指父子兄弟言之。言家庭人口以時而增大，衣食之供給加多，困難漸增，故下文謂「聖人萬民艱處而立焉」。「大」字不誤。

〔七〕戴望云：「萬民」二字當衍。翔鳳案：聖人指王公。萬民之家族以時大，衣食之艱苦，王公與萬民共之。「萬民」即庶。**人死則易云，**死者無所爲，不憂其爲亂，故易云也。**生則難合也**〔一〕。生者有利欲之心，合而無防，或生姦謀，故難合。**故一爲賞，再爲常，三爲固然。**謂一時行其賜，人則欣賴以爲賞。頻再爲之，則人以爲常，謂至此時必當有賞。頻三爲之，則以爲理固①當然，無懷愧之心。**其小行之則俗也，**若小行其賞，則人習之以爲俗，無過厚之恩也。**久之則禮義**〔二〕。久而一行厚賞，則人荷德而懷恩，此禮義之正者也。**故無使下當上必行之**〔三〕，無使下人每至時承當君上必行之賞也。**然後移商人於國，非用人也**〔四〕。下既不希上賞，則專意於市，故商人皆移來入國也。**不擇鄉而處，不擇君而使**〔五〕，商人常隨利往來，故不擇鄉，又不擇君。**出則從利，入則不守。**商人出國，唯從利焉。其入國遇寇難，則恇怯而苟免，不爲君城守也。**國之山林也，則而利之**〔六〕。商人雖不爲國用，亦有利於國。猶山林也，隨取而得其利焉②，則當容受而取其利也。**市塵之所及，二依其本**〔七〕。市則衆聚喧囂，尤多塵埃。今使工商二族依之以爲本，此亦處物之宜也。**故上侈而下靡，**得商賈之利，故上侈下靡。**而君臣相上下。**得商工之用，故依

① 「固」字原作「國」，據補注改。
② 「隨取而得其利焉」七字原無，據補注增。

之章著上下之儀。**相親，則君臣之財不私藏**〔八〕。相親則情公，故不私藏財。**然則貪動，枳而得食矣**〔九〕。枳棘者，所爲擁塞也。農人貪商賈而動者，則多枳塞，其幸者但得貪食而已，無餘利也。**徙邑移市，亦爲數一**〔一〇〕。其有田邑之人，今移於市，此亦爲費數而得一耳也。

〔一〕劉績云：「云」，旋而歸之也。詩：「婚姻孔云。」豬飼彥博云：「云」，運旋也。孫星衍云：「云」讀如運數之運，言人死則易其運行之數。戒篇云：「四時云下。」呂氏春秋圜道篇「雲氣西行云云然」，高誘注：「云，運也。」下文「士能自治者不從聖人豈云哉」，「故阸其道而薄其所予，則士云矣」，言士能自治，豈爲運數所限？若阸其道而薄其所予，則士爲運數所限矣。兩「云」字皆讀作運。「然後運可請也」，「運」即「云」字通用之證。俞樾云：說文雨部「雲，山川氣也，從雨；云，象雲回轉之形」，故有旋繞之義。詩正月篇「昏姻孔云」，毛傳曰：「云，旋也。」鄭箋曰：「『云』猶友也。」蓋旋繞即有相親之義，故得訓「友」。廣雅釋詁曰：「云，有也。」「有」與「友」通，古者謂相親曰有。昭二十年左傳「是不有寡君也」，杜注曰：「有，相親有也。」「云」訓有，即「相親有」也。襄二十九年傳「晉不鄰矣，其誰云之」，猶言其誰親之也。此以「易云」、「難合」相對爲文。「易云」者，易親也，古人族葬，故有「死則易云」之說。下文「多賢可云」，亦言可親也，故下曰「則士云矣」，言士親之也。尹注以爲「可言」，非是。翔鳳案：俞說有理。然以「云」訓運，亦可通。此爲叢葬，可運送於一處，非族葬也。

〔二〕陶鴻慶云：「賞」當爲「黨」字之誤，其讀爲儻。莊子繕性篇「物之黨來寄也」，「黨來」即儻來也。漢書伍被傳「黨可以徼幸」，京房傳「黨焦延壽獨得隱士之説」，師古注皆云：「『黨』讀曰儻。」儻者，適然而至也。一則以爲儻然，至於再三，則習爲故常矣。故曰「小行之則俗，久之則禮義」，墨子所謂「安其習而義其俗」也。姚永概云：「俗」乃誤字，當是「裕」也。小行其賞，國用則裕。李哲明云：「也」當爲「化」，形近而訛。賞一人而天下之人勸，即「俗化」也。「化」與「義」爲韻。顔昌嶢云：「俗」疑「欲」字之誤，言願欲也。或「欣」字之誤，言欣賴也。翔鳳案：烈士公葬，於國門爲獎賞。民間初視爲賞賜，再則視爲尋常，三則視爲當然。其小行之成爲風俗，久之則成爲典禮之儀式，非此不可矣。「義」，古「儀」字。一字不誤。紛紛改字，甚無謂也。

〔三〕陶鴻慶云：「無使下當」，「當」亦「黨」字之誤，言上有所行，無使在下者以爲儻然而至也。商君懸金徙木，孫子斬吴宫人，皆此意。尹注以賞賜釋之，則文不成義。姚永概云：「當」乃「富」字之誤。無使下富，故下接以「移商人於國」云云。翔鳳案：國語晉語「非德不當雝」，注：「猶任也。」非誤字。

〔四〕安井衡云：古本「人」作「入」。翔鳳案：「國」爲兆域，義同前。漢書武帝紀：「徙郡國豪傑於茂陵。」原涉傳：「郡國諸豪及長安五陵諸爲氣節者皆歸慕之。」史記淮陰侯列傳：「母死，行營高敞地，令其旁可置萬家。」墓地爲富豪所居，故移商人於此。

〔五〕張文虎云：「君」當爲「羣」之壞文。　張佩綸云：「使」當作「事」，篆文相似。　劉師培云：「使」即「事」字之假。　翔鳳案：管書以「君」爲「羣」。白心「君親六合」，即羣親六合也。

〔六〕豬飼彥博云：「則」當作「財」，同「材」。　丁士涵云：「則」當爲「取」，尹注不誤。　張佩綸云：丁説是也。言國之山林，商人取之以爲利。　李哲明云：「則」疑爲「賦」之誤。注云「隨取而得其利」，知當爲賦矣。所謂山林之賦者也。蓋「賦」誤爲「賊」，傳寫改作「則」耳。　翔鳳案：「則」同「鍘」，詳水地篇。兆域之山林，伐取而利之，非誤字。

〔七〕孫星衍云：「廛」當作「廛」，尹注非。　丁士涵云：「依」乃「倍」字誤。　張佩綸云：孫説非也。左昭三年傳：「景公欲更晏子之宅，曰：子之宅近市，湫隘囂塵，不可以居。」「二依」當作「百倍」，國蓄篇：「故使蓄賈游市，乘民之不給，百倍其本。」　李哲明云：「廛」，當從孫説作「廛」。「二」疑當爲「上」。古「上」字作「二」，因訛爲「二」矣。市廛之賦，君上依之以爲本用者也。　翔鳳案：「廛」字不誤，張説是。「所及」言其四周，非誤字。「二依其本」，與「二倍其本」同意。蓋侈靡之税重則利厚也。

〔八〕丁士涵云：「而君臣相」四字，涉上下文而衍。「上下相親，則君臣之財不私藏」，承上文「上侈而下靡」言之。尹讀大謬。　安井衡云：「相」下疑當脱「歡」字。　何如璋云：「君臣相」下脱一字，或當作「化」。　李哲明云：「君臣相上下」不詞，疑連下「相親」爲句，作

「君臣上下相親」，前「相」字涉下而衍。翔鳳案：兩「君」字皆訓羣。詩：「雄雉於飛，下上其音。」「相上下」言相呼應也。

〔九〕張佩綸云：「貪動枳」當作「貧氐動」。又云：「枳」當作「胑」（胑即肢），淮南子修務訓：「故自天子以下至於庶人，四胑不動，思慮不用，事治求澹者，未之聞也。」李哲明云：「貪動枳」，當從張説作「貧氐動」。君臣皆無私藏，則人不營私財，即貧氐動可得食矣。翔鳳案：「貪動」猶爭動也。爾雅釋地「有枳首蛇焉」，釋文謂蛇有兩頭。廣雅釋木：「枳，枝也。」「枳而得食」，謂分途用力而得食，承上「動」字來。下文「徙邑移市」，即「枳」也。

〔一〇〕張佩綸云：「亦爲數一」，言爲數之一也。翔鳳案：説文：「數，計也。」周禮稟人：「以歲之上下數邦用。」「爲數一」，爲國計之一也。

問曰：「多賢可云〔一〕？」問多賢之理可言不。對①曰：「魚鼈之不食咡者〔二〕，不出其淵。樹木之勝霜雪者，不聽於天。霜雪不能殺，是不聽於天也。士能自治者，不從聖人。能自理者則有餘，不從聖人而求之也。豈云哉〔三〕？能自理，則雖聖人，不能致。自斯之外，何可云者。夷吾之聞之也，不欲强能材能之士，心不慕己，勿强引之也。不服，智而不

① 「對」字原作「封」，據補注改。

牧〔四〕。士之材智，上不服，則勿養之。**若句虛期於月津，若出於一明，然則可以虛矣**〔五〕。匝①一月曰期。津，明潤貌。君人之道，當若每旬之虛而任②數，自期於來日既至，津然後出一明矣。如此虛而任數，理足自明③。人但虛懷接物，賢才自至，亦猶是也。**故阨其道而薄其所予，則士云矣**〔六〕。士之道藝，則能阨而服之，至人所與，則薄而少之，如此，則必自來，其理可言也。**不擇人而予之，謂之好人**〔七〕。**不擇人而取之，謂之好利。**遇人則與，無所簡擇，可謂④多所愛，所愛多不當⑤。**審此兩者以爲處行，則云矣。**」兩者，謂不擇取，與不擇而取。寧不擇而與，用此以爲處身之行，則其理可云矣。

〔一〕張佩綸云：爾雅釋詁：「多，衆也。」「可」，「何」省。詩正月「洽比其鄰，昏姻孔云」，毛傳：「云，旋也。」左襄二十九年傳子太叔釋此詩曰：「晉不鄰矣，其誰云之？」杜預注：「言王者和協近親則昏姻甚歸附也。『云』猶旋，旋歸之。」此「云」字與子太叔意同，言歸附也。

翔鳳案：此節承上「移商人於國」。説文：「賢，多財也。从貝，臤聲。」列子力命：「景公

---

①「匝」字原作「布」，據補注改。
②「任」字原作「在」，據補注改。
③「明」字原作「耶」，據補注改。
④「謂」下原衍一「謂」字，據補注删。
⑤「多不當」三字原無，據補注增。

曰：以財分人謂之賢人。」貝者，貨也。「云」訓有訓親，見上節。

〔二〕孫星衍云：「咡」當作「餌」。

〔三〕張文虎云：「從」疑「待」字誤。　翔鳳案：「云」訓親，見前。

〔四〕王引之云：「能」亦「而」也。「强能不服」，言强而不服於上也。上文曰「强而可使服事」，正與此相反。「牧」，治也，治人謂之牧，治於人亦謂之牧。「智而不牧」，言智而不受治於上也。法法篇曰「上不行君令，下不合於鄉里，變更自爲，易國之成俗者，命之曰不牧之民」，是也。古書多以「能」、「而」互用（詳見經傳釋詞）。且「牧」與「服」爲韻，尹以「能」字絶句，「不服」二字屬下讀，則既失其義，而又失其韻矣。　張佩綸云：「不欲」，中無所欲也。中無所欲，則遇强者能不服，遇智者能不牧。「不欲」對上文「民足其所欲」。「强能不服，智而不牧」對上文「强者能守之，智者能收之」。「欲」、「服」、「牧」爲韻。　翔鳳案：王説是。然本節非韻文。

〔五〕豬飼彦博云：「旬」當作「盈」，「盈虚」即下虚滿也。　何如璋云：當作「若律明出於一」，與上句對。言君之待士當虚己明道，如月之期，若律之一，乃可以處。「虚」當作「處」，沿上誤。「處」謂待之、使之。　張佩綸云：此三句錯入，當屬下。　李哲明云：此言每市一月得三十日爲旬滿，得二十九日爲旬虚，而其於月也晦朔弦望不失其常。當其明時，光潤津津然若出於一，不因旬之虚而是月遂減其明也。然則虚以受人，即其理矣。　翔鳳案：「月津」乃術語。淮南天文訓：「月者，陰之宗也。是以月虛而魚腦流，月死而蠃硥膲。」又云：「陽燧見日，則燃而爲火。方諸見月，則津而爲水。」「月津」者，月津而爲水也。「旬虛」與「月虛」相類。史記龜筴列傳：「日辰不全，故有孤虛。」集解謂：「甲子旬中無戌亥，戌亥即爲孤，辰巳即爲虛（辰巳與戌亥相銜）。甲戌旬中無申酉，申酉爲孤，寅卯即爲虛。」乃至午未、子丑、辰巳皆此。則「旬虛」亦爲術語。李哲明之説大體不誤，唯未能舉證耳。每一旬虛由月津看出。

〔六〕張佩綸云：當作「則士不云矣」。

〔七〕陶鴻慶云：下「人」字讀爲仁，「好仁」與下句「好利」文義相對。尹注云「遇人則與，無所簡擇，可謂多所愛，所愛多不當」，正釋「好仁」之義。翔鳳案：淮南精神訓「好憎者心之暴也」，原道訓「好憎者心之過也」，「好」有過份之義。

不方之政，不可以爲國〔一〕。不方之政，謂邪也。**曲靜之言，不可以爲道**〔二〕。靜，謀也。**節時於政，與時往矣**。凡爲節度，當合於時，所施政教，與時俱往。**不動以爲道，齊以爲行**。守正不動以爲道，齊整肅然，以此爲行也。**避世之道，不可以進取**〔三〕。苟避世，則晦明藏用。若無所能，故不可進取。**陽者進謀，幾者應感**〔四〕。顯明其事者，欲進而爲謀，幾理之動，唯應所感也。**再殺則齊，**一殺尚有參差，必再殺然後可齊。文王再駕伐崇，武王再駕伐紂也。**然後運，可請也**。既齊則天下服，故請問歷數之運，將陟帝位也。「陽者進謀」已下，公問之辭也。對曰：「夫運謀者，天地之虛滿也。合離也，言歷運之謀，崇替相因，若天地之有滿虛合離，乃理之不可已者也。春夏爲合，秋冬爲虛。春秋冬夏之勝也〔五〕。若無春秋冬夏之變，則不能相勝而成歲。有道之伐無道，亦猶是也。然有知强弱之所尤，然後應諸侯取交。尤，殊絶也。謂應運而王者，必有智而强，殊絶於衆，若然，諸侯之可以取天下之交者也①。故知安危，國之所存。以時事天，以天事神，謂以神禮事也。以神事鬼〔六〕。謂依時而享鬼也。故國無罪而君壽〔七〕，而民不殺智運謀而雜橐刃焉〔八〕。雖用智運謀，亦須威以成之，故曰雜。橐，韜也。其滿爲感，感則物應，故滿也。其虛爲亡〔九〕。亡則物散，故虛也。滿虛之合，有時而爲實，滿時爲實也。時而爲動〔一〇〕。虛時爲動散也。地陽時貸〔一一〕，地在陽，時假貸萬物精氣以長養也。其冬厚則夏熱，其陽厚則陰寒，厚，謂過於寒熱。冬有極寒，夏有極熱。夏有極熱，冬有極寒。是故王者謹於日至。謂冬夏至也，當知二至之寒熱也。故知虛滿之所在以爲政令，知其寒熱之虛，爲時令以順之。已殺生，其合而未散，可以決事〔一二〕。時冬時，既有肅殺，其萌芽内發欲生也。然其時方寒合而未散②，時可以決斷罰罪之事也。將合可以

① 「者也」二字原無，據補注增。
② 「散」字原作「有」，據校正改。

禺，其隨行以爲兵〔一三〕。禺，謂事端初見也。謂夏末初秋之時，寒涼方至，將凝合初見其禺，隨此時而行，可以爲兵威也。分其多少，以爲曲政〔一四〕。」兵之所由，各有多少，隨其多少，委曲爲政。

〔一〕張佩綸云：廣雅釋詁一：「方，正也。」何（如璋）云：乘馬篇：「政不正則官不理。」

〔二〕張佩綸云：莊子秋水篇：「曲士不可以語於道者。」荀子解蔽：「曲知之人，觀於道之一隅。」釋名釋言語：「曲，局也。」道該動靜，局於靜則非道矣。李哲明云：「靜」疑爲「諍」。注云「靜，謀也」，當作「諍，諫也」。蓋諍臣以道事君，當用正諫，若訐以市直名而不盡軌於正，是曲諍，即不可以爲道。翔鳳案：左昭二十九年「官修其方」，注：「法術也。」心術上：「心之在體，君之位也。九竅之有職，官之分也。心術者，無爲而制竅者也。」管子主張無爲，故漢志入道家。「曲」爲一偏，「靜」爲不動，道主變化，不可以爲道。

〔三〕何如璋云：「齊」下脱去「一」字，與上句對。張佩綸云：「避世之道不可以進取」句，當在「不可以爲道」下。翔鳳案：「不動」二句，即下文所云「避世之道」，反言之，非有取於不動也。

〔四〕張佩綸云：「進」當作「運」。李哲明云：「陽」與「幾」對文。「陽」之言顯也，「幾」之言微也。翔鳳案：有善謀明進之，若作「運」則非陽矣。張説誤。

〔五〕戴望云：元刻無「可」字，「可」字衍文。丁士涵云：「請」當爲「謀」字之誤。下文「夫運謀者」、「知運謀」，皆承此文言之。張文虎云：丁君云「請」當作「謀」，是也。疑「運」、「謀」二字當互易。張佩綸云：「然後運可請也」當作「然後謀可運也」，「請」字乃「請問」云云，今捝去問辭，不復可考。翔鳳案：「再殺則齊」承上「齊以爲行」，石一參謂「損之又損」是也。兩人對談，不必用問辭。「運」爲運謀。高翔麟說文字通：「『謀』通『規』。戰國策『齊無天下之規』，注：『規，猶謀也。』後漢書凡『謀』多作『規』。」「虛滿」指月亮虛盈，「合」指日月合朔，合之後又離，一年季節以運規合離定之。「規」指日行黄道，月行白道也。政治應時安排，所謂「節時於政」。

〔六〕豬飼彦博云：「安危國之所存」，「國」字疑衍。張文虎云：疑當云「以事天神，以事神鬼」。何如璋云：「以時事天」三句，「事」猶治也。張佩綸云：此節文多顛倒，當作「故知强弱之所尤，然後應諸侯、取國交。知安危之所存，然後以時事天、以天事神」。「然有」乃「然後」之誤。「以神事鬼」句疑衍，「神」或作「魋」，淺人遂依例加此句耳。「尤」、「侯」、「交」爲韻，「存」、「天」、「神」爲韻。李哲明云：「有」當讀又，「知」讀如字。言運謀者上揆之天時，然又當下度之人事。「强弱所尤」，謂人力之殊異也。天順人服，然後可以應諸侯而取天下之交。翔鳳案：「有」讀爲又，李説是也，非「後」之誤，張説非。房注訓「尤」爲「殊絶」，不誤。司馬相如封禪文末有「殊尤絶迹」，可證。「事」與「使」古爲一字，證已見前。

〔七〕張文虎云：「罪」疑「罰」字之誤。翔鳳案：説文：「罪，捕魚竹网。」詩小明：「畏以罪罟。」國不徧設網羅捕人，犯法者少，而君亦壽。「罪」字不誤。

〔八〕趙用賢云：「雜」，一本作「離」。 李哲明云：「殺」當作「役」，形近而訛。書牧誓「以役西土」，疏：「役，使用也。」尹注「用智運謀」，是所據本正作「役智」。 翔鳳案：「殺」義爲衰減，見前。諸説均誤。廣雅釋器：「橐，弓藏也。」「橐刃」爲藏其刃。説文：「雜，五彩相會，从衣，集聲。」本作「襍」，有合義。廣雅釋詁三：「雜，聚也。」「聚橐刃」，示不用兵。諸人不識「襍」字而改爲「離」，何也？

〔九〕張文虎云：「感」疑「盛」字之誤。 翔鳳案：「感」爲天人感應，非誤字。「滿」爲「盈」，避漢惠帝諱。任林圃據此認爲「此爲本篇作者爲惠帝高后時人之一證」，謬。刻五經避清諱，亦將認爲作於清代乎？

〔一〇〕何如璋云：下句「時」上宜加「有」字，與上對。 翔鳳案：「有」字領下二句。

〔一一〕丁士涵云：當作「陰陽時貸」，「貸」與「代」通。下文云「其陽厚則陰寒」。 張佩綸云：法苑珠林：「日爲天陽，火爲地陽，地陽上升，天陽下降。」周語：「天無伏陰，地無散陽。」翔鳳案：詩七月「我朱孔陽」，傳：「明也。」月之盈虛，地上明有差異。「貸」爲「忒」之借。月令「毋有差忒」，即其證。古人每年造曆，先推冬至，故曰「謹於日至」。

〔一二〕丁士涵云：尹注「時，冬時」，又云「其時方寒合而未散時」，疑今本「其」下脱「時」字。 尹桐陽云：「已殺生」謂秋時也。秋時天氣尚和同，故曰「合而未散」。「決事」，斷獄也。禮記月令：「孟秋之月命理瞻傷察創，視折審斷，決獄訟，必端平，戮有罪，嚴斷刑。」「季秋之月乃趣獄刑，毋留有罪。」　翔鳳案：「已殺生」承上「日至」。　四時：「刑德合於時則生福。」

〔一三〕洪頤煊云：「禺」，古「偶」字。　心術篇：「其應物也若偶之。」此言將合可以如物之有偶，尹注非。　翔鳳案：房注是也。漢書刑法志「秋治兵以獮」，顏注云：「治兵，觀威也。獮，應殺氣也。」說文：「獮，秋田也。从犬，璽聲。祢，獮或从豕，宗廟之田也。」齊語：「秋以獮治兵事。」周禮肆師：「獮之日，涖卜來歲之戒。」於宗廟有關，且爲齊制。

〔一四〕張文虎云：「曲」疑「典」之誤。　張佩綸云：疑「曲」乃「禮」之壞。　李哲明云：「曲政」不可通。上云「殺生」，云「爲兵」，以意推之，當作「軍政」。「軍」字古書爲「𠣍」，「𠣍」字缺壞，傳寫誤改其形耳。　翔鳳案：郭沫若釋「曲政」猶軍政，軍制亦稱部曲，是也。

「請問形有時而變乎？」謂歲年多吉凶之變可知。對曰：「陰陽之分定，則甘苦之草生也。陰陽之分定於吉，則有甘草生薺是也。定於凶，則苦草生葶藶是也。從其宜，則酸鹹和焉，謂從四時之宜，以酸鹹之味和而食焉。若春多酸，冬多鹹，是也。而形色定焉，以爲聲樂。酸色青，鹹色黑。青聲角，黑聲羽。言定色而生聲。夫陰陽進退滿虛時亡〔一〕，其散合可以視歲。唯聖人不爲歲，言陰陽滿虛散合，可視知歲之豐荒也。能知滿虛，奪餘滿補不足，聖人善識滿虛之所在，故奪有餘者補於不足。以通政事，以贍民常〔二〕。減滿與虛，萬人均

平，故能通達政事，瞻足於人，使脩常道①。地之變氣，應其所出。謂地見災變之氣，應其所出之處，設法以禳之。**水之變氣，應之以精〔三〕，受之以豫。**水見災變之氣，則當應之以精誠。其祥不弭，當受之者，須預有所防備之也。**天之變氣，應之以正。**天見災變之氣，唯守正以應之也。**且夫天地精氣有五〔四〕，不必爲沮，**謂五行之時也。其時之氣不能必，則爲沮敗也。**其亟而反其重陔，動毀之進退即此〔五〕，數之難得者也。**其爲沮敗也，或纔有形而違反者，或遲重滯凝久而不去者，或發動而有所毀傷者，或有乍進②乍退者，凡此皆災敗之數難得而知之者。**此形之時變也〔六〕。」**謂歲年之形有變也。

〔一〕張佩綸云：「時亡」，當從各本作「亡時」，「亡」讀爲無。翔鳳案：說文：「亡，逃也。」爲流走之意。作「亡時」非是。

〔二〕張文虎云：「不」、「歲」二字疑衍。張佩綸云：「聖人不爲歲」，不狃於數也；「能知滿虛」，通其理也。故凡政事民常，皆以奪餘滿補不足之道行之。翔鳳案：「爲」，譌也。堯典「平秩南訛」，五帝本紀作「便程南爲」。「不爲歲」，不訛歲也。說文：「歲，木星也。越曆二十八宿，宣徧陰陽十二月一次，从步，戌聲。律曆書名五星爲五步。」「民常」即民恒，民

① 「道」字原作「通」，據補注改。
② 「乍進」二字原無，據補注增。

之恒産，避諱改。

〔三〕翔鳳案：吕氏春秋圜道「精行四時」，注：「日月之光明也。」

〔四〕戴望云：朱本「精氣」作「之氣」，尹注同。　翔鳳案：精氣五即在歲中。水地：「水爲萬物之源。」

〔五〕張佩綸云：「沮」當作「祖」，爾雅釋詁：「祖，始也。」堯典「黎民阻飢」，史記作「黎民始飢」，徐廣曰：「今文尚書作『黎民祖飢』。」「祖」、「阻」、「沮」同部，形近而訛。「重陔」，「重」爲勾芒，「陔」爲蓐收。「動毁」，漢書五行志：「水類動，故有龜孽；貌氣毁，故有雞旤。介蟲孽者陽氣所生，言氣毁，故有犬旤。温奥生蟲，故有蠃蟲之孽；視氣毁，故有羊旤。寒氣動，故有魚孽；聽氣毁，故有豕旤。温而風則生螟螣，有裸蟲之孽，思心氣毁，故有牛旤。」俞樾云：「之」字衍文也。尹注曰：「或遲重滯凝，久而不去者，或發動而有所毁傷者，或乍進乍退者。」是三者並列，不當有「之」字。　李哲明云：「陔」借爲「硋」、爲「閡」，皆即「礙」字。尹注云「遲重滯凝，久而不去」，「滯凝」即「礙」之義。小爾雅廣言：「閡，限也。」法言「礙諸以禮樂」，注：「礙，限。」後漢虞詡傳注：「『閡』與『礙』同。」一切經音義：「閡，郭璞以爲古文『礙』字。」又云：「礙，古文『硋』同。」「陔」與「硋」、「閡」一也。俞云衍「之」字，是也。　翔鳳案：「正」指正月。「沮」，止也。「重陔」爲一名詞，諸人不知而誤讀誤解。説文：「陔，階次也。」漢書郊祀志「壇三陔」，注：「陔，重也。三陔，三重壇也。」史記封禪書作「垓」。漢書司馬相如傳「上暢九垓」，服虔曰：「垓，重也。」重陔爲帝王封禪時所遺留。淮南主術訓：「雖馳傳騖置，不若此其亟。」説文：「此，止也。从止从匕，匕相比次也。」承「重陔」言之。

〔六〕翔鳳案：「形」指地言。

「沮平氣之陽，若如辭靜〔一〕。言欲沮敗平和之陽氣，默至而無形聲，如辭言之靜者。**餘氣之潛然而動**〔二〕，**愛氣之潛然而哀，胡得而治動？」**災之餘氣，潛然發動，愛怜之氣，已潛然而哀，則氣候之動難知者也，故曰「胡得而治動」。自「沮平」已下，公問之辭。**對曰：「得之哀時，位之觀之**〔三〕，得其沮氣衰敗之時，立分位而觀察之。**佁美然後有煇**〔四〕。佁，深思貌。謂深得其美理，然後情魂悦而貌煇然也。**脩之心，其殺以相待**〔五〕，既知災氣之所召，則脩德於心以禳之。其凶殺之至，必有以待之。**故有滿虛哀樂之氣也。**當察災而德禳，或滿而樂，或虛而哀也。**故書之帝八，神農不與存，爲其無位，不能相用**〔六〕。」

〔一〕何如璋云：素問六節藏象論：「帝曰：平氣何如？岐伯曰：無過者也。」張佩綸云：「沮」亦當作「祖」，史記律書：「聖人知天地識之别，故從有以至未有，以得細若氣、微若聲然，聖人因神而存之。」「微若聲然」即此「若如辭靜」也。李哲明云：疑「平」即「乎」字之訛。「陽」下脱「默」字，「辭」下脱「之」字。尹云「默至而無形聲，如辭之靜」，可證。「如」字涉注而衍，寫者因正文缺落以足句耳。「沮乎氣之陽，默若辭之靜」對文。言陽氣喜宣暢，沮閉之則抑而爲陰，默默然如辭之靜矣。　翔鳳案：「平氣之陽」爲三百六十日之日光，此數調劑盈虛不靜而作爲靜止計算（詳正篇）。「靜」字承上「蒿之靜」。

〔二〕張佩綸云：「餘氣」，謂陽之餘氣。「胡得而治動」，「動」字衍，「得」當作「德」，言何德而治，此言五德之德。　陶鴻慶云：「愛」與「哀」義不相屬，「愛」疑「虛」字之誤，隸書「虛」作「[illegible]」，「愛」作「[illegible]」，兩形相近，故「虛」誤爲「愛」。上文云「能知滿虛，奪餘滿補不足」，然則「餘氣」即滿氣，滿虛皆承上而言也。下文云「故有滿虛哀樂之氣也」，即其證矣。　李哲明云：「動」字，涉上「潛然而動」而衍。蓋言餘氣潛動，愛氣潛哀，斯不可得而治也。　翔鳳案：「愛」訓隱。說文：「㤅，蔽不見也。」詩靜女「愛而不見」，即「㤅」也。作「薆」而訓隱，見爾雅釋言。楚辭哀時命「時曖曖其將罷兮」，王注：「『曖』亦作『薆』。」「愛」通作「曖」，訓「哀」爲有據。「平」爲朝氣，「餘氣」爲暮氣，日將没，曖曖欲罷，故哀之。變動而已，胡得而治。「餘氣」包括盈虛，詳下。

〔三〕張佩綸云：「衰時」當作「衰等」，言德之衰等，可以設位而觀之。　姚永概云：「得之」二字爲句。「衰」讀如小匡「相地衰征」之「衰」。衰，差也。　翔鳳案：「衰」爲等差之數，由一尺五寸至一丈三尺逐日變。「位」爲測日影之表位。

〔四〕張佩綸云：「佁」當作「治」，「煇」當作「運」，「治美然後有運」，神農無位即無運矣。　翔鳳案：「煇」假爲「暈」。周禮眡祲「掌十煇之灋」，注：「謂日光炁也。」長笛賦「佁儗寬容」，司馬相如大人賦「仡以佁儗」，與「佁」義近。

〔五〕張佩綸云：「脩之心其殺以相待」，即九守篇「虛心平氣以須時也」。「其殺」，言五德迭殺。

翔鳳案：日影變動中不變之道，非長期用心觀察不能知之，故曰「修之心」。其殺減之數，每日不同，由長而短，又由短變長，是相對待的。

〔六〕翔鳳案：房注以五帝三王爲八帝。説文：「帝，諦也。王天下之號也。」左僖二十五年傳：「今之王，古之帝也。」房注似有據。然古無八帝之名。八帝爲四正四隅八方之帝，日影所移，普至八方。當時北方觀察較易，而南方遠，不能設位觀察，故曰「無位不能相用」。炎帝指南方。

問：「運之合滿安臧？」易之所序五帝，謂伏羲、神農、黄帝、堯、舜。書之所記三王，夏、殷、周。然於八帝之中，神農所存事迹獨少，則以不爲位，以觀災處，氣又不供①。公問：「自今之後，運之合滿，何所藏隱，可得知之乎？」**「二十歲而可廣，十二歲而聶廣，百歲傷神**〔一〕，管氏對曰：「從今之後二十歲，天下安寧，德義可廣。又十二歲，代將亂而攝其廣。又百歲之後，天下分崩，鬼神之祀絶矣。」**周、鄭之禮移矣**〔二〕。禮移則俗變也。**則周律之廢矣**〔三〕，周之法則壞矣。**則中國之草木有移於不通之野者**〔四〕。時既戰爭，廢於農事，稼穡之地，荆棘生焉，故草

① 「供」字原無，據補注增。

之屬移變於不通之野。然則人君聲服變矣，聲，謂樂聲。衆亂則聲服俱變。則臣有依駟之禄〔五〕。依，稱也。代衰則臣富，故臣多養駟馬，反其受禄，又以稱之。婦人爲政，鐵之重反旅金〔六〕。君幼，則母后爲政。鐵者所以爲兵器，當重之。謂下流卑①識，不重鐵，反旅陳於金而玩之者也。而聲好下曲〔七〕，食好鹹苦，謂聲之下而悲者，食多鹹苦之味者，婦人之所好。則人君日退。亟既使婦人爲政，則百度昏，人君②之退衰也，豈不亟急哉。則谿陵山谷之神之祭更應，國之稱號亦更矣〔八〕。更，改也。國衰則神之祀改，其所應祭國之稱號亦更矣。市朝既變，後聖既作，故改其國號。視之亦變，旌麾之屬，目視而取節，今變矣。觀之風氣〔九〕，古之祭有時而星，或祭星以祈風氣之和者也。有時而星熺，熺，星之明。或有祭明星者。有時而熅，熅，熱甚也。祭，謂此旱熱甚而祭。有時而朐〔一〇〕。朐③，遠也。或遠而爲來歲祈福而祭之也。鼠應廣之實，陰陽之數也。鼠，憂也。凡此皆君之憂，人故廣爲祈福祥而祭之，調陰陽爲物也。華若落之名，祭之號也〔一一〕。言祭時爲物作美號，若花落之莅物，益其光輝。是故天子

① 「流卑」原作「而悲」，據補注改。
② 「君」字原無，據補注增。
③ 「朐」字原作「胞」，據補注改。

之爲國，圖具其樹物也〔二〕。」

〔二〕張佩綸云：考工記「信其桯圍以爲部廣」，鄭注：「廣，謂徑也。」「可」當作「阿」。廣雅釋詁二：「阿，衺也。」淮南天文訓：「太陰在甲子，刑德合東方宮，常徙所不勝，合四歲而離，離十六歲而復合，所以離者，刑不得入中宮而徙于木。」錢補注：「二十年之中，德以東西南北中爲序，刑以東西南北爲序，周而復始，故唯有四年之合，一合一離爲一小終，一終而得甲申，二終而得甲辰，三終而復于甲子。」案：淮南本於管子，「阿廣」者，刑不入中宮，自東而西，自西而南，自南而北，皆衺徑也，此謂太陰。「聶」，合也。（初學記廿八引爾雅釋木「晝聶宵炕」孫注。）淮南天文訓：「天經建元，帝以寅始，右徙一歲而移，十二歲而大周，天終而復始。」十二歲而聶廣，此謂太歲。　李哲明云：此下究言齊國之運，因及天下大勢。齊自是後二十年霸業寖成，如封邢、衛，會首止、葵邱，平戎于王，犖犖大事皆在二十年後也，故云「可廣」。迨管仲卒，桓亦即世，内難迭起，霸業頓衰。晉文嗣興，莫盛于城濮，距仲、桓之後適十二歲，故云「攝廣」，言代齊霸也。再及百年，當周景十三年，齊公室弱，大夫田氏始大，田和篡齊已見其端，姜氏子孫守府而已，祖宗威靈彌見銷歇，故云「傷神」矣。……「聶」、「攝」古通，禮内則注「聶而切之」，釋文「『聶』一作『攝』」，是其證。本文「聶廣」用假借字，注「攝其廣」用本字也。　翔鳳案：承上文「虛滿」、「合離」而申其說，張以天文釋之，是也。然未得其旨，其要在「春秋冬夏之勝」，所謂四時之運也，故曰「運之合滿安臧」。淮南天文訓：「帝張四維，運之以斗。」歲星十二歲行天一周，故十二歲而聶廣。聶者攝也。山海經海外北經「聶耳之國，爲人兩手聶其耳」，注：「耳長，行則以手攝持之。」訓「聶」爲攝，黄梅方言仍謂以手聶之也。素問調經論「聶神氣之不足」，即攝生之攝。爾雅釋天：「太歲在寅曰攝提格。」朱熹楚辭集註云：「攝提，星名，隨斗柄指十二辰者也。」開元占經：「攝提格之歲，攝提在寅。」每年均有攝提，非必寅年也。運行不已，斗柄攝提而行，是爲「聶廣」。石一參釋爲「攝衡」，張佩綸釋「廣」爲「徑」，皆未得其實也。「二十歲」指閏月言，周髀十九年七閏，氣朔分齊。一年爲三百六十五日又四分之一。日月合於建星，爲七十六年九百四十月，二萬七千七百五十九日。一月爲$\frac{27759}{940}=29\frac{499}{940}$日，$365\frac{1}{4}-360=5\frac{235}{940}$爲氣盈。$360-29\frac{499}{940}\times12=5\frac{592}{940}$爲朔虚。今爲閏率$5\frac{235}{940}+5\frac{592}{940}=10\frac{827}{940}$，十九年七閏氣朔分齊而無奇零，$10\frac{827}{940}\times19=206\frac{673}{940}$，$29\frac{499}{940}\times7=206\frac{673}{940}$，此爲周曆。殷曆較早，閏率尚未確定。幼官以十二日爲節，春秋八節，夏冬七節，一年三百六十日，不足三百六十五日之數。其日月合朔，十九年之後尚差七月，約爲二十年，故曰「二十歲而可廣」。「可」者不足之詞，此禮行於宗廟，爲告朔之禮，用之於玄宫。「百歲傷神」者，爲將來言之。大匡：「召忽曰：『百歲之後，吾君卜世，犯吾君命而廢吾所立，奪吾糾也，雖得天下，吾不生也。』」百歲指死後，故曰「傷神」。制閏爲禮制之一，左傳「魯於是閏三月，非禮也」，可證。置閏不合而周、鄭之禮移。左傳：「鄭武公、莊公爲平王卿士。」置閏爲卿士之職，故合言周、鄭也。石一參謂：「三十年爲一世，三世則運盡氣索，猶歲之入冬而萬物皆殺也。天運二十年一小變，三十年一交代，猶歲氣每三月一易時序。」此不知曆法之説，於古無徵也。

〔二〕張佩綸云：當作「則周之禮移矣」。李哲明云：周禮獨重，此合鄭言者，「周室東遷，晉、鄭焉依」，鄭又密邇周畿，故得並舉。翔鳳案：「周、鄭」連言見前，李説非。

〔三〕戴望云：當作「則周之律廢矣」，此誤倒耳。劉師培云：玉海六十五引無「之」字，「之」乃衍文。翔鳳案：十二月氣温不同，頻率不同，古謂之律，言其一定不可變易也。如「十一月也，律中黄鐘。黄鐘者，陽氣踵黄泉而出也。其於十二子爲子。子者，滋也；滋者，言萬物滋於下也。其於十母爲壬癸。壬之爲言任也，言陽氣任養萬物於下也。癸之爲言揆也，言萬物可揆度，故曰癸」（史記律書）。十一月最冷，地面下温而上寒，物之生機未盡，孕育而待生也。黄鐘之律管九寸，五音爲宫，振動數爲二十四，命之爲一，西樂爲c爲do，他律振動數依此爲比例，其餘十一月從略。中外相通，律之數非神秘者也。史爲太師兼長樂律。

〔四〕李哲明云：「不通之野」，蓋指吴、越言。春秋盛時，吴、越尚未通中國。迨齊、晉霸衰，吴壽夢、越允常始與諸侯通聘好。其後駸駸皆以霸顯。所謂「移」者殆指此。「草木」猶言英華。

翔鳳案：古曆多置閏於年終，置閏失調，可以反春爲冬。幼官「春行冬政肅」，四時「春行冬政雕」，言雖名爲春，實爲冬月，陰寒嚴肅，草木尚爲雕落之時。四鄰小國無曆法，然一年三百六十五日則知之，用十二肖紀年，鼠年牛年，循環不亂，春日不誤。中國之春，草木未生，而四鄰則草木萌生矣，故云「中國之草木有移於不通之野」。「不通」爲兩國無往來，有時如此，非年年如此，置閏調正則中國與四鄰之草木生長時候相同矣。近日少數民族以十二肖紀年，極普遍而久遠，李以吳、越當之，非也。

〔五〕張佩綸云：「依駟」無義，當是「千駟」之誤。「千」壞作「亻」，又涉下文「禄」字譌而爲「依」。翔鳳案：方言十三：「依，禄也。」黄梅方言有「衣禄」之稱。論語「齊景公有馬千駟」，又曰「陳文子有馬千駟」，「禄」以駟言，非誤字。

〔六〕丁士涵云：「旅」疑「於」字誤。李哲明云：金重於人國久矣，自婦人執政，多有兵禍，鐵所以爲兵器，故重之，反足以抵拒黄金。「旅」者拒也。御覽引風俗通「旅，拒也」，後漢書馬援傳「黠羌欲旅拒」，注「旅拒，不從之貌」，是其證。翔鳳案：齊襄公、桓公多内寵，婦人爲政。戒篇「中婦諸子」與侈靡兩言之。權脩：「婦言人事，則賞罰不信。」君臣上：「主德不立，則婦人能食其意。大臣假於女之能以規主情，婦人嬖寵假於男之知以援外權。」小匡：「寡人有污行，不幸而好色，而姑姊有不嫁者。」管子屢言之。齊人崇祀簡狄，女子地位增高，以致婦人爲政。地數：「上有慈石者，下有銅金。」銅金即黄鐵礦。磁石吸鐵，當時已知。稱之爲「慈」，比慈母。吸銅金而實鐵，此鐵之重比於金也。

〔七〕孫星衍云：「下曲」謂「下里之曲」，見宋玉對楚王問。翔鳳案：曲有高下，各處有之，非獨楚也，特宋玉於對楚王問偶發之耳。春秋之楚，與齊同爲殷文化。

〔八〕王念孫云：「亟」字下屬爲句，「亟」與「極」同，（上文「其亟而反」，亦以「亟」爲「極」。）言世之亂也。婦人爲政，而人君日退，其亂之極，則谿陵山谷之神之祭更，應國之稱號亦更也。尹以「亟」字上屬爲句，非是。安井衡云：「應」當作「膺」。張佩綸云：「應國」無義，當是「舊國」之誤，莊子：「舊國舊都望之暢然。」章炳麟云：「應」，晉通稱「應」，即「晉」也。左僖二十四年傳云：「邘、晉、應、韓，武之穆也。」是晉、應同祖，故得通稱，猶趙，秦同祖，而秦通稱趙矣。何以證之？水經注：「滍水東逕應城南，故應鄉也，應侯之國，詩所謂『應侯順德』者也。」應劭曰：「韓詩外傳稱周成王與弟戲，以桐葉爲圭曰：吾以封汝。周公曰：天子無戲言。王乃應時而封，故曰應侯鄉。」而陳留風俗傳則云：「周成王戲其弟桐葉之封，周公曰：君無二言，遂封之於唐。唐侯克慎其德，其詩曰『媚兹一人，唐侯慎德』是也。」按今毛詩作「應侯」，韓詩同毛。然據吕氏春秋重言篇、史記晉世家，則桐圭之封實爲唐叔。然則當時疑已通稱唐爲應。彼指爲滍水所經之應國，而以應時而封説之者，附會之談也。其作「唐侯慎德」者，則以訓詁代經文也。其實「應侯慎德」自指唐侯，應、唐通稱，斯爲的證。翔鳳案：上文言「載祭明置，以告中寢諸子」，指婦人言之。社稷變置，谿陵山谷之神，祭祀亦更而應之。「應」字絶句。章以國名解之，非是。

〔九〕俞樾云：「亦」乃「天」字之誤，「亦」古作「亣」，與「天」字相似，又涉上句「應國之稱號亦更矣」，因而致誤。「視之天變」與下句「觀之風氣」，兩句一律，尹注非。翔鳳案：「示」爲天垂象見吉凶，天垂日月星也。莊子徐无鬼「中之質若示日」，同「視」。「風氣」以氣象言之，十二律之風也。

〔一〇〕豬飼彦博云：「有時而星」，「星」當作「腥」，謂祭之朝殺牲，而薦其血毛也。「有時而星熺」，「星」字蓋因上句而誤衍也。「熺」、「饎」同。炊黍稷曰饎，謂薦黍稷也。「熰」，炮也，謂薦燔炙也。「朐」，脯脡也，謂薦籩豆也。按禮經祭祀薦物先後之序正與此合。俞樾云：此四句，皆以天象言，謂方祭之時，天象不同如此，即上文所謂「視之天變，觀之風氣」也。「星」者，詩定之方中篇「星言夙駕」，釋文引韓詩曰：「星，晴也。」次句「星」字涉上句而衍，當作「有時而熺」。「熺」者，禮記樂記篇「天地訢合」，鄭注曰：「『訢』讀爲熹，『熹』猶蒸也。」正義曰：「言天地氣之蒸動，猶若人之喜也。」「熺」、「熹」一字耳。「熰」字他無所見，疑亦以氣言。「朐」者，「昫」字之誤。説文日部：「昫，日出温也。」翔鳳案：輕重己祭日祭月之外有祭星，故用「有時」二字。此星爲特種，指大火言之，即悤，爲簡狄，祭用后禮，故稱祭月。公羊謂「星熹熹出者」，「星熺」二字不誤。易繫辭「天地絪緼，萬物化醇」，「緼」即「熰」。「昫」訓日出温，因祭月改爲「朐」，同「煦」。樂記：「煦嫗覆育萬物。」「熺」、「熰」、「煦」由大火來。

〔一一〕俞樾云：「應」字、「若」字，皆衍文也。尹解上句不釋「應」字之義，則上句無「應」字也。「應」即「廣」字之誤而複者耳。尹解下句曰：「言祭時爲物作美號，若花落也。」以「花落」連文，即正文「華落」字也。然則「華落」兩字之間不當有「若」字。因注言「若花落」，遂誤羼入正文耳。管子原文本作「鼠廣之實，陰陽之數也，華落之名，祭之號也」。雖其義不可盡通，而其文猶可考也。「華」、「落」對文，「鼠」、「廣」疑亦對文。漢書五行志曰「鼠盜竊小蟲」，意者以「鼠」喻小，故與「廣」對歟？戴望云：據尹注，則正文「鼠」下無「應」字，「華」下無「若」字，當於「實」字、「名」字絶句，然其義不可解。章炳麟云：俞先生據尹注以「應」字、「若」字爲衍文，是也。唯「鼠廣」、「華落」之義尚無的解。麟謂「鼠」乃「巤」之誤，「巤」借爲「聶」。古「巤」聲、「聶」聲通，如説文「擸，理持也」，「攝，引持也」，聲義相通。釋木「欇，虎櫐」，注：「今江東呼爲『㯿欇』。」「㯿」與「欇」亦以疊韻而連言也。釋魚「龜後弇，諸獵」，注：「甲後長。」又云「三曰攝龜」，注：「腹甲曲折，解，能自張閉。」按必甲長而後能張閉，則獵龜即攝龜，（猶「俯者靈」即「二曰靈龜」。）借「獵」爲「攝」耳。然則「巤廣」即「聶廣」。上文云「十二歲而聶廣」，是也。「華落」者，其即上文所謂「中國之草木移於不通之野」乎？皆覆上文而釋之也。「聶廣」爲齊鬭土之實，乃應陰陽之數者也。「華落」謂夷狄掠取中原草木，正與齊取戎菽、漢取蒲陶相反，而弭災兵之祭，姑取「華落」爲名以成祝詞，故曰「祭之號」也。翔鳳案：生年用十二肖，南北皆然，少數民族同樣用十二肖，推之蒙古、小亞細亞、南洋羣島也同樣用十二肖。十二肖起源印度。居十二方，修聲慈，每一年以一獸出游，教化其同類。見法苑珠林住持篇菩薩部大積經。説文：「巳爲蛇，象形。」「亥爲豕。」詩「吉日庚午，既差我馬」，以庚午日選馬，馬武也，午屬馬。次證其餘九肖。「子」，滋也，古文作「𢀈」，籀文作「[illegible]」。殷之先人契作「禼」。説文：「禼，蟲也。从厹，象形，讀與偰同。」「萬」字古文與籀文「子」相似。説文：「鼠，穴蟲之總名也。」原義不是老鼠，指蟄居之蟲，當讀蟄。「鼠」音書呂切，呂即旅，切音正爲蟄。「鼠」形上半同「兒」，各家不得其解。説文：「巤，毛巤也。象髮在囟上及毛髮巤巤之形，此與籀文『子』字同。」是「巤」即「子」字，而其形又同「鼠」。「兒」象頭上囟未合，與「巤」及籀文「子」同意，然則「鼠」音同「子」，子屬鼠。史記灌夫傳「首鼠兩端」，後漢書鄧訓傳「首施兩端」，「鼠」通「施」，即通「滋」、通「子」也。「丑，紐也」，與「牛」同音。「羞」從羊從丑，爲饈羞，丑即牛肉。印度以寅爲獅，我國無獅，改爲虎，其初仍爲獅。爾雅「狻」，郭注：「師子也。」「寅」訓居敬，「寅」、「狻」同音。幼官篇「三卯同事」，三國志虞翻傳裴松之注：「翻云：古大篆『丣』字讀當言『柳』，古『柳』、『丣』同字。竊謂翻言爲然。故『劉』、『留』、『聊』、『柳』同用此字，以從聲故也。」「卯」讀柳，與「兔」同音。「辰」爲陽氣動，雷電震。龍興雷電，辰屬龍。「未」同「味」，與「芈」同音，羊鳴也，未屬羊。「申，神也」，舌上讀舌頭爲垂。苗語獼猴爲都靈。我著古音系統，知苗、漢同文。申屬猴。漢族保存舌上聲，作「猻」。王延壽三孫賦以猴爲三孫。「酉，就也」，古「酒」字。「酒」，久也。「久」古讀紀。詩小旻「是用不就」，韓詩作「集」。「酉」、「醉」同音，酉屬雞。「戌，滅也，從戊含一。」釋名：「戌，茂也。」鄭康成月令注：「『戊』之言茂也。」戊即矛。庸蜀羌髳之髳，即今之苗族。古代始祖盤古，即苗族的盤瓠。水經沅水注：「盤瓠者，高辛氏之畜狗也。」苗族以狗爲圖騰。「盤瓠」的合音爲戍。苗人定期市場，十二肖都有，以狗坊爲重。苗爲漢族所滅，故「戍」訓滅。知戍屬犬。十二肖詳述，始王充論衡物勢篇：「寅，木，其禽虎也。戌，土也，其禽犬也。丑、未，亦土也，丑禽牛，未禽羊也。亥，水也，其禽豕也。巳，火也，其禽蛇也。子，亦水也，其禽鼠也。午，亦火也，其禽馬也。」以十二肖配五行，是中國陰陽家。然則「鼠應廣之實」可明矣。雕卵爲祀簡狄，其星爲大惢，心宿也，古稱大火。魏都賦「神惢形茹」，注「垂也」，爲「檕」。曲禮「立視五㒞」，注：「『㒞』或爲『檕』。」垂者華似落非落，故名「華若落」。祀簡狄祭月，故爲「祭之號」。

〔一二〕朱長春云：「圖具樹物」，「樹」是山川壇墠封樹之變，三社松、栢、栗之類；「物」是文章服色之易，三代青、白、赤之尚。此皆世代之更，改步改物之謂也。此後世讖數緯符之說，推背代運之圖，意未必管氏之書。聖不語神，理不及數，所謂「六合之外，存而不論」可也。夢之中又占夢，以求甚解，則惑矣。章炳麟云：此管子所定之讖，託桓公問以明之也。律曆志曰：「易九戹曰初入元，百六陽九，次三百七十四陰九，次四百八十陽九，次七百二十陰七，次七百二十陽七，次六百陰五，次六百陽五，次四百八十陰三，次四百八十陽三。凡四千六百一十七歲，與一元終。經歲四千五百六十，災歲五十七。」讀管子此章，實相表裏。其設爲問答，當在齊桓元年，年與史記異。尋十二諸侯年表，以爲齊襄立十二年，齊桓立四十三年，則齊桓元年，即魯莊九年。管子戒篇則云「襄公立十三年，桓公立四十二年」，大匡篇亦云「桓公饗國四十有二年」，則以魯莊十年爲齊桓元年，而魯莊九年爲齊襄之十三年矣。蓋襄雖弑于魯莊八年，而無知、子糾皆不成君，桓公至夏始入，或未改元，故管子以是年上屬先君也。三統法自入元至齊桓元年四千三十七歲，自齊桓元年至漢太初元年五百八十歲。計魯成公元年距齊桓元年九十四歲，自此至魯成三年爲陰三之歲。陰爲水，陽爲旱，水旱皆有災，而管子言「佁美然後有煇」，「有煇」即雨霽也。「佁」即「迨」之借，釋言：「迨，及也。」「美」即「算」之譌，言及此四百八十之算，出陰三之歲而後雨霽也。「二十歲而可廣」，「可」讀爲河，春秋寶乾圖云「移河爲界」，在齊吕填閼八流以自廣，蓋當在魯莊三十年，齊桓公二十一年也。是歲即北伐山戎之年，桓功始盛自廣，當在此時矣。「十二歲而聶廣」，「聶」當借爲「攝」。僖元年經「齊師、宋師、曹師次于聶北，救邢」，水經注謂此「聶」即「聊攝以東」之「攝」，爲齊之西竟。擴地西極聊攝，是爲「聶廣」也。「十二歲」者，謂二十歲後又十二歲，當齊桓三十三年，魯僖八年也。惠王崩于七年，至是年襄王定位，始發喪。襄王之定位，桓公洮之盟定之也。至明年，會葵丘，襄王遂有文武胙之賜。齊桓之事至此而極盛，故地亦極廣矣。「百歲傷神」者，此還自齊桓元年起算，至其後百歲也。是歲，當魯成七年。前此二年爲成五年，梁山崩，所謂「谿陵山谷之神之祭更」也。前此一年爲成六年，「晉人謀去故絳遷于新田」，應國即晉，所謂「應國之稱號亦更」也。（謂稱新田曰絳。）其時諸大夫皆欲居郇瑕氏之地，曰「沃饒而近鹽」，是當時習俗好之，所謂「食好鹹苦」也。至成七年，而吳伐郯，郯成，季文子曰：「中國不振，蠻夷入伐而莫之或恤，無弔者也。」夫此所謂「中國之草木移於不通之野」者乎？是歲，巫臣以夏姬之故，深嫉楚人，乃通吳于上國，而吳入州來矣，此所謂「婦人爲政」乎？餘則寶書散佚，不能悉驗矣。要之，齊桓元年後百年，當魯成七年，去太初適四百八十年。管子于是年言災，蓋參用四分歷，除去陰陽九七五三之歲，而但計經歲四千五百六十，其分歲則仍以百六、三百七十四等數爲限，故其災至四百八十歲之末而見也。成七年則爲下限四百八十之首，餘氣未盡，故「不通之野」于此始横。翔鳳案：「圖具其樹物」者，「圖」即幼官圖，四時均有「凡物開靜」一句，萬物及精氣爲物皆屬之。又云「旗物尚青兵，尚矛，刑則交寒害釱」云云，也都是物。「樹」爲樹植，各家於此句不加解釋，不知其總結全篇也。

管子校注卷第十三

短語十

心術上第三十六

張佩綸云：漢書藝文志小説家「待詔臣饒心術十五篇，武帝時」，師古曰：「劉向別録云：饒，齊人也，不知其姓。」或據以疑此，謂是待詔之書闌入管子。案小説乃街談巷議，與道家清虚卑弱之旨迥殊，或説非也。七法篇：「實也、誠也、厚也、施也、度也、恕也，謂之心術。」此篇大旨主於虚静無爲，似與七法所言「心術」微戾。不知虚静其體而實誠厚施度恕其用，未有不虚静而能實誠厚施度恕者也。疑上下兩篇分别體用，今上篇附解，而下篇似内業之解。蓋篇名存而其文固爛脱矣。又云：淮南原道訓：「夫許由小天下而不以己易堯者，志遺於天下也。所以然者何也？因天下而爲天下也。天下之要不在於彼而在於我，不在於人而在於我身，身得則萬物備矣。徹於心術之論，則耆欲好憎外矣。」疑「心術之論」即指管書，故其旨在「因天下而爲天下」，與「静因之道」合。翔鳳案：心術、白心、内業諸篇理論由幼官導出。前已述其大略，若一一對照，理解更深。形勢「無廣者疑神，神者在内，不及者在門。在内者將假，在門者將待」等語，非心術之義不能解釋。書中理論自成體系，爲道家之先河。此三篇郭沫若指爲宋鈃遺書，以莊子天下篇爲證。然天下篇約老、莊之言，其詞即在老、莊書中，而約宋鈃之言，不見於心術、白心、内業，僅「白心」二字相同，不足爲反證，而正面之説甚顯明，郭説誤矣。

心之在體，君之位也〔一〕。心之在體，當身之中，凡身之運爲，皆心之所使，故象君位。九竅之有職，官之分也。九竅則各有職司，不能以此代彼，若百官之有其分也。心處其道，九竅循理。心之君處常能順道，則九竅所司，各循理而應也。嗜欲充益〔二〕，目不見色，耳不聞聲。君嗜欲充益，動違道則九竅失其由，故目有所不見，耳有所不聞也。故曰：上離其道，下失其事〔三〕。上順道，則下事得。毋代馬走，使盡其力。毋代鳥飛，使獘其羽翼〔四〕。毋先物動，以觀其則。動則失位，靜乃自得。道不遠而難極也，能走者，馬也。能飛者，鳥也。今不任鳥馬之飛走，而欲以人代之，雖盡力獘翼，而終竟不能盡。以喻君代臣亦然，故曰「不遠」，而不得，故曰「難極也」。與人並處而難得也。虚其欲，神將入舍。但能空虚心之嗜欲，神則入而舍之。掃除不絜〔五〕，神乃留處〔六〕。不絜亦喻情欲。人皆欲智，而莫索其所以智乎〔七〕？所以智者，虚心以循理也。智乎智乎，投之海外無自奪，但能虚心循理，其智雖復遠投海外，虚心用之，他毋從而奪之也。求之者不得處之者將欲求之智，終不知其處而得之也。夫〔八〕。正人無求之也，智既不可得，故人亦無從而求之。故能虚無。虚無無形謂之道〔九〕。

化育萬物謂之德。君臣父子人閒之事謂之義。人事各有宜也。登降揖讓，貴賤有等，親疏之體謂之禮〔一〇〕。簡物小未一道〔一一〕，殺僇禁誅謂之法〔一二〕。謂簡擇於物，未有能與道爲一者，乃殺戮禁防之，此法之用也。大道可安而不可說〔一三〕。夫道無形無聲者也。體神而安之，則有理存焉。如欲說之，無緒可言。直人之言，不義不顧〔一四〕。不出於口，不見於色，四海之人，又孰知其則〔一五〕？謂安道之君子，雖人言其不義，驚然不顧。言既不出於口，理又不見於色，言理既絶，四海之人誰有能知其則義哉！

〔一〕何如璋云：荀子天論「心居中虛以治五官，夫是之謂天君」，又「耳目鼻口形能，各有接而不相能也，夫是之謂天官」，本此。張佩綸云：「之位」二字衍，「君」、「分」爲韻，下解作「故曰君」，是其證。荀子解蔽篇：「心者，形之君也，而神明之主也。」春秋繁露循天之道篇：「心，氣之君也。」素問靈蘭秘典論：「心者君主之官也，神明出焉。」翔鳳案：職從位來，下文亦有「之位」二字。此二字提綱，不必用韻，牧民篇「時」與「廩」爲提綱，亦不韻。

〔二〕王念孫云：「充益」當爲「充盈」，字之誤也。上以「道」、「理」爲韻，（「道」字合韻讀若時。下文「上離其道」，與「事」爲韻。白心篇「天之道也」，與「殆」、「已」爲韻。正篇「臣德咸道」，與「紀」、「理」、「止」、「子」爲韻。恒象傳「久于其道也」，與「已」、「始」爲韻。月令「母變天之道」，與「起」、「始」、「理」、「紀」爲韻。凡周、秦用韻之文，「道」字多如此讀，不可枚舉。）此以「盈」、「聲」爲韻。此篇中多用韻之文。翔鳳案：王說可商。永樂大典一九六三六卷「益」作

「盈」，不可用作實證。「充益」即「充溢」，流動閉塞，故下云「目不見色，耳不聞聲」。「益」字義不合。「溢」，楚方音爲「門閏切」，正與「聲」韻。

〔三〕何如璋云：此下脱去「心術者無爲而制竅者也」十字，乃起下六句語，宜據下解補入，以解引此有「故曰」字，可證。且「無爲」字與下文相應，「心術」又文中標目也。賈子道術「道者，所從接物也，其本謂之虚，其末謂之術。虚者，言其精微也，平素而無設施也。術也者，所以制物也，動静之數也。凡此皆道也」，本此。翔鳳案：下文「心術制竅」句，即用古語以釋「上離其道」二句，於前文無關，非奪文。

〔四〕陳奂云：「羽」字衍，「使弊其翼」與「使盡其力」皆四字爲句，「力」、「翼」爲韻。尹注云「盡力弊翼」，其所見本無「羽」字。翔鳳案：「羽翼」二字，連用者多，非四字句，陳説非是。

〔五〕戴望云：宋本「潔」作「絜」，下「潔其宫」同。説文無「潔」字，作「絜」爲正。翔鳳案：説文：「窫，静也。从宀，契聲。」廣雅釋言：「絜，静也。」「窫」亦作「㓞」。風俗通：「㓞者，潔也。」修禊以祓除不祥，引申爲「潔」。「絜」訓「麻一耑」，「潔」孳乳字，其本字爲「窫」。大典二九四九卷作「絜」。楊本爲正字，趙本從俗改之也。

〔六〕吴汝綸云：「處」，止也，「神乃留處」，言留止而不來也。據後解則當作「神不留處」。翔鳳案：「乃」者難之之詞，潔除然後留止而不去也。吴釋「留止不來」，誤。

〔七〕王念孫云：「智」下不當有「乎」字，此涉下文兩「智乎」而衍。翔鳳案：「乎」爲讚歎之詞，四川口語呼爲「嗎」，論語「不亦説乎」，亦爲讚歎詞，王以爲疑問詞，非是。

〔八〕俞樾云：下「之者」二字，衍文也，「求之者不得處」，謂不得其處也。尹注謂「不知其處而得之」，是其所據本未衍。張文虎云：「處」上疑脱「其」字。張佩綸云：「處之者」三字衍，「奪」、「得」爲韻。翔鳳案：此句當以「奪」爲韻。費鳳别碑：「鴥若飛鷹鷂，虓若夫鳩虎。」以「夫」爲「趺」，與「奪」韻。此又碑之别體，諸説誤。

〔九〕王念孫云：上二句本作「夫聖人無求也，故能虚」，今本「聖人」作「正人」，聲之誤也。「無求」下有「之」字，乃涉上文「求之」而衍。（尹注非。）「故能虚」下有「無」字，則後人所加也。下解云「唯聖人得虚道」，又曰「虚者，無藏也，故去知則奚求矣，（今本「故」下衍「曰」字，「奚」下衍「率」字，辯見後。）無藏則奚設矣，無求無設則無慮，無慮則反覆虚矣」，皆是釋此文「夫聖人無求也，故能虚」九字，且但言「虚」而不言「虚無」，今據以訂正。「虚無無形」本作「虚而無形」。洪曰：「文選遊天台山賦注、嘯賦注、左太沖詠史詩注引此竝作『虚而無形』。（案今本文選嘯賦及詠史詩注皆作「虚無無形」，蓋後人以誤本管子改之，唯遊天台山賦注未改。）案下解云『天之道虚其無形』，則此文本作『虚而無形謂之道』，明矣。今本『虚而』作『虚無』，亦後人所改。」劉師培云：洪、王並以「虚無無形」爲「虚而無形」之訛，所校是也。文選嵇康雜詩注，應貞晉武帝華林園集詩注並引「虚無形謂之道」，則不疊「無」字，甚明。翔鳳案：詩「母氏聖善」，「俱曰予聖」，「聖」猶聰明，不尊崇。「正人」即莊子之「真人」，非誤字。

文選注引文不同，以意改管子爲道家，「虚」與「無」爲二，王説誤。

〔一〇〕丁士涵云：當作「親疏有體」，周禮天官序官注云：「『體』猶分也。」　翔鳳案：墨子經説：「體分於兼也。」親疏之分爲天然，若有分則人以禮法定之者。丁説謬。

〔一一〕丁士涵云：「末」疑「大」字之誤，六字作一句讀。　吴汝綸云：「簡物」六字有脱。　張佩綸云：「簡」，周禮趣馬鄭注：「差也。」「物」猶事也，三禮注屢見。「小末」者，春秋繁露十指篇：「强榦弱枝，大本小末，一指也。」又曰：「强榦弱枝，大本小末，則君臣之分明矣。」舊注「謂簡擇於物，未有能與道爲一者」，誤「末」作「未」，失之。「一道」者，禮記王制篇：「一道德以同俗。」　翔鳳案：説文云：「未，味也。象木重枝葉也。」鹽鐵論通有「無味利則本業所出」，盧云：「『味』疑『未』。」王校云：「書中或云『未利』，或云『利末』，其義一也。」「未」、「味」、「末」聲近義通。晉語「妹喜」，荀子、新序皆作「末喜」。白虎通三綱六紀：「妹者，末也。」晉語「其娣生卓子」，注：「女子同生，謂後生爲娣，於男則言妹。」宿松、黄梅謂幼子幼女爲抹，即末，最末所生者。丁、張以「末」爲誤，謬矣。

〔一二〕戴望云：中立本「僇」作「戮」。　翔鳳案：説文：「僇，癡行僇僇也。」史記楚世家「僇越大夫常壽過」，索隱：「僇，辱也。」「誅」訓責。殺僇禁誅異義，改「戮」謬。

〔一三〕張文虎云：依注，則「安」乃「案」之借字，「大」字疑本作「夫」。　翔鳳案：中庸「或安而行之」，此「安」字之義，張説誤。

〔一四〕王念孫云：「直人」當爲「真人」，説見下解。張佩綸云：「顧」當作「側」，字之誤也，「側」與「色」、「則」、「貣」爲韻。「義」讀爲俄，言無反無側也。章炳麟云：此即後世所謂「不偏不倚」、「發而中節」之意。「義」與「顧」意相近。「義」借爲俄。詩賓之初筵箋：「俄，傾貌。」廣雅釋詁：「俄，衺也。」説文：「顧，環視也。」環視者必傾邪其目以眄睨。凡傾邪者必有所偏倚。吾心既無所設，無所爲，則無所偏倚於一物。有感者則應之、因之而已，初非偏倚于此迹也。不必如雜志以「直」爲「真」之誤。翔鳳案：章説是也。

〔一五〕丁士涵云：「又」即上文「人」字之譌衍，下解無。翔鳳案：「又」字非衍。非但己不知，四海亦不知也。

天曰虛，地曰靜，乃不伐〔一〕。言能體天而虛，順地而靜，則道德全備，故不可伐也。**絜其宮**〔二〕，宮者，心之宅，猶靈臺也。**開其門**，門，謂口也。開口使順理而言。下解中門，謂耳目也。**去私毋言**，謂無私言。**神明若存。**宮潔無私則神存。**紛乎其若亂，靜之而自治。**雖紛然而亂，但靜而順之，則自理也。**强不能偏立，智不能盡謀。**忘强與智，然後所謀立能遍而盡。**物固有形，形固有名，名當謂之聖人。**立名當物，所以稱聖。**故必知不言無爲之事，然後知道之紀**〔三〕。道以不言無事爲紀。**殊形異埶，不與萬物異理**〔四〕，**故可以爲天下始**①。

① 「始」字原無，據補注增。

君人者，必殊形異埶，與物同理，故可以爲天下主。**人之可殺，以其惡死也。**若不惡死，雖殺無益。**其可不利，以其好利也。**若不好利，雖不利之，亦無懲也。**是以君子不怵乎好，**怵，止也。不止人好利之情。下解中作怵。**不迫乎惡**〔五〕。不迫移人惡死之意。**恬愉無爲，去智與故**〔六〕。**其應也，非所設也。其動也，非所取也。**故，事也。既忘智，則事自去。**過在自用，**自用不順理，則生過。**罪在變化。**小聰明，變舊章，則成罪也。**是故有道之君，其處也若無知，**寂泊之至。**其應物也若偶之，**若符契自然而合也。**靜因之道也**〔七〕。凡此皆虚靜循理之道也。

〔一〕俞樾云：「伐」乃「貸」字之誤，「貸」字闕壞，止存上半之「代」，因誤爲「伐」矣。據下解曰「天之道虚，地之道靜，虚則不屈，靜則不變，不變則無過，故曰不伐」，以「無過」釋「不伐」，則「不伐」是「不貸」之誤，明矣。禮記月令篇「宿離不貸」，鄭注曰：「不得過差也。」是「貸」之義爲「過差」。周易豫彖傳曰「天地以順動，故日月不過，而四時不忒」，「忒」與「貸」同。「日月」曰「不過」，「四時」曰「不忒」，文異而義不殊。然則此文言「不貸」，而後解言「無過」，正合古義。且言天地者，當美其不差貸，不當言「不伐」。天地之大，誰能伐之乎？於義求之，既不可通，「貸」字與上文「色」字、「則」字爲韻，今誤作「伐」，則於韻求之，又不合矣。是不可不正也。張佩綸云：「伐」當作「忒」，周易豫彖傳曰：「天地以順動，故日月不過而四時不忒。」　翔鳳案：俞改「伐」爲「貸」，似有理。然虛靜運動無差忒可言。説文云：「伐，擊也。」春秋説題詞：「『伐』之爲言敗也。」虛靜則不敗，「伐」字不誤。「天」、「地」、「宮」、「門」，皆由幼官來。

〔二〕張佩綸云：「宮」當作「官」，字之誤也。孟子「心之官則思」，趙岐注：「官，精神所在也。」

〔三〕王念孫云：「不言」下脱「之言」二字。　翔鳳案：論語：「天何言哉？四時行焉，百物生焉，天何言哉？」此不言無爲之事也，王説誤。

〔四〕王念孫云：「不」字，涉上文「不言」而衍，竝見下解中，尹注非。　何如璋云：言事物之蕃變，形勢雖殊，其理則一。此即形勢篇「萬物之生，異趣同歸」之旨。得其道則皆備於我，自範圍天地而不過，曲成萬物而不遺矣。王以「不」字涉上文「不言」而衍，非。　張佩綸云：王説非也，此言勢異而理不異，若云「與萬物異理」，則不可通矣，下解自奪「不」字。

〔五〕王念孫云：尹所見本本作「不休乎好」，故云：「休，止也，不止人好利之情。」且云「下解中作『怵』」，則此不作「怵」明矣。今作「怵」者，後人據下解改之也。但改注文「休，止也」爲「怵，止也」，則於義不可通。又案：下解作「怵」是也，「怵」與「訹」通。説文曰：「訹，誘也。」漢書賈誼傳鵩賦「怵迫之徒，或趣西東」，孟康曰：「怵，爲利所誘怵也。迫，迫貧賤也。」此云「怵乎好，迫乎惡」，即承上「好利」、「惡死」而言，故下解云：「人迫於惡，則失其所好，怵於好，則忘其所惡。」尹注非。

〔六〕許維遹云：「智」與「故」相對，「故」猶詐也。呂氏春秋論人篇「釋智謀，去巧故」，高注：「巧故，僞詐也。」淮南原道篇「不設智故」，高注：「智故，巧飾也。」荀子王霸篇：「不敬舊法而好詐故。」竝其證也。尹注釋「故」爲「事」，失之遠矣。

〔七〕翔鳳案：此與宙合相類，房於宙合不言，而獨疑於此，何哉？當時自有此體，否則不應兩篇相類。韓愈進學解即倣效此體。

心之在體，君之位也。九竅之有職，官之分也。此已下，上章之解也，然非管氏之辭。豈有故作難書，而復從而解之？前修之①制皆不然矣。凡此書之解，乃有數篇。版法、勢之屬皆閒錯不倫，處非其第。據此，則劉向編②授之由曰，謂爲管氏之辭，故使然也。今究尋文理，觀其體勢，一韓非之論，而韓有解老之篇，疑此「解老」之類也。耳目者，視聽之官也。心而無與於視聽之事，則官得守其分矣。夫心有欲者，物過而目不見，聲至而耳不聞也。故曰：上離其道，下失其事。故曰：心術者，無爲而制竅者也，心無嗜欲之爲，故能制於九竅。故曰君〔一〕。無代馬走，無代鳥飛，此言不奪能能，不與下誠也〔二〕。君之能不預於下之誠，凡爲其所能無不誠。毋先物動者，搖者不定，趮者不靜，言動之不可以觀也。位

---

① 「修之」原作「之循」，據補注乙改。
② 「編」字原作「偏」，據補注改。

者，謂其所立也。人主者立於陰，陰者靜，靜爲躁君，故人主立於陰也。故曰動則失位。失君位也。陰則能制陽矣，靜則能制動矣。君亦能制臣矣。故曰靜乃自得。道在天地之閒也，其大無外，其小無内，所謂大無不苞，細無不入也。故曰不遠而難極也。虛之與人也無閒，虛能貫穿人形，故曰無閒。唯聖人得虛道，故曰並處而難得。世人之所職者精也，職，主也。言所禀而生者精也。去欲則宣，宣則靜矣〔三〕。宣，通也。去欲則虛自行，故通而靜。靜則精，精則獨立矣〔四〕。獨則明，明則神矣。神者至貴也，故館不辟除，則貴人不舍焉。故曰：不潔則神不處。人皆欲知，而莫索之其所以知，彼也。其所以知，此也〔五〕。有此然後知彼也。不脩之此，焉能知彼。無此其具則不往知彼。脩之此，莫能虛矣〔六〕。虛者無藏也，此既脩，則彼不能虛，誑者無能藏隱故也。故曰：去知則奚率求矣。率，循也。無知則循理而自求也。無藏則奚設矣。既不能隱藏，則無策謀可以施設也。無求無設則無慮〔七〕，無慮則反覆虛矣〔八〕。

〔一〕王念孫云：凡言「故曰」者，皆覆舉上文之詞，此文「心術者」二句，是釋「無代馬走」、「無代鳥飛」之意，不當有「故曰」二字，蓋涉上下文而衍。又下文「故曰去知則奚率求矣」，「故」下亦衍「曰」字。張文虎云：上「故曰」二字，雜志云「衍」，是也。「術」字亦疑衍文。尹注云「心無嗜欲之爲，故能制於九竅」，亦無「術」字，可證。「故曰君」三字當連此，正解上文「心之在體，君之位也」。趙本以「君」字下屬，（尹注意亦如此。）謬。何如璋云：觀「故曰」二字，知係解者所引經言。正文脱去此十字。内「心術」乃本篇標目，宜據補。張佩綸云：王説「故曰」衍文，是也。依趙讀以「君無代馬走」爲句，則非。「無爲而制竅」，乃以心處其道，九竅循理，解經之「君也」二字，猶之以「目不見色，耳不聞聲」解「上離其道，下失其事」也。此二語當在「耳目者」上。且心術分上下篇，而「心術」二字見解不見經，疑原書不以「心術」名篇，而解者始題此名。翔鳳案：「故曰」之用有二，一引古語，一覆舉上文。此處之「故曰」有兩用，非衍文，詳乘馬。諸説均誤。

〔二〕張文虎云：上「能」字疑當作「人」，「誠」乃「試」字之譌。古「能」字讀如耐。「不奪人能，不與下試」，「能」與「試」爲韻。趙本於上「能」字斷句，謬。吴汝綸云：「誠」當爲「成」。張佩綸云：淮南道應訓：「故人與驥逐走則不勝驥，託於車上則驥不能勝人，此以其能託其所不能。」李哲明云：當於第二「能」字斷句。言馬能走，鳥能飛，不代之者，不奪能者之所能。「誠」，實也，下實能之，即不復參與也。翔鳳案：張佩綸釋「能」是也。非韻文，不能改「誠」爲「試」。禮記經解「繩墨誠陳」，注：「猶審也。」此其義。

〔三〕張文虎云：「世」當作「聖」。俞樾云：此「精」當爲「情」，蓋世人唯以情爲主，故必去欲而後宣，宣而後静，静而後精，精而後獨立。若作「所職者精」，失其恉矣。翔鳳案：易繫辭：「精氣爲物。」老子：「其精甚真。」莊子秋水云：「夫精，小之微也。」氣無形而精有質，精猶現代之分子也。石一參云：「職，司也。精爲生生之本，而爲欲所鬱則不宣。」房注「言所禀而生者精也」，其説不誤。

〔四〕劉師培云：「立」字衍。「則獨」與「則静」、「則神」並文。下云「獨則明」，亦無「立」字。翔鳳案：「立」爲古「位」字，上文「位者謂其所立也，動則失位，静乃自得」，自得則獨立矣。劉説誤。

〔五〕王念孫云：此當作「人皆欲知而莫索其所以知，其所知彼也，其所以知此也」。「人皆欲知」云云，覆舉上文也。「其所知」云云，乃釋上文之詞。今本「莫索」下衍「之」字，「彼也」上又脱「其所知」三字，遂致文不成義。吴汝綸云：「而莫索之其所以知彼也」，「以」衍字。翔鳳案：二説俱誤。「知」由比較而得，亦即由對待而得，故曰「彼也，其所以知，此也。」一字不誤。

〔六〕張文虎云：「能」讀爲而，「而」、「如」古通用。翔鳳案：論語「修慝辨惑」，注：「治也。」月令「脩鞀鞞鼓」，注：「治其器物，習其事之言。」能修之此，則一定知彼而不落空，故曰「莫能虚」。張説非是。

〔七〕王念孫云：「故」下衍「曰」字，「奚」下不當有「率」字，此即「奚」字之誤而衍者。「去知則奚求，無臧則奚設」相對爲文，則無「率」字明矣。尹注非。翔鳳案：房注：「率，循也。」「率」假爲「帥」，爲「衛」，故可訓「循」。去知則彼此不辨，莫知所遵循。王説誤。

〔八〕張文虎云：「覆」當爲「復」，篇末云「復所於虛」。翔鳳案：反復於虛，復爲行故道。説文云：「覆，覂也。」段注：「『覆』、『覂』、『反』三字雙聲。反覆者，倒易其上下，如襾从冂而反爲凵也。」「復」與「覆」通，張説謬。

天之道，虛其無形〔一〕。虛則不屈，屈，竭也。無形則無所位趏〔二〕。趏，逆也。無所位趏，故偏流萬物而不變。無物與之同，故不變。德者，道之舍〔三〕，物得以生謂道因德以生物，故德爲道舍。生，知得以職道之精〔四〕。得其生者，主由稟道之精也。故德者，得也。得也者，其謂所得以然也〔五〕。得道之精而然。以無爲之謂道〔六〕，無爲自然者，道也。舍之之謂德。道之所舍之謂德也。故道之與德無閒，道德同體，而無外内先後之異，故曰無閒。故言之者不別也。同體故能不別。閒之理者，謂其所以舍也〔七〕。道德之理可閒者，則有所舍，所以舍之異也。義者，謂各處其宜也〔八〕。禮者，因人之情，緣義之理，而爲之節文者也。故禮者，謂有理也。理也者，明分以諭義之意也。故禮出乎義，義出乎理，理因乎宜者也〔九〕。法者，所以同出不得不然者也〔一〇〕。有禮則有法，故曰同出也。故殺僇禁誅以一之也。故事督乎法，督，察也。謂以法察事。法出乎權，權出乎道。權道者，事從之而出。道也者，動不見其形，施不見其德，萬物皆以得，然莫知其極。故曰：可以安而不可説也。莫人言，至也。人無能言者，理之至也。不宜言，應也〔一一〕。有時宜言，則應物故。應也者，非吾所設，故能無宜也。不顧言，因也。無所顧思者，因舊故。因也者，非吾所所顧，故無顧也〔一二〕。因，舊也。非吾所爲，故無顧。不出於口，不見於色，言無形也。四海之人，孰知其則？言深囿也。不知深淺之囿城也。天之道虛，地之道靜。虛則不屈，靜則不變，不變則無過，故曰不伐。潔其宮，闕其門〔一三〕。宮者，謂心也。心也者，智之舍也，故曰宮。潔之者，去好過也〔一四〕。去欲好之過也。門者，謂耳目也。耳目者，所以聞見也〔一五〕。物固有形，形固有名，此言不得過實，實不得延名〔一六〕。不得無實，虛延其名。姑形以形，以形務名〔一七〕，督言正名，姑，且也。且言形者以其形也。故曰聖人。不言之言，應也。言則言彼形耳，於我無言。應也者，以其爲之人者也。人有所爲，故聖人得不應。執其名，務其應，所以成之，應之道也〔一八〕。物既有名，守其名而命合之，則所務自成，斯應物之道。無爲之道，因也。因也者，無益無損也。損益者生有爲。以其形，因爲之名，此因之術也。見形而後名，非因而可。

〔一〕翔鳳案：「其」指虛。

〔二〕王引之云：「位趏」二字義不相屬，「位」當爲「低」（下同），「低趏」，即抵牾也。（說文：「牾，逆也。」漢書司馬遷傳「或有抵梧」，如淳曰：「梧，讀曰迕，相觸迕也。」「牾」、「梧」、「迕」、「趏」竝字異而義同。）凡物之有所抵牾者，以其有形也。道無形，則無所抵牾，故下文云「無所低悟，故徧流萬物而不變也」。史記天官書「其前抵者戰勝」，漢書天文志「抵」作「低」。漢書食貨志「封君皆氐首仰給焉」，晉灼曰「『氐』音抵距之抵」，史記平準書作「低」。是「抵」、「低」古字通。隸書「低」字作「伭」，（干禄字書曰：「伭氐上通下正，諸從氐者竝準此。」）形與「位」相似，因譌而爲「位」矣。翔鳳案：「位」即「立」，已見侈靡。莊子寓言「使人乃以心服而不敢蘁立」，桂馥謂「蘁」即「悟」。「悟立」與「位悟」同義，王改字非是。

〔三〕郭沫若云：此「舍」字當爲施舍之舍。下文云「道也者，動不見其形，施不見其德」，可證。「舍之之謂德」，亦同此解。翔鳳案：道爲虚位不可見，道即寓於德中。前後「舍」字皆爲館舍，此處不應獨異，郭謂爲「施舍之舍」，非是。「偏」即「徧」，易益「偏辭也」，孟喜作「徧」。

〔四〕張文虎云：「職」、「識」古通假字，「知」字似衍。吴汝綸云：「生」字屬上讀。張佩綸云：「生知得以」當作「生得以知」。翔鳳案：「職」通「識」，生生不已，三説各有取。

〔五〕丁士涵云：「其謂」當作「謂其」，下文「謂其所以舍」、「謂各處其宜」、「謂有理」，皆「謂」字在上。「以」與「已」同。張佩綸云：「其謂所得以然也」當作「謂其所以得然也」。翔鳳案：「以」同「已」，屢見前。論語「其斯之謂與」，「其謂」二字連用，何必大驚小怪。

〔六〕俞樾云：「以」衍字，尹注曰「無爲自然者道也」，是無「以」字。翔鳳案：「以」同「已」。因已然之勢，不加人力。「以」非衍文。

〔七〕王引之云：「之理」二字因注而衍，「間者」上又脱「無」字。「無間者，謂其所以舍也」，言道之與德所以謂之「無間」者，謂德即道之所舍（上文曰「德者道之舍」），故「無間」也。尹所見本已脱「無」字，故以爲「可間」，豈有上言「無間」，而下言「可間」者乎？　翔鳳案：舍必有處，無間之處，何從而舍？　王説誤。

〔八〕戴望云：「各」，一本作「名」。

〔九〕王引之云：「禮出乎義」當作「禮出乎理」，「禮」者，謂有理也，故曰「禮出乎理」。「義出乎理」當作「理出乎義」，「理」也者，明分以諭義之意也，故曰「理出乎義」。「理因乎宜」當作「義因乎宜」，「義」者，各處其宜也，故曰「義因乎宜」。寫者錯亂耳。不然，則「義」者宜也，上言「禮出乎義」，而下又另言「理因乎宜」，是分「義」與「宜」爲二也，殆不可通。　翔鳳案：通常假「義」爲「誼」，釋爲「宜」。此處「義」即「儀」，朝廷所用。禮器：「義理，禮之文也。」樂記「理習諸外」，注：「容貌之進止也。」理亦因時而制其宜，一字不誤。老、管書之政治立場，而以抽象之理説之，宜其誤矣。

〔一〇〕俞樾云：尹注曰：「有禮則有法，故曰『同出』也。」如其説，當曰「與禮同出」。乃曰「所以同出」，義不可通矣。「出」疑「世」字之誤，「世」隸書或作「丗」，故與「出」相似而誤也。「所以同世」，謂所以齊同一世之人。下文曰「故殺僇禁誅以一之也」，即「所以同世」之義。　郭沫若云：此釋「簡物小大一道」。「出」謂參差，「同出」謂統一其參差。白心篇「難言道術，須同而出」，「而」猶其也，與此同義。翔鳳案：郭説是。

〔一一〕王念孫云：此釋上文「真人之言，不義不顧」也。（上文「真人」譌作「直人」。）「莫人」當爲「真人」，隸書「真」字作「眞」，「莫」字作「莫」，二形相似。（史記高祖功臣侯者表「甘泉戴侯莫摇」，漢表「莫摇」作「真粘」。朝鮮傳「嘗略屬真番」，徐廣曰：「『真』一作『莫』。」新序雜事篇「黄帝學乎大真」，路史疏仡紀曰：「『大真』或作『大莫』，非。」）上文作「直人」，此文作「莫人」，故知其皆「真人」之譌也。「言至也」三字，語意未明，疑有脱誤。「宜」與「義」古字通，「不宜」即上文之「不義」也。義者，度也。（説見經義述聞左傳「婦義事也」及國語「比義」下。）言事至而後應之，不先爲量度也，故曰：「不宜言應也。應也者，非吾所設，故能無宜也。」尹不知「莫」爲「真」之譌，又不知「不宜」即上文之「不義」，遂讀「莫人言」爲句，「不宜言」爲句，而强爲之説矣。俞樾云：此云「莫人，言至也」，下云「不宜，言應也」，又云「不顧，言因也」，皆釋上文「直人之言，不義不顧」之義，「不宜」即「不義」也，然則「莫人」乃「直人」之誤。疑管子原文本作「直人言正也」，蓋以「正」釋「直」。禮記曲禮篇「直而勿有」，郊特牲篇「直祭祝於主」，鄭注並曰：「直，正也。」以「正」釋「直」，乃古義也。「直」與「莫」，「正」與「至」，皆以形近而誤。張佩綸云：（王）訓「義」爲「度」，則（下文）「故能無宜也」爲「故能無度也」，殆不可通。「無義」當作「無俄」，「無顧」當作「無側」。翔鳳案：此句承上「不可説」，故曰「莫人言」、「不宜言」。王説「真人」無據，「真人」莊子有之，管書無有。同一篇中，前之「真人」誤作「直人」，後之「真人」誤作「莫人」，有是理乎？俞説改「莫」爲「直」，又改「至」爲「正」，太任意矣。「莫」同「無」，房注「人無能言」，不誤。

〔一二〕俞樾云：「非吾所顧」當作「非吾所取」，此與上文「應也者非吾所設」相對成文。據下文云「其應非所設也，其動非所取也」，又云「感而後應，非所設也，緣理而動，非所取也」，並以「所設」、「所取」對言，故知此文亦當作「所取」也。廣雅釋詁：「取，爲也。」尹氏作注時，文尚未誤，故釋其義曰：「非吾所爲故無顧。」以「爲」訓「取」，正本廣雅義。或據尹注，謂正文亦當作「爲」，則是尹氏空舉正文，無所訓詁，無爲貴注矣。翔鳳案：説文云：「顧，還視也。」論因物之自然，則不徘徊審顧。説文：「所，伐木聲也。」詩曰：『伐木所所。』」毛詩作「許」。論語「居其所」，假爲「處」。「非吾所所顧」即「非吾處所顧」，字當重。

〔一三〕孫星衍云：「闕」，當依上文作「開」。張文虎云：上文作「開其門」，疑皆「關」字之誤，此言收視返聽也。翔鳳案：漢書王莽傳「圍城爲之闕」，注：「不合也。」與「開」同。

〔一四〕丁士涵云：「好過」當作「好惡」，好惡，謂私也。上文云：「去私無言。」又云：「是以君子不怵乎好，不迫乎惡。」韓子揚榷篇：「喜之則多事，惡之則生怨，故去喜去惡，虚心以爲道舍。」翔鳳案：嗜好無論善惡，皆足爲心累。房注「去欲好之過也」，不誤。

〔一五〕翔鳳案：説文：「門，聞也。」

〔一六〕王念孫云：「不得過實」上當有「名」字。張佩綸云：「延名」乃「過名」之誤，舊注非。

陶鴻慶云：「言」下當重「言」字，因重文作「＝」而誤奪也。「言不得過實」、「實不得延名」二句文義相對，故下文云「督言正名」。此節上下文皆論聖人因形以名，故於其言無所苟，孔子所謂「名之必可言也」。王氏謂「『不得過實』上當有『名』字」，非也。翔鳳案：「言不得過實」，承上「形固有名」來，何必有「名」字？「延名」之「延」，與現代邏輯「外延」相同，張説誤。

〔一七〕張佩綸云：「姑」當作「故」。翔鳳案：詩卷耳「我姑酌彼金罍」，説文引作「我夃酌彼金罍」。玉篇「夃，今作『沽』」，引論語「求善價而夃諸」。「姑」，估計之義。説文：「務，趣也。」「趣」同「取」。

〔一八〕王引之云：「務其」下「應」字，「所以成」下「之」字，皆衍文也。尹注曰「物既有名，守其名而命合之（「合」蓋「令」之譌），則所務自成」，則正文作「務其所以成」，明矣。此以「名」與「成」爲韻，下文曰「以其形因爲之名，此因之術也」，亦以「形」與「名」爲韻。張佩綸云：「之應之道也」當作「此應之道也」，與下一律。翔鳳案：知「務」之爲「趣」，則無一字當衍。

名者，聖人之所以紀萬物也。萬物雖多，立名以紀之也。**人者，立於强，**必强然後有所立也。**務於善，**必善然後成人也。**未於能，**能未成者，習而成之。**動於故者也**〔一〕。凡所運動，必循於故致也。**聖人無之，**謂無宰物之心也。**無之則與物異矣。**物有我無，故異也。**異則虚，**異於有，故虚也。**虚者，萬物之始也，**有形生於無形也。**故曰：可以爲天下始。**聖人體虛，故爲天下始也。人迫於惡則失其所好，迫入於惡，故失所好。怵於好則忘其所惡，爲好所怵，故忘其惡。非道也。二者皆非。故曰：不怵乎好，不迫乎惡。惡不失其理，欲不過其情，故曰：君子恬愉無爲。去智與故，言虛素也〔二〕。凡知與言，習從虛素生，則無邪欲也。其應，非所設也。其動，非所取也。此言因也。因也者，舍己而以物舍己而隨物，故曰因。爲法者也〔三〕。感而后應，非所設也。緣理而動，非所取也。過在自用，罪在變化。自用則不虛，不虛則忤於物矣。變化則爲生，謂有爲於營生。爲生則亂矣〔四〕。故道貴因。因者，因其能者，言所用也。就能而用，故曰因也。君子之處也，若無知，言至虛也。其應物也，若偶之，言時適也。若影之象形，響之應聲也。故物至則應，過則舍矣。舍矣者，言復所於虛也〔五〕。

〔一〕丁士涵云：「未」乃「本」之誤。本，始也。安井衡云：「未」，味也。玩味於才能。吳汝綸云：「未」當作「成」。陶鴻慶云：「未於能」三字文不成義，尹注云「能未成者習而成之」，疑正文本作「習於能」，故注云然，今作「未」者，涉注文而誤耳。又案：「故」謂智故，（上文云：「恬愉無爲，去智與故」。）尹注云「運動必循於故致」，非是。李哲明云：疑「未」當爲「制」。蓋人有技能，乃有所制裁。又不能者往往受制裁於能者，故曰「制於能」。制，說文本作「利」，簡蝕半，因訛「未」耳。翔鳳案：「未」同「末」，證已見前。能後現，故云「未於能」也。

〔二〕張佩綸云：「虚素」當作「虚絜」，本經「虚其欲，神將入舍，掃除不絜，神乃留處」言。尹桐陽云：「故」，計術也。莊子刻意：「去知與故，循天之理。」吕覽論人：「釋智謀，去巧故。」淮南原道：「保其精神，偃其智故。」「素」，空也。吕覽上德：「虚素以公。」

〔三〕丁士涵云：「物」字當連下爲句，尹注非。陶鴻慶云：此當連下文「爲法者也」四字作一句讀，下文云「物至則應，過則舍矣」，即此義。尹注於「以物」斷句，誤。

〔四〕俞樾云：古「爲」、「僞」字通。禮記月令篇「毋或作爲淫巧」，鄭注曰：「今月令『作爲』爲『詐僞』。」成九年左傳「爲將改立君者」，定十二年傳「子爲不知」，釋文並云：「『爲』本作『僞』。」是其證也。此言「變化則僞生，僞生則亂」，而尹氏以本字讀之曰「謂有爲於營生」，失之。

〔五〕何如璋云：「舍矣者」當作「舍也者」，文義始順。張佩綸云：此節解多脱誤。「因者，因其能者」，複重無義。「過則舍矣」乃解語；下又曰「舍矣者」，復自解其解，亦非例。今無從推究矣。李哲明云：下「矣」字涉上而衍，「所」字亦當衍。删此二字，文即可讀。上言「物至則應」，是其體本虚也。過而舍之，舍之是復於虚矣。翔鳳案：「因」者因其能，張誤解而割斷下句，非是。復處於虚，其言至順（「所」同「處」，見前），李不知而以爲不可讀，誤矣。

心術下第三十七

何如璋云：此篇乃内業解，因錯卷在此，遂附以心術標目而分爲上下二篇。然其文俱見内業，惟顛倒錯亂耳。吴汝綸云：此篇與内業篇相出入。翔鳳案：管子一家之學，作述非一人。春秋時無私人著述，而以荀卿、韓非之書强律管子，以爲錯出，此不知學術之源流也。各自成文，非「解」亦非散簡。

形不正者德不來，有諸内必形於外，故德來居中，外形自正。《詩》云：「抑抑威儀，惟德之隅。」**中不精者心不治。**精，誠至之謂也。中能誠至，心事自理。**正形飾德〔一〕，萬物畢得。**

翼然自來〔二〕，神莫知其極。正外形，飾内德，則下觀而化矣，故萬物盡得其理也。**昭知天下，通於四極。**因物之義可以逆順，故能昭知天下，自近以及遠，通達於四極。**是故曰：無以物亂官，**貪賄則官亂也。**毋以官亂心〔三〕，**健羨太甚，則心亂也。**此之謂内德〔四〕。**官貨兩忘，則内德也。**是故意氣定然后反正〔五〕。**無欲則意氣定，故能反正也。**氣者，身之充也。**氣以實身，故曰身之充也。**行者，正之義也。**行不違中正之宜者也。**充不美則心不得，**充不美則氣邪，故心亂而不自得也。**行不正則民不服。**行不正則邪枉，故人不服。**是故聖人若天然，無私覆也；若地然，無私載也。私者，亂天下者也。凡物載名而來，聖人因而財之，**

而天下治；實不傷，因名而財，則物宜之不爽，故天下之理不傷也。**不亂於天下，而天下治**〔六〕。天地以及萬物皆有理存焉，直莫之亂，則是理矣。

〔一〕劉績云：後内業作「正形攝德，天仁地義，則淫然而自至」。李哲明云：「飾」當爲「飭」。内業云「攝德」，「攝」亦整攝之意。「飾德」則虚僞，非其義矣。

〔二〕戴望云：元本「畢」作「必」。

〔三〕安井衡云：古本「無」作「毋」。戴望云：元本無「是」字。張文虎云：此謂耳目口鼻之官也。尹注云「貪賄則官亂」，謬。陶鴻慶云：「曰」字不當有，涉上篇之解而誤衍也。「官」謂耳目，上篇云「耳目者，視聽之官也」，是也。又云「心術者，無爲而制竅者也」，即此義。尹注解爲「官府」，大誤。翔鳳案：此古語，有「曰」字，詳乘馬。

〔四〕安井衡云：内業再言「内得」、「中得」，皆作「得」，此「德」亦當爲「得」。戴望云：朱本「德」作「得」，内業篇同。翔鳳案：廣雅釋詁三：「德，得也。」古本改「德」爲「得」，非是。

〔五〕翔鳳案：「反」字承上「亂」字來，復還也。

〔六〕劉績云：「財」同「裁」。王念孫云：此以兩「治」字絶句。「實不傷不亂於天下」八字連讀，「實」與「名」正相對也。尹以「天下治實不傷」連讀，大謬。翔鳳案：劉説是也。易泰「財成天地之道」，荀本作「裁」。絶句如王説。前者「天下治」論名，後者論實，分言之。

專於意，一於心，耳目端，知遠之證〔一〕。但專意一心，則耳目自端，證知遠事也。**能專**

乎？能一乎？能毋卜筮而知凶吉乎？惠迪吉，從逆凶，豈勞卜筮而後知乎？能止乎？能已乎？謂能止於己分。能毋問於人而自得之於己乎？誠己自通，問人致惑，故不問而自得也。故曰：思之思之，不得，鬼神教之〔二〕。誠己思而不得，必有鬼神來教。非鬼神之力也，其精氣之極也〔三〕。鬼神雖能教不精極者，今有精極，則鬼神不得不教，豈鬼神能致其力也①！一氣能變曰精，謂專一其氣，能變鬼神來教，謂之精。一事能變曰智。能專一其事，能變而動之，謂智也。慕選者，所以等事也〔四〕。人之來助，或占慕之，或選擇之，欲令其事齊等也。極變者，所以應物也。物窮則變，變而通之，我之所由。令極於變通之理，應物者也。慕選而不亂，慕選則齊潔，故不亂。極變而不煩，極變以順物宜，故不煩也。執一之君子〔五〕。執一而不失，能君萬物，一，謂精專也。既精且專，故能君萬物也。日月之與同光，天地之與同理，所謂與天地合其德，與日月合其明。聖人裁物，不爲物使。聖人者裁斷於物，而使物不爲裁而使已也。

〔一〕翔鳳案：「知遠」即未來之吉凶，觀下文可見。廣雅釋詁：「證，諭也。」假爲「徵」。中庸「雖善無徵」，注：「『徵』或爲『證』。」「證」讀徵，與「心」韻。然四聲起於齊、梁，古人無有，則以去

① 「也」上原衍「我」字，據補注删。

與平韻，亦無不可。許維遹改「證」爲「近」，誤矣。

〔二〕丁士涵云：當以「思之思之」句，「不得」上又脱「思之」二字。内業篇曰：「思之思之，又重思之，思之而不通，鬼神將通之。」以彼證此，可知其有脱字矣。翔鳳案：執筆者非一人，非必脱「思之」二字。

〔三〕劉績云：言其得乃非鬼神之教，乃吾心之靈自覺。此語極精，學者宜深味之。

〔四〕俞樾云：「慕」乃「纂」字之誤。詩猗嗟篇「舞則選兮」，毛傳訓「選」爲「齊」，仲尼弟子傳「任不齊，字子選」，是「選」有「齊」義。韓詩作「舞則纂兮」，蓋「選」與「纂」聲近而義通。此云「纂選者，所以等事也」，正以「纂」、「選」之義並爲「齊」也。賈子等齊篇曰「撰然齊等」，是其義也。「纂」與「慕」字形相似，因而致誤。尹注曰「或占慕之，或選擇之」，失其義矣。劉師培云：「慕選」與「極變」對文。「慕」疑「綦」訛，綦亦極也。「選」當訓齊。翔鳳案：荀子王制「案謹募選閱材伎之士」，注：「募，招也。選閱，揀擇也。」是「慕選」即「募選」。七法「器成卒選」，與此「選」字同義。説文：「慕，習也。」義爲模倣之模。楚辭懷沙「邈不可慕兮」，淮南原道訓「誘慕於名位」，皆訓爲求，舊注誤。又荀子議兵「招延募選」，則「募選」爲當時習用之名詞。古本改「暮」，則妄矣。

〔五〕戴望云：内業篇作「唯執一之君子能爲此乎」，此文當有脱字。吳汝綸云：句上當有「唯」字。翔鳳案：依文意可作「是謂執一之君子」。然非古語，不能用「是謂」。若用

「唯」而無補足，亦不妥，故知無誤字。

心安，是國安也。聖心安，是國安。心治，是國治也。聖心治，是國治。治也者，心也。安也者，心也。理與安一在於心，然後國從也。治心在中〔一〕，理心在於適中也①。治言出於口，則無口過。治事加於民。則無枉事。故功作而民從，則百姓治矣。功成人服，非理而何？所以操者，非刑也。所以危者，非怒也。刑雖能操，怒雖能危，比之於道，猶爲末功。物不能離，道無不操，違道必危，是無不危也。民人操，百姓治，道其本至也。必每人皆操道，然後百姓理。如此，別道爲人本，豈不至哉！至不至無〔二〕，無，虚也。所謂至者，虚之道也。非所人而亂〔三〕。非至虚而爲天下主，必亂。凡在有司執制者之利，非道也〔四〕。有司執制，常棄本逐末②，滯於刑政，非道也。聖人之道，若存若亡。迎之不見其首，隨之不見其後，故曰若存若亡也。援而用之，殁世不亡〔五〕，道無形也，無形則無盡時，故殁世不亡也。與時變而不化；應物而不移，日用之而不化〔六〕。無形則無變移之時。

〔一〕翔鳳案：内業「治心在於中，治言出於口，治事加於人」，三句全同，惟「民」字避諱改作「人」，

① 「適中」原作「中適」，據補注乙。
② 「末」字原作「求」，據補注改。

「在」下當有「於」字。

〔二〕張文虎云：「至不至」疑當作「本不至」，承上句而言也。尹注以「至不至無」爲句，文不成義，「無」字當衍。 吴汝綸云：此有脱亂。 翔鳳案：郭沫若釋「不」爲「丕」，是也。「有無」之「無」本作「⿱卌林」，豐也。「林」者木之多也，「卌」與「庶」同意。 周書曰「庶草繁廡」，二字又混。

〔三〕張文虎云：「非所人而亂」，謂不能人其人也。 許維遹云：「所」猶其也，「而」猶則也。 翔鳳案：許説是。 書牧誓「爾所弗勖」，即「爾之弗勖」。「之」、「其」古籍同用。 至丕至豐，非其人則亂。 郭沫若釋「亂」爲「治」，非是。

〔四〕何如璋云：「利」當是「則」字，言有司所執制者之法度，不可云「道」。

〔五〕戴望云：「没世不亡」，「亡」當作「忘」，古字通。

〔六〕安井衡云：「不化」不當重出，下「化」疑當作「傷」，與「亡」、「强」、「方」、「明」爲韻。 内業無「日用」一句。 翔鳳案：没世不亡，故與時變而不化。應物不移，故日用之而不化。 語意不同，非重出。

人能正靜者，筋肕而骨强〔一〕。 能靜則和氣全，故筋骨肕强也。 能戴大圓者，體乎大方。 必體大方，然後能戴大圓。 鏡大清者，視乎大明〔二〕。 必視大明，然後能鏡大清。 正靜不失，日新其德，正靜者，則理順而功立，故其德日新。 昭知天下，通於四極。 既知天下，則遠通四極。**金心在中不可匿**〔三〕，金之爲物彌精，心之爲用彌明，故比心於金。中苟有如金之心，則徵見於外，不可隱匿之也。**外見於形容，可知於顏色**〔四〕。其見於外，或在形容，或在顏色。**善氣迎人，親如弟兄；惡氣迎人，害於戈兵。不言之言，聞於雷鼓**〔五〕。至道之君，常言之言，則人無不聞，故同於雷鼓。**金心之形**〔六〕，**明於日月，察於父母。**金心無不耀，無不知，故明於日月，察於父母。知子無若於父母，故以言焉。**昔者明王之愛天下，故天下可附；暴王之惡天下，故天下可離**〔七〕。**故貨之不足以爲愛，刑之不足以爲惡。貨者，愛之末也；刑者，惡之末也**〔八〕。愛惡以爲心本也，故貨刑爲末也。

〔一〕李哲明云：「肕」與「韌」同。通俗文：「柔堅曰肕。」「肕」之言柔也。內業云：「筋信而骨强。」「信」同「伸」。「肕」從其體言，「伸」從其用言也。

〔二〕安井衡云：內業「體」作「履」，兩通。陶鴻慶云：此文當作「戴乎大圓，體乎大方，鏡乎大清，視乎大明」，今本衍「能」字，兩「者」字蓋涉上句「人能正靜者，筋韌而骨强」而誤也。「圓」、「方」、「清」、「明」義當平列，即上文所謂「日月之與同光，天地之與同理」也。內業篇云「乃能戴大圓而履大方，鑒於大清，視於大明」，義亦平列，可知此文之誤。尹注順誤解之，於義難通。

翔鳳案：「能」字兩句公用，無誤字。

〔三〕俞樾云：尹注曰：「金之爲物彌精，心之爲用彌明，故比心於金。」此説迂曲，誠不可從。劉氏績謂當依内業篇作「全」。今按：内業篇「全心在中，不爲蔽匿」，此劉所據也。又曰「心全於中，形全於外」，則所謂「全心」者，或即「心全」之説。然「心全於中」文義俱全，「全心在中」則有未安矣。内業篇又曰：「正心在中，萬物得度。」疑「金心」、「全心」皆「正心」之誤，「正」誤爲「全」，「全」又誤爲「金」耳。「正心」者，誠心也。論語述而篇「正唯弟子不能學也」，鄭注曰：「魯讀『正』爲『誠』。」是「正」與「誠」古得通用。「誠心在中」，則自不可得匿矣，所謂「有諸内必形諸外」也。下文「金心之形，明於日月，察於父母」，義亦同此。翔鳳案：「全心」不可通，如俞説。然隸書「正」與「金」絶遠，許以篆形相近釋之。然管書漢初校時用隸，不用篆書。此知其一而不知其二也。釋名釋天：「金，禁也。氣剛毅能禁制物也。」荀子正論云「金舌弊口，猶將無益也」，注：「或讀爲噤。」金人銘「三緘其口」，即禁口之義。心噤而不言，然不可匿。以音近假爲「全」，漢書灌夫傳注：「『金』或作『全』。」此如老子之「全」或作「朘」，離騷之「荃」或爲「蓀」也。

〔四〕王念孫云：「可知於顔色」本作「知於顔色」，「知」亦見也，謂外見於顔色也。呂氏春秋報更篇「齊王知顔色」（「知」下當有「於」字），高注曰：「『知』猶發也。」自知篇「文侯不説，知於顔色」，注曰：「『知』猶見也。」淮南脩務篇曰「奉爵酒，不知於色，挈石之尊，則白汗交流」，趙策曰「趙王不説，形於顔色」，或言「形」，或言「知」，皆發、見之謂也。「見於形容」，「知於顔色」，互文耳。今本「知」上有「可」字者，後人不曉「知」字之義而加之也。又内業篇「全心在中，不可蔽匿，和於形容，見於顏色」，劉曰：「『和』乃『知』字誤。」案劉說得之。「知」與「見」亦互文耳。今本作「和」者，亦後人不曉「知」字之義而改之也。（齊策「齊王知於顏色」，今本作「和其顏色」，亦後人所改。） 翔鳳案：王說有理，然「可知」二字見論語，非必衍文。

〔五〕劉績云：「戈」，內業作「戎」。「不言之言」，內業作「不言之聲」。

〔六〕安井衡云：「金」亦當爲「全」。「金心」，內業作「心氣」。 翔鳳案：「金」訓禁，見前。

〔七〕張文虎云：「王」疑當作「主」，下「暴王」同。 俞樾云：兩「之」字，皆「心」字之誤。此承上文「正心之形，明於日月，察於父母」而言。「正心」者，誠心也。言明王誠心以愛天下，故天下可附；暴王誠心以惡天下，故天下可離也。下云「故貨之不足以爲愛，刑之不足以爲惡，貨者愛之末也，刑者惡之末也」，正見愛惡之在於心耳。若但云「明王之愛天下」，「暴王之惡天下」，安見其愛不以貨，惡不以刑乎？

〔八〕俞樾云：「貨」字乃「賞」字之誤，「賞」與「刑」相對爲文，今作「貨」則不倫矣。內業篇云：「賞不足以勸善，刑不足以懲過。」彼篇文義多與此同，可據以訂正。 翔鳳案：賞即用貨，不必據彼改此。

凡民之生也，必以正乎〔一〕！ 正乎則能保全其生。 所以失之者，必以喜樂哀怒。 喜樂哀怒過常，則失其主。 節怒莫若樂〔二〕，節樂莫若禮， 樂主和，故能節怒。 守禮莫若敬。 禮者，敬而已矣，故敬能守禮也。 外敬而內靜者，必反其性。 外敬則合禮，內靜則循察，故能反其性。豈無利事哉？我無利心。豈無安處哉？我無安心。亦既反性，則忘其利安，雖有利事安處，蔑不足資也。心之中又有心，動亂之心中，又有靜正之心也。意以先言。意感而得言。意然後刑，意感其事，然後呈形。刑然后思，有形則理可尋，故思之也。思然后知。思然後得理，故能知也。凡心之刑，過知先王〔三〕，是故內聚以爲原。泉之不竭，內聚思慮，則用之不窮，猶泉之有源，其可竭哉。表裏遂通；泉之不涸，四支堅固。內和則外道，表裏無擁，故若泉之不涸，而四支堅固也。能令用之，被服四固。但能用此道者，則四支堅固，被及其身也。是故聖人一言解之，上察於天，下察於地〔四〕。解則無不通物，故能窮於上下。

〔一〕翔鳳案：「乎」爲詠歎之詞，與上文六「乎」字同。趙本改爲「平」，誤矣。

〔二〕劉績云：內業作「止」。翔鳳案：此「樂」爲禮樂，下文「節樂」，則爲快樂也。

〔三〕翔鳳案：「刑」與「形」通，見前。改本非是。「王」讀旺，本書多有，孟子屢用，乃當時之通言也。趙本改「先王」爲「失主」，誤矣。

〔四〕劉績云：內業作「內藏以爲泉原」，此缺一「泉」字。王念孫云：「以爲原」，當依內業篇作「以爲泉原」，下文「泉之不竭」，即承此句言之。劉以爲缺「泉」字，是也。「表裏遂通」，「通」當爲「達」，「達」與「竭」爲韻。（內業篇亦誤作「通」。）「被服四固」當爲「被及四圄」，據尹注但言「被及」而不言「被服」，則正文本作「被及」明矣。「服」字右半與「及」相似，故「及」誤爲「服」。（僖二十四年左傳「子藏之及，不稱也夫」，今本「及」誤作「服」。）「圄」與「固」亦相似，又涉上文「堅固」而誤耳。「圄」即「圉」字也。（說文「囹圉所以拘罪人」，今經傳皆作「囹圄」。左氏春秋定四年「衛孔圉」，公羊作「孔圄」。淮南人間篇「使馬圉往説之」，論衡逢遇篇「圉」作「圄」。）孫炎注爾雅曰：「圉，國之四垂也。」此言「被及四圄，察於天地」，内業篇言「窮天地，被四海」，其義一也。不言「四海」，而言「四圄」者，變文協韻耳。「一言解之」，當依内業篇作「一言之解」，「解」與「地」爲韻。尹注皆非。俞正燮云：此及内業篇皆韻語，漢人改「徹」爲「通」。翔鳳案：「通」本爲「徹」，是也。王改爲「達」，非是。二句爲韻，何必破一句爲二句而加字乎？「四支」即「四肢」。用令爲内聚。房注「堅固被及其身」，不誤，即老子之「筋强而握固」。改爲「圄」，大誤。

白心第三十八

短語十二

翔鳳案：「白心」之「白」，即老子「大白若辱」，心清静也。

建當立凡所建必建其當立者也。**有，以靖爲宗，**静則思慮審，爲建事之宗。**以時爲寶，**建事非時，雖盡善不成，時爲事寶也。**以政爲儀，**政者所以節制其事，故爲儀。**和則能久**〔一〕。

又必當和同，然後能久也。非吾儀，雖利不爲。非吾當，雖利不行〔二〕。非吾道，雖利不取。凡此雖曰有利，非吾儀也，當也，道也，故皆不爲之也。上之隨天，其次隨人。所謂應天順人也。人不倡不和，人倡而和，事無不成也。天不始不隨，後天而奉天時①，天時則舉無不達②也。故其言也不廢，其事也不隨〔三〕。原始計實，本其所生，知其象則索其刑，謂君之出言，人乃順而不廢，其行事則有不隨。若此者，當原其初始，計其理實，尋本其所生，則其象可知。象既可知，則其形可索也。緣其理則知其情，順理則情自見。索其端則知其名。索端則名自形。故苞物衆者莫大於天地，萬物共在天地之中。化物多者莫多於日月，日，陽也。月，陰也。物皆禀陰陽之氣然後化之也。民之所急莫急於水火。一日無水火，則生理或有不全。然而天不爲一物枉其時，冬不爲松栢不凋輟其霜雪，夏不爲薺麥枯死止其雨露也。明君聖人亦不爲一人枉其法〔四〕。周公不以管、蔡之親休其誅、放也。天行其所行而萬物被其利，冬行霜雪，夏行雨露，故萬物利也。聖人亦行其所行而百姓被其利，行賞於善人，行罰於凶人，故天下清而百姓蒙利也。是故萬物均既誇衆矣〔五〕。誇，大也。天與聖人無私，

---

① 「時」字原作「則」，據補注改。

② 「天時」二字原無，據補注增。「達」字原作「違」，據補注改。

故萬物均蒙其利，既大而且衆也。**是以聖人之治也，靜身以待之，物至而名自治之**〔六〕。循名責實，則下無隱情，故理。**正名自治之，奇身名廢**〔七〕，奇，謂邪不正。音飢。**名正法備，則聖人無事**〔八〕。正名法備，則事無闕滯，故聖人無事也。**不可常居也。居必有時而遷。不可廢舍也，**廢舍則百度弛紊也。**隨變斷事也，**居變則不擁塞也。**知時以爲度**〔九〕。事非其時，則不成也。**大者寬，小者局，**寬則有餘，局則不足。**物有所餘，有所不足。**以有餘補不足，則事平理均也。

〔一〕王念孫云：尹説甚謬，「當」當爲「常」，「有」當爲「首」，皆字之誤也。「建常立首」爲句，「以靖爲宗」爲句。「首」即「道」字也，「道」字古讀若首，故與「寶」、「久」爲韻。（凡九經中用韻之文，「道」字皆讀若首，楚辭及老、莊諸子竝同。説文：「道，從辵首聲。」今本無「聲」字者，二徐不曉古音而削之也。「道」字古讀若首，故與「首」通，秦會稽刻石文「追道高明」，史記秦始皇紀「道」作「首」，是其證也。「寶」字古讀若缶，故説文「寶」從缶聲。大雅崧高篇「以作爾寶」，與「舅」、「保」爲韻。「保」亦讀若缶。管子侈靡篇「百姓無寶」，與「首」爲韻。呂氏春秋侈樂篇「不知其所以知，之謂棄寶」，與「道」、「咎」爲韻。韓子主道篇「靜退以爲寶」，與「道」、「巧」、「咎」爲韻。「巧」讀若「糗」。）「建常立道」者，「建」亦「立」也。立之而可行，謂之道；立之而可久，謂之常，其實一也。靜以守之，時以成之，正以準之，則常可建而道可立矣。故曰「建常立道，以靖爲宗（「靖」與「靜」同），以時爲寶，以政爲儀」也。（「政」與「正」同。「儀」，法也。言以正爲法也。尹以「政」爲政事之政，亦非。）下文「非吾當」，「當」字亦當爲「常」。「非吾儀」，「非吾常」，「非吾道」，即承此文「建常立道，以政爲儀」而言。下文又云：「置常立儀，能守貞乎？常事通道，能官人乎？」亦承此文而言。又正篇「當故不改曰法」，「當」亦當爲「常」。（尹注同。）法一成而不改，故曰「常故不改曰法」。何如璋云：舊注以「當立」爲句，非。朱氏榷連下「有」字爲句。按「當」乃「常」字，「立」乃「无」字，以形近而誤。莊子天下「建之以常無有」，是其證。「建」，立也。「無有」，虚也。惟道集虚，故建之以爲本。張佩綸云：王氏讀「當」爲「常」是也，改「有」爲「首」非。「建當立有」當作「建常無有」。（「立」乃「无」之壞，且涉下「靖」之半而誤。）莊子天下篇：「以本爲精，以物爲粗，以有積爲不足，澹然獨與神明居，古之道術有在於是者，關尹、老聃聞其風而悦之，建之以常無有，主之以太一，以濡弱謙下爲表，以空虚不毁萬物爲實。關尹曰：『在己無居，形物自著，其動若水，其靜若鏡，其應若響。芴乎若亡，寂乎若清，同焉者和，得焉者失。未嘗先人而常隨人。』老聃曰：『知其雄，守其雌，爲天下谿。知其白，守其辱，爲天下谷。』人皆取先，己獨取後，曰『受天下之垢』。人皆取實，己獨取虚。無藏也故有餘，巋然而有餘。其行身也徐而不費，無爲也而笑巧。人皆求福，己獨曲全，曰『苟免於咎』。以深爲根，以約爲紀，曰『堅則毁矣，鋭則挫矣』。常寬容於物，不削於人，可謂至極。關尹、老聃乎，古之博大真人哉！」案：莊子所稱關、老之道術，於此篇大旨皆同。是關、聃實出於管之一證。今全録之以資參考。中庸引

「詩曰『上天之載，無聲無臭』，至矣」，即此之「常無有」也。「無有」，謂無心而成化，非道家獨任清虛之謂，不可不辨。「靖」與「靜」同（王説）。「政」即「正」，「儀」即「義」。「以正爲義，和則能久」，文言曰：「利者，義之和也。」又曰：「利物足以和義。」　陶鴻慶云：王説是也，然此乃隔句爲韻，而首句用韻爲他書所罕見，疑「建常立道」句當在「以政爲儀」句下。「和」乃「利」字之誤。其文云「以靖爲宗，以時爲寶，以政爲儀，建常立道，利則能久」，「儀」也，「常」也，「道」也，文異而義同。而「建常立道」爲主靖待時以後之事，故下文云：「置常立儀，能守貞乎？常事通道，能官人乎？」亦以「儀」與「常」、「道」比次成文，與此文合。「則」猶乃也，「利則能久」承上四句言之，言如是者其利乃能久也。下云「非吾儀，雖利不爲，非吾常（今誤作「當」，從王氏改），雖利不行，非吾道，雖利不取」，正與此云「利則能久」反覆相明，故知今本「和」當爲「利」，且亦以「儀」、「常」、「道」三字比次爲文，尤足明首句之誤倒矣。　翔鳳案：下文「非吾當，雖利不行」，改爲「常」則失其義，「當」不宜改，明矣。老子「有之以爲利」，下文「利」字即承「有」言之。且以靖爲宗，「無有」何須靖？知改字者之不合矣。

〔二〕王念孫云：「當」當爲「常」（説見上文）。　翔鳳案：王説誤，見前。

〔三〕王念孫云：「隨」當爲「墮」，字本作「隓」。方言曰：「隓，壞也。」呂氏春秋必己篇注曰：「墮，廢也。」「不廢」、「不墮」義正相承。今作「不隨」者，涉上文「不始不隨」而誤。尹注非。

〔四〕丁士涵云：「明君」二字衍。下文但言「聖人」，即蒙此文言之，不當有「明君」二字。張佩綸云：「法」當爲「治」，字之誤也。「時」、「治」、「利」爲韻。翔鳳案：不枉法何必聖人，明君亦有之，二字不誤。

〔五〕吴汝綸云：「是故」句有奪誤。張佩綸云：「既誇」當作「百姓平」，「皀」上有「百」字之迹，「姓」字女篆似母，展轉成誤，「丂」似「夸」字。翔鳳案：郭沫若釋「既」爲「餼」，甚妙；然中庸鄭注，「既」讀爲餼，本非一字。説文：「既，小食也。」論語：「不使勝食既。」「食」爲正餐，「既」爲小吃，可單用。「誇」通「侉」通「夸」。書畢命：「驕淫矜侉。」漢書楊僕傳：「懷銀黄垂三組，夸鄉里。」説文：「夸，奢也。」「誇衆」即「奢衆」，多而且衆也。不改字而義通順。惟上下句不均稱，古人爲文，不尚排偶，何必對稱耶？

〔六〕王引之云：「名自」二字，因下文「正名自治」而衍。「物至而治之」，謂事來而後理之也。尹注以「循名責實」解之，則所見本已衍「名自」二字。陶鴻慶云：「物至而名自治之」本作「物至而名之」，「自治」二字涉下句而誤衍也。下文「正名自治」云云，即承此言。下文又云「上聖之人，口無虚習也，手無虚指也，物至而命之耳」，「命」亦「名」也，文義正與此同。王氏云當作「物至而治之」，非是。翔鳳案：「自治之」，不假他人之力，承上文「静身以待」，無誤字。

〔七〕王念孫云：此皆以四字爲句，「治」下「之」字，涉上文「物至而治之」而衍，「奇身名廢」當作「奇名自廢」，「自」與「身」相似，又因上文兩「身」字而誤爲「身」，又誤倒於「名」字之上耳。尹注曰：「奇，謂邪不正也。」「正名自治，奇名自廢」相對爲文，謂名正則物自治耳，不正則物自廢也。樞言篇曰「名正則治，名倚則亂」，是其證矣。翔鳳案：方言：「倚、踦，奇也。自關而西，秦、晉之閒，凡全物而體不具謂之倚，梁、楚之間謂之踦。」「體不具」即「奇身」，「身」字不誤。正其名而自治之，體不具而名廢，一字不誤。古今語言不同，以「奇身」二字不習見而改之，王氏常有此病。

〔八〕張佩綸云：「法」亦當作「治」，承上「自治」、「治」、「廢」、「備」、「事」爲韻。翔鳳案：荀子正名：「其民莫敢託爲奇辭以亂正名，故壹於道法而謹於循令矣。」法與正奇之關係如此。「法」字不誤。

〔九〕張佩綸云：似當作「隨變以斷事」。翔鳳案：三「也」字句平列，總之曰「知時以爲度」，改之則意義全非。

兵之出，出於人。人爲兵本。其人入，入於身〔一〕。兵而有功，人其賞賜，必反於身。兵之勝，從於適。適，和也。所謂師克在和也。德之來，從於身〔二〕。脩身則德立也。故曰：祥於鬼者義於人。義於人者，則鬼祐之，以福祥也。兵不義，不可〔三〕。兵不義而還自害，故不可。强而驕者損其强，弱而驕者亟死亡。違禮而驕，無施而可。弱而驕者，則又其戾焉。死之速，不亦宜乎！强而卑，義信其强。信，音申。弱而卑，義免於罪〔四〕。是故驕之餘卑，於驕有餘則弱，弱則卑也。卑之餘驕。於卑有餘則强，强則又①驕。道者，一人用之，不聞有餘；理纔用於一人。天下行之，不聞不足。無不足於其人。此謂道矣。多少皆②足者道也。小取焉則小得福，大取焉則大得福，盡行之而天下服。殊無取焉，則民反其身，不免於賊〔五〕。殊無取焉，則動皆違道，故人反背之而賊害也。左者，出者也。左爲陽，陽主生，故爲出也。右者，入者也。右爲陰，陰主死，故爲入也。出者而不傷人，入者自傷也〔六〕。出者既主生，則不當傷人。違而傷人，是還自傷。不日不月而事以從〔七〕，但循道而往，不計日月，事已從而成也。不卜不筮而謹知吉凶。順道則吉，違道則凶，豈須卜筮後知乎？是謂寬乎刑，徒居而致名。守道者，靜默而已，故其身寬閑，徒然而居，能致令名。去善之言，爲善之事〔八〕，事成而顧反無名〔九〕。若能去言善，直能爲善事，其事之成，顧反之者默然無名也。能者無□，從事無事〔一〇〕。深能其事者，必不求名，然其從事安然閑暇，若無事然也。審量出入，而觀物所載。謂凡出命令，當觀物載之所堪，然後當量而出之也。孰能法無法乎？始無始乎？終無終乎？弱無弱乎〔一一〕？凡此皆謂爲而忘之者也。故曰：美

① 「又」字原作「天」，據補注改。
② 「皆」字原作「昔」，據補注改。

哉弟弟。弟弟，興起貌。謂能爲而不爲，有契於道。如此，則功美日興，故曰「美哉弟弟」。**故曰：有中有中，**舉事雖得其中，而不爲中，乃是有中也。**孰能得夫中之衷乎**〔一二〕？得於中之損折中者，其唯忘中乎。**故曰：功成者隳，名成者虧**〔一三〕。**故曰：孰能棄名與功，而還與衆人同？**君棄功名，則與衆不異。同於物者，誰能害之者也！**孰能棄功與名，而還反無成？**棄功名，則無所成名。**無成有貴其成也**〔一四〕，能貴無成，乃是成也。**有成貴其無成也。**若其貴成，乃是無成。**日極則仄，月滿則虧。極之徒仄，滿之徒虧，**謂月。**巨之徒滅。**謂能立大功也。**孰能已無已乎？效夫天地之紀**〔一五〕。天地忘形者也。能效天地者，其唯忘己乎！

〔一〕王念孫云：「其人」之「人」，涉上句「人」字而衍，尋尹注亦無「人」字。翔鳳案：説文：「兵，械也。」非指士卒。人出手執兵，故曰「出於人」。其人以兵入人身而傷之，故曰「入於身」，非誤字。

〔二〕洪頤煊云：「適」，古「敵」字，言兵之勝則從於敵，德之來則從於身，「敵」與「身」對言之。上文「兵之出出於人，其入入於身」，亦以「人」與「身」對言，二句文義正相承。尹注非。張佩綸云：樞言「故德莫如先，應敵莫如後」，此即其義。「適」、「敵」通，元注誤。「從適」，孟子：「量敵而後進，慮勝而後會。」翔鳳案：幼官西方尚劍，南方尚戟，各方異，是爲

「適」。

〔三〕張文虎云：「不可」下當有脱字。尹桐陽云：呂覽禁塞：「兵不義，攻伐不可，救守不可。」翔鳳案：幼官「數勝則君驕，積衆勝無非義者」，可參看。

〔四〕丁士涵云：兩「義」字當作「者」，與上文兩「者」字一例。「信」，古「伸」字。翔鳳案：强而謙恭，有義則伸其强。弱而謙恭，則免於罪。如楚莊王伐鄭，鄭伯肉袒牽羊以迎，莊王赦之也。

〔五〕安井衡云：「殊」，絶也。絶無取於道則民反之，終不免於賊殺也。戴望云：「民」當讀爲泯，詩桑柔傳曰：「泯，滅也。」「反」，「及」字之誤。「泯及其身」者，言滅亡之禍必及其身也。左氏昭十八年傳：「里析曰：吾身泯也。」顔昌嶢云：無道之人則民亦以無道反還其身，且不免加之以殺害。易繫辭曰：「無交而求則民不與也，莫之與則傷之者至矣。」易曰：『莫益之，或擊之，立心勿恒，凶。』」即此義也。

〔六〕安井衡云：古本「入者」下有「而」字。俞樾云：此本作「出者而不傷人，傷人者自傷也」，今本奪「傷」字，「入」即「人」字之誤。尹注曰：「出者既主生，則不當傷人，違而傷人，是還自傷也。」注中有兩「傷人」字，知正文必有兩「傷人」字，注中無「入」字，知正文亦無「入」字矣。張佩綸云：詩裳裳者華「左之左之，君子宜之；右之右之，君子有之」，傳：「左，陽道，朝祀之事；右，陰道，喪戎之事。」逸周書武順篇：「吉禮，左還順天以利本；武禮，右還順地以利兵。」老子：「吉事尚左，凶事尚右。」郭嵩燾云：此不當據注以改正文，上文「兵之出，出於人，其入，入於身」，此正相承爲文。兵法前左下、後右高，下者在前，高者在後，在前曰出，在後曰入，蓋兵道尚右者也，主將之所司也。無殺敵致果之將則兵將危。「出者」主傷人者也，而不傷人，正作轉語。尹注以「出者主生」爲言，恐失之。翔鳳案：齊尚左，詳宙合，故左出右入。

〔七〕張佩綸云：説苑反質篇：「信鬼神者失謀，信日者失時。何以知其然？夫賢聖周知能不時日而事利；敬法令，貴功勞，不卜筮而身吉；謹仁義，順道理，不禱祠而福。」淮南本經訓：「是以不擇時日，不占卦兆，不謀所始，不義所終。」

〔八〕劉績云：「去」乃「云」字誤。言云善言、爲善事。張佩綸云：莊子知北游篇：「至言去言，至爲去爲。」呂氏春秋精諭篇：「至言去言，至爲去爲。」劉改「去」爲「云」，非是。翔鳳案：左閔二年傳「衛侯不去其旗」，注：「藏也。」通作「弃」，非誤字。「至言去言」與此文不類。

〔九〕劉績云：「反無名」，即下文「能者無名」也。王念孫云：郭璞注穆天子傳云：「顧，還也。」下文曰：「孰能弃功與名，而還反無成。」

〔一〇〕何如璋云：「者」字乃「名」之譌，與下句對。謂能名於無名之名而盡有其實，從事於無事之事而不懈其功。翔鳳案：□爲缺文，可見宋本不輕以意定字。各本作「名」，均妥。房注「深能其事者必不求名」，有「求」義，非必「名」字也。

〔一一〕張佩綸云：「法」當作「爲」，「灋」與「爲」形近。「弱」當作「窮」。淮南子道應篇無窮、無始、無爲相問答，是其證。「爲」、「始」韻，「終」、「窮」韻。顔昌嶢云：「弱」疑「爲」之誤，古「爲」字作「[illegible]」，與「弱」相似而誤。翔鳳案：「弱」讀溺，義仍作弱，與「載」、「事」、「始」、「弟」爲韻，不必紛紛改字。

〔一二〕劉績云：此即前「心之中又有心」意，注非。王念孫云：尹説殊不可解，劉説近之。今案：「有中有中」當作「中有有中」，上「有」字讀爲「又」。（經傳通以「有」爲「又」。）「中又有中」者，中之中又有中也。下句云「孰能得夫中之衷乎」，是其明證矣。内業篇云「心以藏心，心之中又有心焉」，義與此同。「中有」二字誤倒，故尹不得其解而强爲之詞。俞樾云：此本作「不中有中」，故尹注曰：「舉事雖得其中，而不爲中，乃是有中也。」今誤作「有中有中」，義不可通。陶鴻慶云：俞説較王氏爲碻，而下句之意不甚相屬。今案：下句「夫」乃「无」字之誤。元文本云「不中有中，孰能得無中之中乎」，尹注云「得於中之損折中者（此句有誤），其唯忘中」，即解正文之「无中」也。下文「孰能已無已乎」，注云：「能效天地者其唯忘己乎？」此以「忘中」解「无中」，猶彼以「忘己」解「無已」，是尹所見本尚不誤。翔鳳案：「孰能得夫中之衷乎」，即釋「有中有中」之義。蓋上「中」字同，下「中」字則以「衷」釋之也。左閔二年傳「衣，身之章也。佩，衷之旗也」，注：「旗，表也。衷，中也。」衷爲裏褻衣，故爲中之中。王謂「中之中又有中」，是也。然非誤字。

〔一三〕何如璋云：莊子山木「大成之人曰：自伐者無功，功成者墮，名成者虧。孰能去功與名而還與衆人」，本此。翔鳳案：「故曰」爲成語，此文可證。上文「故曰」亦爲成語，特今不可考耳。郭沫若謂「故曰」二字當衍，已知其誤。

〔一四〕王念孫云：「有貴其成」當作「貴其有成」，與下文「貴其無成」相對。「無成貴其有成」者，功未成則貴其有成也。「有成貴其無成」者，功成而不有其功，即上文所云「弃功與名，而還反無成」也。尹注皆非。翔鳳案：成則有虧，文意一字不誤。郭沫若謂：「王校適得其反。」

〔一五〕安井衡云：諸本「亡己」作「無已」。舊注云「能效天地者其唯忘己乎」，據此，下「己」作自己之己，「無」作「亡」，讀爲忘也。王念孫云：「己無己」當作「亡己」，「亡」與「忘」同。（韓子難二「晉文公慕於齊而亡歸」，趙策「秦之欲伐韓梁，東闚於周室甚，唯寐亡之」，竝與「忘」同。荀子勸學篇「怠慢忘身，禍災乃作」，大戴禮「忘」作「亡」。吕氏春秋權勳篇「是忘荆國之社稷，而不恤吾衆也」，韓子十過篇「忘」作「亡」。史記主父傳「天下忘干戈之事」，漢書「忘」作「亡」。）言唯忘己之人，能效天地之紀也。尹注云「天地忘形者也。能效天地者，其唯忘己乎」，是其證。莊子天地篇云「有治在人，忘乎物，忘乎天，其名爲忘己，忘己之人，是之謂入於天」，意與此同也。今本作「己無己」者，俗書「亾」字作「亡」，與「己」相似，下文又有「己」

字，故「亾」譌爲「己」，兩「己」之間又衍「無」字，（「無」字涉上文「無成」而衍。）遂致文不成義。俞樾云：「已無已」猶云「吾喪我」也。尹注曰「能效天地者，其忘己乎」，此乃説其義如此。王氏念孫謂「『已無已』當作『忘己』」，非是。何如璋云：「已無已」者，周而復始，往而復來，故可以法夫天地之紀也。詩周頌：「維天之命，於穆不已。」禮中庸：「純亦不已。」張佩綸云：「已無已」，即上之「始無始，終無終」，中庸所謂「至誠無息」是也。「詩云『維天之命，於穆不已』，蓋曰天之所以爲天也；『於乎不顯，文王之德之純』，蓋曰文王之所以爲文也純亦不已。」「已無已」即「不已」之義，讀爲人己之己非矣。翔鳳案：「已無已」，不已而已之也，不使其太過也。

人言善亦勿聽，人言惡亦勿聽。譽之不勸，非之不沮。持而待之，空然勿兩之〔一〕，淑然自清〔二〕，但無心而待，則淑然和美，善惡自清也。無以旁言爲事成〔三〕。察而徵之無聽辯，無以旁譽之言①以爲事成功，無聽其利口之辯言悦之也。萬物歸之，美惡乃自見。萬物之歸，當順而容②之，其美之與惡，終自顯見也。天或維之，地或載之。天莫之維則天以墜矣，地莫之載則地以沉矣。夫天不墜，地不沉，夫或維而載之也夫。天張於上，地設於

① 「言」下原衍「則」字，據補注删。
② 「容」字原作「客」，據補注改。

下，自古及今而不沉墜者，必有神靈維載之故。**又況於人，人有治之，辟之若夫靁鼓之動也。**必有以而動也。**夫不能自搖者，夫或搖之**〔四〕。無識之物，皆不能自搖。有時而動，則物搖之也。**夫或者何？若然者也**〔五〕。風有時搖動，誰使然也？**視則不見，聽則不聞，**謂風。**洒乎天下滿**〔六〕，風之洒散滿天下也。**不見其塞。**風無擁塞時也。**集於顏色，**寒者遇風則色慘，熱者遇之則清也。**知於肌膚**〔七〕，惟肌膚能覺風。**責其往來，莫知其時。**責問其往來，則不得正時。**薄乎其方也，**謂遇方則爲方。**韕乎其圜也，**韕，復貌。謂遇圓則爲圓也。**韕韕乎莫得其門**〔八〕。雖復圓轉，終不見其門也。**故口爲聲也，耳爲聽也，目有視也，手有指也，足有履也，事物有所比也。**今夫口手目足各有其在，非徒然也，必精神之比。夫事物之動搖，則風使之然，然求風則不得，語神亦不見之也。**當生者生，當死者死，**或死或生，亦神爲之主。**言有西有東，各死其鄉**〔九〕。雖其所居有東西之異，至於各死其鄉，則無不均也。

〔一〕張佩綸云：「勿兩之」，元本無「勿」字，是。中庸「舜好問而好察邇言，隱惡而揚善，執其兩端，用其中于民」，即此意。「人言善」、「人言惡」，乃毁譽也。翔鳳案：易說卦：「參天兩地而倚數。」周禮大宰：「以九兩繫邦國之民。」「兩」均訓耦。「勿兩之」，勿與爲耦。即言善不以爲善，言惡不以爲惡也。

〔二〕李哲明云：「淑」疑爲「踧」字，即「寂」字。讀者多見「淑」，少見「踧」，因改「淑」耳。「踧」與上

「空然」、下「自清」義皆相成。作「淑」非其義。翔鳳案：說文：「淑，清湛也。」「湛」、「沈」古今字，猶言深沈也。雜質沉澱則清矣。「踧，嗼也。」「嗼」通「莫」。左昭二十八年傳「莫然清靜」，爲寂寞無聲，與清澈不同，李說誤。

〔三〕何如璋云：言不以旁觀之言爲事之有成。張佩綸云：廣雅：「旁，大也。」「旁言」猶大言。翔鳳案：旁言爲謗。說文「謗，毀也」，段注：「謗之言旁也。旁，溥也。大言之過其實。」即上文棄善言惡也。

〔四〕王念孫云：「搖」當爲「摿」，「摿」古「搖」字也（見七法篇「擔竿」下）。隸書「摿」字或作「捨」（漢書司馬相如傳「消搖乎襄羊」），因譌而爲「捨」。淮南兵略篇「推其摿摿，擠其揭揭」，「摿」亦「摿」字之譌。本書七法篇「摿竿而欲定其末」，「摿」字又譌作「擔」。蓋世人多見「搖」，少見「摿」，故傳寫多差也。朱本徑改「摿」爲「搖」，則非其本字矣。翔鳳案：檀弓「夫夫也，爲習於禮者」，注：「猶言此丈夫也。」下「夫」字作代詞用，與此文合。

〔五〕劉績云：「或者」，指上「或搖之」之「或」。言天地尚有所以維載者，況人豈無治之者？故問治之者狀。下遂詳無聲無臭之妙，而口耳目手足等本之。注皆非。

〔六〕丁士涵云：「滿」字衍。上下文皆四字爲句。

〔七〕王引之云：當作「集於肌膚，知於顏色」，「色」與上文「塞」字爲韻。（「知」訓見義，見心術篇。）翔鳳案：房注：「惟肌膚能覺風。」以觸覺訓知，其義自通，不必改易。

〔八〕丁士涵云：「韕」本作「鞟」，乃「廓」字之假借，説文有「郭」無「廓」。度地篇云：「城外爲之郭。」釋名釋宮室：「郭，廓也，廓落在城外也。」廣雅：「郭，空也。」華嚴經音義引通俗文：「廓，寬也。」釋名釋弓弩「牙外曰郭，爲牙之規廓也」，即所謂「鞟乎其圜也」。太玄玄錯云「廓無方」，即所謂「鞟鞟乎莫得其門」。安井衡云：「韕韕」，諸本作「鞟鞟」。字書無「鞟」有「韕」，引此文云：「音未詳。」樞言作「沌沌乎博而圜，豚豚乎莫得其門」，蓋沌聲、豚聲並與敦近。「韕」字以享得聲，音當同敦。然則「沌」、「豚」、「韕」三字同聲，聲同則義通，猶莊子所謂「渾沌」也。渾沌無七竅，此云「莫得其門」，其義正同，而「韕乎」之爲圜貌，即在其中矣。張佩綸云：「韕乎」、「韕韕乎」，各本上從韋，下從革，强爲分別。案上當作「鞟」，即「郭」之借字。下當從氵。淮南原道訓：「古未有天地之時，惟像惟形，窈窈冥冥，芒芠漠閔，澒濛鴻洞，莫知其門。」老子「其政悶悶，其民淳淳」，淮南道應訓引作「純純」。樞言：「沌沌乎博而圜，豚豚乎莫得其門。」「純」、「沌」形近。淮南兵略訓：「夫圓者天也，方者地也，天圜而無端，故不可得而觀，地方而無垠，故莫能窺其門。」翔鳳案：「淳」古讀敦，諸説均是，惟丁誤耳。「韋」爲柔皮，「韕」從韋聲，不從革。

〔九〕尹桐陽云：「各死其鄉」，「死」，尸也，主也。

置常立儀，能守貞乎〔一〕**？**人人理，則置之常法，立之儀則，而勿失者，可謂正乎！**常事通道，能官人乎？**有能守其常事，隨時變通，不違於道，如此者，可以官於人。**故書其惡者，**

言其薄者〔三〕。上聖之人〔三〕，聖，通也。既設法以教之，立官以主之，猶有惡薄而不化者，則書而陳之居上者，然後化而通之也。口無虚習也，手無虚指也，物至而命之口之習也，手之指也，終不徒然。必以事物之至，或以手指之，或以口命之。耳〔四〕。發於名聲，凝於體色，此其可諭者也。名聲之至，耳聽①之，内流於心，外凝結於體色。如此者，性之敏惠，故可以德義告諭也。不發於名聲，不凝於體色，此其不可諭者也。不發不凝，所謂頑鄙者也，故不可告諭也。及至於至者，教存可也，教亡可也〔五〕。謂人可誘令至於所欲至。如此者，存亡教，故教存亦可，教亡亦可也。故曰：濟於舟者，和於水矣。水和静無有波浪，則能濟舟。義於人者，祥其神矣〔六〕。與人理相宜，則神與之福祥也。

〔一〕張文虎云：「貞」疑當作「真」，與下「人」字韻。翔鳳案：「貞」在段表十一部，「人」在十二部，古音通。楚辭卜居「貞」、「人」、「清」、「盈」叶，何必改「真」然後叶乎？

〔二〕何如璋云：即上「去善之言，爲善之事」之旨。張佩綸云：齊語韋昭注：「惡，麤也。」尹桐陽云：箸書以爲世法，近於爭名，故聖人不甚喜。輪扁以書爲聖人之糟粕，而王壽焚書而舞，則惡書之尤者。聖人行不言之教，故言爲聖人所薄。「惡」、「薄」爲韻。

① 「聽」字原作「能」，據補注改。

〔三〕王念孫云：「上聖之人」四字，意屬下，不屬上，尹注非。

〔四〕劉績云：「耳」，語辭，屬上爲句。

〔五〕丁士涵云：下「至」字當作「正」。上文云「名正法備，則聖人無事」，此承「物至而命之」句，故言「至於正」也。名至於正，教亦可存可亡，所謂「聖人無事」也。張佩綸云：莊子在宥「天下將安其性命之情，之八者存可也，亡可也」。翔鳳案：「至」者，即不薄不惡之謂，非誤字也。

〔六〕安井衡云：古本「其」作「於」。王引之云：「其」當爲「於」。正文及注「神」字皆當爲「鬼」，上文曰「祥於鬼者義於人」，是也。「鬼」與「水」爲韻，後人改「於」爲「其」，改「鬼」爲「神」，則既失其義，而又失其韻矣。鬼神對文則異，散文則通，故神亦謂之鬼。定元年左傳「宋仲幾曰：『縱子忘之，山川鬼神其忘諸乎？』士伯怒，謂韓簡子曰：『薛徵於人，宋徵於鬼。宋罪大矣。且己無辭，而抑我以神，誣我也。』」或曰鬼神，或曰鬼，或曰神，其義一也。論語先進篇：「季路問事鬼神，子曰：『未能事人，焉能事鬼。』」上言「鬼神」，下但言「鬼」，言「鬼」即可以該神也。「鬼」亦訓神，無須改爲「神」字。翔鳳案：詩大東「舟人之子」，鄭謂當作「周」。「水」，黄梅讀許。「舟」、「水」叶，「人」、「神」叶，「神」字不誤。

事，有適而無適，事雖有所適，可常者若無適然。**若有適。觿，解不可解，而后解**〔一〕。雖時有適，潛默周密，人莫知其由然。結必待觿而後解。觿，所以解結也。**故善舉事者，國人**

莫知其解。周密若結，故不能知其解。爲善乎，毋提提。爲不善乎，將陷於刑〔二〕。提提，謂有所揚舉也。欲爲善乎，則人以我謙退無所舉。欲爲不善，又恐陷於刑罰也。善不善，取信而止矣。善與不善，足以爲物所信，則止矣。此言可以爲善不善之取也。若左若右，正中而已矣。縣乎日月，無已也。左陽，謂善也。右陰，謂不善也。言處陰陽之中，得其正而止。若能常得中，則各與日月俱懸而無已時也。愕愕者，不以天下爲憂。愕愕守正者忘天下，故不憂也。刺刺者，不以萬物爲筴。刺刺操求，自謂智謀之士。能忘智，當操求物理而經營，功爲策也。孰能棄刺刺而爲愕愕乎〔三〕！智者勞，而失惠忘德者佚而歸之也。

〔一〕王引之云：此當作「事有適（句）無適而后適（句）䰟有解（句）不可解而后解（句）」。言事之有適也，必無適而后適；䰟之有解也，必不可解而后解。下文云「善舉事者，國人莫知其解」，正所謂「不可解而后解」也。事之無適而后適，亦猶是也。今本「無適而」誤作「而無適」，「后」誤作「若」，「䰟有解」之「有」又誤入上句內，遂致文不成義。尹注及句讀皆非。

丁士涵云：當作「䰟可解，不解而后解」。此句原本尚不誤，惟「可」字移在「不」字下耳。說苑雜言篇：「百人操䰟，不可爲固結。」蓋䰟可結，故可解，若云「䰟有解」，則不詞矣。

安井衡云：「適」音摘，與「謫」同，責也。俞樾云：王說誠是，然必改參差之文法，以爲整齊，轉非古書之舊矣。小爾雅廣言曰：「若，乃也。」管子書君臣上篇「若任之以事」，「若量能而授官」，下篇「若稽之以衆風，若任以社稷之任」，諸「若」字並猶「乃」也。此文「若有適」，亦當訓爲「乃有適」。言事有適而無適，乃爲有適；觿必解其不可解，而後能解也。如此則從舊讀，義自可通，無庸增改。　張佩綸云：論語：「君子之於天下也，無適也，無莫也，義之與比。」「無適若有適」，即「義之與比」也。詩「童子佩觿」，傳：「觿所解結。」説文：「觿，佩角鋭耑，可以解結。」説苑雜言：「百人操觿，不可爲固結。」修文篇：「能治煩決亂者，佩觿。」此以觿之能解，喻舉事者之獨解，正喻極明，王氏改之，非是。淮南子人間訓：「夫兒説之巧於閉結無不解，非能閉結而盡解之也，不解不可解也。至乎！以弗解解之者，可與言及論矣。」　翔鳳案：俞説是。

〔二〕孫星衍云：毛詩葛屨「好人提提」，傳曰：「提提，安諦也。」淮南説林訓「提提者射」，高誘注：「提提，安也。」爾雅釋訓作「媞媞」。言爲善者毋提提而安緩。尹注非。　王念孫云：「提提」，顯著之貌，謂有爲善之名也。「提」與「題」同，説文曰：「題（音提），顯也。」爲善而有名，則必爲人所嫉，爲不善則陷於刑。莊子養生主篇曰「爲善無近名，爲惡無近刑」，語意正與此同。又山木篇曰「子其意者飾知以驚愚，修身以明汙，昭昭乎如揭日月而行，故不免也」，淮南説林篇曰「的的者獲，提提者射（高注誤解「提提」二字，辯見淮南），故大白若辱，大德若不足」，皆是「爲善毋提提」之意。尹注非。　俞樾云：「提」當讀爲湜，説文水部：「湜，水清底見也，從水是聲。詩曰：『湜湜其止。』」「爲善毋湜湜」者，即老子「知其白守其黑」之意。水至清則無魚，人至察則無徒，故以「湜湜」爲戒。「湜」與「提」並從是聲，古音相同得相通用。尹注曰「提提，謂有所揚舉也」，是誤以本字讀之。淮南子説林篇「的的者獲，提提者射」，「提提」與「的的」並言，其義可見。高注曰「提提，安也」，亦失之矣。張佩綸云：王説是也，但「毋提提」下當脱「於名」二字。「提」與「刑」非韻也。（弁傳：「提提，羣飛貌。」淮南所謂「提提者射」，即羣飛意。）翔鳳案：爲善者不一定安諦，爲惡又易陷於刑，孫説不誤，餘均非是。

〔三〕安井衡云：「剌」當爲「刺」，字之誤也。刺音磧。刺刺，多言貌。俞樾云：「筴」字義不可通，當讀爲愜。説文心部：「愜，快也。」廣雅釋詁：「愜，可也。」「不以萬物爲愜」，正與「不以天下爲憂」相對，言萬物不足以快其心也。「筴」、「愜」並從夾得聲，故假用之耳。翔鳳案：説文無「愕」字，本字爲「咢」。説文：「咢，譁訟也。」大戴禮曾子立事篇「君子出言以鄂鄂」，盧注：「辨厲也。」史記商君傳「千人之諾諾，不如一士之諤諤」，玉藻「言容諮諮」，皆假借字。「筴」即「策」。「刺刺」從朿不從束。

難言憲術，須同而出。凡爲法術必重難，須同衆心，然後出之矣。**無益言，無損言，近可以免**〔一〕。損益之事，當潛而爲之。又曰何謀，此慎密之至。**故曰：知何知乎？謀何謀乎？**雖知之，常曰何知。雖謀之，常曰何謀。此慎密之至。**審而出者彼自來。**審而出者，必同於彼，故自來。**自知曰稽，**自知則能考彼矣。**知人曰濟**〔二〕。知人則能，可以濟同，不以和濟同也。知苟適，可爲天下周〔三〕。自知能稽，知人能濟，所謂適也。若此，可爲天下之周慎也。內固之一，可爲長久〔四〕，適可以知，內自固之，則長久。論而用之，可以爲天下王〔五〕。既固於心，度時論用，如此，可以爲天下王。天之視而精，既可王天下，則於天道，故視天能精之也。四璧而知請〔六〕。四璧，周禮所謂「四珪有邸」者也，祭天所奠也，同①邸於璧，故曰四璧。既能知天，則祭以四璧，而祈請其福祥也。壤土而與生，天既降福，故壤土爲之生百穀也。能若夫風與波乎？唯其所欲適〔七〕。風動波應，大小唯所欲適。天地之應聖人，亦猶②是也。故子而代其父曰義也，臣而代其君曰篡也。臣代於君，必是篡奪而取也。篡何能歌？武王是也〔八〕。而武王以臣代君，則非篡也。謂之篡之，豈能使紂之衆前歌後舞乎？則武王以臣代君，於理是也。故曰：孰能去辯與巧？而還與衆人同道。武王伐紂，所以不爲篡者，則以紂恃其辯巧，自異於物，逆天絶理，毒流四海故也。向能去其辯巧，與衆同道，何武王之敢窺哉！雖欲伐之，故得篡名。故曰：思索精者明益衰，德行脩者王道狹，思索太精則矜名，故王道狹也。卧名利者寫生危〔九〕。卧，猶息也。寫，猶除也。能息名利，則除身之危。知周於六合之

① 「同」字原作「固」，據補注改。
② 「猶」字原作「洒」，據補注改。

内者，吾知生之有爲阻也。周其智於六合則神傷竭，故於其生有阻難也。持而滿之，乃其殆也。持滿者善覆，故危也。名滿於天下，不若其已也。名滿於天下，則花揚而實喪。名進而身退，天之道也〔一〇〕。未有能名身俱進者。滿盛之國，不可以仕任〔一一〕。滿盛則敗亡，故不可任其仕也。滿盛之家，不可以嫁子。嫁子於滿盛之家，則與之俱亡。驕倨傲暴之人，不可與交〔一二〕。交於驕暴，則危亡及己也。

〔一〕翔鳳案：爾雅釋詁：「幾，近也。」史記老莊列傳「則幾矣」，索隱：「庶也。」合言之曰「庶幾」。「近」假爲「幾」。

〔二〕張文虎云：「濟」當爲「齊」。齊，速也，即徇通之義。「齊」與「稽」爲韻。翔鳳案：春秋説題辭：「『濟』之爲言齊也，齊者度也。」風俗通山澤：「『濟』者齊，齊其度量也。」張僅知其半，而又訓爲「速」，誤矣。

〔三〕俞樾云：「周」字無義，疑「君」字之誤。「可爲天下君」，猶下文言「可以爲天下王也」，「君」古文與「周」相似而誤。翔鳳案：樞言：「周者，不出於口，不見於色，一龍一蛇，一日五化之謂周。」説文：「周，密也。」左昭二十年：「晏子曰：聲亦如味，清濁、小大、短長、疾徐、哀樂、剛柔、遲速、高下、出入、周疏以相濟也。」齊人以「周」爲密，決非誤字。「周」與下文之「久」同在支韻。

〔四〕張文虎云：「長久」當作「久長」，「長」與下「王」字爲韻。翔鳳案：「長久」二字，老子亦用之，不誤。

〔五〕李哲明云：「王」當作「主」，與上「久」字爲韻。　翔鳳案：李説是。

〔六〕丁士涵云：「精」者，明也。「璧」當作「辟」，辟，開也，通也。堯典「闢四門」，史記作「辟」。「請」者，「情」之借字。　張佩綸云：「視」當爲「神」，莊子天地篇：「神之又神而能精焉。」「四璧」當作「四辟」，「請」當爲「靖」。莊子天道篇：「明於天，通於聖，六通四辟於帝王之德者，其自爲也，昧然無不靜者矣。」　翔鳳案：房釋「視天能精之」不誤，張改字誤。典瑞「圭璧」，注：「圭，其邸爲璧。」作「璧」者，以室有四璧，丁、張不知其義而改作「辟」，誤。

〔七〕張佩綸云：「波」當作「澤」，「澤」、「適」爲韻。「波唯所欲適」無義。易説卦傳：「兑爲雨澤。」「風與澤唯所欲適」，即形勢篇「風雨無鄉」也。白心篇本以八卦立説，改「波」爲「澤」而義全矣。　翔鳳案：「波」從皮聲，「適」從啻聲，可以叶韻。張改爲「澤」，誤。

〔八〕張佩綸云：莊子秋水篇：「差其時，逆其俗者，謂之篡夫；當其時，順其俗者，謂之義之徒。」尚書大傳大誓篇：「武王伐紂，至于商郊，停止宿夜，士卒皆歡樂歌舞以待旦。」又云：「惟丙午，王還師，前師乃鼓鼗躁，師乃慆，前歌後舞。」　翔鳳案：管子爲殷文化，故以武王爲篡，不能歌頌。大傳乃武王士卒自歌，非此文之意。

〔九〕馬瑞辰云：「寫」當訓憂，謂寢息於名利必多危險，故憂生危。尹注非。（此説引見郝氏爾雅義疏。）　李哲明云：「卧」疑爲「取」，「寫」疑爲「寓」，皆形近而訛。言務取名利者，即寄其生於危險之域者也。注説牽合。又「生」當爲「身」，注云「除身之危」，可證。作「生」者，涉下「生有爲阻」而訛。翔鳳案：説文訓「臥」爲休，今人有休妻之説，謂舍去也。「寫」今作「瀉」，房注「除也」，不誤。詩之「寫憂」，猶今言「消愁」。「寫」不能訓憂，馬説誤。

〔一〇〕張佩綸云：老子：「功成名遂身退，天之道。」

〔一一〕王念孫云：「任」即「仕」字之誤，今作「仕任」者，一本作「仕」，一本作「任」，而後人誤合之也。尹注云「不可任其仕」，則所見本已衍「任」字矣。翔鳳案：「進」字自通，不必以老改管。安井衡云：「仕任」當爲「任仕」。此韻語，「仕」字與「殆」、「已」、「子」相韻。舊注云「不可任其仕」，亦似作「任仕」。翔鳳案：安井説是。

〔一二〕王念孫云：「交」當爲「友」，亦字之誤也。（隸書「交」字或作「友」，與「友」相似。）「仕」、「子」、「友」爲韻。（「友」古讀若「以」，説見唐韻正。）

道之大如天，無不覆也。其廣如地，無不載也。其重如石，萬人之力不能舉也。其輕如羽。一人載之不爲重。民之所以知者寡〔一〕。故曰：何道之近而莫之與能服也〔二〕！服，行也。棄近而就遠，何以費力也？道近在身，不能求之於己，而望之於人，終無得時，故曰費力也。故曰：欲愛吾身，先知吾情。知己情，則能自保其身。君親六合，以考內身〔三〕。遍六合之種，一一考之於身，身皆備之，則何須棄身而遠之也？以此知象，乃知行情。知象，乃知可行之情。既知行情，乃知養生。知行情則不違理，不違理則生全，故曰「乃知養生」。左右前後，周而復所〔四〕。行身之道，或從左右，或從前後，行之既周，還復本所也。執儀服象，敬迎來者。執常儀，行常象，將來可行之理，敬而迎之。今夫來者，必道其道。上道從也，將來之理，必從道而來也。無遷無衍〔五〕，命乃長久。理既從道而來，但遵而行之，無遷移，無寬衍，勤而爲之，則命久長也。和以反中，形性相葆。事既安和，反歸①中理，如此則形全性順，故能相保也。一以無貳，是謂知道。將欲服之，必一②其端而固其所守〔六〕。固守則道自行。責其往來，莫知其時。若責③生之往來，則期④不定。索之於天，與之爲期。求性命之理於天，則期時可知也。不失其期，乃能得之。既不失期⑤，則性命之理得也。故曰：吾語若，大明之極，若，女也。大明之極，謂天⑥也。大明之明，非愛人不予也〔七〕。

① 「歸」字原作「理」，據補注改。
② 「一」字原無，據補注增。
③ 「責」字原作「貴」，據補注改。
④ 「期」字原作「其」，據補注改。
⑤ 「期」字原作「其」，據補注改。
⑥ 「天」字原作「大」，據校正改。

愛，惜也。非有所隱惜①於人而不予之也。**同則相從，反則相距也。**與天同則從，反則距也。**吾察反相距，吾以故知古從之同也**〔八〕。察今反則有距，故知古之從者，以其同也。

〔一〕翔鳳案：「以」訓用。

〔二〕安井衡云：古本無「與」字。翔鳳案：「與」讀平聲，虛詞。左傳：「其能靜者與有幾。」古本以不常見而改之，非是。

〔三〕俞樾云：此「君」字乃「周」字之誤，與上文可互證。尹注曰「遍六合之種，一一考之於身」，蓋以「遍」釋「周」，是其所據本未誤也。惟「親」字無義，尹亦無注，或「視」字之誤。「周視六合」，其義甚明，故尹注不及耳。翔鳳案：白虎通：「君，羣也，羣下所歸心也。」周書謚法：「從之成羣曰君。」王制：「君者善羣也。」「君」訓爲羣。戒篇「寡交多親」是其義，改字者妄。大匡「君臣有善者」，「君」亦訓羣。

〔四〕翔鳳案：「所」同「處」，見前。

〔五〕丁士涵云：「衍」與「延」同，文選西京賦「遷延邪睨」，薛綜注：「遷延，退旋也。」俞樾云：尹注曰「無遷移，無寬衍」，然「遷移」與「寬衍」兩意不倫，恐非也。「衍」當讀爲延。周官大祝「二曰衍祭」，鄭注曰：「『衍』字當爲『延』。」又男巫「掌望祀望衍授號」，注曰：「『衍』讀

①「惜」字原作「情」，據補注改。

爲延。」詩椒聊篇「蕃衍盈升」，一切經音義十九引作「蕃延盈升」，是「衍」、「延」古通用也。「遷」、「延」乃疊韻字，古有此語。襄十四年左傳「晉人謂之遷延之役」，是也。「無邊無延」，猶曰無遷延耳，不當分爲二義。

〔六〕翔鳳案：楊本「必」下「其」字占兩字地位，蓋缺一字而不能定。各本以意定爲「一其」，可從，然非必原文也。

〔七〕郭沫若云：當以「非愛」爲句。「愛」假爲「薆」，隱也。「予」假爲「豫」，豫者好也。翔鳳案：楊本「予」作「矛」，誤，據補注本改。

〔八〕丁士涵云：當作「古之從同」，今本誤倒。尹注云「知古之從者，以其同也」，可證。

管子校注卷第十四

水地第三十九

短語十三

翔鳳案：楚、宋爲殷文化，與鄒、魯之周文化對立，拙著中國文化兩大系統考之甚詳。管子亦爲殷文化，與楚同派。幼官篇之玄宫，以北方爲主。莊子大宗師：「顓頊得之，以處玄宫。」淮南天文：「北方水也，其帝顓頊，其佐玄冥，執權而治冬。」「冬至爲德，曰冬至則水從之。」離騷：「帝高陽之苗裔兮。」楚爲顓頊之後，頌楚水、楚民，原因在此。郭沫若以爲西楚霸王時所作，失之遠矣。

地者，萬物之本原，諸生之根菀也〔一〕，菀，囿，城也。**美惡賢不肖愚俊之所生也。**謂生於地。**水者，地之血氣，如筋脉之通流者也**〔二〕。水言材美具備，其潤澤若氣，以支持於地若筋，分流地上若脉也。**故曰：水具材也**〔三〕。言水材美具備。**何以知其然也？曰：夫水，淖弱以清，而好洒人之惡，仁也**〔四〕。淖，和也。惡，垢穢也。**視之黑而白，精也**〔五〕。

視其色雖黑，及揮揚之則白，如此①者，精也。量之不可使概，至滿而止，正也。以意量之，則多少不可以概②。注於器，滿則止，不可加剩。如此者，正也。唯無不流，至平而止，義也〔六〕。方圓邪曲，無所不流。平則止，不可增高。如此者，義也。人皆赴高，己獨赴下〔七〕，卑也。卑也者，道之室，王者之器也，道以卑爲室，王以卑爲器也。而水以爲都居〔八〕。都，聚也。水聚居於下，卑也。準也者，五量之宗也〔九〕。水可爲平③準，五量取則焉，故爲五量之宗也。素也者，五色之質也。無色謂之素。水雖無色，五色不得不成，故爲五色質也。淡也者，五味之中也。無味謂之淡水，雖無味，五味不得不平也，故爲五味中也。是以水者，萬物之準也，萬物取平焉，故曰準也。諸生之淡也〔一〇〕，能濟諸生以適④中，故曰淡也。違非得失之質也〔一一〕，得亦自水生焉，失亦自水生焉，故爲得失之質。是以無不滿，無不居也。集於天地〔一二〕，雨從天降，而亦有河漢，故水集於天地。而藏於萬物〔一三〕，動植之物，皆含液也。産於金石，揀金於水，山石之穴，或有溜泉焉。集於諸生〔一四〕，諸合生類，皆得水而長之。故曰水

①「此」字原無，據補注增。
②「則」下原衍「不」字，「不可以概」四字原作「之況」二字，據補注删改。
③「平」字原作「下」，據補注改。
④「適」字原作「過」，據補注改。

神。莫不有水焉，不知其所，故謂之神也。集於草木，根得其度，得其生之度。華得其數，得其榮落之數。實得其量。得其生①熟之量。鳥獸得之，形體肥大，羽毛豐茂，文理明著。萬物莫不盡其幾〔一五〕，幾，謂從無以適有也。反其常者〔一六〕，常，謂長育之常數也。水之内度適也。内度，謂潛潤之度也。夫玉之所貴者，九德出焉。夫玉温潤以澤，仁也。鄰以理者，知也〔一七〕。鄰，近也。玉文相適近理，各自通，如此智也。堅而不蹙，義也。蹙，屈聚也。如此義也。廉而不劌，行也。鮮而不垢，絜也。折而不撓，勇也。瑕適皆見，精也〔一八〕。瑕適，玉病也。以其精純，故不掩瑕適。茂華光澤〔一九〕，竝通而不相陵，容也。叩之其音清摶徹遠，純而不殺，辭也〔二〇〕。象古君子之辭也。是以人主貴之，藏以爲寶，剖以爲符瑞，九德出焉。人主所以寶而藏之，爲符瑞九德之故。人，水也。男女精氣合而水流形〔二一〕。陰陽交感，流布成形也。三月如咀〔二二〕，咀者何？曰：五味。五味者何？咀，口和嚼之，謂三月之肧渾初凝，類口所嚼食也。曰：五藏。五味出於五藏後②也。酸主脾，鹹主肺，辛主腎，苦主肝，甘主心〔二三〕。五藏已具，而後生肉〔二四〕。脾生隔，隔在脾上也。

① 「生」字原作「有」，據補注改。
② 「後」字原作「酸」，據補注改。

肺生骨，腎生腦，肝生革，革，皮膚也。心生肉〔二五〕。五肉已具〔二六〕，而後發爲九竅。脾發爲鼻，肝發爲目，腎發爲耳，肺發爲竅〔二七〕。五月而成，十月而生〔二八〕。生而目視、耳聽、心慮。目之所以視，非特山陵之見也，察於荒忽。耳之所聽，非特雷鼓之聞也，察於淑湫〔二九〕。心之所慮，非特知於麤粗也〔三〇〕，察於微眇，故脩要之精〔三一〕。言精思是理，脩要妙之精也。是以水集於玉，而九德出焉。凝蹇而爲人，蹇，停也。言精液凝停則爲人也。而九竅五慮出焉〔三二〕。五慮，謂耳、目、鼻、口、心也。此乃其精也。言九竅五慮，是身之精也。麤濁蹇，能存而不能亡者也〔三三〕。謂人之禀氣麤濁而蹇，但能存而不能亡也。

〔一〕安井衡云：古本「菀」作「苑」。王引之云：「菀」與「根」義不相屬，「根菀」當爲「根荄」。下文曰「水者何也，萬物之本原，諸生之宗室也」，「本原」、「根荄」、「宗室」，皆謂根本也。隸書「亥」字或作「夾」，「宛」字或作「宛」，二形相似，故「荄」誤爲「菀」。吳汝綸云：據注，「根菀」當作「菀囿」。張佩綸云：王説非也。「根菀」當爲「垣菀」，字之誤也。白虎通（御覽百九十六引）：「菀囿，養萬物者也。」說文：「苑，所以畜禽獸也。」字林（一切經音義十九引）：「有垣曰苑，無垣曰囿。」三倉：（一切經音義十二引）「養牛馬林木曰苑。」「垣」或作「根」，見山海經西山經「垣玉」注。「苑」或作「宛」，見莊子天地篇釋文。舊注「苑囿，城也」，「城」乃「域」之誤。（楚語「王在靈囿」，注：「囿，域也。」）觀僞房以「苑囿」釋「根苑」，則所見本尚作「垣苑」可知。金廷桂云：集韻「菀」與「蘊」同。爾雅釋器郭注「根、柢皆物之邸」，「邸」即底。然則「根菀」猶言底蘊耳。翔鳳案：詩都人士「我心菀結」，箋：「猶結也，積也。」素問大奇論「五藏菀熱，四氣調神」，與此篇義合。「根菀」者，結而積之於根也。非誤字。

〔二〕戴望云：御覽地部二十三引作「地之血氣筋脉之流者」，無「如」字。中立本「通流」二字誤倒。張佩綸云：御覽節「也」字，「如」、「通」二字乃淺人妄加。水經河水注諸本引作「水者地之血氣筋脉之通流者」。此言水爲地之血氣筋脉也。

〔三〕孫星衍云：水經河水注作「其具材也，而水最爲大」。張佩綸云：殿本水經注引「材」作「財」，古通。諸本水經注作「水其具財也」，「其」字似「具」而衍。孫星衍據諸本水經注謂下有「而水爲最大」五字，不知乃度地篇文，殿本補「五害之屬」，因明白矣。御覽地部二十三引作「故曰水之材也」，「之」字誤。翔鳳案：左昭二十七年傳：「天生五材，民並用之。」史記五帝紀：「節用水火材物。」水爲五材之一，而又爲最根本者，故曰「具」。說文：「具，共置也。」水供給萬物所需也。

〔四〕戴望云：文選運命論注引「弱」作「溺」，御覽地部同。宋本「灑」作「洒」。張佩綸云：「弱」，柔也。淮南原道訓「天下之物莫柔弱於水」，又曰「淖溺流遁」，「溺」亦當作「弱」。後漢書臧宮傳：「弱者，仁之助也。」說文：「洒，滌也。」晏子春秋問下：「晏子對曰：『美哉水乎，清清。其濁無不雩途，其清無不灑除。』」又荀子宥坐篇：「淖約微達似察。」大戴禮勸學篇：「弱約危通似察。」説苑雜言篇：「綽弱而微達似察。」　翔鳳案：通俗文：「和泥曰淖。」字林：「濡甚而淖。」説文「淖，泥也」，段注：「以土與水和之。」水力弱不能勝物，在泥中能清，故曰「淖弱以清」。

〔五〕翔鳳案：水深黑而淺白，以其精粹不雜。楚辭橘頌「精色内白」，「精」、「白」二字相連。

〔六〕許維遹云：御覽地部二十三引作「量之至滿而止，正也。流則至平，義也」。　翔鳳案：水之特點，在量時不概而自平。荀子宥坐「盈不求概」，注：「概，平斗斛之木也。」

〔七〕戴望云：「已獨赴下」，文選海賦注引「已」作「水」，御覽引「赴」作「趍」。　翔鳳案：管子以水爲智能之神物，故以「人」、「已」對言，「赴」有趨而向前之義，類書改文，失其義矣。

〔八〕安井衡云：「都」、「豬」通。禹貢「大野既豬」，又云「被孟豬」，夏本紀並作「都」。水渟曰豬。言水以卑下爲渟居之所也。　翔鳳案：水經濟水注引「滎波既瀦」，安井説是也。

〔九〕尹桐陽云：水可以爲平準，五量取則焉，故爲五量之宗。家語五帝德「設五量」，注：「權衡、升斛、尺丈、里步、十百也。」揆度篇桓公問「何謂正名」，管子以「權」、「衡」、「規」、「矩」、「準」當之。淮南時則所云「六度」，除「準」外，曰「規」、「矩」、「權」、「衡」、「繩」，其言均與家語注異。

翔鳳案：「五量之宗」，則準在五量之外，五量皆以平爲正也。天文訓言太皞執規，炎帝執衡，黄帝執繩，少昊執矩，顓頊執權。亦見於漢書魏相傳。顓頊以玄冥爲水官，爲水地之主神，當以淮南爲是。家語爲王肅僞作，謬矣。

〔一〇〕俞樾云：「淡」字義不可通，尹注曰「能濟諸生以適中，故曰淡」，亦未知「淡」字作何解也。「淡」疑本作「澹」，淮南子原道篇「富澹天下而不既」，齊俗篇「智伯有三晉而欲不澹」，高注並曰：「澹，足也。」又主術篇「求寡而易澹」，注曰：「澹，給也。」蓋贍足之贍，説文無之，古人書「贍」字每作「澹」。漢書食貨志、司馬遷傳、東方朔傳、趙充國傳，字皆作「澹」，師古注並云「澹，古『贍』字」，是其證也。水兼利萬物，諸有生之物皆于水取給，故云「諸生之澹」，正合古人「澹」字從水之義。而後人又以「澹」、「淡」爲一字，文選潘安仁金谷集詩「緑池泛淡淡」，注引東京賦「渌水澹澹」，云「澹」與「淡」同。於是「諸生之澹」改爲「諸生之淡」，而其義始晦矣。

郭嵩燾云：平議改爲「諸生之澹」，云「澹」與「贍」通，然本文直承上三項，「淡也者，五味之中也。」説文：「準，平也。」廣韻：「質，地也。」準以明水之用，質以著水之體，淡者水之本原也，故曰天一生水，五味之始，以淡爲本。水曰潤下作鹹，而其始出淡然。諸生資水氣以生，其始皆淡也。玩此段文誼，亦並未及贍物之功也。翔鳳案：希臘泰勒斯以水爲萬物之源，印度亦有水地論師，其哲學思想中外相同。老子：「道之出口，淡兮其無味。」近代哲學書言道不及管子，可怪也。

〔一一〕丁士涵云：「違」當爲「韙」，釋文引倉頡篇曰：「韙，是也。」「質」當爲「素」。此三句承上「準也者」、「素也者」、「淡也者」言之。翔鳳案：周禮司裘注：「方十尺曰侯，四尺曰鵠，二尺曰正，四寸曰質。」「質」爲最小居中之凖則，是非、得失以之爲凖，丁改爲「素」，誤矣。

〔一二〕張文虎云：「集」疑「凖」字之誤。下「集於諸生」、「集於草木」同。翔鳳案：「集」本作「雧」，爲羣鳥在木上。孟子「是集義所生者」，注：「雜也。」兼有「襍」義，非誤字。

〔一三〕張佩綸云：御覽引作「故水藏萬物，産金石」。翔鳳案：有「而」字貫下三句，則「集於諸生」之義不複。許維遹認爲衍「而」字，非是。

〔一四〕李哲明云：「集」疑當爲「長」，涉上下文而訛。注云「諸含生類得水而長之」，即其證。翔鳳案：李不解「集」訓爲襍而疑之，誤矣。

〔一五〕俞樾云：詩楚茨篇「如幾如式」，毛傳曰：「幾，期也。」「萬物莫不盡其幾」，言無不盡其期也，猶云「終其天年」耳。尹注非。翔鳳案：説文：「幾，微也。」易繫辭：「幾者動之微，吉凶之先見者也。」

〔一六〕張佩綸云：廣雅釋詁三：「常，質也。」説苑：「常者質。」翔鳳案：「常」爲不變之道，萬物永恒之性質，張説誤。

〔一七〕王引之云：「鄰」，堅貌也。聘義曰「縝密以栗，知也」，鄭注：「栗，堅貌。」荀子法行篇「五穀鄰熟」，尹彼注曰：「鄰，緊貌。」爾雅釋竹類曰「鄰堅中」，郭注曰：「其中實。」義與此竝相近也。尹此注訓「鄰」爲「近」，非是。何如璋云：「鄰」當作「粼」，粼，清澈也，詩：「揚之水，白石粼粼。」「理」，條理也。言玉之質清澈而有條理，似其知也。劉師培云：荀子法行篇作「栗以理」（從呂夏卿本）。此文「鄰」字，乃「凌」字假音。周書作雒解「乃因蔡叔於郭凌」，僞書蔡仲之命作「郭鄰」，是其例。爾雅釋言云：「凌，慄也。」翔鳳案：説苑雜言：「玉有六美。望之温潤，近之栗理。望之温潤者，君子比德焉。近之栗理者，君子比智焉。」合觀之，「鄰」通「栗」無疑。漢書楊惲傳：「不寒而栗。」論語：「周人以栗，曰使民戰慄。」劉是而王非也。

〔一八〕王念孫云：「精」與「情」同。（逸周書官人篇「復徵其言，以觀其精」，「精」即「情」字。荀子脩身篇「術順墨而精雜污」，楊倞曰：「『精』當爲『情』。」）「情」之言誠也。不匿其瑕，故曰情。春秋繁露仁義法篇云「自稱其惡謂之情」，義與此「情」字同。荀子法行篇作「瑕適竝見情也」，聘義曰「瑕不揜瑜，瑜不揜瑕，忠也」，「忠」亦「情」也。尹注非。郝懿行云：「瑕」者，玉之病也。「適」者，善也。凡物調適謂之適，得意便安亦謂之適，皆善之意。故廣韻云：「適，善也。」「精」亦「情」耳，古「精」、「情」二字多通耳。何如璋云：「適」讀爲讁，「讁」亦「瑕」也。尹注云：「瑕適，玉病也。」呂氏春秋舉難篇：「寸之玉必有瑕璓。」繁露執贄「玉至清而不蔽其惡，内有瑕穢必見於外」，本此。張佩綸云：「適」讀如詩殷武「勿予禍適」，毛傳：「適，過也。」莊子「擿玉毁珠」，即「瑕適」之「適」也。

〔一九〕王引之云：「茂」字，蓋因上文「羽毛豐茂」而誤。（太平御覽珍寶部三引此已誤。）「茂華」當作「英華」。説文曰：「瑤，玉英華相帶如瑟弦。」「瑮，玉英華羅列秩秩。」翔鳳案：下句

「竝通而不相陵」當合看。漢書律曆志注：「楙，古『茂』字。」食貨志「楙遷有無」，注：「勉也。」借爲「貿」。「楙」從林，有並盛之意。方言七：「侔，勉也。」「侔」訓齊等，「茂華」與「竝通」義相承。「茂」、「楙」、「貿」、「侔」聲同義近，王改爲「英」，非也。

〔二〇〕段玉裁云：「摶」當作「摶」，「摶」古「專」壹字，今本作「摶」，蓋非。（見說文解字注「玉」字下。）孫星衍云：太平御覽八百三、事類賦注引「摶」作「專」。說文：「其聲舒揚專以遠聞。」「專」，古「敷」字。豬飼彥博云：「摶」當作「揚」，荀子作「清揚而遠聞」。張佩綸云：「摶」，事類賦注作「專」，照曠閣御覽本珍寶部四引作「專」。段說是也。管書「專」皆作「摶」。「純」，論語：「純如也。」樂記：「其哀心感者，其聲嗄以殺。」「辭」，歌辭，言玉之音，如樂之歌辭。詩小序「有其義而亡其辭」，非泛言辭令也。翔鳳案：此句之解，當注意「徹遠」。清而敷布，可以徹遠。若清專則集止於一處，安能徹遠乎？孫說不誤。純而不殺，殺者災音，即樂記之「嗄以殺」。

〔二一〕何如璋云：易繫辭下傳：「男女構精，萬物化生。」此段以人由水生，發揮水神之妙用也。御覽地部引春秋元命苞云：「水之爲言演也，陰化淖濡，流施潛行也。故其立字兩人交一以中出者爲水。一者數之始，兩人譬男女，言陰陽交，物以一起也。」

〔二二〕俞樾云：「如」當作「而」，與下文「五月而成」、「十月而生」句法一例。「三月而咀」者，以其五藏已具也。御覽亦引作「而」。張佩綸云：「三月」，御覽作「二月」，非。說文口部：

「咀，含味也。」大戴禮易本命：「咀噍者九竅而胎生。」上林賦雖云「咀嚼菱藕」，廣韻「咀，嚼也」，但兒在腹中，如咀含，不能如咀嚼也。舊注非。陶鴻慶云：「如」讀爲而，「三月如咀」，與下文「五月而成」、「十月而生」句法一律。説文：「咀，含味也。」言三月精氣成形，則能含受五味之氣，而生五藏也。尹注以「咀咀」連讀，又讀「如」爲本字，殊謬。翔鳳案：舊説謂胎兒含母血管而生長。含而味之爲咀。「如」讀而，是也。左莊七年「星隕如雨」，注：「如，而也。」

〔二三〕孫星衍云：太平御覽三百六十引五「主」字皆作「生」。何如璋云：内經陰陽應象大論：「木生酸，酸生肝。火生苦，苦生肺。土生甘，甘生心。金生辛，辛生脾。水生鹹，鹹生腎。」又宣明五氣：「五味所入：酸入肝，辛入肺，苦入心，鹹入腎，甘入脾。」此與内經諸書不同。張佩綸云：諸書（言五藏五行五味）從今尚書説者，與内經合，惟月令、吕覽、淮南、太玄爲古尚書説。許、高皆兩存之。然高氏以今説解四時之際至中央先心亦以爲用所勝，殆不可通。鄭駁異義而注周禮，猶傳古尚書義。此書「酸主脾」、「甘主心」，與古尚書説合。中三藏疑當作「苦主肺，辛主肝，鹹主腎」，三字皆從月，傳寫易訛。而地員亦鹹、苦二味相反，惟幼官五味不誤，今當據以校正。章炳麟云：五藏之配五行，舊有兩説。異義曰：「今文尚書歐陽説：肝，木也；心，火也；脾，土也；肺，金也；腎，水也。古文尚書説：脾，木也；肺，火也；心，土也；肝，金也；腎，水也。」及讀此篇，則又自爲一説，以味準行，則脾，木也；肺，水也；腎，金也；肝，火也；心，土也。按肝膽同居而膽汁味苦，則謂「苦主肝」者，優于今、古文二説矣。又尋王氏經義述聞，謂月令之文惟古文尚書説可以解之，此亦不必然。古人于聲色臭味之用，每有參差不合者，如管子幼官篇中方圖云「聽宫聲」，東方圖云「聽角聲」，南方圖云「聽羽聲」，西方圖云「聽商聲」，北方圖云「聽徵聲」，三方之聲皆合，而南方羽，北方徵獨不合，豈得云羽當屬火，徵當屬水邪？　翔鳳案：管子爲殷文化，用今文説，詳拙著中國文化兩大系統。現代中醫多用今文説。

〔二四〕丁士涵云：「生肉」之「肉」當作「内」，「内」上當有「五」字。五内，謂隔、骨、腦、革、肉。肉亦五内之一，不得專舉「肉」以包五内。御覽人事部引作「五肉」，「肉」字雖誤而「五」字未經删去。下文「五肉已具」，「肉」亦「内」字之誤。　翔鳳案：釋名：「肉，柔也。」説文：「腜，婦始孕腜兆也。」胚胎肌臚脾肝肺腎皆從肉，由心血而生，故有「五肉」之名。醫書無「五内」之名，此丁氏之臆説也。

〔二五〕安井衡云：古本「隔」作「膈」。按説文有「隔」無「膈」。古者「隔」、「膈」皆作「鬲」，然則「隔」即「膈」也。　戴望云：五行大義三引作「脾生骨，腎生筋，肺生革，心生肉，肝生爪髮」，御覽人事部引作「脾生髓，肝生骨，腎生筋，肺生革，心生肉」，與今本管子異。　何如璋云：御覽引與此異。又素問云：「肝生筋，心生血，脾生肉，肺生皮毛，腎生骨髓」，與此亦異。　翔鳳案：某生某，醫書無定説，以音理求之，爲肝生骨。説文：「骨，肉之覈也。」太玄「劇骨纍其肉」，注：「幹也。」「肝」從干，同「幹」，則「肝生骨」爲是，非肺也。「肺生革」與「肺生皮毛」，中醫用之。

〔二六〕王念孫云：此承上文「心生肉」而言，則「肉」上亦不當有「五」字，蓋涉上文「五藏已具」而衍。太平御覽人事部一引此無「五」字。　戴望云：「五肉」，當從丁説作「五内」，御覽脱此字耳。　翔鳳案：「五肉」即五藏之肉，觀下文「脾發爲鼻，肝發爲目」云云，即竅也。二説均誤。

〔二七〕劉績云：「心發爲舌」，舊本無此句，今據文子補之。　王念孫云：「肺發爲竅」，隋蕭吉五行大義三引作「肺發爲口，心發爲下竅」，是也。太平御覽亦作「肺爲口，心爲下竅」。今本「肺發爲」下脱「口心發爲下」五字，則義不可通。　安井衡云：「竅」，古本作「口」，下更有「心發爲舌」四字。文子亦有此四字。按上文云「發爲九竅」，舌非竅也，今出之而反遺下二竅，非也。「肺發爲竅」，蓋謂爲口及下二竅，此三竅者直達於腹中，故得專竅名。凡飲食，口納而肺受之，送致之腸胃，而自下二竅下，其爲此三竅，宜也。心爲五官之長，若有所爲，將有所偏，故不爲焉，其意精矣。　何如璋云：内經：「肝主目，心主舌，脾主口，肺主鼻，腎主耳。」金匱真言：「東方青色，入通於肝，開竅於目，藏精於肝。南方赤色，入通於心，開竅於耳，藏精於心。中央黄色，入通於脾，開竅於口，藏精於脾。西方白色，入通於肺，開竅於鼻，藏精於肺。北方黑色，入通於腎，開竅於陰，藏精於腎。」五行大義引孝經援神契云：「肝仁故目視，肺義故鼻候，心禮故耳司，腎智故竅寫，脾信故口誨。」與此文不同。張佩綸云：諸書所言，與管書均不合，而内經分口、舌爲二，亦非，似「舌」乃下「竅」之誤。

〔二八〕張佩綸云：淮南精神訓：「故曰一月而膏，二月而肤，三月而胎，四月而肌，五月而筋，六月而骨，七月而成，八月而動，九月而躁，十月而生，形體以成，五藏乃形。」文子九守篇：「老子曰：人受天地變化而生，一月而膏，二月而脈，三月而胚，四月而胎，五月而筋，六月而骨，七月而成形，八月而動，九月而躁，十月而生，形骸已成，五藏乃形。」纘義本無注，御覽人事部一引注曰：「初形骸如膏脂，漸生筋脈胚胞也。三月如水龍狀也，四月如水中蝦蟆之胎，五月氣積而成筋，血化肉，肉化脂，脂化骨，七月四支九竅成，八月動作，九月動數如前。」此「五月」當作「七月」。

〔二九〕俞樾云：「淑」當作「踧」，「湫」當作「啾」，並以聲言。説文口部：「踧，嘆也。」「啾，小兒聲也。」張佩綸云：「淑」讀爲寂，淮南原道訓「湫漻寂寞」，高誘注：「湫漻，清靜也；寂寞，恬淡也。」此言視於無形，聽於無聲。翔鳳案：「淑湫」與「雷鼓」對，爲小聲，非無聲也。俞説是。

〔三〇〕王念孫云：「麤粗」與「微眇」對文。凡書傳中「麤粗」二字連文者，皆上倉胡反，下才户反。「麤」字亦作「麄」，「粗」字亦作「觕」（俗作「牸」），又作「苴」。説文：「觕，角長皃，從角爿聲，讀若麤觕。」晏子春秋問篇曰「縵密不能麄苴學者詘」，淮南氾論篇曰「風氣者，陰陽麤牸者也」，春秋繁露俞序篇曰「始於麤粗，終於精微」，漢書藝文志曰「庶得麤觕」，論衡量知篇曰「夫竹木麤苴之物也」，隱元年公羊傳注曰「用心尚麤觕」，竝上倉胡反，下才户反。二字義同而音異，學者不能分别，故傳寫多誤。翔鳳案：説文「麤，行超遠也」，以動態言。「粗，疏也」，以形態言，謂鬆疏。「微，隱行也」，以動態言。「眇，一目小也」，以形態言。分貼精切，王謂義同音異，疏矣。

〔三一〕吴汝綸云：「修要之精」下有脱文。張佩綸云：此五字衍文。尹以「精微要妙」解「微眇」，則「微」譌爲「故脩」二字，僞房又望文加注，斯爲歧中之歧。翔鳳案：釋名釋飲食：「脩，縮也，乾燥而縮也。」公羊莊十二年傳「要盟可禮」，注：「臣約束君曰要。」「脩要」義同「縮約」，此句總結上文。下文「是以」貫「九德」、「九竅」。以爲衍或脱，皆誤。

〔三二〕何如璋云：「蹇」者，强也。吕覽别類「漆淖水淖，合兩淖則爲蹇」，注：「蹇，强也。水漆相得則蹇而强也。」此喻生人之理，故云「凝蹇」。注非。翔鳳案：莊子秋水「與道大蹇」，崔本作「浣」，「垸」之借。説文：「垸，以桼和灰而髼也。」「完」訓全，引申得義。「凝蹇」即「凝垸」。「五慮」即在「九竅」之中，猶五官也。許維遹曰「五官就形言，五慮就能言」，是也。

〔三三〕劉績云：此言「水之精粗濁蹇能存而不能亡者，生人與玉」。注俱非。王引之云：下文曰「是以水之精麤濁蹇能存而不能亡者，生人與玉」，是也。尹誤讀「此乃其精」爲句，注云：「九竅五慮，是身之精。」又誤讀「麤濁蹇能存而不能亡者也」爲句，注云：「謂人之禀氣麤濁而蹇，但能存而不能亡也。」遂使一句之中，文義上下隔絶。後人不知其誤，又增「也」字於「此乃其精」之下，增「精」字於「麤濁蹇」之上，而文義愈隔絶矣。朱本無上「也」字及下「精」字，仍是管子原文，可合而讀之，以正尹注之誤。張佩綸云：王説亦非。「此乃其精也」，言玉與人乃水之精也。「麤」字衍。「濁蹇」當作「凝蹇」，言人與玉爲水之精凝蹇，能存而不能亡。蓍龜與龍，乃水之精伏闇者，能存而能亡。玉中有石，人中有下愚，然以此篇之意推之，則不得以玉與人爲麤濁。下文「是以水之精」句，亦總括三項而言。翔鳳案：「此乃其精也」，總結視聽五慮。若夫形體則麤濁之質所摶埦者。古人謂人死而靈魂存在，若形體則人亡而歸於無有。

伏闇能存而能亡者，蓍龜與龍是也〔一〕。言龜龍禀氣微妙，悠遠而暗冥，故能存亡而爲變化也。龜生於水，發之於火，謂卜者以火鑽灼之。於是爲萬物先，爲禍福正〔二〕。謂龜得水火之靈，故先知於萬物，識禍福之正也。龍生於水，被五色而游，故神。得水不測之靈故神。欲小則化如蠶蠋，蠋藿①中蟲。欲大則藏於天下〔三〕，言能隱覆天下。欲上則凌於雲氣，尚，上也。欲下則入於深泉〔四〕。變化無日，隨時而變，不期於日。上下無時，謂之神〔五〕。龜與龍，伏闇能存而能亡者也。

①「藿」字原作「藋」，據補注改。

或世見，謂下谷不徙，水不絕之也。或世不見者〔六〕，謂涸川，水有時而絕。生蝺與慶忌。世見生慶忌，世不見生蝺也。故涸澤數百歲〔七〕，谷之不徙，水之不絕者，生慶忌。謂涸澤之中，有谷有水，谷不徙而水不絕也。慶忌者，其狀若人，其長四寸。衣黄衣，冠黄冠，戴黄蓋，乘小馬〔八〕，好疾馳。以其名呼之，可使千里外，一日反報。此涸澤之精也。涸川之精者生於蝺〔九〕。蝺者，一頭而兩身，其形若虵〔一〇〕，其長八尺。以其名呼之，可以取魚鼈〔一一〕。此涸川水之精也。

是以水之精，麤濁蹇，能存而不能亡者，生人與玉。伏闇能存而亡者，蓍龜與龍。或世見，或不見者，蝺與慶忌〔一二〕。故人皆服之，謂服用水。而管子則之。言管子獨能知水法則也。人皆有之，莫不有水。而管子以之〔一三〕。以①，用也。言管子獨能用水也。

〔一〕王念孫云：「蓍龜」本作「神龜」，下文「神龜與龍」，即其證。此言龜與龍能存而能亡，無取於蓍也。今作「蓍龜」者，後人不曉文義而妄改之耳。據尹注亦無「蓍」字。安井衡云：下文唯覆龜龍，「蓍」字疑當爲衍文。下文「蓍龜」同。何如璋云：「蓍龜」當作「耆龜」，張衡西京賦「搏耆龜」，薛綜注：「耆，老也，龜之老者。」善曰：「楚辭曰『耆蔡兮踊躍』，王逸

① 「以」字原作「似」，據補注改。

曰：『蔡，龜也。』」下文「上下無時謂之神」，乃釋「故神」二字，王氏誤讀。張佩綸云：何説是也。御覽鱗介部三「龜」下引逸禮曰：「天子龜尺二寸，諸侯八寸，大夫六寸，士民四寸。龜者，陰蟲之老也。龜三千歲上游於卷耳之上，老者先知，故君子舉事必考之。」翔鳳案：説文：「蓍，蒿屬，生千歲，三百莖，从艸，耆聲。」「蓍」之從耆，以其老壽。白虎通：「『蓍』之言耆也。」「蓍龜」即「耆龜」，何以爲當作「耆」，尚隔一層。

〔二〕張佩綸云：藝文類聚九十九引作「故爲南方物，爲禍福也」。

〔三〕孫星衍云：太平御覽九百二十九、事類賦注二十八引作「欲大則函天地」。

〔四〕孫星衍云：太平御覽、事類賦注引作「欲沈則伏泉」。張佩綸云：太平御覽引「欲小則如蠶蠋，欲大則函天地，欲上則淩雲，欲沈則伏泉」。

〔五〕何如璋云：賈子容經「龍之神也，其惟飛龍乎！能與細細，能與巨巨，能與高高，能與下下。吾故曰龍變無常，能幽能章」，本此。

〔六〕劉師培云：金樓子吉怪篇上「見」字作「用」。以下文兩「可使」證之，「或世見」三字乃「爲世用」之訛。翔鳳案：「見」指水言，劉誤。

〔七〕張佩綸云：「故」即「涸」字，此必一本作「故澤」，一本作「涸澤」，而校者誤合之。晉書輿服志武冠：「或云齊人見千歲涸澤之神，名曰慶忌，冠大冠，乘小車，好疾馳，因象其冠而服焉。」御覽妖異部二引白澤圖曰：「故水之精名忌，狀如人，乘車蓋日馳千里，以其名呼之，可使入水取魚。」案：晉志不經。白澤圖「名忌」當作「慶忌」，「乘車蓋」當作「乘車戴蓋」，「入水取魚」誤以蝸爲慶忌，姑録之以博異聞。任林圃云：此「涸」字及下「涸川」，均非乾涸之涸。漢書五行志「滯涸」，顏師古云：「涸，讀與沍同。」太平御覽八八六引白澤圖：「故水之精名忌，狀如人，乘車蓋，日馳千里，以其名呼之，可使入水取魚。」説雖有出入，其爲同一故事之演變無疑。而「故水」與「故宅」、「故道」、「故臺屋」等並列，則是白澤圖以「涸」爲「故」也。翔鳳案：「故」字承上，類書引有省文，非以「故」爲「涸」也。

〔八〕戴望云：御覽地部三十七引作「乘水鳥」。翔鳳案：以輿服志、白澤圖證之，非水鳥。

〔九〕王念孫云：「涸川之精」，法苑珠林六道篇、太平御覽妖異部二引此「川」下竝有「水」字，據下文云「此涸川水之精也」，則有「水」字者是。（上文尹注亦云：「涸川水有時而絶。」）俞樾云：「於」字衍文，王氏讀書雜志已訂正矣。惟此文尚有可疑。上文云「涸澤數百歲，谷之不徙，水之不絶者生慶忌」，是則當有「生」字者也。若此文言「涸川之精」者，則即是蝸矣，何得更言「生」乎？據太平御覽妖異部、法苑珠林六道篇引此文「川」下竝有「水」字，疑管子原文本作「涸川之水生蝸」，因涉上文「此涸澤之精也」而誤。若此文已云「涸川之精者生蝸」，而下文又云「此涸川水之精也」，則於文義複矣。知非管子原文也。戴望云：山海經北山經注引作「涸水之精名蝸」，法苑珠林六道篇、御覽妖異部二引此「川」下竝有「水」字，法苑珠林「蝸」作「蚳」。何如璋云：山海經北山經：「渾夕之山有蛇，一首兩身，名曰肥遺。」郭注云：「管子之『嫣』，亦此類。」　翔鳳案：「肥遺」之合音爲「嫣」，何説是也。「於」爲古文「烏」，「於嫣」與烏龜義近，有驚歎之意，非誤字。不常用而怪之，非是。

〔一〇〕王念孫云：北山經注、法苑珠林、太平御覽引此「形」竝作「狀」。據上文云「慶忌者其狀如人」，則作「狀」者是。　翔鳳案：「形」、「狀」同義，慶忌言狀而嫣言形，有何不可？

〔一一〕王念孫云：北山經注、法苑珠林引此「可以」竝作「可使」。據上文云「可使千里外一日反報」，則作「可使」者是。（太平御覽作「可以」，則所見本已誤。）　翔鳳案：「以」訓用，與「使」同義，何必改字？

〔一二〕王念孫云：「能存而亡」，當依朱本及上文作「能存而能亡」。「或不見」，亦當依上文作「或世不見」。「蓍龜」當爲「神龜」，辨見上。　翔鳳案：「能」、「世」二字俱省，蒙上文，不必增。

〔一三〕何如璋云：「服」者，食也，用也。言「水」人皆服之有之，而管子獨取以爲法則而能用之也。賈子君道「大道亶亶，其去身不遠，人皆有之，舜獨以之」，語意仿此。　張佩綸云：「服」，習也（孔子閒居「君子之服之也」鄭注）。言人皆視爲習慣，而管子獨取爲法則也。「有」即孟子「使有菽粟如水火」之「有」，言人無不富有，而管子獨能用之也。　翔鳳案：「服之」非即視爲習慣，且其義亦不合，張説誤。

是故具者何也？水是也〔一〕。言水無理不具也。**萬物莫不以生**，得水以生。**唯知其託者能爲之正。具者，水是也。**託，依也。能知水理之所依者，能正於萬物，故理之具者水也。故曰：水者何也？萬物之本原也，諸生之宗室也，美惡賢不肖愚俊之所產也〔二〕。何以知其然也？夫齊之水道躁而復，故其民貪麤而好勇〔三〕。以水道迴復，故令人貪。以其躁速，故令人麤勇也。楚之水淖弱而清，故其民輕果而賊〔四〕。以其淖弱故輕佚，清則明察，故人果賊也。越之水濁重而洎，故其民愚疾而垢〔五〕。洎，浸也。濁重故愚，浸則多所漸入，故疾垢也。秦之水泔㝡而稽，淤滯而雜〔六〕，㝡，絶也。稽，停留也。謂秦水絶甘而味停留，又泥淤沉滯，與水相雜也。故其民貪戾，罔而好事以其泔而稽，故貪戾。以其滯雜，故誣而好事。齊。晉之水枯旱而運，淤滯而雜〔七〕，齊晉，謂齊之西而晉之東。枯旱，謂其水慘澀而無光也。故其民諂諛葆詐，巧佞而好利〔八〕。以其運，故諂諛。以其枯旱，故葆詐。以其淤雜，故巧佞而好利。燕之水萃下而弱，沉滯而雜，故其民愚戇而好貞，輕疾而易死。沉故愚戇而好貞，萃雜故輕疾而易死也。宋之水輕勁而清，故其民閑易而好正〔九〕。輕故易清，勁故好正也。是以聖人之化世也，其解在水〔一〇〕。言解人之邪正，嘗水而知。故水一則人心正〔一一〕，一，謂不雜。水清則民心易。一則欲不污，人心既一，故欲不污穢。民心易則行無邪〔一二〕。易直則無邪也。是以聖人之治於世也，不人告也，不户説也，其樞在水。樞主運轉者也。言欲轉化於人，但則水之理，故曰「其樞在水」也。

〔一〕丁士涵云：「具」下當有「材」字。上文云：「水，具材也。」翔鳳案：「具」訓共置，見前，不當有「材」字。

〔二〕吳汝綸云：「託」當爲「説」。何如璋云：「託」者，言水爲萬物之精而爲萬物所託也。呂覽用民：「凡鹽之用，有所託也。不適則敗託而不可食。」「託」字之義本此。張佩綸云：「託」乃「説」之誤。「正」，政也。「唯知其説者能爲之政」，即論語所謂「知其説者之於天下也」。下「具者水是也」五字復重。舊注非。此承上文作「故曰水者」，則起處「地者」實是「水」字之誤。（前曰）「根苑」，（此曰）「宗室」，未詳孰是？「何以」二字，涉上「者何也」而衍。陶鴻慶云：「具者水是也，故曰水者何也」十一字文不成義，且與上文「具者何也，水是也」句複，蓋即涉上文而誤錯亂其辭耳。以義考之，元文當云：「唯知其託者能爲之正，正者何也，地是也。故曰：地者，萬物之本原也，諸生之宗室也，美惡賢不肖愚俊之所産也。」蓋水託於地，正地即所以正水，故言水必兼言地。下文歷舉齊、楚、越、秦、晉、燕、宋諸水，皆發明此義也。「故曰」以下，乃複舉篇首之文。篇首云「地者，萬物之本原也，諸生之根菀（今本作「苑」，從王氏改正）也，美惡賢不肖愚俊之所生也」，此文正與相應，可知此作「水」者之爲誤字矣。又案：「諸生之宗室」義不可通，「室」乃「宔」字之誤，「宔」即「主」之本字。「宗主」與篇首「根菱」義同。（孫卿子正論篇云「聖王之子也，有天下之後也，埶籍之所在也，天下之宗室也」，「室」亦當作「宔」。）翔鳳案：「具」，供也，見前。無衍文。

〔三〕王念孫云：「道」當爲「遒」，字之誤也。（隸書「酋」字或作「首」，形與「首」相似，故「遒」字譌而爲「道」。荀子議兵篇「鰌之以形罰」，漢書刑法志「鰌」作「道」，即「遒」字之譌。）遒，急也，字本作「迺」。説文曰：「迺，迫也。」廣雅曰：「迺，急也。」楚辭招魂曰：「分曹竝進，遒相迫些。」是「遒」爲急也。「遒躁」二字連讀，猶言急躁耳。下文之「淖弱而清」，「濁重而泪」，「泔冣而稽」，「淤滯而雜」，「枯旱而運」，「萃下而弱」，「輕勁而清」，竝與此相對爲文。尹不知「道」爲「遒」之譌，而以「水道」二字連讀，失之矣。張佩綸云：王説非也。爾雅釋詁：「道，直也。」禹貢：「九河既道。」「復」，吕覽季冬「水澤復」，高誘注：「『復』亦盛也。」任林圃云：意林引此文無「之」字、「道」字、「其」字、「驫」字、「好」字。尹釋「復」爲「迴」者，乃以「復」即「澓」字之省。三倉云：「澓，深也，亦洄水深也。謂河海洄旋之處。謂流水下有深穴則令水有洄澓也。」特水之洄旋，無地無之，不應限於齊耳。翔鳳案：水經注：「臨淄縣故城南，東行天齊水口，水出南郊山下，謂之天齊淵。齊之爲名，取於此矣。」淵爲回水，任訓「復」爲「澓」，其言甚當。「道」即水路，躁急而旋，王以爲誤字，非是。「貪驫而好勇」，「貪」與「好」爲形容詞，不是貪財。

〔四〕丁士涵云：「果」訓果毅，與「淖弱」義相反。「果」疑「票」之誤。説文曰：「㶾，火飛也。」「僄，輕也。」「輕僄」本楚人語。方言曰：「僄，輕也。楚凡相輕薄謂之相仉，或謂之僄。」意林引「賊」上有「好」字，「弱」作「溺」。翔鳳案：房注「果賊」，郭沫若以爲「乃『果敢』之誤」。「賊」與「敢」形不相似，聲義亦不相通，無緣致誤。説文：「賊，敗也，从戈，則聲。」「敗」字説解云「敗、賊皆从貝會意」，是謂以刀戈毀貝，兼形聲。左文十八年傳「毀則爲賊」，「毀則」即「毀敗」。魯語「使人賊之」，注：「殺也。」左昭十四年傳：「殺人不忌爲賊。」「賊」從「殺」得義。説文：「鰂，烏鰂魚。」字亦作「鯽」，本草作「烏賊」。是「賊」與「則」聲義同。左思吴都賦「烏賊擁劍」，謂其有却敵之劍，義與「殺」同。説文：「則，等畫物也。从刀从貝會意。」字彙「鍘，鍘草也，俗書札刀，即則也。」「賊」同「札」，有札實之義。「果賊」即果札，謂其有決斷，非謂其果敢有勇也。郭説非是。

〔五〕孫星衍云：意林引「垢」作「姤」。　豬飼彦博云：「垢」疑當作「垕」，「垕」古「厚」字。　丁士涵云：當作「愚疾而好妒」，「疾」，惡也。左傳曰：「山藪藏疾。」　安井衡云：「疾」讀爲嫉。　張佩綸云：説文：「洎，灌釜也。」周禮鄭注：「洎謂增其沃汁。」以其利於沃灌，故曰「洎」。「愚疾」疑是「惡疾」，即史記所謂「江南卑溼，丈夫早夭」。　翔鳳案：周禮士師「祀五帝則洎鑊水」，注：「洎，謂增其沃汁也。」與「重濁」義相因，謂其夾泥垢。改爲「姤」者，妄也。爾雅釋言：「疾，壯也。」重濁之人多壯，此常見者。

〔六〕孫星衍云：意林引「泔」作「汩」。　俞樾云：尹注曰：「冣，絶也。稽，停留也。謂秦之水絶甘而味停留。」蓋尹所據本作「甘冣而稽」，故其説如此。然義實未安，當以今本爲長。説文水部：「周謂潘曰泔。」「潘，淅米汁也。」冖部「冣，積也」，徐鍇曰：「古以聚物之聚爲冣。」此二句之義，蓋謂泔汁會聚而停留，淤泥沉滯而混雜也。尹據誤本爲説，非是。宋本「冣」作

「最」，則依尹注爲文耳，未足據也。 翔鳳案：「最」訓犯而取也，義不可通。古本改「冣」爲「最」，謬矣。

〔七〕俞樾云：「齊」與「晉」聲相近。周易釋文曰「晉，孟本作『齊』」，是也。管子原文本作「晉之水」，聲誤爲「齊」，校者旁注「晉」字，傳寫并入正文，遂作「齊晉之水」矣。尹注謂是「齊之西而晉之東」，此曲説也。王氏雜志謂涉上文而誤。夫上文有「齊之水」、「楚之水」、「越之水」、「秦之水」，何獨誤作「齊」乎？是猶未明其致誤之由也。又按：「運」字無義，乃「渾」之假字，惟其「枯旱」，是以渾濁，故曰「枯旱而渾」也。 張佩綸云：「枯」，苦。「旱」，悍。春秋考異郵：「『旱』之言悍也。」「枯」讀爲苦，莊子庚桑楚「則蟻能苦之」，釋文：「崔本作『枯』。」水經注六引字林「河東鹽池謂之鹽水」，是其證。左成六年傳：「晉人謀去故絳，諸大夫皆曰：『必居郇、瑕氏之地，沃饒而近鹽，國利民樂，不可失也。』韓獻子曰：『郇、瑕氏土薄水淺，其惡易覯，易覯則民愁，民愁則墊隘，於是乎有沈溺重腿之疾；不如新田，土厚水深，居之不疾，有汾澮以流其惡，且民從教，十世之利也。夫山澤林鹽，國之寶也，國饒則民驕佚，近寶公室乃貧，不可爲樂。』」案晉地亦有土厚水深者，管書將其大支言之。 翔鳳案：晉多山，黄河一曲，雜泥沙俱下，流緩則淤滯。冬季水涸，則疾旋而下。「枯旱」指涸，「運」指回旋。旱則悍，鵩鳥賦「水激則旱兮」，是其證。「齊」上屬爲句。論語「學而不思則罔」，皇疏：「誣罔也。」「齊」爲齊同，好從事於大家相齊同。

〔八〕孫星衍云：困學紀聞十引「諛」下有「而」字。　戴望云：朱本「諛」下有「而」字，此本脫。
翔鳳案：説文：「葆，艸盛貌。」「葆」謂藏其詐。

〔九〕安井衡云：古本「間」作「簡」。　戴望云：意林引「間」作「簡」，元刻同。　翔鳳案：「間」爲不急，義勝。　太平廣記三九九陸鴻漸：「太宗朝，李季卿抵揚子驛，遇陸鴻漸。曰：『陸君善茶，蓋天下聞，揚子江南零水又殊絶。』命軍士挈缾操舟，詣南零取水。俄水至，陸曰：『江則江矣，非南零者，似臨岸者。』使曰：『某棹舟深入，見者累百人，敢紿乎？』陸不言。既而傾諸盆，至半，陸遽止，又以杓揚之曰：『自此南零者矣。』使蹶然大駭，曰：『某自南零齎至岸，舟盪半，懼其尠，挹岸水以增之。處士之鑒，神鑒也。』李大驚賞。從者數十輩皆大駭愕。李因問陸：『既如此，所經歷之處，水之優劣可判矣。』陸曰：『楚水第一，晉水最下。』」（出水經）又零水：李德裕有親知奉使於京口，李曰：「還日金山下揚子江中零水，與取一壺來。」其人舉棹日，醉而忘之。泛舟止石城下乃億，放一缾於江中，獻之。李飲後，驚訝非常，曰：「頗似建業石城下水。」其人謝過。（出中朝故事）二則相同，則楚水第一，信而有徵。晉水有鹽池，味鹹，故最下。「枯」讀如鹽。醒世通言王安石三難蘇學士：安石命蘇軾取瞿塘水煎藥，蘇軾忘之，取下峽水以獻。安石謂上峽水性急，下峽水性緩，中峽水在急緩之間。與任林圃所引三倉「河海洄旋」之説合。三峽爲洄旋水，與天齊淵合，則秦、晉、燕、宋皆指洄旋言之。「枯旱而運」，「運」爲旋。本篇所言有實義，人不知也。

〔一〇〕朱長春云：「其解」，即其説也。　翔鳳案：説文：「解，判也。」即分别之意。上文各國之水不同，由分别而得。

〔一一〕陶鴻慶云：「水一則人心正」當作「水正則人心一」，上文云「唯知其託者能爲之正」，故知「水一」當爲「水正」。　翔鳳案：房注「『一』謂不雜」，其言是也。

〔一二〕王念孫云：「一則欲不污」本作「民心正則欲不污」，與下句對文。「民心正」、「民心易」，皆承上文言之。今本「正」誤作「一」，（涉上文「水一」而誤。）又脱「民心」二字。尹注非。　陶鴻慶云：尹於「一則欲不污」注云「人心既一，故欲不污穢」，故知「人心正」當作「人心一」。又「民心易則行無邪」，「民心」二字涉上文而衍。「易則行無邪」與「一則欲不污」句法一律。　翔鳳案：「一則人心正」，「一則欲不污」，與人心正則欲不污同。古人不尚對偶，王説非是。

四時第四十

短語十四

管子曰：令有時，王者命令，必有其時。無時則必視順天之所以來〔一〕。視，謂觀而察之。若不得時，則必觀察其所致，改革以順天①道之來也。五漫漫，六惽惽〔二〕，孰知之哉！漫漫，曠遠貌。惽惽，微暗貌。五，謂每時之政，其理曠遠②。六，謂陰陽四時，其理微暗。既漫且惽，故知之者少也。唯聖人知四時。不知四時，乃失國之基。不知五穀之故，國家乃路〔三〕。路，謂失其常居。故天曰信明，地曰信聖，言能信順天地之道，則而行之者，曰明曰聖也。四時曰正〔四〕。順行四時之令曰正也。其王信明聖，其臣乃正。君明聖，則能用賢材，故正也。何以知其王之信明信聖也〔五〕？曰：慎使能，而善聽信之。謂能聽信賢材之人。使能之謂明，使任賢能，則爲明也。聽信之謂聖。既聽其言，又信其事，所以爲聖。信明聖者，皆受天賞，信明者，天福也。使不能爲惽〔六〕。既使不能，所以爲惽。惽而忘也者〔七〕，皆受天禍〔八〕。惽忘則動皆違理，故受③天殃也。是故上見成事而貴功，則民事接，勞而不謀〔九〕。謂君見下有成，則能貴賞其功，是上能以恩接人事，故雖下勞，不謀上報其事也。上見功而賤，則爲人下者直〔一〇〕，恃其功勞，故肆直也。爲人上者驕。不恤下功，則以驕悖

①「天」字原作「尺」，據補注改。
②「遠」字原無，據補注增。
③「受」字原作「授」，據補注改。

故也。是故陰陽者，天地之大理也。天地用陰陽爲生成。四時者，陰陽之大徑也〔二〕。陰陽更用於四時之間爲緯也。刑德者，四時之合也。德合於春夏，刑合於秋冬。刑德合於時則生福，詭則生禍〔三〕。然則春夏秋冬將何行？

〔一〕丁士涵云：「視」字衍。「視」、「順」形近而譌，一作「視」，一作「順」，校書者旁注「視」字，遂入正文耳。尹讀「視」字句，非。「時」與「來」爲韻。張佩綸云：「無」字衍，淮南有時則訓，高誘注：「則，法也，四時寒暑十二月之常法也，故曰時則。」釋名：「視，是也，察其是非也。」「時」、「視」、「來」、「哉」韻。翔鳳案：房注「王者命令，必有其時」，其言是也。四時之政不同，春行夏秋冬之政不可，觀於下文可知。洪範五事，三曰視，視爲要政之一，所視順天行自然之則。非韻語。

〔二〕李哲明云：「五」、「六」二字不甚可曉。愚謂布四時之令者王，王不知四時，謂之「五慢慢」，王合四時爲「五」，「慢慢」猶茫茫也。「六」即合四時刑德而言。下云「刑德詭於人則生禍」，即所謂「六惛惛」。「慢慢」與「惛惛」韻。注「五，謂每時之政」，時分四政，即分四，不得爲五矣。注又云「六，謂陰陽四時」，下明云「四時者陰陽之大經」，似不得於四時外分陰陽爲二。其誤甚明，姑爲訂正如此。翔鳳案：正篇：「如四時之不貣。」四時有信，賈誼新書道術篇：「期果言當謂之信，反信爲慢。」説文：「惛，不憭也。」不明則惛。「惛」、「漫」由「信」、「明」反言之，非泛指也。「五」、「六」乃數序，無惡意。五、六有三種形容，醫之五運六氣，詩之五際六情，太乙下行九宮之五黄六白，實數也。嬾真子之五角六張，爲五日遇角宿，六日遇張宿，虚數也。有實而虚者，則數學九章之五雀六燕，以喻平衡。「五漫漫，六惛惛」，二句乃虚數。

〔三〕王念孫云：「路」與「露」同，敗也。見五輔篇。尹注非。安井衡云：「路」、「露」通，露，羸也。左傳「蓽路」，史記作「露」。孟子「是率天下而路也」，荀子「田疇穢，都邑路」，皆其證也。翔鳳案：王説是。

〔四〕王引之云：「天曰信明，地曰信聖」，當作「天曰明，地曰聖」，「信」字皆衍文也。（蓋因兩言「聽信」而衍。）尹注「故天曰明」二句云「言能信順天地之道，則而行之者，曰明、曰聖也」，則「曰」下無「信」字明甚。張佩綸云：吕氏春秋貴信篇：「天行不信，不能成歲，地行不信，草木不大。春之德風，風不信，其華不盛，華不盛，則果實不生；夏之德暑，暑不信，其土不肥，土不肥，則長遂不精；秋之德雨，雨不信，其穀不堅，穀不堅，則五種不成；冬之德寒，寒不信，其地不剛，地不剛，則凍閉不開。天地之大，四時之化，而猶不能以不信成物，又況乎人事。（下略）」王以爲「信」皆衍文，恐非。翔鳳案：吕覽之證甚佳。「明」、「聖」爲名詞，「信」爲形容詞。古今語法不同，「信聖」、「信明」自通。「聖」字不易理解，而諸家無説。天之明有三光，地生萬物。禮記鄉飲酒義：「『聖』之言生也。」神異經：「西南大荒中有人，知河海水斗斛，識山石多少，知天下鳥獸言語，知百穀可食，識草木鹹苦，名曰聖，一名哲，一名賢。」說文：「聖，通也。」此「地曰信聖」之義。「四時」句無「信」字。正篇：「出令時當曰正。」

〔五〕王引之云：「王」皆當作「主」，「主」與「臣」相對爲文，各本作「王」，非。「信」字皆衍文也。尹注云「君明聖則能用賢材故正也」，則其「主」下無「信」字明甚。翔鳳案：王好改字，管書有七主七臣，「主臣」固習見，然「王臣」見孟子，亦當時之通言，信手運用，何必一律？

〔六〕王引之云：「信」字衍文也。尹注云「信明者天福也」，當作「明聖者天福也」，蓋正文既衍「信」字，後人又據之以改注文耳。丁士涵云：「惛而忘也者」上有闕文，以意補之，當云「聽不信爲忘」。元本「惛而」上有「爲忘」二字，「忘」與「芒」同。「芒」訓昧，與「惛」同義。安井衡云：古本「惛」下有「爲忘」二字，以上文推之，當爲「不聽信爲忘」，古本猶脱三字。俞樾云：「使不能爲惛」下有闕文。據上文「使能之謂明，聽信之爲聖」，則此文當有「聽不信爲忘」字。「忘」讀爲芒，莊子齊物論篇：「人之生也，固若是芒乎？」釋文曰：「芒，昧也。」蓋與「惛」同義。七臣七主篇有「芒主」。翔鳳案：能使爲明，使不能惛，「聽信」即在「使能」之中，加「聽不信爲忘」，謬。

〔七〕張佩綸云：「惛而忘也者」之「忘」當讀爲妄。翔鳳案：「惛」爲不憭，不憭則易忘。莊子知北游「惛然若忘而存」，「存」與「忘」對，決非「妄」字，張説謬。

〔八〕王引之云：當作「皆受天殃」，「殃」與「賞」爲韻也。（襄二十八年左傳「善人富謂之賞，淫人富謂之殃」，亦以「賞」、「殃」爲韻。）尹注云「惛忘則動皆違理，故受天殃也」，則正文本作「天殃」明甚，後人改「殃」爲「禍」，遂失其韻矣。　翔鳳案：非韻文，不必改字。

〔九〕丁士涵云：「民事」之「事」，因上文而衍。爾雅曰：「接，捷也。」詩烝民傳曰：「捷捷，言樂事也。」安井衡云：「接」字句。上貴功，則民各勤其業，故其事相接續，唯勞筋力而不敢謀他事。　章炳麟云：「接」當借爲「嚶」。淮南覽冥訓云「至虛無，純一而不嚶喋苛事也」，注云：「嚶喋，深算也，言不采取煩苛之事。」竊謂「嚶喋」本疊韻連語，與「苛事」連文，當即謂煩苛之意。連語者亦可單用，故此單言嚶也。「謀」者借爲「悔」，古文「謀」作「𠰔」，與「悔」同從母聲，故得通借。悔者恨也（詩雲漢傳，又説文）。「事」即任傳之傳。（大宰「以九職任萬民」，注：「『任』猶傳也。」「成事」之「事」仍如字。）言上貴功則民任煩苛，勤勞而不恨也。下文「爲人下者直」，俞先生謂「直」當爲「悳」，謂自以爲悳，正與此對。　翔鳳案：丁訓「接」爲捷，是也。説文：「謀，慮難也。」做事快，雖勞而不用多考慮也。

〔一〇〕俞樾云：「直」當爲「悳」，乃壞字也。「悳」古「德」字，言爲下者自以爲德也。九變篇曰「凡民之所以守戰，至死而不德其上者，蓋有數焉」，注曰：「雖復至死，不敢恃之以德於上。」此文「悳」字，義與彼同。因字誤爲「直」，尹氏即以「肆直」釋之，誤矣。　翔鳳案：考工弓人「骨直以立」，注：「謂强毅。」「直」乃「植」之借，强植不聽調。

〔一一〕翔鳳案：正篇：「令之以終其欲，明之毋徑。」祭義「是故道而不徑」，注云：「徑步邪趨疾也。」四時爲陰陽之運行，故曰「大徑」。趙本改爲「經」字，非其義矣。

〔二〕安井衡云：「詭」，違也。翔鳳案：說文：「詭，責也。」孟子「爲之詭遇」，注：「横而射之。」横出則不合。

東方曰星〔一〕，東方陰陽之氣和雜之時，故爲星，星亦不定於陰陽也。其時曰春，春，蠢也。時物蠢而生也。其氣曰風。陽動而陰寒爲風也。風生木與骨〔二〕，木爲風而發暢，骨亦木之類也。其德喜嬴而發出節出，生也。言春德喜悦長嬴，爲發生之節也。時。其事號令〔三〕，修除神位，謹禱弊梗〔四〕。梗，塞也。時方開通，而有弊敗梗塞者，則禱神以通道之。宗正陽，春，陽事，故以正陽爲宗。治隄防，夏多水潦，故於春預修隄防。耕芸樹藝，正津梁，謂正橋梁也。修溝瀆，甃屋行水，甃者，使之行水也①。修屋壞，時方溉灌，依次行而用。解怨赦罪，通四方。凡此皆助發生之氣。然則柔風甘雨乃至，柔，和也。百姓乃壽，百蟲乃蕃，此謂星德。星以和爲德也。星者掌發爲風〔五〕。掌，主也。主以風發生。是故春行冬政則雕，肅殺之氣乘之，故雕落也。行秋政則霜，秋霜降時也。行夏政則欲〔六〕。是故春三月，以甲乙之日發五政。甲乙統春之三時也。一政曰：論幼孤，舍有罪〔七〕。二政曰：賦爵列，授

① 「使之行水也」五字原無，據補注增。

禄位。列，次也。三政曰：凍解，修溝瀆，復亡人〔八〕。人之逃亡者，還復之。四政曰：端險阻，路有險阻，理之使端平也。修封疆①，正千伯。千伯，即阡陌也。五政曰：無殺麑夭〔九〕，毋蹇華絶芋〔一〇〕。蹇，拔也。芋之屬，其根經冬不死，不絶之也。五政苟時〔一一〕，春雨乃來。

〔一〕劉師培云：御覽卷十七、卷二十四並作「曰歲星」。翔鳳案：歲星十二年一周天，非必在東方也。後人以春爲一歲之始而加「歲」字，非是。說文：「星，萬物之精，上爲列星。从晶，生聲。」「生」兼會意。内業：「凡物之精，此則爲生，下生五穀，上爲列星。」東方爲春，物生長之時，星德甚顯，於歲星無關也。

〔二〕翔鳳案：説文「骨，肉之覈也」，段注襾部曰：「覈，實也。肉中骨曰覈。」蔡邕注典引曰：『肴覈，食也。肉曰肴，骨曰覈。』周禮『丘陵，其植物宜覈物』，注云：『核物，梅李之屬。』『覈』、『核』古今字。」「骨」乃果實之核。

〔三〕王念孫云：「時」字絶句，「發出節時」，謂以時節發出萬物也。「其事號令」別爲句，乃總領下文之詞，春夏秋冬皆有之。尹以「節」字絶句，「時」字下屬爲句，大謬。張佩綸云：「節時」當作「時節」，即幼官篇所謂「五和時節」、「八舉時節」、「七舉時節」、「九和時節」、「六行時

---

① 「疆」字原作「彊」，據補注改。

節」也。疑於春舉其例，夏秋冬則省之，或彼挩去。「𣎆」，淮南時則訓「孟春始贏」，注：「贏，長也。」　翔鳳案：宙合：「是唯時德之節。」有節之時，是爲「節時」。「德」者得也，各時所得，是爲「時德」。王不知也。「𣎆」，「贏」之借，同「盈」。楚蔿賈字伯𣎆，見左宣四年傳，呂覽作「盈」，是其證。

〔四〕劉績云：淮南子：「仲春，祭不用犧牲，用圭璧更皮幣。」疑此乃「幣更」誤。惠士奇云：「獘」當作「幣」，左襄九年傳「祈以幣更」，「更」與「梗」同（見禮説）。王引之云：「獘」與「幣」同。（「幣」古通作「獘」，説見史記貨殖傳。）「梗」，禱祭也。「幣梗」者，梗用幣也。周官女祝「掌以時招梗禬禳之事以除疾殃」，鄭注曰：「梗，禦未至也。」淮南時則篇曰「脩除祠位，幣禱鬼神」，文義正與此同。尹以「獘梗」爲「獘敗梗塞」，非是。

〔五〕戴望云：下文「日掌賞，賞爲暑；歲掌和，和爲雨；辰掌收，收爲陰；月掌罰，罰爲寒」，當與之一例，删「者」字，補「發」字。

〔六〕劉績云：「欲」疑「煥」字誤，月令行夏令「煖氣早來」意。陶鴻慶云：「欲」字無義，疑當爲「歊」，字之誤也。説文：「歊歊，氣上出皃。」文選吳都賦「歊務漨浡」，注云：「水霧之氣。」春行夏政，宜有此應。郭嵩燾云：「欲」字誼不可通，疑當作溽暑之「溽」。説文：「溽，濕暑也。」「溽」、「欲」字聲相近而誤。儒行「其飲食不溽」，鄭注：「『溽』之言欲也。」是二字誼通。劉師培云：「欲」乃「殺」訛。俗書「殺」字作「㪚」，「欲」字作「欱」，故「殺」訛爲「欲」。

春秋繁露五行五事篇正作「行夏政則殺」。翔鳳案：老子「谷神不死」，一作「浴」。章太炎文始：「谷對轉涿，流下滴也。」吕刑「爰始淫爲劓、刵、椓、黥」，鄭注：「椓陰。」詩召旻「昏椓靡共」，傳：「夭椓也。」男女有欲，去其欲而椓之，義正相因。素問上古天真論：「以欲竭其精。」「欲」、「谷」、「涿」、「椓」四字音近義同。許維遹謂「『欲』有闔義，故幼官篇作『行政夏闔』」，不誤。

〔七〕孫星衍云：藝文類聚三、太平御覽十引「舍」作「赦」。劉師培云：事類賦注三引「舍」作「赦」。

〔八〕張佩綸云：後漢明帝紀注：「復土，主穿壙填墓事也。」樊儵傳注：「復土校尉，主葬事復土于壙也。」「亡人」即死人。月令孟春「掩骼埋胔」，鄭注：「爲死氣逆生也。」

〔九〕劉績云：後禁藏作「毋夭英」，必有一誤。孫星衍云：御覽、事類賦注引「夭」作「卵」。

〔一〇〕劉績云：後禁藏作「毋拊竿」，必有一誤。洪頤煊云：類聚二、御覽十、事類賦注三引俱作「無絶華萼」。「蹇」是衍字。「華絶」二字誤乙，「芋」即「萼」字之譌。尹注非。王念孫云：「蹇華絶萼」，類書引作「絶華萼」，所見本異耳。説文「𢶍，拔取也」，引離騷「朝𢶍阰之木蘭」，今本作「搴」。爾雅「芼，搴也」，樊光曰：「搴，猶拔也。」釋文：「搴，九輦反。」漢書季布傳贊「身履軍搴旗者數矣」，李奇注與樊光同。莊子至樂篇「攓蓬而指之」，司馬彪曰：「拔也。」「攓」、「搴」、「蹇」皆「𢶍」之或字，尹訓「蹇」爲「拔」，是也。但未知「芋」爲「萼」之譌耳。

王紹蘭云：類聚卷二引作「毋絶華蕚」。按「蹇」字衍，「華絶」字倒，「芋」即「蕚」之壞字，當依類聚删正，與上句相配。説文無「蕚」。小雅常棣篇「常棣之華，鄂不韡韡」，毛傳：「『鄂』猶鄂鄂然，言外發也。」鄭箋：「承華者曰鄂。」是鄂以承華，非即華也，故與「麛麇」對文。（「麇」今本作「夭」，省文也，類聚引作「麇」。）禁藏篇「毋夭英，毋拊竿」，「竿」亦「蕚」之譌字。

翔鳳案：「麛夭」、「華芋」皆爲食物，故以政治力量保護之。儀禮士喪禮「其實葵菹芋」，注：「齊人或名全菹爲芋。」周禮醢人「七醢七菹」，注：「韭、菁、茆、葵、芹、菭、笱。凡醢醬所和，細切爲齏，全物若䐑爲菹。」説文：「華，榮也。」朱氏謂「開花謂之華，與花朵之蕚微别」。「蹇華」謂拔欣欣向榮之農作物，「絶芋」則謂割蔬菜作物。類書改「芋」爲「蕚」，不知花蕚與生活無關，校者又欲衍之乙之。禁藏篇「毋拊竿」，房注「竿，笋之初生也」，其義正合，知「芋」決非誤字。

〔一二〕孫星衍曰：太平御覽、事類賦注引作「五政徇時」，下引秋三月亦作「徇時」，「徇」與「循」同義，「徇時」謂循其時序。白帖二引作「順時」，「順」、「循」亦音義相近。翔鳳案：「苟」、「乃」二字相呼應。上文「芋」改「蕚」，知「徇」字亦爲類書所改，非原文也。

南方曰日，南方太陽，故爲日也。**其時曰夏，**夏，假也，謂時物皆假大也①。**其氣曰陽。**

①「也」字原作「大」，據補注改。

夏之氣也。陽生火①與氣陽爲鬱熱敲蒸，故爲火氣也。其德施舍修樂〔一〕。施舍，謂施爵禄，舍逋②罪。修樂，謂作樂以修輔③也。其事號令，賞賜賦爵，受禄順鄉〔二〕，順鄉，謂不違土俗之宜也。謹修神祀，量功賞賢，以動陽氣〔三〕。陽氣主仁，故行恩賞以助之也。九暑乃至，九暑，謂九夏之暑也。時雨乃降〔四〕，五穀百果乃登，此謂日德。日以照育爲德也。中央曰土，土位在中央，而寄王於六月，承火之後，以土火之子故也，而統於夏，所以與火同章也。土德實輔四時，入出王在四時之季，與之入出。以風雨〔五〕。節土益力，土德雨遍，益其生植之力。土生皮肌膚，土所生木，實成皮與肌膚。其德和平用均，土無不載，無不生，故和而用均也。中正無私，位居中正，無偏私。實輔四時。春嬴育，夏養長，秋聚收，冬閉藏。言上之四時，皆土之所輔成也。大寒乃極，國家乃昌，四方乃服〔六〕，言土輔四時，使均成，然後寒極而成歲，國昌民服。此謂歲德〔七〕。言土能成歲之德也。日掌賞，賞爲暑。得賞則熱，熱故爲暑。歲掌和，和爲雨。和則陰陽交，故爲雨。夏行春政則風，風主春故。行秋政則水，行

① 「火」字原作「人」，據補注改。
② 「逋」字原作「通」，據補注改。
③ 「輔」字原作「轉」，據補注改。

冬政則落。霜氣肅殺，故凋落也。是故夏三月，以丙丁之日發五政。一政曰：求有功，發勞力者而舉之〔八〕。二政曰：開久墳〔九〕，久墳瘞之處，開通之也。發故屋，辟故窌以假貸。辟，開也。三政曰：令禁扇去笠〔一〇〕，禁扇去笠者，不欲令人禦盛陽之氣。毋扱免〔一一〕，禁扱衽免祖者，亦不欲人惡盛①陽之氣也。除急漏田廬〔一二〕。田中之廬欲漏之，不欲人惡盛陽之氣也。四政曰：求有德，賜布施於民者而賞之〔一三〕。五政曰：令禁罝設禽獸〔一四〕，謂設罝以取禽獸也。毋殺飛鳥。五政苟時，夏雨乃至也。

〔一〕丁士涵云：「施」與「弛」同。八觀篇云：「上必寬裕而有解舍。」「解舍」猶弛舍也。翔鳳案：孟子有孟施舍。「施舍」二字，當時習用，非誤字。

〔二〕安井衡云：「受」當爲「授」。張佩綸云：「順鄉」，月令孟夏：「命野虞出行田原，爲天子勞農勸民，毋或失時。命司徒循行縣鄙，命農勉作，毋休於都。」

〔三〕王念孫云：「動」當爲「助」，字之誤也。據尹注云「陽氣主仁，故行恩賞以助之也」，則本作「助」明矣。翔鳳案：説文：「動，作也。」「助，左也。」釋名釋言語：「助，乍也。乍往相助，非長久也。」「乍」，古「作」字。「動」、「助」同訓，故房注以「助」訓「動」，非其字作「助」也。

---

① 「盛」字原作「惡」，據補注改。

〔四〕王引之云：「九」當爲「大」，字之誤也。「大暑乃至」與下「大寒乃止」對文。「大暑乃至，時雨乃降」，猶月令言「土潤溽暑，大雨時行」耳。尹注非。翔鳳案：白虎通宗族：「九之爲言究也。」列子天瑞：「九變者究也。」「究」有終極之義。漢書律曆志：「九者所以究極中和，爲萬物元也。」「九暑」猶言極熱，與「大暑」同義。王誤認爲數目之「九」而改之，非也。

〔五〕丁士涵云：「以」字衍。翔鳳案：自夏至至立秋而夏盡，爲一年風雨最多之季節，故曰「入出以風雨」。一字不誤，丁失其讀耳。

〔六〕丁士涵云：「大寒乃極」十二字，「北方」一節文，誤衍在此。翔鳳案：土運行於一歲，自立春至大寒而極，故曰「歲德」。極者，過此則又爲一歲也。北方自有「大寒乃至」一句，丁不詳其義而以爲誤衍矣。

〔七〕張文虎云：此節不當錯出於此，當在下文「夏雨乃至也」下。翔鳳案：春秋冬三季皆先言德而後言掌。土輔四時而事無所掌，係於日德之後，其義至當。蓋土必言歲德，置在日掌之前。若係於夏末秋初，必在「夏雨乃至也」之後，於德置於掌前不一律也。不細思考，逞其臆説，謬矣。

〔八〕安井衡云：「發」、「伐」通。詩曰「駿發爾私」，考工記曰「一耦之伐」，是其證也。「伐」亦功也。戴望云：「發」、「伐」古同聲通用。此十字作一句讀。翔鳳案：安井説是也。然詩噫嘻傳云「發，伐也」，此訓必不可省。

〔九〕丁士涵云：「墳」乃「壙」字誤，即「礦」字之借。周官卄人掌金玉錫石之地，「久壙」，謂地久未發者，開之以假貸，與「發故屋」、「辟故窌」同義。尹注大謬。張佩綸云：詩汝墳傳：「墳，大防也。」方言一注：「墳，即大陵也。」劉師培云：「墳」疑「積」訛。韓非子八姦篇云「發墳倉」，「墳」亦「積」訛，與此同。翔鳳案：張說是也。丁、劉疑誤，以墳爲冢，不宜發掘。方言「冢，秦晉之間謂之墳」，則齊人不稱冢爲墳可知。周禮草人「墳壤用麋」，鄭司農注：「多蚡鼠也。」鼠穿地爲害，故發掘而去之。

〔一〇〕何如璋云：廣雅釋室：「扇，扉也。笠，户牡也。」墨子備城門：「爲縣門沈機，長二丈，廣八尺，爲之兩相，如門扇。」又：「二步積笠，大一圍，長丈，二十枚。」乃備爲門牡者。蔡邕月令章句：「鍵，關牡也，所以止扉，或謂之剡移。」樂府載百里奚妻辭曰：「百里奚，五羊皮，憶別時，烹伏雌，炊扊扅，今日富貴忘我爲？」「扊扅」則「剡移」，古音同通用，蓋即笠也。「禁扇去笠」，恐人以暑熱不慎管鑰也。張佩綸云：御覽服用部七百二引「三政曰禁扇去笠」，無「令」字。説文：「扇，扉也。」廣雅釋室：「笠，户牡也。」「禁扇去笠」，即月令仲夏「門閭毋閉」意，非謂去禦暑之笠也。

〔一一〕張佩綸云：曲禮「髮毋髢，冠毋免，勞毋袒，暑毋褰裳」，鄭注皆謂其不敬。爾雅釋器：「扱衽謂之襭。」「扱」，扱衽。「免」，免冠。

〔一二〕俞樾云：「除急」二字，衍文也。尹注曰「田中之廬欲漏之，不欲人惡盛陽之氣也」，不及「除急」之義，是尹所據本無此二字。張佩綸云：「急」當作「隱」，字之誤也。史記五帝紀「知民之急」，大戴禮高安本作「知民之隱」。周禮天官宫人「爲其井匽，除其不蠲」，注：「井，漏井，所以受水潦。鄭司農說：匽，路厠也。玄謂匽豬，謂霤下之池受畜水而流之者。」廣韻：「匽，隱也。」漢書禮樂志集注：「匽，古『偃』字。」周禮𪊲人注「梁，水偃也」，釋文：「本作『匽』。」詩魚麗傳：「士不隱塞」，釋文：「本作『偃』。」古今人表「徐隱王」，師古注：「即偃王。」據此則「隱漏」即周禮之「井匽」，「隱漏」與「田廬」並言，康成說爲長。翔鳳案：房注以「田廬」爲田中之廬，是也。小雅「中田有廬」，箋：「中田，田中也。農氏作廬焉，以便田事。」說文：「廬，寄也。秋冬去，春夏居。」田埂爲蛇類穿穴而漏，其急者治之。「除」，治也。今農民尚然，非誤字。

〔一三〕丁士涵云：此十二字一句讀。「德賜」猶德惠也。翔鳳案：「德」訓得，得上之賜，而以布施於民。丁說非是。

〔一四〕翔鳳案：書盤庚「各設中於乃心」，蔡邕石經作「翕」。方言三：「翕，聚也。」詩常棣「兄弟既翕」，傳：「合也。」張綱以合聚之爲「設」，「翕」之借。

西方曰辰，辰，星日①交會也，秋陰陽適中，故爲辰。**其時曰秋，**秋，揫也。時物成熟揫斂

---

①「日」字原作「月」，據補注改。

之。其氣曰陰。秋之氣也。陰生金與甲〔一〕，陰氣疑結堅實，故生金爲爪甲也。其德憂哀，靜正嚴順，秋氣悽惻，故以憂恤哀憐爲德。靜正，陰之性也。嚴順，謂德雖嚴，然順時而爲之也。居不敢淫佚〔二〕。順秋氣而靜居，不敢爲淫逸過失也。其事號令，毋使民淫暴，順旅聚收〔三〕。謂順時理軍旅，聚而收之也。量民資以畜聚，賞彼羣幹， 眾有武幹人，當賞之。聚彼羣材〔四〕，材，謂可以充兵器之材，當收聚之。百物乃收。使民毋怠，時云收斂，出師故聚裝，人無懈怠。所惡其察，所欲必得〔五〕，察所惡之方而伐之，則得其所欲也。我信則克〔六〕，我既誠信，故能克敵。此謂辰德。辰以收斂殺姦邪爲德也。辰掌收，收爲陰。收，聚。冬閉藏，故爲陰。秋行春政則榮，春發榮也。行夏政則水，夏多行水潦也。行冬政則耗。冬肅殺損耗也。是故秋三月，以庚辛之日發五政。一政曰：禁博塞〔七〕，博塞長姦邪，故禁之。圉小辯，鬬譯詎〔八〕。小辯則利口覆國，及譯傳言語相疾忌爲鬬訟者，皆當禁圉之也。二政曰：毋見五兵之刃〔九〕。時或出師掩襲，故藏五兵之刃也。三政曰：慎旅農，趣聚收〔一〇〕。師旅營農，當慎收之。秋方閉藏，故令補塞缺坼也。四政曰：補缺塞坼。五政曰：修牆垣，周門閭〔一一〕。亦所以助閉藏之氣。五政①苟時，五穀皆入。

---

① 「政」字原作「攻」，據補注改。

〔一〕翔鳳案：房注「辰」爲「星月交會」，義不合。當爲房星。爾雅釋天：「大火謂之大辰。」房爲農祥，以候四時。火至初秋，則昏見於西，詩云「七月流火」是也。故西方曰辰。「甲」爲甲胄之甲，秋主刑，大刑用甲兵，故「陰生金與甲」。房訓「爪甲」，非是。

〔二〕張佩綸云：「居不敢淫佚」五字，乃「毋使民淫暴」之注，誤入正文。翔鳳案：此句以德言，與下文以事言者不同。張説誤。

〔三〕洪頤煊云：「順」讀爲慎，「旅」謂旅處在野之農。下文五政曰「慎旅農，趣聚收」，其證也。尹注非。張佩綸云：詩載芟「侯亞侯旅」，傳：「旅，子弟也。言率餘夫以聚收也。」翔鳳案：洪説是。

〔四〕丁士涵云：「賞」疑「畜」字誤。兩句一義，承上「量民資以畜聚」言之。尹注非。張佩綸云：書費誓「峙乃楨榦」，「羣榦」與「羣材」爲類。舊注誤。劉師培云：「賞」疑「賔」訛，「賔」與「隕」同，「隕」猶落也。此與「落實取材」略同。翔鳳案：貞固者事之幹，指人言，故用「賞」字，與楨幹同。

〔五〕俞樾云：當作「所惡必察」，兩句一律。下文「所求必得，所惡必伏」，亦兩句一律，是其證。陶鴻慶云：俞氏云「其察」當作「必察」，與下句對文，是也。「察」當爲「蔡」之假字，「蔡」讀爲褩，昭元年左傳「周公誅管叔而蔡蔡叔」，杜注云：「蔡，放也。」此云「所惡必蔡」，謂民之所惡則放流之。秋氣爲陰，其政主刑，故有是令。下文冬政亦云「所求必得，所惡必伏」，

「伏」與「蔡」文異而意同。　翔鳳案：國策「王其察之」，「其察」有希望之意。孟子「衆惡之必察焉」，「惡」、「察」相連。陶説誤。

〔六〕吳志忠云：「我」，「義」之壞字。　翔鳳案：「我」，古「義」字。侈靡：「有雜禮我而居之。」「禮我」即「禮義」，非壞字也。

〔七〕孫星衍云：初學記三、御覽二十四引「塞」作「賽」，古字通用。事類賦注五引作「簺」，白帖三十三引作「禁博基」。　翔鳳案：莊子繕性：「博塞以游。」類書好改字，此其一徵。

〔八〕俞樾云：此三字之義，爲不可曉。據尹注曰「譯傳言語相疾忌爲鬭訟者」，是其所據本作「譯忌鬭」，因傳寫奪「鬭」字，誤補之「譯」字之上，而「忌」字又從足作「跽」，此是所傳之異，非尹本之舊也。然尹説亦不可通。上文曰「禁博塞，圉小辯」，上一字皆禁止之意，下二字皆實指其事，此文疑亦當同，「忌鬭」連文，雖未詳其義，然「譯」必「睪」之假字。説文夲部：「睪，司視也，從横目從夲，令吏將目捕罪人也。」然則「睪」有捕治之義，禁圉之不止，從而捕治之，亦事之相因者矣。　戴望云：「忌」，「惎」之假字。説文：「惎，毒也；一曰，教也。」此「惎」當訓教，民私自教鬭，故捕治之也。　翔鳳案：鬼谷子中經：「解仇鬥郄，謂解羸微之仇。鬥郄者，鬭强也。强郄既鬥，稱勝者高其功，盛其勢。弱者哀其負，傷其卑，行其名，恥其宗。」則「鬭譯誋」與「解仇讎」有别，不能混同。而「忌鬥」爲鬥强，其負者至於恥其宗，此可以玩味也。説文：「忌，憎惡也。」詩螽斯序「不妬忌」，箋：「忌，有所諱惡於人。」周禮小史：

「則詔王之忌諱。」老子：「天下多忌諱而民彌貧。」爲忌諱而至於妨碍生活，關係不小矣。韓非子内儲説上：「棄灰於街必掩人，掩人，人必怒，怒則鬭，鬭必三族相殘也。」當時民性多忌諱而强悍如此。負者恥其宗，則鬬者羣起，非一人也。方言十三：「譯，傳也，見也。」説文：「誋，戒也。」此禁忌本字。衆有忌諱，隨所見傳播不已，是謂「譯誋」。房注「譯傳言語相疾忌爲鬬訟」，即此。俞解爲「譯忌鬬」，非是。趙本作「諰」，乃誤字。周人以譯事神，因忌而鬬者不少。

〔九〕姚永概云：此因秋收之時，恐妨農功，不出師。翔鳳案：房解「毋見」爲「藏」，讀去聲，是也。漢代秋防重要，齊有山戎之患，亦有秋防。姚説誤。

〔一〇〕劉師培云：御覽二十四引作「趨聚收」，初學記三、事類賦注五並引「趣」作「趍」。

〔一一〕孫星衍云：「周」乃「固」字之譌。初學記、太平御覽、事類賦注俱引作「謹門閭」，「謹」與「固」義相近。翔鳳案：國語吴語「周軍飭壘」，注：「繞也。」修治繞門閭之牆垣，非誤字也。

北方曰月，北方太陰，故爲月也。其時曰冬，冬，中也。謂藏收萬物於中也。其氣曰寒。冬之氣也。寒生水與血，寒釋則水流。血亦水之類。其德淳越，温怒周密〔一〕。冬時花葉凋落，唯報幹存焉，故以淳質爲德。越，散也。冬既閉藏，時則入於慤嗇，故令散施爲德，雖復陰怒，當節之以温。周密者，衆陰之閉藏也。其事號令，修禁徙，民令静止〔二〕，時方休息，故禁人私徙，令爲静止也。地乃不泄，冬令行，故地不泄也。斷刑致罰，無赦有罪，以符陰氣。陰氣主殺，故斷刑致罰以符之。大寒乃至，甲兵乃强，五穀乃熟，國家乃昌，四方乃備，此謂月德〔三〕。月以閉藏，罰罪爲德也。月掌罰，罰爲寒。罰則殺物，故爲寒也。冬行春政則泄，春，陽氣發泄也。行夏政則靁，夏，雷雹行。行秋政則旱。謂冬氣旱早也。是故春凋、秋榮、冬雷、夏有霜雪，此皆氣之賊也。氣反時則爲賊害也。刑德易節，失次則賊氣遬至，賊氣遬至，則國多菑殃。是故聖王務時而寄政焉，謂順時而立政。作教而寄武焉〔四〕，因教而習武也。作祀而寄德焉。謂設祭以顯德，則神歆也。此三者，聖王所以合於天地之行也。天地之行，唯此三者而已。日掌陽，月掌陰，星掌和。陽爲德，陰爲刑，和爲事〔五〕。是故日食則失德之國惡之，月食則失刑之國惡之，彗星見則失和之國惡之，失則當受罰，故其所失，各以其所類而興惡也。風與日爭明則失生之國惡之〔六〕。日惡風且熱，旱灾成矣，方生之物皆枯悴矣。此失生德也，故失生之國惡也。是故聖王日食則修德，月食則修刑〔七〕，彗星見則修和，風與日爭明則修生。此四者，聖王所以免於天地之誅也。信能行之，五穀蕃息，六畜殖而甲兵强。治積則昌，暴虐積則亡。是故冬三月，以壬癸之日發五政〔八〕。一政曰：論孤獨，恤長老。二政曰：善順陰，修神祀，賦爵禄，授備位。三政曰：效會計，毋發山川之藏〔九〕。山藏，謂銅銀之屬藏在山者；川藏，謂珠玉之屬藏在川者也。四政曰：攝奸遁得盜賊者有賞〔一〇〕。五政曰：禁遷徙，止流民，圉分異〔二〕。分異，謂離居者。五政苟時，冬事不過，所求必得，所惡必伏。

〔一〕安井衡云：古本「怒」作「恕」。王引之云：「温」讀如愠，愠亦怒也，尹注非。何如璋云：「温」與「藴」通，謂藏也。翔鳳案：荀子榮辱：「其温厚矣。」「温」借爲「藴」，何説有據。王訓爲「愠」，則於古籍無徵。雖古人以不藏怒不宿怨爲德，而冬以藏爲事，則藏怒爲時令之德，非所論於一般，故以「周密」二字顯示之。古本改爲「恕」，非是。恕乃仁德，屬於春者。

〔二〕張佩綸云：當作「禁修徙，令民靜止」。翔鳳案：「徙」字絶句，古今語法不同，不必更易。

〔三〕安井衡云：「備」當爲「犕」，字之誤也。「犕」，古「服」字，「服」、「德」相韻。翔鳳案：説文：「備，慎也。」左僖五年傳：「凡分至啓閉，必書雲物，爲備故也。」「備」字不誤。

〔四〕張佩綸云：「寄武」，謂春蒐、夏苗、秋獮、冬狩。

〔五〕張佩綸云：「星」，歲星。不言星辰寒暑，日月足以該星辰，陰陽足以該寒暑。翔鳳案：歲和爲土德，星掌和爲日德，日德包於歲德之中，四時以春爲首。

〔六〕戴望云：「明」訓爲彊，左氏哀十五年傳云：「與不仁人爭明，無不勝。」文選陸士衡樂府君子有所思行注引漢書韋昭注曰：「生，業也。」「失生」猶言失業。翔鳳案：周禮大宰「生以馭其福」，注：「猶養也。」失生爲失養。許維遹改「生」字爲「正」，讀爲「政」，誤。

〔七〕何如璋云：史記天官書「日變修德，月變省刑，星變結和」，義同。張佩綸云：續漢書五行志六注引「食」作「蝕」。

〔八〕翔鳳案：趙本、朱本等皆以「是故春三月」接「行秋政則旱」。此爲劉績改本。劉意以「春凋秋榮」云云爲綜論，移至「所惡必伏」後。然此節論氣非論政，故於敘述氣與政之後，即接以論氣之綜述，末接「五政」，次序井然。劉氏以後世之文法改書，非是。

〔九〕張佩綸云：王制：「冢宰制國用必於歲之杪。」廣雅釋言：「效，考也。」翔鳳案：「效」訓考，爲「校」之借。

〔一〇〕張佩綸云：「攝」，各本作「捕」，非。「攝」，執也（吳語韋注）。一說「奸遁」疑是「干盾」。翔鳳案：說文：「攝，引持也。」「捕，取也。」見姦遁者引持送官有賞，若爲官役逮捕，則無賞矣。

〔一一〕張佩綸云：爾雅釋言：「圉，禁也。」許維遹云：「異」與「廙」通，說文：「廙，行屋也。」引伸爲居。「圉分異」，猶言禁分居也。

道生天地，道者，自然能生天地也。**德出賢人。**德者，賢人所修爲，故能生賢也。**道生德，**法道則成德也。**德生正，**德脩則理自正。**正生事〔一〕。**正直則事幹。**是以聖王治天下，窮則反，終則始。德始於春，長於夏。刑始於秋，流於冬〔二〕。**謂刑於冬而休息也。**刑德不失，四時如一。**皆順時而成，故如一。**刑德離鄉，時乃逆行。**鄉，方也。**作事不成，必**

有大殃。月有三政，月三旬政異，故曰「三政」也。王事必理。以爲必長〔三〕，王者行事，必順三政之理，然後可以長久。不中者死，失理者亡。中，猶合也。不合三政者則死，違失其理必敗亡。國有四時，固執王事。固執四時之政，以輔行王事。四守有所，謂守四時，令得其所。三政執輔〔四〕。執月三①之政，輔行己德也。

〔一〕王念孫云：「正」與「政」同，尹注非。

〔二〕安井衡云：「流」，移也。　張佩綸云：舊注謂「刑於冬而休息也」，「流」當作「休」。翔鳳案：考工弓人「寒奠體則張不流」，注：「猶移也。」安井説是。刑始於秋而移於冬也。

〔三〕張佩綸云：「月有三政」無義，「月有」二字衍，當作「五政主事，必理必長」。「以爲」衍，「王」作「主」，下同。　郭嵩燾云：上文「春三月以甲乙之日發五政」，「夏三月以丙丁之日發五政」，「秋三月以庚辛之日發五政」，「冬三月以壬癸之日發五政」，此文之「月有三政」，當爲「五政」之誤。　翔鳳案：以爲爲政也。論語：「爲政以德。」無誤字。

〔四〕張佩綸云：「四守」當作「四時」，「三」作「五」，字之誤也。　郭沫若云：「四守」殆即「修德」、「修刑」、「修和」、「修生」之四者。

---

① 「月三」原作「三月」，據補注乙。

五行第四十一

一者本也，本，農桑也。二者器也，器，所以理農桑之具也。三者充也，充，謂人力能稱本與器也。治者四也〔一〕，人既務本，設治以理之也。教者五也，人既奉法，則以禮義教之。守者六也，人既奉法從教，則設官以守之。立者七也，既設官以守之，則能立事。前者八也〔二〕，既能立功立事，可與前王比隆。終者九也，既能與前王比隆，可謂王道之終也。十者然後具五官於六府也，立五行之官，分掌六府也。五聲於六律也〔三〕。謂播五聲於六律也。六月日至，陽生至六，爲夏至。陰生至六，爲冬至。是故人有六多，陽至六，爲純陽之多也。陰至六，爲純陰之多也。稟陰陽之純以生，故曰「人有六多」。六多所以街天地也〔四〕。街，猶陽陰多也。天道以九制，九，老陽之數。以老陽制天，所以君長之也。地理以八制，八，少陰之數。以少陰制地，欲其生息也。人道以六制。六者，兼三材之數，人稟天地①陰陽之氣以生，故以制人。以天爲父，以地爲母，以開乎萬物，父母開通，以生萬物。以總一統。總持其本，以統萬物也。通乎九制、六府、三充而爲明天子〔五〕。言能總一統九制已下，可謂明天子。修槩水，

① 「地」字原作「也」，據補注改。

上以待乎天堇。堇，誠也。言天子能以中正自修，以槩自平，上待天誠也。反五藏以視不親〔六〕。又親反察於五藏，以視知何者不親也。治祀之，下以觀地位〔七〕。理於祭祀之時，於其所祭之下，觀知地位之尊卑也。貨曋神廬，合於精氣〔八〕。神廬，謂廟祠也。日所次隅曰曋。言祭神廬之時，或薦珍貨，雖已奠於地，復以日次隅之，所以爲精祥也。如此者，所以招合鬼神精氣之道也。已合而有常，神既合聚而饗祐，則風雨得其常也。有常而有經。風雨有常，百貨成而常經不失也。審合其聲，修十二鍾，以律人情〔九〕。不失其經，則庶績咸通，故可審合理世之聲，以成安樂之音，然後十二鍾以播其音。音之高下，皆法人情。律，法也。人情已得，萬物有極，然后有德。得人情則物理極，極於物理，可謂有德也。故通乎陽氣，所以事天也，經緯日月，用之於民。天氣以積陽成德，故通陽氣然後能事天，又經緯日月之時候，使人用之也。通乎陰氣，所以事地也，經緯星曆，以視其離〔一〇〕。地以積陰成體，故通陰氣然後能事地，又經緯星曆之節氣，視知其離絶也。通若道然后有行〔一一〕，言能通上陰陽天地之道，然後所行不失也。然則神筮不靈，神龜衍不卜，既通天地之道，則所行無不當，故龜筮不能爲卜兆。黄帝澤參，治之至也〔一二〕。黄帝雖通天地之道，不使參問曰澤，以得萬靈之情，可謂理之至也。

〔一〕陳奂云：此與下共六句，皆數目在下，與「一者本也，二者器也，三者充也」不一例，恐經寫者致誤。張佩綸云：三生萬物，故一、二、三曰「一者本也，二者器也，三者統也」，其下則曰「治者四也」云云。陳奂欲改爲一律，非是。

〔二〕張佩綸云：「前者八也」，疑「前」當爲「偝」或作「别」，凡分别之事，皆取於八。或云「前」讀爲「翦」。詩「實始翦商」，傳：「翦，齊也。」爾雅釋言：「劑，翦，齊也。」地官司市注：「質劑，謂兩書一札而别之也。」凡分别之事，皆取於八。

〔三〕張佩綸云：淮南天文訓：「何謂五官？東方爲田，南方爲司馬，西方爲理，北方爲司空，中央爲都。何謂六府？子午、丑未、寅申、卯酉、辰戌、巳亥是也。」孟子「不以六律不能正五音」，趙岐注：「六律：陽律太簇、姑洗、蕤賓、夷則、無射、黄鐘。五音：宫、商、角、徵、羽也。」

〔四〕趙用賢云：「街」猶通也。注非。陳奂云：「街」字義不可通，「街」當爲「衍」。惠氏周易述曰：「衍，演也。」俞樾云：「街」當作「衕」，字之誤也。説文行部：「衕，通街也。」「衕」之訓通，正得其義，而其誤爲「街」，亦有由矣。字亦作「迵」，玉篇：「迵，通達也。」淮南子要略篇「通迵造化之母」，上德篇「德迵乎天地」，王氏念孫讀書雜志謂「迵」字並「迥」字之誤，是也。即可以説「衕天地」之義矣。戴望云：「六多」疑「六府」之誤。下文云：「通乎九制六府三充而爲明天子。」張佩綸云：「六多」、「街天地」，如字訓之亦通。但就注觀之，似「多」爲「爻」、「街」爲「衍」，更合。翔鳳案：「六月日至」，謂六月而冬至，六月而夏至，房注是也。「六多」即承上文，房注：「陽至六，爲純陽之多也。陰至六，爲純陰之多也。」「街」

從行，圭聲，兼從圭得義。地官大司徒：「以土圭之灋測土深，正日景，以求地中。日南則景短多暑，日北則景長多寒，日東則景夕多風，日西則景朝多陰。」「六多」包寒暑陰陽言之，房説是也。「街」爲田通道，中有土圭測日，天地陰陽之氣於此測定，故曰「所以街天地」。「多」爲重夕，夕爲月半見，洪範五行注：「初昏爲夕，將晨爲夕。」晨昏測中星，而有六多。諸説俱誤。

〔五〕李哲明云：「充」疑當爲「事」，「事」篆作「叓」，與「充」作「克」形近而訛。此即用尚書之文。「九制」疑即爲「九功」，涉上「九制」而誤。又疑上文「三者克也」之「克」，亦「事」之誤文。「事」與「器」韻。翔鳳案：管書屢言「充」，宙合「謏充末衡」，小稱「去惡充以求美名」，内業「大充傷而形不藏」。「充」以氣言。孟子：「氣，體之充也。」樞言：「道之在天者日也，其在人者心也，故曰有氣則生，無氣則死。」人稟天地之氣以生，而爲三才，故充之數爲三。李説誤。

〔六〕王念孫云：「上」當爲「土」，「槩」，平也，謂修平水土也。尹注非。丁士涵云：「堇」當爲「謹」。「親」與上文「天」字爲韻。張佩綸云：「乎」當作「平」，「待」當作「時」，「視不親」當作「視木槷」，皆字之誤也。「謹反五藏」當作「謹五藏」，「反」涉「五」而衍。此文當作「修水槩，上以平天時。視木槷，下以觀地位。謹五藏，治五祀」。「時」、「位」、「祀」與下「氣」爲韻。舊注爲偽房竄亂。王説改「上」爲「土」，誤矣。李哲明云：此數句頗寓聖王效天法地之旨。「堇」讀爲勤。勤者，易所謂「天行健」也。「修概水」疑爲「修概準」。觀注云「天子能以中正自修，以概自平，上待天誠」，而不及「水」字，即其證。人君治心，以合乎天，惟其平而已。中正者，平之道也，注說得之。「上」字下屬爲句，亦可於注取證。「上以得天堇」，即「君子自强不息」之義。「準」與「堇」、「親」韻。「反五藏以視不親」，承上文言。「五藏」統於心，渾言「五藏」而心實主之。人君反求諸心，視其果合天否。傳云「皇天無親，惟德是輔」，是修德即所以親天。「不親」，即自修者未至也。據注文，「反」下似當有「察」字。姚永概云：王謂「上」當爲「土」，是也。「堇」當爲「饉」。水土既修概，則天行苟有饑饉，足以待之。翔鳳案：「上」字屬下爲句，「修槩水」，修治灌溉之水。「溉」本水名，說文：「一曰灌溉。」七發「澡槩胸中」，假爲「概」。詩豳風「溉之釜鬵」，釋文：「本又作『摡』。」「溉」、「概」、「摡」三字互通。概爲平斗斛之器，灌溉亦謂斛水平流，直謂「槩」爲灌可也。卜辭之「堇」即「饉」字，姚說有據。「上以待天堇」，「下以觀地位」，二句相配。「五藏」爲五穀之藏。說文：「倉，穀藏也。」「胵，五藏總名也。」「親，至也。」諸義相因。「視不親」，視其不至也。

〔七〕丁士涵云：「治」讀爲祠，公羊「祠兵」，左氏作「治兵」。李哲明云：「下」字當屬下讀。「之」當爲「時」，古「時」字作「旹」，從之得聲，故得省借。「時」與「位」、「氣」韻。翔鳳案：水地篇：「故曰水神。」治水而祀其神，以觀其行於地，安其位也。諸說誤。

〔八〕丁士涵云：古「貨」、「化」同聲，「貨」讀爲化。「瞫」當作「覃」，「覃」猶被也。「神廬」承上「地位」言之，在地爲化，化主陰氣，合於天之陽氣，乾精屬陽也。張佩綸云：「貨」讀化，餘説皆非。舊注「日所次隅曰暉」，考方言「日運爲躔」，「暉」當爲「暉」，「暉」與「運」通。「廬」，舍也（廣雅釋室）。此即孟子「所過者化，所存者神」。證之月令，如四時「日月會」、「日在營室」之類，即「化運」也。「其帝太皡，其神句芒」，即「神廬」也。李哲明云：「暉」疑當作「暉」。廣雅：「暉，甘也。」是「貨」謂玉幣，「暉」謂粢盛。翔鳳案：内業：「凡物之精，此則爲生，下生五穀，上爲列星。」四時篇有「田廬」，「神廬」即在田中。房注「日所次隅曰暉」，同「躔」。陳列龜玉於神廬而禱之。「貨」即龜玉。内業：「非鬼神之力也，精氣之極也。」人鬼精氣相合，故曰「合於精氣」。

〔九〕翔鳳案：國語伶州鳩論鐘律曰：「紀之以三，平之以四，成於十二，天之道也。」内業人稟天地之氣以生，故以聲律人情，其理論則詳史記律書。

〔一〇〕張佩綸云：漢志「迺定東西，立晷儀，下漏刻，以追二十八宿相距於四方，舉終以定朔、晦、分、至、躔、離、弦、望」，應劭曰：「離，遠也。」臣瓚曰：「案『離』，歷也，日月之所歷也。」翔鳳案：日月五星之行，所歷不同，張説是。

〔一一〕許維遹云：「若」猶此也，「此道」斥上陰陽天地日月星曆之道而言。翔鳳案：許説是。本書屢言「此若言何謂也」，是其證。「若」同「那」，湖北沔陽稱若爲你那。

〔一二〕陳奂云：此文及注，錯誤不可讀。「筮」當爲「筴」，「靈」當爲「筮」，「神龜」與「神筴」對文，「不筮」與「不卜」對文。「衍」字當在下句內，而下句「黃帝」二字又涉下文「昔者黃帝」而誤入於此也。「衍」字當在「澤」字上。「衍」，推演之也。「澤」讀爲釋，假字也。「釋」猶舍也。凡每卜筮，必會人參立而占之，不筮不卜，故推演舍參，言不用設立占人以推衍也。小雅杕杜傳曰「卜之筮之，會人占之」，洪範曰「凡七，卜五、占用二，衍貣，立時人作卜筮，三人占」，皆其義也。卜筮所以決疑明豫，不建立卜筮，而能通天地之道，故曰「治之至也」。心術下篇：「能專乎？能一乎？能毋卜筮而知凶吉乎？」白心篇：「不卜不筮，而謹知吉凶。」安井衡云：「澤」、「釋」通，「釋」，舍也。「參」，謀度也。張佩綸云：當作「神筴不筮，神龜不卜」，白心篇「不卜不筮而謹知吉凶」，是也。校者因「神龜」上有「靈」字，旁注爲「衍」，而坊本轉去「筴」字。易：「黃帝垂衣裳而天下治。」漢志：「自伏犧畫八卦由數起，至黃帝、堯、舜而大備，三代稽古，法度章焉。」「黃帝澤參」當作「澤參黃帝」。翔鳳案：趙本「卜」字特長，知其原有衍字，因懷疑而剜去之。左傳筮短龜長，「神筮」與「神龜」對，陳改「筮」爲「筴」，謬。洪範之衍忒用於卜，易繫辭：「衍，演也。」灼龜觀兆之後，就其吉凶而推演之，「衍」字不可少。禮記射義：「天子將祭，必先習射於澤。澤者，所以擇士也。」「澤參」，擇而參之。諸說多非。

昔者黃帝得蚩尤而明於天道[一]，得大常而察於地利，得奢龍而辯於東方[二]，得祝融而辯於南方，得大封而辯於西方，得后土而辯於北方。黃帝得六相而天地治，神明至〔三〕。蚩尤明乎天道，故使爲當時〔四〕。謂知天時之所當也。大常察乎地利，故使爲廩者。廩，給也。謂開廩以給人也。奢龍辨乎東方，故使爲土師〔五〕，土師，即司空也。祝融辨乎南方，故使爲司徒。謂主徒衆使務農也。大封辨於西方，故使爲司馬〔六〕。主兵馬以出征。后土辨乎北方，故使爲李。李，獄官也。取使象水平之也。是故春者土師也，夏者司徒也，秋者司馬也，冬者李也。昔黄帝以其緩急作五聲，調政理之緩急，作五聲也。以政五鍾〔七〕。令其五鍾〔八〕：一曰青鍾，大音。大音，東方鍾名。二曰赤鍾，重心。三曰黄鍾，洒光〔九〕。四曰景鍾，昧其明。五曰黑鍾，隱其常〔一〇〕。自大音、重心已下，皆鍾名，其義則未聞。五聲既調，然后作立五行，以正天時，五官以正人位〔一一〕。人與天調，然后天地之美生。美，謂甘露醴泉之類也。

〔一〕劉師培云：雲笈七籤一百軒轅本紀云「黄帝得蚩尤始明乎天文」，注云：「據管子言之，蚩尤有術，後乃叛。」（趙道一真仙體道鑑軒轅黄帝傳略同。）據彼説，似「道」字古本或作「文」。

翔鳳案：道以理言，文以象言，道藏改「道」爲「文」，非是。

〔二〕劉績云：一本「奢」作「蒼」，下放此。　王念孫云：「奢」當爲「蒼」，北堂書鈔帝王部十一、太平御覽皇王部四引此竝作「蒼龍」。　劉師培云：初學記九引「奢」作「青」，通典職官三作「蒼」，玉海百二十、小學紺珠五竝引作「奢」。　翔鳳案：「奢龍」爲人名，蒼龍爲四獸之一。「祝融」、「后土」均爲人名，而南方非朱鳥，西方非白虎，北方非玄武，則「蒼」字不合可知。

〔三〕王念孫云：「天地治」，初學記帝王部、北堂書鈔帝王部十一、太平御覽皇王部四竝引作「天下治」，是也。翔鳳案：上文天父地母，天董地位，事天事地，皆以天地分言，則本爲「地」字。王好引類書而多誤，此一例也。

〔四〕張佩綸云：困學紀聞：「黄帝六相，一曰蚩尤，通鑑外紀改爲風后。」案：劉道原改蚩尤爲風后，以「蚩」與「風」形近；馬貴與改大封爲風后，以「風」、「封」聲通。今皆不取。劉師培云：「當」與「尚」同，即主天時之官也。（戰國之官有「尚衣」之屬，「尚」均訓主。）注説非。翔鳳案：荀子君子：「先祖當賢，後世子孫必顯矣。」「當」假「尚」，劉説是也。「蚩」爲蟲，釋名釋姿容：「蚩，癡也。」「蚩尤」乃渾名，不止一人，與渾敦、窮奇相類。朱駿聲謂少昊時九黎之君，又一蚩尤，「蓋以癡之尤異者爲訓」，其言是也。風后乃名「風」而爲后者，正好給以蚩蟲之稱，「風」從虫也，非必形誤。

〔五〕安井衡云：古本「土師」作「工師」。俞樾云：「土師」當作「工師」，此官在唐虞爲共工，在周官爲司空。司空即司工，「空」者「工」之假字也。故小宰職曰「冬官掌邦事」，不曰冬官掌邦土。漢世説經者，有司空主空土之説，僞古文遂曰「司空掌邦土」矣。説詳羣經平議。翔鳳案：司空爲此文「工師」作「土師」，蓋以形近而誤。然與經義違矣，故不可不辯。

土木工程。古代構木爲巢，不能鋸木爲屋，陶復陶穴，施工於土穴中。「空」從土穴，即謂之「土師」可也。作「工師」爲木作，反非其義。

〔六〕張佩綸云：漢書藝文志兵技巧家「封胡五篇」，班固自注：「黄帝臣。」「封胡」即「大封」。封禪書：「公玉帶曰：黄帝時雖封泰山，然風后、封巨、岐伯令黄帝封東泰山，禪凡山，合符然後不死焉。」「封巨」疑當作「封巨」，「胡」、「巨」皆大也。翔鳳案：「巨乘馬」，隸書爲「臣乘馬」，「巨」爲「臣」乃隸變，張説是也。

〔七〕孫星衍云：書鈔一百八引「作」下有「立」字，「政」作「正」，以下文作「立五行以正天時」句證之，書鈔所引本是。王念孫云：今本無「立」字者，後人不曉文義而删之也。「作立」者，始立也。魯頌駉篇傳曰：「作，始也。」皋陶謨「烝民乃粒，萬邦作乂」，「作」與「乃」相對爲文，謂萬邦始乂也。禹貢「萊夷作牧」，謂萊夷水退始放牧也。「沱潛既道，雲土夢作乂」，「作」與「既」相對爲文，謂雲土夢始乂也。此言「作立五聲」，亦謂始立五聲也。後人不知「作」之訓爲始，而誤以爲造作之作，則「作立」二字義不可通，故删去「立」字耳。據尹注云「調政治之緩急作五聲也」，但言「作」而不言「立」，則所見本已删去「立」字。獨賴有北堂書鈔所引，及下文「作立五行」之語，可以考見原文。而太平御覽樂部十三所引並删去下文「立」字，總由不知「作」之訓爲始，故紛紛妄删耳。

〔八〕陶鴻慶云：「令」通作「命」，「命」通作「名」，下文「青鍾大音」以下，尹注云「皆鐘名」是也。

〔九〕劉師培云：「洒」，他本作「灑」，御覽五百七十四誤「立」。「光」，山堂考索前集四十九引作「地」，誤。翔鳳案：説文：「洒，滌也。古文爲灑埽字。」月令「律中姑洗」，注引周語「所以修絜百物」。「洒」同「洗」。「灑」字不合。

〔一〇〕何如璋云：虞翻易注「震爲音」（中孚、小過兩見），「離日爲光」（象下傳），「坎爲常」（象上傳）。據此，赤鍾當曰灑光，黄鍾當曰重心。「灑」讀爲麗，「離」，麗也，屬南方。太玄注「在中爲心」，漢志「宫，中也，君也」，爾雅釋樂「宫爲之重」，是其證。「昧」，書「仲秋曰昧谷」，易鄭注「兑爲暗昧」。淮南覽冥高注「隱，藏也」，漢志「羽，宇也，物聚藏宇覆之也」。張佩綸云：何氏之説精確。疑「心」與「音」韻，「光」與「明」、「常」韻，似不可易。案：異義歐陽説「心，火也」，故「赤鍾重心」。（「重」讀若「重華」之「重」，即爾雅「徵謂之迭」。）風俗通皇霸引書大傳：「黄者，光也，厚也，中和之色。」釋名：「黄，晃也，猶晃晃像日光色也。」説文：「黄，地之色也，从田从炗，炗亦聲。」炗，古文「光」。黄從光得聲得義，故「黄鍾洒光」。「洒」，新臺毛傳「高陵也」，即「陵」之借字。漢志所謂「黄鍾至尊，無與並也」。説文：「洒，滌也。」爾雅「大瑟謂之洒」，釋文引孫炎云：「音多變，布出如洒也。」黄鍾爲萬事根本，其音亦多變，布出如洒矣。劉師培云：「景」乃「顥」字之譌，「顥」即白也。（説文「顥，白貌」，漢書叙傳音義引字林同。）「顥」與「青」、「赤」、「黄」、「黑」並文，均主方色言。淮南子時則訓「撞白鐘」，亦其證。翔鳳案：周易遠在黄帝之後，以之説史，非是。釋名釋采帛：「赤，赫也，太陽之色也。」「重」從壬，東聲。東爲日在木中。爾雅釋天「太歲在辛曰重光」，取日落赤霞之義。「黄」如張説。「景」爲古「影」字，故曰「昧其明」。劉説非是。

〔二〕翔鳳案：「作」，始也，見廣雅釋詁一。禹貢「雲土夢作乂」，謂始乂也。此「作立」，始立也。

日至，睹甲子木行御〔一〕。謂春日既至，睹甲子用木行御時也。**天子出令，命左右士師内御**〔二〕，謂内侍之官也。**總別列爵**，謂總別等列之爵也。**論賢不肖士吏**，論士吏之賢與不肖，當有所黜陟也。**賦秘賜**秘藏之物出而賦賜之也。**賞於四境之内**〔三〕。**發故粟以田數**，故粟，陳也。以田數多少，用陳粟給人，使得務農。**出國衡，順山林**〔四〕，**禁民斬木，所以愛草木也。然則水解而凍釋，草木區萌**〔五〕，萌牙區別而生也。**贖蟄蟲，卯①菱**贖，猶去也。卯，鼂。菱，芡也。皆早春而生也。**春辟勿時**〔六〕，春當耕闢，無得不及時也。**苗足本**，足，猶擁也。春生之苗，當以土擁其本。**不癘雛鷇**，癘，殺也。雛，隨母食者。**不夭麑麇**〔七〕，**毋傅速**〔八〕，麑，鹿子也。言夭傷之。**亡傷繈葆**，繈保之嬰孩，無得傷損也。**時則不凋**。若能行上事春，則繁茂而不凋枯也。**七十二日而畢**〔九〕。春當九十日，而今七十二日而畢者，則季月十八日屬土位故也。

①「卯」字原作「卵」，據補注改。下注文同。

〔一〕俞樾云：「睹」字義不可通，疑當作「都」。「都」，古字作「﨩」，因誤爲「覩」，後人遂書作「睹」耳。爾雅釋詁曰：「都，於也。」「都甲子木行御」，言於甲子之日，木行御也。下文「睹丙子火行御」，「睹戊子土行御」，「睹庚子金行御」，「睹壬子水行御」，諸「睹」字並當作「都」。戴望云：疑當爲「諸」，「諸」，於也。張佩綸云：説文：「睹，見也。」言冬至之後見甲子日，即爲「木行御」。翔鳳案：張説是也。冬至日不一定爲甲子，必睹甲子日才算木行御，東方爲甲乙也。

〔二〕王念孫云：「士師」當爲「土師」，見上文。

〔三〕王引之云：此當以「賦秘」爲句，「賜賞於四境之内」爲句。「賦」，布也，布散其所秘藏之物也。下文曰「發臧，任君賜賞」，「賦秘」猶言「發臧」也。「賜賞於四境之内」，猶言「任君賜賞」也。尹注非。翔鳳案：説文無「秘」字，本作「祕」。廣雅釋詁一：「祕，勞也。」王氏疏證：「大誥『無毖於恤』，傳云：『無勞於憂。』『毖』與『祕』通。」分勞賞賜。王説誤。

〔四〕安井衡云：古本「順」作「慎」。陶鴻慶云：「順」當讀爲巡。翔鳳案：易坤卦「蓋言順也」，禮記禮器「順之至也」，皆假爲「慎」。荀子成相「請布基，慎聖人」，「慎」假爲「順」。二字通，本作「順」，古本依訓詁改之。

〔五〕王念孫云：「水」當爲「冰」，「區萌」即「句芒」，樂記曰「草木茂，區萌達」，是也。尹注非。張佩綸云：「水」當作「冰」，莊子庚桑楚：「是乃所謂冰解凍釋者。」月令孟春：「東風解凍，蟄蟲始振，魚上冰。」又云：「草木萌動。」　翔鳳案：俗本「水」字作「冰」。説文：「仌，凍也。象水凝之形。」「冰，水堅也。凝，俗冰，从疑。」「冰」爲古「凝」字，凝解無主詞，不可通。本作「水」，俗本不知而改之耳。

〔六〕安井衡云：古本「卵」作「卯」，舊注云「卯皃」，蓋尹本作「卯」，讀爲茆，解爲皃葵。　丁士涵云：「贖」字衍，「菱」乃「養」字之誤。「卵」，生也，「養」亦生也，「養」與「萌」爲韻。説文：「養，古文作『𢼛』。」寫者移羊旁置於攴上，「𢼛」變爲「姜」，與「菱」字相似而誤。　張文虎云：「贖」字疑當作「瀆」，上有脱文，四時篇云：「春三月，……三政曰凍解修溝瀆。」　張佩綸云：「贖」當爲「賣」。説文：「『賣』讀若育。」廣韻：「賣，動也。」注「『贖』猶去也」，正「『賣』猶育也」之誤。「菱」當作「爰」，字之誤也。爾雅釋詁：「爰，于也。」當作「草木區萌，蟄蟲賣卵，爰春辟物，時苗立本」。「卵」、「本」爲韻。「勿」、「物」通。　李哲明云：「贖」當爲「贕」。禮樂記：「胎生者不贕。」説文：「贕，胎不成也。」本作「𧕱」。「贕蟄」云者，言物至冬蟄伏，猶胎不成也，與「蟲」、「卵」對文。　翔鳳案：安井説是也。「菱」爲菜，則「卯」亦當爲菜，此無可疑者。　詩魯頌「薄采其茆」，傳：「茆，皃葵也。」周官醢人「朝事之豆，其實茆菹」，鄭注：「皃葵也。」此爲周人常食之菜，因其爲菜而加艸。本字爲「卯」，作「卵」者謬。　説文：「贖，貿也。」如今之收買蠅蛹。　房注訓「去」，指其用也。　白虎通四時：「時者期也，陰陽消息之期也。」「時」引申則爲期待。　茆菱爲春菜，鬭而種之，毋期待也。「茆菱」二字下屬爲句。諸説均誤。

〔七〕江瀚云：玉篇曰：「麌，麋子也。」

〔八〕丁士涵云：顧千里云：「『速』即『⿱鹿速』字。」爾雅：「鹿跡爲⿱鹿速。」張佩綸云：案爾雅正作「速」，釋文引字書：「速，鹿子。」「鹿跡」非，三者不類，「鹿子」與上複。此三字疑「毋傷繈葆」之複出者。又云：四時篇：「毋殺麛夭，毋蹇華絶芋。」禁藏篇：「毋殺畜生，毋拊卵，毋夭英，毋拊竿。」疑此「毋傅速」是「拊竿」之類，疑當作「毋傅樸速」。毛傳：「樸速，小木也。」

翔鳳案：管書「遲速」之「速」作「遬」，「速」有別義。爾雅釋獸：「鹿，其迹速。」古代逐鹿，認其足迹而呼之爲速，此「速」即麛麌之足迹也。小爾雅、廣雅：「傅，迫也。」淮南兵略「傅堞而守」，亦爲迫近之意。謂從後迫近之也。丁説得之。

〔九〕劉績云：自甲子起，周一甲子六十日，又零十二日得丙子，故曰「七十二日而畢」。下皆仿此。蓋五七三百五十日，又五二爲十日，通三百六十日，一年之數也。注皆非。翔鳳案：甲子木，丙子火，戊子土，庚子金，壬子水，各七十二日。凡三百六十日爲一歲，四時以五行配，衹有此數。淮南天文訓：「日冬至子午，夏至卯酉，冬至加三日，則夏至之日也。歲遷六日，終而復始。壬午冬至，甲子受制，木用事，火煙青。七十二日丙子受制，火用事，火煙赤。七十二日戊子受制，土用事，火煙黄。七十二日庚子受制，金用事，火煙白。七十二日壬子受制，水用事，火煙黑。七十二日而歲終，庚子受制。歲遷六日，以數推之，七十歲而復至甲子。」淮南即申管義者。以五行配四時，土行在五行之中，其前有一百四十四日，凡五月不足六日，故土行在五月末，六月、七月、八月初。管子、淮南以土德置於夏季之後，原因在此。

睹丙子，火行御。天子出令，命行人内御，行人，行使之官也。令掘溝澮，津舊塗〔一〕，舊塗，謂先時濟水處，當設其津梁也。發臧任君賜賞。任，委也。藏中委積物，當發用之，即以充君之賞賜也。君子修游馳以發地氣，游馳，謂游戲馳馬也。出皮幣〔二〕，命行人修春秋之禮於天下諸侯，通天下，遇者兼和〔三〕。春秋二時聘問之禮。然則天無疾風，草木發奮，鬱氣息，謂鬱蒸之氣止息也。民不疾而榮華蕃。七十二日而畢。

〔一〕張佩綸云：「津舊塗」當作「䙴津塗」。説文：「䙴，諦視也。䙴，古文『觀』，從囧。」諦視津塗，即「季春周視原野」之類。　翔鳳案：夏季雨多水盛，故掘溝設梁。「澮」爲水名，假爲「巜」，小溝也。「涂」亦水名，假爲「塗」，道路也。掘道路則不通，且與下文「塗」字犯複。古本「澮」字作「涂」，其謬如此。

〔二〕丁士涵云：當讀「發臧任君賜賞，以發地氣」。四時篇曰「量功賞賢，以阻陽氣」，又曰「斷刑致罰，無赦有罪，以符陰氣」，句法一律，皆取順時宣化之義。「君子修游馳出皮幣」一句讀，「馳」乃「駟」之誤，駟，四馬一車也。「遊駟」，猶中匡篇之「遊車」。小匡篇曰：「又遊士八十人，奉之以車馬輕裘多其資糧財幣，使出周遊於四方。」山國軌篇曰「上且修游人出若干幣」，

「游人」即「遊士」也。彼指人言，此就車駕言，文義相合。張佩綸云：「任君」當是「任養」之誤。或作「發藏倉」亦通。「君」當作「周」，「任周」猶任恤。「君」當作「羣」，「子」當作「字」，「羣游字修馳」，即月令「游牝別羣執騰駒」，夏小正「四月執陟攻駒」也。廣雅「牿牸牝，雌也」，史記平準書「衆庶街巷有馬，阡陌之間成羣，而乘字牝者儐而不得聚會」，是牝馬亦名字也。「修」，治也。「馳」，騰也。「以發地氣」者，「坤元亨利牝馬之貞」也。「發」疑作「受」，涉上「發藏」而誤。翔鳳案：說文：「任，保也。」周禮大司徒「令五家爲比，使之相保」，注：「『保』猶任也。」上文南方爲司徒，義正相合。發鄰里任保之藏。「君」讀爲羣，白心「君親之合」，「君」亦訓羣。發以賞羣衆。說文：「游，旌旗之流也。」晏子春秋：「景公畋於署梁，望游而馳。」此「游馳」之義。

〔三〕張佩綸云：漢志「徵爲火爲禮」，丙爲火，故修禮。「遇」，合也。言諸侯皆通，天下皆合，即朝覲會同之意。「兼」當作「謙」，說文：「謙，敬也。」言以謙且和，故能服諸侯合天下也。廣雅釋詁「兼，通也」，亦通。翔鳳案：出其所藏之皮幣，行人持以修聘。說文：「遇，逢也。」春秋隱公四年「夏，公及宋公遇於清」。公羊傳：「遇者何？不期也。」廣雅釋詁四：「兼，同也。」儀禮聘禮：「兼執之以進。」周書謚法：「和，會也。」易乾文言「嘉會足以合禮」，「合」即「和」。行人以幣聘諸侯，周行天下，其不期而遇者兼會之。

睹戊子，土行御。天子出令，命左右司徒内御，命司徒御理夏政也。**不誅不貞**〔一〕，貞，正也。太陽用事，時方長育，故無所誅戮，無責正，以助養氣也。**農事爲敬**〔二〕，夏時農事尤盛，順而敬之也。**大揚惠言**〔三〕，言大舉仁惠之事也。**寬刑死，緩罪人。**皆所以助養氣也。**出國，司徒令命順民之功力**〔四〕**，以養五穀。君子之靜居，**陰氣方生，故靜居以遵也。**而農夫修其功力極**〔五〕**。然則天爲粵宛**〔六〕，粵，厚也。宛，順也。天爲厚順，不逆時氣也。**草木養長，五穀蕃實秀大，六畜犧牲具，民足財，國富，上下親，諸侯和。七十二日而畢。**

〔一〕丁士涵云：「貞」當爲「責」。白虎通：「『誅』猶責也。」司救「誅讓」，注：「誅，責也。」尹注本作「責，正也」，故其下言「無所責正」，今正文及注皆譌。俞樾云：「貞」乃「賞」字之誤，上文於春曰「賦秘賜賞於四境之內」，於夏曰「發臧任君賜賞」，是皆有賞也。下文於秋曰「命左右司馬衍組甲厲兵，合什爲伍，以修於四境之內，諛然告民有事，所以待天地之殺斂也」，於冬曰「令民出獵禽獸，不釋巨少而殺之，所以貴天地之所閉藏也」，是皆有誅也。蓋賞以春夏，刑以秋冬，古制如此。至戊子土行御，則不誅不賞，但務農事而已。故「不誅不賞，農事爲敬」。「賞」闕壞，遂誤爲「貞」。尹注從而爲之辭，斯曲説矣。孫詒讓云：「責」無正訓，尹注本自作「貞」，丁説非也。誅、責義重複，亦不當分舉。疑此「貞」當爲「負」。韓詩外傳云「子産之治鄭，一年而負罰之過省」，是負與罰義略同。「不誅不負」，猶言「不誅不罰」也。張佩綸云：「貞」當作「正」，宋人諱貞，如「貞觀」皆作「正觀」。寫者誤以「正」本爲「貞」，故仍改爲「貞」，而不知其誤。「貞，正也」，乃僞房習見古訓而釋之，非「責，正也」。

翔鳳案：訓「貞」爲「正」爲易傳，春秋時無有。説文：「貞，卜問也。」周禮天府「以貞來歲之媺惡」，注：「問事之正曰貞。問歲之美惡，謂問於龜。」但急於農事，不責其不卜問於鬼神也。非誤字。

〔二〕王念孫云：「敬」當作「亟」，讀如「亟其乘屋」之「亟」。「亟」，急也。言夏時不行誅罰，唯農事爲急也。又下文曰「天子敬行急政，旱札」，「敬」亦當作「亟」，讀如「亟稱於水」之「亟」。「亟」，數也。言天子數行急政，則有「旱札」之災也。集韻「『亟』或作『⿱艹亟』」，因譌而爲「敬」。大戴禮文王官人篇「亟爯其説」（「爯」與「稱」同），今本「亟爯」譌爲「敬再」，是其證也。翔鳳案：王説是，然非「亟」，乃「茍」字，訓急茍也。洪範「敬用五事」，五行志、藝文志俱誤作「羞」。「茍」作「⿱𦍌句」，因誤爲「羞」也。漢瓦當文「極」字從敬作「檄」，則「敬」之同「亟」乃漢隸，非誤字也。

〔三〕陶鴻慶云：尹注云「言大舉仁惠之事」，據此則正文「言」字不當有，蓋即涉注文而衍者。

翔鳳案：「惠言」即下文之「寬刑死，緩罪人」也。非誤字。

〔四〕翔鳳案：説文：「命，使也。」朱駿聲云：「在事爲令，在言爲命，散文則通，對文則别。」「令」當訓使，「命」訓發號，則「令命」爲使發號。下文「金行御」亦「令命」二字連文。考工匠人注：「國，城内也。」

〔五〕張佩綸云：「而農夫修其功力極」，即上文「農事爲亟」之注，誤入正文。翔鳳案：猶詩之「亟其乘屋」，「極」以形容「修」字。

〔六〕洪頤煊云：「粵」，古「越」字。左氏昭四年傳「風不越而散」，杜注云：「越，散也。」淮南俶真訓「精神已越於外」，主術訓「精神勞則越」，高注皆訓「越」爲「散」。「宛」，古通作「菀」、「苑」，皆謂鬱結。言天散其鬱結之氣，草木得以養長，五穀得以蓄實秀大也。尹注非。　安井衡云：「粵」當爲「奥」。奥，深也。「宛」讀爲苑。深邃之苑，無物不有也。　張佩綸云：洪說非也。「粵」當作「奥」，廣雅釋詁：「奥，藏也。」文選蕪城賦注引倉頡同。「宛」本作「苑」（莊子天地釋文），白虎通：「苑囿，養萬物者也。」老子：「道者，萬物之奥。」此言以天爲萬物之奥苑，故養長蓄實秀大。　翔鳳案：洪說是也。史記南越、東越，漢書作「粵」。周書「越三日丁亥」，召誥「越六日乙未」，皆其證。

睹庚子，金行御。天子出令，命祝宗選禽獸之禁〔一〕，禁，謂牢。囿圃所養，擬供祭祀也。五穀之先熟者，先熟則黍稷也。而薦之祖廟與五祀。五祀，謂門、行、户、竈、中霤。鬼神饗其氣焉，君子食其味焉。然則涼風至，白露下。天子出令，命左右司馬衍組甲厲兵〔二〕，組甲，謂以組貫甲也。合什爲伍〔三〕，謂立什人之長爲伍。以修於四境之内，諛然告民有事〔四〕，所以待天地之殺斂也〔五〕。諛，悦順貌。有事，謂出師以伐不服，象天地殺斂也。然則晝炙陽，夕下露，地競環〔六〕，環，炙實貌。方秋之時，晝則暴炙，夕則下寒露而潤之，陰陽更生，故地氣交競而炙實。五穀鄰熟〔七〕，鄰，緊也。陰陽氣足，故緊熟。草木茂〔八〕。實歲農豐，年大茂。七十二日而畢。

〔一〕張佩綸云：說文：「禁，吉凶之忌也。」如春「祭先脾」、「食麥與羊」之類，反是則爲禁忌矣。翔鳳案：房注不誤。郭沫若說「供祭祀之牲牷期其肥腯，平時禁斬殺，故謂之『禁』耳。『禁』者之中亦有肥瘠，故仍須選擇」，是也。周禮囿人：「掌囿游之獸禁。」

〔二〕張佩綸云：「衍」字校者所加，或「衍」字即「內御」二字之壞。翔鳳案：周禮大宰「以八柄詔王馭羣臣」，注：「凡言馭者，所以敺之納於善。」御內，御之於內也，非官名。「衍」同「演」，見前。左昭二年傳：「演，謂爲其辭以演說之。」「衍」連下爲句，非誤字。

〔三〕丁士涵云：「爲」字衍。幼官篇曰：「修鄉閭之什伍。」禁藏篇曰：「輔之以什，司之以伍。」張佩綸云：當作「合爲什伍」。翔鳳案：合其什而參伍之。說文：「伍，相參伍也。」

〔四〕安井衡云：「諛」讀爲俞。「俞然」，容貌和恭也。戴望云：「諛然」無義，「諛」乃「䜋」之字誤。說文「䜋」下引司馬法曰：「師多則人䜋。」䜋，止也。字亦作「讉」。廣雅釋詁曰：「讉，怒也。」李哲明云：「諛」當爲「謏」，形近而訛。說文：「謏，小也，誘也。」「謏」今多作「謏」。「告民有事」，正誘之使其知，故曰「謏然」。翔鳳案：「諛」從臾聲。史記淮南衡山列傳「日夜從容勸之」，漢書作「縱臾」。漢書古今人表「鬼臾區」，藝文志作「鬼容邱」。翟方進傳「何持容容之計」，注：「隨衆上下也。」後漢左雄傳注：「容容，和同也。」徐鍇云：

「詇者，言如物之胦也。胦，鳥獸腹之甘者也。」於文言臾爲詇，則「詇」與和同之義近，非誤字也。

〔五〕安井衡云：「待」，備也。劉師培云：書鈔五十一引「殺歛」作「不親」，與尹注所據本異。

翔鳳案：「待」用常義，訓「竢」。

〔六〕洪頤煊云：「環」讀爲營，謂可營盡其地利。尹注非。張佩綸云：「環」，周也，言井田環繞也。

翔鳳案：洪説是也。韓非五蠹「自環爲私」，説文作「自營」。

〔七〕安井衡云：「鄰」，連也，實相接連以熟也。「孰」言豐穰。戴望云：釋名釋州國曰：「鄰，連也。」「五穀鄰孰」，猶言連孰，即所謂「屢豐」也。張佩綸云：淮南精神訓高注：「鄰，比也。」詩「其比如櫛」，即「鄰熟」之義。原注非是。翔鳳案：釋名：「鄰，連也，相連接也。」戴引少一句，義不全。

〔八〕丁士涵云：「農」字，疑即「豐」之誤衍。張佩綸云：當作「歲年大豐」，「茂」複，「農」即「豐」之誤。

翔鳳案：小爾雅廣詁：「實，滿也。」「實歲」，滿收之歲，無誤字。

睹壬子，水行御。天子出令，命左右使人内御。其氣足則發而止〔一〕，使人御理冬政，其閉藏之氣足，則發令休止也。**其氣不足則發撊瀆盜賊**〔二〕，撊，謂遮①禁也。羣聚之，謂其

①「遮」字原作「庶」，據補注改。

閉藏之氣不足，則撊防盜賊以助其閉藏之氣也。**數剗竹箭**，言數剗削竹箭以爲矢①也。**伐檀柘**，伐檀柘，所以爲弓也。**令民出獵禽獸，不釋巨少而殺之**〔三〕，**所以貴天地之所閉藏也。**貴天地閉藏，故收獵取禽以助也。**然則羽卵者不段**〔四〕，段，謂離散不成。**毛胎者不贕**，贕，謂胎敗潰②也。**䐉婦不銷棄**〔五〕，䐉，古孕字。銷弃，謂散壞也。**草木根本美。**閉藏實堅，則根本美。凡此皆順冬閉藏之政所致也。**七十二日而畢。**

〔一〕張佩綸云：「使」當作「李」，篆文相近。　翔鳳案：「使」字不誤。内御非官名而爲動詞，見前。

〔二〕俞樾云：「發」字涉上句而衍，據尹注無。　張佩綸云：「發撊瀆盜賊」，或作「祭淵瀆，數盜賊」，廣雅：「數，責也。」　翔鳳案：説文無「撊」字。左昭十八年傳：「今執事撊然授兵登陴。」説文：「僩，武皃。」文選潘安仁馬汧督誄「瞷然馬生，傲若有餘」，李善引左傳此文云：「『撊』與『瞷』同。」説文：「瞷，戴目也。」引申爲窺伺。孟子：「王使人瞷天子。」「撊瀆」，謂於瀆中窺伺人也。

〔三〕安井衡云：「釋」、「擇」通。　俞樾云：「釋」乃「擇」字之誤。　翔鳳案：左襄二十一年

① 「矢」字原作「失」，據補注改。
② 「潰」字原作「清」，據補注改。

傳「釋兹在兹」，注：「除也。」謂捨之借。周禮占夢注：「古書釋菜、釋奠多作『舍』字。」不訓擇。

〔四〕洪頤煊云：「段」讀作毈，説文：「毈，卵不孚也。」淮南原道訓「獸胎不䞍，鳥卵不毈」，高誘注：「胎不成獸曰䞍，卵不成鳥曰毈。」「段」即「毈」字之省。

〔五〕丁士涵云：玉篇：「⿰月黽，或『孕』字。」太玄馴首曰「⿰女黽其膏」，人一月而膏，「⿰女黽」與「⿰月黽」同。薙氏「掌殺草秋繩而芟之」，注曰：「含實曰繩。」釋文：「『繩』音孕。」「繩」亦當爲「⿰月黽」字之誤。説見惠氏九經古義。張佩綸云：「銷」當作「消」，史記曆書「坤者陰死爲消」，素問脈要精微論「不足爲消」，釋名：「消，削也。」又：「消，弱也。」「消」爲不足月而生之類，「弃」則墮地不舉之類。

睹甲子，木行御。天子不賦，不賜賞，而大斬伐傷〔一〕，此已下，言逆時政所致災禍也。君危。不殺，太子危，家人夫人死，若君雖危而不見殺，則又太子危而家人、夫人有死禍也。不然則長子死〔二〕。如無家人、夫人死，則長子死。七十二日而畢。逆氣亦畢於七十二日也。睹丙子，火行御。天子敬行急政，旱札苗死，民厲〔三〕。札，夭死也。厲，疫死。時當寬緩而乃急，故有旱札疫之災也。七十二日而畢。睹戊子，土行御。天子修宮室，築臺榭，君危。土方用事，而修宮室以動亂之，故君有危亡之禍。外築城郭，臣死。築城郭，動土，危，故其臣死。七十二日而畢。土王在六月，而得七十二日者，則每季得十八故也。睹庚子，金行御，天子攻山擊石，有兵，作戰而敗〔四〕，士死喪執政。時方收斂，而乃攻山擊石，故致兵器之禍也。七十二日而畢。睹壬子，水行御。天子決塞動大水，王后夫人薨。不然，則羽卵者段，毛胎者膭，𦢊婦銷棄，草木根本不美。七十二日而畢也。

〔一〕張佩綸云：「不賦不賜賞」當作「不賦賜賞」，衍一「不」字。翔鳳案：説文：「傷，創也。」斬爲車裂，乃罪之大者。天子不但不布其不賜賞之由，並大用車裂之刑，受創傷者亦擊敗之，如此則民憤深而君危。無誤字。

〔二〕俞樾云：「殺」當爲「發」，聲之誤也。釋名釋用器曰：「鏺，殺也。」釋名一書，皆以聲取義，「鏺」從發聲，而訓爲「殺」，是殺與發聲近。詩噫嘻篇「駿發爾思」，毛傳曰：「發，伐也。」廣雅釋詁：「伐，殺也。」「發」訓「伐」而「伐」訓「殺」，然則殺之與伐，義亦得通矣。「君危」自爲句，「不發」又自爲句。上文曰：「睹甲子木行御，天子出令，命左右士師内御，總别列爵，論賢不肖士吏，賦祕，賜賞於四境之内，發故粟以田數，出國衡，順山林，禁民斬木，所以順草木也。」此文承上而言，故曰：「天子不賦，不賜賞，而大斬伐傷，君危。不發，太子危，家人夫人死。」所云「不賦不賜賞而大斬伐傷」，與上文「賦祕賜賞於四境之内」及「禁民斬木」相應。所云「不發」，與上文「發故粟」相應。蓋當發故粟而不發，故其災禍如此也。「不發」正與「不賦不賜賞」一律。因字誤作「殺」，尹注遂誤以「君危不殺」四字爲句，解曰：「若君雖危而不見殺，則又太子危，而家人夫人有死禍也。」此曲説不可從。下文曰：「睹戊子土行御，天子修宮室，築臺榭，君危；外築城郭，臣死。」「君危」爲一事，「臣死」爲一事，然則此文亦當以「君危」爲一事，「太子危」爲一事，非君危不見殺，而後太子乃危也。孫詒讓云：此當讀「君危」句斷，「不殺」當作「不然」，言君若不危，則必太子當之，故云「太子危」也。與下文「不然則長子死」，文例正同。「殺」，漢隸或作「敓」（見隸釋孫叔敖碑，武梁祠畫像），俗又譌「煞」，與「然」形近，故傳寫易譌。俞校讀「不殺」爲「不發」，亦非。張佩綸云：「不殺太子，危家人」，「不」讀爲「否」。「夫人死，不然則長子死」，此尹氏以「不然」解「否」、「長子」解「太子」、「夫人」解「家人」也。注入正文，僞房又注中作注，遂致複沓。翔鳳案：「殺」訓衰減，此常義。諸人不察，又誤斷句也。兩句當以「危」字斷句。

〔三〕王念孫云：「敬」當作「亟」，讀如「亟稱如水」之「亟」。「亟」，數也。言天子數行急政，則有「旱札」之災也。集韻「亟，或作『䓧』」，因譌而爲「敬」。大戴禮文王官人篇「亟冄其説」，今本「亟冄」譌爲「敬再」，是其證也。安井衡云：「敬」當爲「敢」，字之誤也。

〔四〕張佩綸云：「有兵」當作「用兵」。翔鳳案：「有兵」，取礦鍊兵器也。攻山擊石，顯爲開礦，「兵」爲兵器，前屢言之矣。

管子校注卷第十五

勢第四十二

短語十六

戰而懼水，此謂澹滅〔一〕。方戰之時，懼致水禍，此必爲水所澹而滅亡也。**小事不從，大事不吉。**苟懼水禍，則事無小大，未見其福也。**戰而懼險，此謂迷中**〔二〕。方戰之時，懼有險礙，進退莫知所從，故曰迷中。言在迷惑之中。**分其師衆**〔三〕，**人既迷芒，必其將亡之道**〔四〕。人既迷惑，不知所從，則無所用其力，是以滅其師衆矣。又況迷惑芒然乎？若是者，必亡其衆。凡此二事，皆滅亡之道也。**動靜者比於死，**比，近也。用師之道，我動而敵靜者，則靜者勝矣，故我近於死亡也。**動作者比於醜，**我先動，敵反作應者，我必無功，故近於醜。**動信者比於距，**我既動，彼能自申①以敵我，如此者，近於見距也。**動詘者比於避**〔五〕。我既動，而彼屈服者，近於見避。**夫靜與作，時以爲主人，時以爲客，貴得度**〔六〕。靜作得度，則爲主人。其失度者，

① 「申」字原作「中」，據補注改。

則爲客也。知靜之修，居而自利〔七〕。既多智，而又安靜，二者能修，則居然自獲其利也。知作之從，每動有功。知其所作，常能從理，如此者，動必有功也。故曰：無爲者帝，其此之謂矣。言無心於爲，任理之自然，如此者，帝王之道也。

〔一〕張佩綸云：「澮」當爲「膽」，字之誤也。説文：「膽，連肝之府。」白虎通情性篇：「膽者肝之府也，肝者木之精也，主仁。仁者不忍，故以膽斷也。是以肝膽二者必有勇也。」爾雅釋詁：「滅，絶也。」膽氣既絶，則無勇矣。「膽滅」與下「迷中」對文。翔鳳案：「懼水」爲膽怯，不能爲膽氣滅絶，此不近情。「滅」從水、威，威爲火死，以水滅火，是之謂滅。漢書趙充國傳「以澮一隅」，師古曰：「澮，古『膽』字。贍，給也。」懼水者終給水滅，不能爲水所懼也。張説非是。

〔二〕張佩綸云：爾雅釋言：「迷，惑也。」禮記文王世子「禮樂交錯於中」，鄭注：「中，心中也。」

〔三〕翔鳳案：列子黄帝「用志不分」，注：「猶散也。」郭沫若謂「分」假爲「紛」，是也。

〔四〕王引之云：「之道」二字因注而衍，「人既迷芒，必其將亡」，皆以四字爲句，且「芒」與「亡」爲韻也。若增「之道」二字，則亂其文義，而又失其韻矣。陶鴻慶云：「之道」上當奪「亡」字，下奪「也」字，原文本云：「人既迷芒，必其將亡，亡之道也。」尹注云「又況迷惑芒然乎，若是者必亡其衆」，此釋「人既迷芒，必其將亡」二句之義。又云「凡此皆滅亡之道也」，明正文有「亡之道也」四字，爲「懼水」、「懼險」二事之總結，故注云然。王氏欲删正文「之道」二字，則注文爲贅矣。翔鳳案：「迷芒」爲將亡之道，非必亡也。二字不可少。

〔五〕俞樾云：四「動」字皆作「重」，與任法篇「重愛曰失德，重惡曰失威」兩「重」字義同。蓋「靜」、「作」、「信」、「詘」各有所宜，偏重之則非矣。尹注皆迂曲未合。張佩綸云：「動」當爲「重」，「醜」當爲「鬼」，均字之誤也。禮緇衣注：「『重』猶尚也。」「距」，左氏僖二十八年傳杜注：「距躍，超越也。」靜如死，作如鬼，信如距，詘如避，即「守如處女，出如狡兔」之意。「死」、「鬼」、「避」韻。姚永概云：俞謂四「動」字皆當作「重」，是也。然謂「『靜』、『作』、『信』、『詘』各有所宜，偏重則非」似失。此文之義，蓋當重靜之時則「比於死」，極言其靜也；當重作之時則「比於醜」，「醜」有媿恥之訓，凡媿恥甚則忿不顧身，極言其作；當重信之時則「比於距」，凡抗距亦必勇，極言其信也；當重詘之時則「比於避」，避者必怯，極言其詘也。下文承之曰「夫靜與作，時以爲主人，時以爲客，貴得度」，言重靜則靜爲主，重作則作爲主也。不承「信」、「詘」者，「信」猶作，「詘」猶靜也。翔鳳案：左僖十五年傳「感憂以重我」，王引之曰：「感動也。」此「動」、「重」通假之證。然墨子經上「動或從也」，其義尤切。非重視之意，而是從事某種行動，則其比爲如何也。淮南説林訓「莫不醜於色」，注：「猶怒也。」由媿恥引申。「信」訓伸，與「絀」對。左僖二十八年傳「距躍三百」，注：「超越也。」「避」如姚説。一字不誤。

〔六〕張佩綸云：此節皆四字爲句，疑當作「人貴得度」。劉師培云：此均韻語，「人」字疑涉注文而衍。翔鳳案：「作」字絶句，長短不齊，「主人」與「客」對，加「人」字非是。

〔七〕張佩綸云：「修」當作「備」，「備」、「利」韻。李哲明云：張説是也，言能知靜之不敢忽，而常爲之備，則居處之間自無不利。翔鳳案：「利」與「帝」隔句爲韻，不必改字。詩三百篇隔句爲韻者不少。

逆節萌生〔一〕，**天地未刑**〔二〕，**先爲之政**〔三〕，**其事乃不成，繆受其刑**〔四〕。言將爲①篡殺凶逆之節，雖萌芽而生，然天地寂泊，不見徵應，無從己之形，此則先天而政，天乃違之，故其事不成，則被誅戮，受其刑罪也。**天因人，聖人因天。**所謂先天而天不違，後天而奉天時。**天時不作，勿爲客。**不因天時而動者，乃爲客矣。**人事不起，勿爲始**〔五〕。不因人事而起，可謂先事爲始。**慕和其衆**〔六〕，**以修天地之從**〔七〕。**人先生之，天地刑之**〔八〕，**聖人成之，則與天同極。**將建大事，必慕和其衆。天地既已從，但當修天之意。人先生是心，天地又見其修意有從順之形，聖人則發動而成，如此者，可謂與天同極也。**正靜不爭，動作不貳**〔九〕，**素質不留**〔一〇〕，全其素質，無所留者。**與地同極。**能行正靜已下，可謂與地同極也。**未得天極，則隱於德**〔一一〕。未得與天同極，則隱而修德也。**已得天極，則致其力。**已得②天極，則當致力而成之。若湯之

① 「爲」字原作「與」，據補注改。
② 「得」字原作「同」，據補注改。

升陑，武王牧野，是也。**既成其功，順守其從**〔一二〕**，人不能代**〔一三〕。從，順也。功成矣，則以順理守之，所謂逆取順守者也，則人何能代之乎！**成功之道，嬴縮爲寶。**嬴縮，猶行藏也。所謂時行則行，時止則止，其道乃著①，故以爲寶。**毋亡天極，究數而止。**但盡天之數，則止而勿爲。**事若未成，毋改其刑，毋失其始。**形，謂常形也。守常修始，事終有成也。**靜民觀時，待令而起。**言事未成之時，但安靜其人，謹候其時，待天命令，然後起而應也。**故曰：修陰陽之從**〔一四〕**，而道天地之常。**道，從也。**嬴嬴縮縮，因而爲當。**必行藏順時，然後事當。重言之，殷勤其事也。**死死生生，因天地之形。**死生，猶隱顯也。聖人隱顯，必因天地之形。**天地之形，聖人成之**〔一五〕。因天地之形，則無不成也。**小取者小利，大取者大利。**但能法則，大小無不利。**盡行之者有天下。**所謂「唯天爲大，唯堯則之」。

〔一一〕安井衡云：「節」猶事也。陶鴻慶云：「逆」，迎也。「萌」，昧也。時未至而萌昧興事以迎之，故曰「逆節萌生」。即下所云「天地未形，先爲之政」也。尹注解「逆」爲「篡殺」，「萌」爲「萌芽」，殊謬。翔鳳案：承上「戰」字假爲「屰」。禮記文王世子「其有不安節」，注「謂居處故事」，可爲安井説之證。

① 「著」字原作「者」，據補注改。

〔二〕翔鳳案：「刑」同「形」，下同，屢見前。

〔三〕安井衡云：越語「政」作「征」。古者「正」、「政」、「征」三字通用，此「政」當讀爲征。敵國逆事萌生，天地未形可征之兆，而先爲之征伐，其事乃不成，誤受其刑也。

〔四〕洪頤煊云：注云「則被誅戮受其刑罪也」，「繆」當爲「僇」字之譌。張佩綸云：「繆」，誤也（禮記仲尼燕居注）。洪頤煊據注以「繆」作「僇」，非是。翔鳳案：「繆」承「不成」來，莊子齊物論「一受其成形，不亡以待盡，與物相刃相靡」，義略同。

〔五〕金廷桂云：越絶書：「天道未作，不先爲客。」禮月令注「爲客不利」，疏：「起兵伐人者謂之客。」言敵國無可伐之機，不容輕犯之也。注不明。

〔六〕翔鳳案：「慕」即「慔」，勉也。與「愚」和「偶」（山權數）、「怠」和「怡」（侈靡）同例。

〔七〕王念孫云：「修」當爲「循」，「循」，順也。「從」，行也。言順天地之行。翔鳳案：禮記禮運「義之修而禮之藏也」，注：「猶飾也。」此義自通，改字非是。

〔八〕安井衡云：古本「刑」作「形」。孫星衍云：依下文，「刑」當作「形」。注云「天地見其意有從順之形」，字亦作「形」。

〔九〕王念孫云：「貳」當爲「貣」，「貣」音他得反。不貣，不差也。説文：「忒，失常也。」字或作「忒」，曹風鳲鳩篇「其儀不忒」是也。又作「貸」，月令「宿離不貸」是也。又作「貣」，豫象傳「四時不忒」，京房「忒」作「貣」；洪範「衍忒」，史記宋世家作「貣」；管子正篇「如四時之不貣」，是也。「貣」與下文「極」、「極」、「德」、「極」、「力」、「代」爲韻，「貳」則非韻矣。「貳」與「貣」字相近，故「貣」誤作「貳」。大射儀注引周語「平民無忒」，今本「忒」作「貳」。緇衣引詩「其儀不忒」，釋文：「忒，他得反，本或作『貳』，音二。」「貳」即「貣」字之譌，釋文「音二」，非也。

翔鳳案：「動」與「靜」對，「貳」字不誤。王氏將管書「修」盡改作「循」，「貳」盡改作「貣」，非是。

〔一〇〕翔鳳案：莊子天地「留動而生物」，假爲「流」。

〔一一〕俞樾云：古「依」、「隱」同聲，故釋名釋衣服曰「衣，依也」，廣雅釋器曰「衣，隱也」，是「依」、「隱」義同也。此云「隱於德」，猶云依於德。禮記少儀篇曰「士依於德」，是其義矣。尹注謂「隱而修德」，失之。

〔一二〕王引之云：「順」字因注「逆取順守」而誤，「順」當爲「則」。「既成其功，則守其從」，與上文「已得天極，則致其力」文義正同。注内「則以順理守之」，正釋「則守其從」四字也。「從」即是「順」。若如今本作「順守其從」，則是順守其順，不復成文義矣。翔鳳案：「從」字屢見上文。易比彖傳「下順從也」，義相似。王改字，不可從。

〔一三〕安井衡云：古本「代」作「伐」。張文虎云：疑作「伐」是也。尹注：「從，順也。功成矣則以順理守之，所謂逆取順守者也，則人何能代之乎？」紬其義，則注亦作「伐」，今本皆誤。

翔鳳案：說文「代，更也」，義正相合。

〔一四〕王念孫云：「修」亦當作「循」。翔鳳案：王説非，見前。

〔一五〕王念孫云：「天地之形」當依上文作「天地形之」，尹注非。翔鳳案：「天地之形」，複述上句。此例古籍極多，王説誤。

故賢者誠信以仁之，慈惠以愛之。端政象，不敢以先人〔一〕。常執謙以下物。**中靜不留**〔二〕，中心安靜，無所留著。**裕德無求，**道德饒裕，無求於人。**形於女色**〔三〕。女之容色靜而不先求者。**其所處者，柔安靜樂，**雖復隱處，常能柔安靜樂。**行德而不爭**〔四〕，**以待天下之漬作也**〔五〕。雖復爲政行德，常能謙讓，不與物爭。漬，動亂也。**故賢者安徐正靜，柔節先定。**先定謙柔之節，然後有所興爲也。**行於不敢，**則人不能與我爭勇。**而立於不能，**則人莫與我爭功。**守弱節而堅處之。**守柔弱之節，而堅明以自處也。**故不犯天時，不亂民功，**謙順，故無所犯亂也。**秉時養人**〔六〕。持四時之政，以順養其人。**先德後刑，**賞以春夏，刑以秋冬。**順於天，微度人**〔七〕。既順於天，又微度人之所宜以合之。**善周者，明不能見也。**善於周，周則極也，萬物無所至。如此者，雖有明察之人，不能盡矣。**善明者，周不能蔽也。**善於明，明則極也。如此者，則雖善周之人不能自隱蔽，必爲善明者所知也。**大明勝大周，則民無大周也。**明勝大周，則人無能爲大周也。**大周勝大明，則民無大明也。**周勝大明，則人無能爲大明。凡此皆欲大周，大明獨①在君也。**大周之先，可以奮信**〔八〕。奮信，振起貌。言既有大周之德，在物之先，則可以振起而有事。**大明之祖，可以代天下**〔九〕。有大明之德，可以爲物祖，如此則可代天下無道，取其位而君之也。**索而不得，求之招搖之下**。招搖之星，隨斗杓順時而建者也。天下者，神器，直欲索之，則不得。若求之招搖之下，順時而取，則可也。**獸厭走而有伏網罟**，獸所以憎厭其走者，恐前有伏網罟。故聖人不敢以直道取天下者，恐有大禍故也。**一偃一側，不然不得**〔一〇〕。偃側，猶倚伏也。聖人之取天下知所倚伏，力其功而致其權②，文設武伏。如其不然，則天位不可得也。**大文三曾，而貴義與德。大武三曾，而偃武與力**〔一一〕。大文三曾，則文道行也，故能成其德義。大武三曾，則武道行也，故能偃其武力。

〔一〕張佩綸云：「端政象」者，周禮大司馬職：「正月之吉，始和，布政於邦國都鄙，乃縣治象之法于象魏，使萬民觀政象，挾日而斂之。」「不敢以先人」，老子「不敢爲天下先」是也。翔鳳案：周禮爲「治象」，非「政象」，然其義與「政象」同，張小誤。

〔二〕丁士涵云：「靜」疑「情」字之借，「中情不留」，與上文「素質不留」同意。翔鳳案：「留」同「流」，見前。

① 「獨」字原作「濁」，據補注改。
② 「知所倚伏，力其功而致其權」十一字原作「必權正」三字，據補注增改。

〔三〕俞樾云：此「女」字當讀爲爾女之女，「形於女色」，猶言形於其色耳。蓋既「裕德無求」，則其安徐正靜，必有見於顏色者，故云然。尹注讀爲本字，以爲「女之容色」，失之。張佩綸云：「形於女色」，韓非子外儲説左上：「傳有若曰：有術以御之，身坐於廟堂之上，有處女子之色，無害於治，無術以御之，雖瘁臞，猶未有益。」翔鳳案：張説勝。

〔四〕何如璋云：以「柔」爲句，與上「留」、「求」音叶。「樂行」爲句，與「爭」叶。注以「柔」字連下讀，讀「靜樂」爲句，非。張佩綸云：當讀作「其所處者柔」句，「安靜樂行」句，「德而不爭」句。舊以「柔安靜樂」爲句，失其文義，今以韻訂正。處柔屢見，「安靜樂行，德而不爭」，承上「中靜」、「裕德」言。翔鳳案：「色」、「樂」、「作」爲韻，舊讀不誤，不當紊亂句讀。「色」讀所力切。從樂得聲之字有櫟、礫，可以證矣。

〔五〕張佩綸云：「濆」讀爲僨，大學「一人僨事，一國作亂」，言以一人之靜，待天下之動也。翔鳳案：房注：「濆，動亂也。」朱駿聲謂假爲「奮」，是也。「僨」訓爲僵。大學「一人僨事」，注：「猶覆敗也。」張説非是。

〔六〕俞樾云：周書謚法篇曰：「秉，順也。」「秉時養人」者，順時養人也。尹注曰：「持四時之政，以順養其人。」訓「秉」爲「持」，未得其義。

〔七〕翔鳳案：上文「天因人」。房注「既順於天，又微度人之所宜以合之」，不誤。「度」爲時度之度，非尺度也。

〔八〕丁士涵云：尹注云：「奮信，振起貌。」案：尹見本疑作「奮訊」，廣雅「奮，訊也」，與「迅」同。翔鳳案：説文：「周，密也。」密故明不能見。「信」同「伸」，故可訓「振起」。丁疑作「訊」，誤。若作「訊」而假爲「迅」，則爲振動矣。

〔九〕張佩綸云：「代天下」之「下」疑衍，「先」、「信」、「天」韻。姚永概云：「下」字涉下「招摇之下」而衍，注非。「代天」即爲天子矣。李哲明云：「下」正與「祖」韻，義自可通，不當刪「下」字。翔鳳案：漢書食貨志「歲代處，故曰代田」，注：「易也。」以其明易天下也。

〔一〇〕陶鴻慶云：尹注以「網罟」絶句，而曲爲之説，殊不成義。此當於「伏」字句絶，「網罟」二字屬下讀之，蓋以取獸爲喻也。獸之走伏無常，持網罟者必一偃一側，而後能得也。「伏」與「側」、「得」亦爲韻。姚永概云：晉語「民志無厭」，注：「厭，極也。」獸極走而不知前有網罟之伏，故行不可極，當一偃一側矣。金廷桂云：詩周頌「有厭其傑」，毛傳：「厭然特美也。」注：「厭，受氣足也。」蓋謂獸雖善走，有時伏於網罟，故聖人不敢有所恃耳。注非。翔鳳案：説文：「走，趨也。」「厭」訓極，姚説是也。然當以陶説參之。偃側爲人，非獸也。不如是不能得獸，姚説不能照顧「得」字。漢書司馬相如傳「又猗抳以招摇」，注：「跳蹈也。」「獸厭走」即承「招摇」言之。

〔一一〕戴望云：朱本「貴」作「責」。安井衡云：「曾」、「層」通。「三層」謂積累至三，言重行不已也。章炳麟云：「曾」讀爲載。詩七月箋：「『載』之言則也。」周語「載戢干戈」，解：

「載，則也。」論語「曾是以爲孝乎」，鄭注：「曾，則也。」是「曾」、「則」、「載」一聲之轉。曾聲之「繒」，籀文作「綷」，亦作「縡」。甘泉賦「上天之縡」，即詩文王「上天之載」，亦可證也。此「三載」謂三年。大文行之，三年而天下「貴義與德」。大武行之，三年而天下「偃武與力」。「大文三年」，論語所謂「三年有成」也。「大武三年」，止戈爲武。司馬法曰：「古者武軍三年不興，則凱樂凱歌，偃伯靈臺荅人之勞告不興也。」「大武三年」，即「武軍三年不興」；「偃武與力」，即「偃伯靈臺」矣。郭沫若云：兩「曾」字均當是「會」字之誤。「大文三會」，「大武三會」，以齊桓霸業爲言。齊桓九合諸侯有二説。一謂「兵車之會六，乘車之會三」，本書大匡篇、小匡篇、霸形篇是也。一謂「兵車之會三而乘車之會六」，本書封禪篇、史記封禪書、齊世家是也。蓋各舉其大者而言之，乘車六會之中有三會爲大，兵車六會之中亦有三會爲大也。齊桓會合諸侯，就春秋所見實不止九會。此謂「大文三會」，指「乘車之會三」；「大武三會」，指「兵車之會三」言。翔鳳案：「曾」訓則訓增之外無他義，皆不可通。管書無以年爲載者，章説非是。郭説有理，苦無實證。魏中山王元熙墓誌「曾」作「會」，與「會」極似。古本作「責」，誤。

正第四十三

制斷五刑，各當其名。罪人不怨，服罪，故不怨也。善人不驚，曰刑。刑當，故不驚。如此者，所謂刑也。正之所以勝姦正也。服之，所以服不能也。勝之所以勝姦邪。飾之〔一〕，修飾身也。必嚴其令，而民則之，曰政。令嚴，則人侔法之。如此者，政也。如四時之不貸，如星辰之不變〔二〕，如宵如晝，如陰如陽，宵晝陰陽，皆有其常。如日月之明，曰法。法之用，守常不變。愛之生之，養之成之，利民不得〔三〕，利雖及人，不以爲德也。天下親之，曰德。德用之恩，萬物親之。無德無怨，無好無惡，萬物崇一〔四〕，陰陽同度，曰道。道之用不二者。刑以弊之〔五〕，政以命之，法以遏之，德以養之，物待德養而成。道以明之。明是非也。刑以幣之，毋失民命〔六〕。刑斷合理，故人命不失也。令之以終其欲，明之毋徑〔七〕。行令所以終人之欲，使之明識正道，不從邪徑也。遏之以絕其志意〔八〕，毋使民幸。用法正人之志意，不使人有非分之幸也。養之以化其惡，必自身始。身惡盡則人惡化。明之以察其生，必修其理。恐有不修理，故以明察之。致刑，其民庸心以蔽〔九〕。庸，用也。

不用心以斷，則濫及不辜。**致政，其民服信以聽**〔一〇〕。服，用也。謂用誠信聽理於人。**致德，其民和平以靜。**君德及人，以致和靜。**致道，其民付而不爭**〔一一〕。人被道，則相付任而不交爭也。**罪人當名曰刑，**罪當其名，刑之謂也。**出令時當曰正**〔一二〕，令當於時政①之謂也。**當故不改曰法**〔一三〕，不改當故，法之謂也。**愛民無私曰德，**君愛無私，德之謂也。**會民所聚曰道。**聚，謂衆所宜也。能令衆宜，道之謂也。

〔一〕安井衡云：「飾」讀爲飭。飭，整敕也。金廷桂云：四句當一例解，言正之以德，服之以威，勝之以武，飾之以文也。任法篇「一曰文，二曰武，三曰威，四曰德」，即其證。注非也。

〔二〕翔鳳案：古書言星變，未有言其差失者。「變」音同「辨」，轉入則爲「別」，與「貣」韻。

〔三〕翔鳳案：利民不自得，而天下成之曰德。

〔四〕俞樾云：「崇」讀爲宗，尚書牧誓篇「是崇是長」，漢書谷永傳「崇」作「宗」，是古字通也。廣雅釋詁：「宗，本也。」「萬物宗一」，言萬物本乎一也。老子曰：「一生二，二生三，三生萬物。」

〔五〕翔鳳案：周禮大司寇「以邦成弊之」，鄭司農注：「弊之，斷其獄訟也。」

〔六〕俞樾云：「刑以弊之」，當作「弊之以□其□」，方與下文「令之以終其欲」、「遏之以絕其志」

① 「時政」原作「正時」，據補注改。

意」、「養之以化其惡」、「明之以察其生」文法一律。因「弊之」下奪四字，遂據上文於「弊之」上加「刑以」二字，非其舊矣。　翔鳳案：房注「刑斷」即釋「弊」字，古人不尚排偶句，改之非是。

〔七〕劉績云：「明之毋徑」當作「毋使民徑」，字之誤也。　王念孫云：劉説是也，「毋使民徑」，與下「毋使民幸」文同一例。今本「毋」上衍「明之」二字，「毋」下又脱「使民」二字。尹注非。又案：「終」當爲「絶」，字之誤也。廣雅曰：「徑，邪也。」民有欲則入於邪，故曰「絶其欲，毋使民徑」。下文亦云：「遏之以絶其志意。」　陶鴻慶云：「明之毋徑」，劉氏云「當作『毋使民徑』」，是也。王氏據下文「遏之以絶其志意」，謂「終」亦「絶」字之誤，則殊不然。此言政以行令，下言法以施禁，截然兩義。且民生而有欲，非政令所能絶；邪，又非絶欲所能禁也。「終」當作「給」，以草書相似而誤。輕重丁篇「使有以給其上令」，今本誤「給」爲「終」，是其例也。給，足也。民欲既足，自不入於邪僻，牧民篇所謂「倉廩實知禮節，衣食足知榮辱」也。　翔鳳案：「徑」爲小路，故訓邪。牧民：「從其四欲，則遠者自親。行其四惡，則近者叛之。」仁政在順民之欲，故曰「終之」。王氏習於宋儒絶欲之説，以爲「終」當爲「絶」，非是。下云「遏」，謂法非謂政也。明其途，不使邪僻，劉説誤。

〔八〕何如璋云：「志」字衍，當是傳寫時誤書「意」作「志」，未刪去者。　張佩綸云：「志意」，「意」字疑衍。漢桓帝名志，諱「志」之字曰「意」，原本作「志」，漢末作「意」，此則削改未盡者。

劉師培云：此與「終其欲」、「化其惡」、「察其生」並文，「志意」二字當衍其一。翔鳳案：廣雅：「意，志也。」「志」與「意」有別，而在周時，則有「識」無「志」。朱駿聲以「志」爲「識」之古文，是也。論語「子絶四：毋意，毋必，毋固，毋我」，所絶者爲「意」。「志」、「意」二字可連用，如衍則爲「志」，非「意」也。

〔九〕俞樾云：「致刑」、「致政」、「致德」、「致道」，皆二字爲句。「其民」屬下讀，言上能致其刑政德道，故其民如此也。「蔽」字與「聽」、「靜」、「爭」不協韻，「蔽」蓋「敬」字之誤。爾雅釋詁「庸，勞也」，釋訓「庸庸，勞也」，是「庸」之義爲勞。上能致其刑，則其民勞心而敬矣。尹據誤本作注，又誤讀「致刑其民」爲句，遂以「庸心以蔽」爲就上之人言，解曰：「不用心以斷，則濫及不辜。」乃其解下文「和平以靜」、「付而不爭」，又就民言，何也？夫四句一律，下二句既以民言，則上二句亦以民言，故知「其民」二字必屬下讀，不屬上讀也。翔鳳案：俞因「蔽」與「聽」、「靜」、「爭」不協韻而改爲「敬」，非另有別據。致刑使民畏，不能使民敬，此不合者。「蔽」與「比」、「匕」同音，「妣」又作「妣」，從匕聲，而從匕聲之字有「牝」，義與「妣」同。「蔽」讀牝則協矣。廣雅釋詁二：「蔽，障也。」自防不爲惡，義自通順，改字謬。

〔一〇〕劉績云：缺「致法」一句。何如璋云：此下當補回「致法其民愼守以正」八字，始完。

〔一一〕俞樾云：「付而不爭」當作「附而不爭」，古字通用。尚書梓材篇「皇天既付中國民」，釋文曰：「付，馬本作『附』。」周官小司寇職「附刑罰」，鄭注曰：「故書『附』作『付』。」並其證也。

「附而不爭」，謂民親附而不爭。尹注曰「人被道，則相付任而不交爭」，未達假借之旨。

〔一二〕俞樾云：尹注曰「令當於正，時之謂也」，疑正文及注均有誤，正文當曰「出令當時曰政」，注文當曰「令當於時，政之謂也」，並傳寫者倒之。「正」之與「政」，則古通用字耳。翔鳳案：宙合：「應變不失之謂當。」七法「名也，時也，似也，類也，比也，情也，狀也，謂之象」，注：「時者，名有所當也。」出令爲「時當」而非「當時」明矣，俞未考耳。

〔一三〕陶鴻慶云：尹注云「不改當故，法之謂也」，正文及注「當」皆爲「常」字之誤。翔鳳案：廣雅釋詁三：「故，事也。」易繫辭傳：「又明於憂患與故。」「當」字不誤。

立常行政，能服信乎？服信，則政行常立。**中和慎敬，能日新乎？**苟能和敬，則其德日新也。**正衡一靜，能守慎乎**〔一〕？衡，平也。言但能守慎，則政平而靜一。**廢私立公，能舉人乎？**但公而無私，則能舉人也。**臨政官民，能後其身乎？**後其身，則能臨政官人也。**能服信政，此謂正紀。**能行信正者，正之紀。**能服日新，此謂行理**〔二〕。能行日新，可謂行之理也。**守慎正名，僞詐自止。**能慎，則詐息也。**舉人無私，臣德咸道。**無私則不妄舉，故臣德皆合於道也。**能後其身，上佐天子。**後身則先公，故能上佐天子也。

〔一〕俞樾云：尹注曰：「衡，平也。言但能守慎，則政平而靜一。」是尹所據本作「正衡靜一」，今作「一靜」，誤。翔鳳案：「政」、「信」，「敬」、「新」，「靜」、「慎」，「公」、「人」（「公」讀庚），

「民」、「身」，皆二字爲韻，改爲「静一」則失韻，俞説非是。

〔二〕丁士涵云：「政」字與下「服」字皆衍文。「能服信」承上「能服信乎」句，「能日新」承上「能日新乎」句。「服信」猶信服，上文云「服信以聽」，是也。尹注云「能行信正」，非。「能日新」句指德言，此涉上文「服信」而衍「服」字，義不可通。尹注云「能行日新」，亦非。蓋由淺人見下文皆四字爲句，遂欲整齊句例，强加一字以足成之，殊不知於理難通也。翔鳳案：諸複述皆四字爲句。「服」與「行」同義。「行政」、「服信」，總爲「服信政」。「日新」即承「敬慎」言，與上句不同，故曰「能服日新」。試思組成四字句，非此無別法。良工心苦，丁氏非知言者也。

九變第四十四 謂人之情變有九。

短語十八

何如璋云：墨子備城門「人衆以選，吏民以和，大臣有功勞於上者多。主信以義，萬民樂之無窮。不然，父母墳墓在焉。不然，山林草澤之饒足利。不然，地形之難攻而易守也。不然，則有深怨於適而有大功於上。不然，則賞明可信而罰嚴足畏也」，本此。翔鳳案：「變」，辨也。易坤文言「由辯之不早辯也」，荀作「變」。楚辭九辨序：「辯者，變也。」莊子逍遥游「御六氣之辯」，釋文：「變也。」「九變」，謂辨别有九。郭沫若改爲「變」，訓「思慕」，於古無徵，而且罰嚴深怨，有何可變者也？

凡民之所以守戰至死而不德其上者，有數以至焉。或守或戰，雖復至死，不敢恃之以德於上，則有數存焉於其閒，故能至此也。曰：大者親戚墳墓之所在也，一變也。田宅富厚足居也〔一〕。二變。不然，則州縣鄉黨與宗族足懷樂也〔二〕。三變。不然，則上之教訓習俗慈愛之於民也厚，無所往而得之〔三〕。君之恩厚，皆在於人，無所他往，故得人之致死。四變。不然，則山林澤谷之利足生也。五變。不然，則地形險阻易守而難攻也。六變。不然，則罰嚴而可畏也。不然，則賞明而足勸也〔四〕。七變。不然，則有深怨於敵人也。八變。不然，則有厚功於上也。功厚則祿多，故亦自爲戰，而不德於君。九變。此民之所以守戰至死而不德其上者也。今恃不信之人，而求以智〔五〕。用不守之民，而欲以固。將不戰之卒，而幸以勝。此兵之三闇也。

〔一〕何如璋云：此兩句爲一變，乃九變之大者，玩下文八「不然」字自明。舊注分爲二變，非。

尹桐陽云：墨子備城門「不然父母墳墓在焉」，此「親戚」謂父母。

〔二〕孫星衍云：通典一百四十八、太平御覽二百七十一引俱作「州黨」。「縣鄉」二字是後人所加。

〔三〕劉績云：言無如此者。安井衡云：無所往而得此教訓習俗慈愛之厚，故不去也。

張文虎云：尹注：「無所他往，故得人之致死。」案「九變」皆就民情論，無所往而得之，謂不能望之他處。上句「也」字，當如御覽移「得之」下，句法方與上下一例。陶鴻慶云：此文當於「厚」字絶句，「無所往而得之」爲句。言國君待民之厚，非往適他國所能得也。尹注以「厚」字屬下讀，而釋之云「君之恩厚，皆在於人，無所他往，故得人之致死」，殊不成義。

〔四〕洪頤煊云：「賞明」上衍「不然則」三字，通典、御覽俱無此三字，必無此三字，方合「九變」之數。墨子備城門篇「不然則賞明可信而罰嚴足畏也」，文義與此同。何如璋云：玩本文乃六變、七變，舊注因一變錯分，乃將「賞」與「罰」合爲七變。洪欲删「賞明」上「不然則」三字，而引墨子備城門篇爲證，但本文甚明，三字必不可删。張佩綸云：洪説非也。原注以「墳墓」爲一變，「田宅」爲二變，而合「賞」、「罰」爲七變，洪乃誤沿之。墨子文有節省，未可據彼改此。姚永概云：「九變」，尹注分「大者親戚墳墓之所在也」爲一變，「田宅富厚足居也」爲二變。「不然則罰嚴而可畏也，不然則賞明而足勸也」合爲七變。洪頤煊欲删「賞明」上「不然則」三字。案明凌汝亨本旁評，以「大者親戚墳墓之所在也，田宅富厚足居也」爲第一變，而分「罰嚴」句爲第六變，「賞明」句爲第七變，則於本文每换一變加「不然則」三字，語氣恰合，不必删矣。至引墨子備城門篇「不然則賞明可信而罰嚴足畏也」爲證，不知「賞」、「罰」二者，書中或分或合，各從其便。本文「九變」天成，不多不缺，何必用彼以改此耶？

〔五〕豬飼彦博云：「智」當作「知」，小問作「求以外知」。翔鳳案：説文：「智，識詞也。」墨子經說：「逃臣不智其處，吠狗不智其名。」二字音義皆同，豬飼說誤。

任法第四十五

翔鳳案：荀子大略「言之信者，在乎區蓋之間」，注：「區，藏物處。蓋，所以覆物者。」凡言之可信者，如物在器皿之間，言有分限，不流溢也。器名「區」者，與「丘」同義。漢書儒林傳：「唐生、褚生應博士弟子選，試誦說，有法，疑者丘蓋不言。」「丘」與「區」同也。「區」即「甌」，讀歐。柳宗元童區寄傳即「歐寄」。左昭七年傳「作僕區之法」，服注：「匿也。」義同。然則「區言」乃酌事適理之言，期信於民而可行也。

聖君任法而不任智，任數而不任說，任公而不任私，任大道而不任小物，小物，小事。然後身佚而天下治。失君則不然，舍法而任智，故民舍事而好譽；舍數而任說，故民舍實而好言；舍公而好私，故民離法而妄行；舍大道而任小物，故上勞煩，百姓迷惑，而國家不治。聖君則不然，守道要，處佚樂，馳騁弋獵，鍾鼓竽瑟，宮中之樂，無禁圉也。宮中之樂，所以悅體安性，故不禁禦之也。不思不慮，不憂不圖，但任法數，故無所慮圖也。利身體，便形軀，養壽命，垂拱而天下治。但任法數，則事簡，故身不勞，壽命長，而天下自理也。是故人主有能用其道者，道則謂上法數，公正大道。不事心，不勞意，不動力，而土地自辟，囷倉自實，蓄積自多，甲兵自彊；羣臣無詐僞，百官無姦邪，奇術技藝之人，莫敢高言孟行，以過其情，以遇其主矣〔一〕。孟，大也。遇，待也。不敢以謬妄姦言妄行以待其主也。

〔一〕張文虎云：「孟」疑「猛」之借字。「以過其情」，「以」、「其」二字疑衍。「遇」如「遇主于巷」之「遇」，謂詭遇也。尹注非。俞樾云：「遇」讀爲愚，詩巧言篇「遇犬獲之」，釋文曰：「遇，世讀作愚。」莊子則陽篇「匿爲物而愚不識」，釋文曰：「愚，本作『遇』。」是「遇」與「愚」通。「愚其主」者，自以爲知，而以其主爲愚也。尹注訓「遇」爲「待」，則失其義。劉師培云：「遇」與「偶」同。心術篇云「其應物也若偶之」，「偶」與「合」同。翔鳳案：劉説是也。秦策「王何不與寡人遇」，注：「合也。」

昔者堯之治天下也，猶埴已埏也〔一〕，埏，和也。音羶。唯陶之所以爲；猶金之在鑪，恣冶之所以鑄。其民引之而來，推之而往，使之而成，禁之而止。故堯之治也，善明法禁之令而已矣〔二〕。黄帝之治天下也，其民不引而來，不推而往，不使而成，不禁而止。比黄帝之於堯，則堯有爲而黄帝無爲。故黄帝之治也，置法而不變，使民安其法者也〔三〕。

〔一〕翔鳳案：趙本作「猶埴之在埏也。」「埏」與「埏」皆不見於説文，新附有「埏」字。鄭珍説文新附考：「『埏』乃『梴』、『挻』別字。」説文有「挻」、「梴」兩篆。「挻，長也。」「梴，長木也。」老子「挻埴」，釋文「挻，始然反。河上云：『和也。』聲類云：『柔也。』字林云：『長也。』」商頌「松桷有梴」，釋文：「長貌。柔梴物同耳，俗作『埏』。」陶人和土作器形狀不同。莊子馬蹄：「陶者曰：我善治埴。」「埏」字本作「挺」。齊策「挺子以爲人」，注：「治也。」形義正合。「已挺」，已治之爲器，作「在埏」則不通矣。

〔二〕孫星衍云：藝文類聚五十四引作「善明法察令而已」，「之」字衍。翔鳳案：「法禁之令」，「法禁」爲形容詞。「明法察令」，則「法」、「令」皆爲名詞。本書有法禁篇，則「之」字非衍文也。

〔三〕劉師培云：書鈔四十三引「安」作「安泰」，類聚五十四引作「安樂」，今本捝一字。翔鳳案：一「安」字已足，此類書誤增。

所謂仁義禮樂者，皆出於法，法行順，仁義生。**此先聖之所以一民者也。**法所以齊一於民也。**周書曰：國法**有國者有法也。**法不一，則有國者不祥**〔一〕。法不一則亂，故不祥。**民不道法則不祥。**道，從也①。**國更立法以典民則祥**〔二〕。更，改也。典，主也。言能

① 「也」字原無，據補注增。

觀宜改法以主於人，則國理，故祥也。羣臣不用禮義教訓則不祥。百官伏事者離法而治則不祥〔三〕。服，行也。故曰：法者，不可恒也〔四〕。法敝則當變，故不恒。存亡治亂之所從出，法順則存治，法違則亂亡。聖君所以爲天下大儀也。君爲天下之儀表也。君臣上下貴賤皆發焉〔五〕。莫不取法於君臣。發，行也。故曰：法古之法也。立法者必師古。世無請謁任舉之人，任，保也。以法取人，則無請謁之保舉。無閒識博學辯①說之士〔六〕，閒，雜亂也，法行，則博學辯説之人不敢閒亂識事也。無偉服，無奇行，偉服、奇行，皆過越法制者。今止息者，畏法故也。皆囊於法，以事其主。囊者，所以斂藏也。謂人皆斂藏過行，以順於法②，上事其主。

〔一〕俞樾云：此本作「有國者國法不一則不祥」。「有國者」三字，總冒下五句。「國法不一則不祥」，與下「民不道法則不祥」一律，因寫者奪「有國者」三字，而誤補之「則」字之下，則與下文句法不一律矣。「國法不一」句又誤疊「法」字，尹注遂斷「國法」二字爲句，解曰「有國者有法也」，增益以成其義，足知其非。翔鳳案：下文有「法於法」者，即「法法」之謂。心術上：「法者所以同出，不得不然者也。故殺僇禁誅以一之也。」「法不一」即殺僇禁誅不一。

① 「辯」字原作「辨」，據補注改。下注文同。
② 「法」字原作「之」，據補注改。

〔二〕丁士涵云：上下文四言「不祥」，此亦當言「不祥」，「祥」上脱「不」字，當補。「國更立法」，即上文所謂「法不一」也，尹注非。翔鳳案：法不一，民不蹈法，則更立法，原文不誤。「道」，蹈也。列子黄帝「向吾見子道之」，注：「從也。」勢篇「道天地之常」，房注與此皆訓爲「從」，即「蹈」之借。

〔三〕張佩綸云：「伏事」，當從趙本作「服事」。翔鳳案：荀子性惡「伏術於學」，注「伏膺於術」，即謂假「伏」爲「服」。

〔四〕俞樾云：尹注曰「法敝則當變，故不恒」，此説雖若有理，然以上下文求之，殊不可通。上文曰「故黄帝之治也，置法而不變，使民安其法者也」，此乃云「法不可恒」，則非「置法不變」之謂矣。其不可通一也。既云「法不可恒」，而下文乃曰「故明王之所恒者二，一曰明法而固守之，二曰禁民私而收使之，此二者主之所恒也」，則又非「法不可恒」之謂矣。其不可通二也。反覆推求，三「恒」字皆「慎」字之誤。「法者不可恒也」本作「法者不可不慎也」，故其下即曰「存亡治亂之所從出，聖君所以爲天下大儀也，君臣上下貴賤皆發焉」，乃申明「不可不慎」之意。禁藏篇曰「法者天下之儀也，所以决疑而明是非也，百姓所懸命也，故明主慎之」，正與此文同義。自「慎」誤爲「恒」，而又奪「不」字，遂失其義矣。「明王之所恒者二」當作「明王之所慎者二」。「此二者主之所恒也」當作「此二者主之所慎也」。「慎」字右旁之「真」，隸書作「亘」，闕壞而爲「亘」，故「慎」誤爲「恒」矣。夫兩言「所慎」，文義甚明，若作「所恒」，便爲無義，其誤顯然，所宜訂正。張佩綸云：「不可恒」當作「不可不恒」。正篇：「常故不改曰法。」翔鳳案：房注是也。立法與守法不同。守法有恒而立法因時而變，不可恒也。

〔五〕丁士涵云：「發」乃「法」字誤，俗音亂之。下文云「君臣上下貴賤皆從法」，是其證。張佩綸云：原注「發，行也」，本爾雅詩傳，不必改字。學記「發憲慮」，鄭注：「憲，法也。言發計慮，當擬度於法式也。」下文「君臣上下貴賤皆從法」，廣雅釋詁：「從，行也」，正解此句。姚永概云：「發」乃「廢」之誤，「廢」即置也。言君臣上下貴賤皆置有法。許維遹云：「發」、「法」古通用，非誤字也，莊子列禦寇篇「曾不發藥乎」，釋文云：「發，司馬本作『廢』。」而古彝器銘「廢」字皆假「灋」爲之，盂鼎「勿灋朕命」，即「勿廢朕命」。「灋」，古「法」字。「廢」之爲「灋」，猶「發」之爲「法」耳。

〔六〕王念孫云：「閒識」當爲「聞識」，下文「聞識博學之人」，即其證，尹注非。孫詒讓云：注說迂曲難通，此「閒」當爲「嫺」之假字，說文女部云：「嫺，雅也。」字又作「閑」，荀子修身篇云：「多聞曰博，少聞曰淺，多見曰閑，少見曰陋。」彼以「博」、「閑」竝舉，與此「閒識博學」竝舉，亦可互證。又作「僩」，荀子榮辱篇云：「陋者俄且僩也。」賈子傳職篇云：「明僩雅以道之。」又道術篇云：「容志審道謂之僩，反僩爲野。」文選上林賦「妖冶嫺都」，李注曰「『嫺』一作『閒』」，漢書司馬相如傳亦作「閒」。「閒識」與「博學辯說」正相對。下文「聞」即「閒」字之誤，王校轉改「閒」爲「聞」，傎矣。

故明王之所恒者二：一曰明法而固守之，二曰禁民私而收使之〔一〕。謂以法收斂而使之。此二者，主之所恒也。廢此二者則政亂。夫法者，上之所以一民使下也。私者，下之所以侵法亂主也。故聖君置儀設法而固守之。然故諶杵習士聞識博學之人不可亂也〔二〕，杵，所以毁碎於物者也。謂姦詐之人，僞託於諶①，以毁君法。習士，謂習法之士。聞識，謂多聞廣識。君守法堅，故此等莫能亂也。衆彊富貴私勇者不能侵也，信近親愛者不能離也，離，猶違也。珍怪奇物不能惑也，萬物百事非在法之中者不能動也。珍怪奇物，比正法爲怪僻。故法者，天下之至道也，道無越於法者。聖君之實用也〔三〕。用法爲理國之實。今天下則不然，皆有善法而不能守也。然故諶杵習士聞識博學之士能以其智亂法惑上，衆彊富貴私勇者能以其威犯法侵陵，謂侵陵於君也。鄰國諸侯能以其權置子立相，鄰國恃權能，廢置君之子，援立國相。大臣能以其私附百姓，謂用私恩誘百姓使附也。翦公財以禄私士。謂翦公財以禄私士。此皆以君不守法故也。凡如是，而求法之行，國之治，不可得也。謂從失法之後，國不可得理也。聖君則不然，卿相不得翦其私，羣臣不得辟其所親愛〔四〕。聖君亦明其法而固守之，羣臣修通輻湊〔五〕，謂各得自通

① 「諶」字原作「諴」，據補注改。

於君，如輻之湊也。以事其主，百姓輯睦聽令，道法以從其事〔六〕。道，從也。故曰：有生法，有守法，有法於法。夫生法者，君也。君始制法，故曰生法。守法者，臣也。臣則守法而行。法於法者，民也。人則法君之法。君臣上下貴賤皆從法，此謂爲大治〔七〕。

〔一〕張佩綸云：「所恒者二」，「所操者六」，「所處者四」，皆引管子之言而釋之。二者「法」、「禁」，見法禁篇；六者「生」、「殺」、「富」、「貴」、「貧」、「賤」，見小匡篇；四者「文」、「武」、「威」、「德」，見幼官篇。今雖經言與解淆亂，然得其綱領條目，舊本之迹，尚可次第推尋。李哲明云：「收」當是「牧」之誤，注非。廣雅釋詁：「牧，使也。」權修篇「無以牧之則處而不可使也」，即「牧使」之義。又明法解「民有利於上，故主有以牧之；下有畏於上，故主有以使之」，「牧」、「使」對言，尤其碻證。翔鳳案：「恒」即守法，不誤。「收」當爲「牧」，李説是也。問篇「問宗子之牧昆弟者」，其字當爲「收」，而誤爲「牧」，與本文情形相反。二字形近，相混久矣。

〔二〕俞樾云：尹解「諶杵」曰：「杵，所以毁碎於物者也，謂姦詐之人僞託於諶，以毁君法。」此説殊爲迂曲，殆非也。「諶杵」疑當作「諶斟」，乃疊韻字。後漢書馮衍傳「意斟愖而不憺兮」，李賢注曰：「斟愖，猶遲疑也。」此作「諶杵」者，「諶」與「愖」同，「杵」乃「斟」字之誤。古書「斟」字或作「卄」，故「斟鄩」亦作「卄鄩」，見玉篇土部。又或作「斗」，見漢書地理志應劭注。管子原文疑本作「斗」，因誤爲「杵」也。「習士」者，俗士也。説文人部：「俗，習也。」「習」與「俗」

雙聲，故義亦得通。「諶斟習士」，謂流俗之士意識遲疑者也，此指愚不肖者而言。下云「聞識博學之人」，則指賢知者而言。此兩等人，皆能出其私議，以亂國法者也。孫詒讓云：「諶杵」當爲「堪材」，皆形之誤也。墨子號令篇「民室材木」，備城門篇「材」誤作「杵」，是其證。爾雅釋詁云：「堪，勝也。」國語周語韋注云：「堪，任也。」書西伯戡黎孔疏引爾雅孫炎注云：「戡，强之勝也。」「戡」、「堪」字通。吕氏春秋報更篇云：「堪士不可以驕恣屈也。」「堪材」，謂材力强勝能任事者，與吕覽「堪士」義同。「聞」亦當爲「閒」。「堪材、習士，閒識、博學」，四者文正相對。注望文生訓，傅會可笑，俞校疑「諶杵」爲「諶斟」，亦非。翔鳳案：「杵」本字爲「午」，與「五」通。「午」象杵形，用以杵臼。周禮壺涿氏「午貫象齒」，故書作「五」。左成十七年傳「夷羊五」，晉語作「夷羊午」。説文：「諶，誠諦也。」「諶杵」猶言淹貫，二説俱誤。「然故」二字用爲虚辭，他書少見。王引之云：「然故，是故也。」范望注太玄務測曰：「『然，猶是也。』趙爽注周髀算經：『故者，申事之辭。』『故』，本然之辭，襄九年左傳曰：『然故不可誣也。』」

〔三〕安井衡云：舊注云「用法爲理國之實」，「實」字不可通。蓋原文作「寶用」，故尹注之云「爲理國之寶」。今本俱作「實」，轉寫之訛耳。翔鳳案：「實用」爲通語，不誤。

〔四〕俞樾云：上云「翦公財以禄私士」，此乃云「翦其私」，義不可通，此「翦」字當讀爲濟，聲之誤也。爾雅釋言「翦，齊也」，郭注曰：「南方人呼翦刀曰劑刀。」是「齊」與「翦」聲相近，又涉上文「翦公財」而誤耳。張佩綸云：「翦其私」當作「翦其公財」。「辟其所親愛」，「所」字衍，「辟其親愛」，即禄私士也。安井衡云：「辟」讀爲嬖。嬖，愛幸也。翔鳳案：「翦」，踐也。禮記文王世子「不翦其類也」，周禮甸師司農注作「不踐其類也」。「辟」，本書多作「避」用，「嬖」字可通，然非書意。

〔五〕張佩綸云：「修通輻湊」，淮南主術訓「百官修同，羣臣輻湊」，高注：「羣臣歸君，若輻之湊轂，故曰輻湊。」

〔六〕丁士涵云：當讀「百姓輯睦」句，「聽令」連下「道法」句。「道」，順也，從也。

〔七〕戴望云：「爲」字衍。翔鳳案：「謂爲」猶「謂之」，非衍文。

故主有三術。謂上主、中主、危主也。夫愛人，不私賞也。惡人，不私罰也。置儀設法，以度量斷者，上主也。愛人而私賞之，惡人而私罰之，倍大臣，離左右，專以其心斷者，中主也。臣有所愛而爲私賞之，有所惡而爲私罰之，爲大臣愛惡之故，而私賞罰也。倍其公法，損其正心，謂損政教之正。專聽其大臣者，危主也。故爲人主者，不重愛人，不重惡人。重愛曰失德，重惡曰失威。君隨臣愛惡，則威德皆在於臣，故曰失也。威德皆失，則主危也。

故明王之所操者六：生之，殺之，富之，貧之，貴之，賤之。此六柄者，主之所操也。主之所處者四：一曰文，二曰武，三曰威，四曰德。此四位者，主之所處也。藉人以其所操，命曰奪柄。藉人以其所處，命曰失位。奪柄失位，而求令之行，不可得也。既至於奪柄失位之後，欲求令行，不可得。法不平，令不全，是亦奪柄失位之道也。法不平，令不全，則柄位不可得而保，故曰「奪柄失位之道」。故有爲枉法，有爲毁令，此聖君之所以自禁也。言有枉法毁令，聖君則能禁止之。故貴不能威，富不能禄，賤不能事，近不能親，美不能淫也。此五事解見下文也。植固而不動，奇邪乃恐，所立堅，則不可動。若奇邪，則敗亡旋及，故恐。奇音羈。奇革而邪化，令往而民移。君之奇邪，能有革化，則令纔往，而人已移心而從善也。故聖君失度量，置儀法〔一〕，聖君見有失度量，則置儀法以改也。如天地之堅，堅，謂尊勝。如列星之固，自古至今，不見天星有虧敗也。如日月之明，無私耀臨。如四時之信，寒暑之氣，來必以時。然故令往而民從之〔二〕。君能苞上之四事，故令往人從也。而失君則不然，法立而還廢之〔三〕，令出而後反之〔四〕，枉法而從私，毁令而不全，是貴能威之，富能禄之，賤能事之，近能親之，美能淫之也〔五〕。此五者不禁於身，君身不能自禁止也。是以羣臣百姓人挾其私而幸其主。安希非分之恩。彼幸而得之，則主日侵。臣得不當得之恩，則主日見侵也。彼幸而不得，則怨日産。若不得所幸，則怨毒日生也。夫日侵而産怨〔六〕，此失君之所慎也〔七〕。

〔一〕劉績云：「失」乃「以」字誤。謂「聖君以度量置儀法」。或曰當作「一」。洪頤煊云：藝文類聚五十二、太平御覽六百二十四引俱作「設度量」，「失」即「設」字之壞。安井衡云：「失」當爲「矢」，形近之訛。「矢」，陳也。翔鳳案：説文：「失，縱也。」段注：「縱者緩也，一曰舍也。」捨主觀之度量，置客觀之儀法。或曰易晉「失得勿恤」，孟、馬、鄭、虞、王肅本皆作「矢」。爾雅釋詁：「矢，陳也。」安井説亦可通。以下文「上無度量以禁之」觀之，作「失」爲是。

〔二〕戴望云：御覽（治道部五）引作「然後」。翔鳳案：御覽不知「然故」之義，改作「然後」，此意改之一證。

〔三〕翔鳳案：説文：「還，復也。」

〔四〕王念孫云：「後」，當依朱本作「復」，字之誤也，「復反」與「還廢」相對爲文。翔鳳案：今已出而後來反變，「後」字不誤。作「復」則與「還」犯複，王説非是。

〔五〕翔鳳案：下文「幸其主」，房注「妄希非分之恩」，是也。説文：「禄，福也。」王制鄭注：「禄，所受食也。」周禮大宰「四曰禄位，以馭其士」，注：「若今月俸也。」五者不禁於身，則富者能以飲食錢財引誘，賤者能諂事，接近之人能親密之。

〔六〕翔鳳案：「夫」爲代名詞。論語：「夫人不言，言必有中。」「日侵」上省「主」字，「産怨」上省「羣臣百姓」四字。

〔七〕安井衡云："「慎」、「順」古通用，此當爲「順」。「順」，循也。"俞樾云："「失君」當作「人君」，涉上文「失君則不然」而誤。"劉師培云："「慎」亦「順」之假，猶之循也。"翔鳳案："「慎」通「順」，證已見前。安井、劉説是也。順之則能徼幸矣。

凡爲主而不得用其法，不能其意〔一〕，顧臣而行，凡有所行，不敢自專，顧望其臣而爲之也。離法而聽貴臣，貴臣雖有離法，亦聽從之。此所謂貴而威之也。言貴臣能威於君也。富人用金玉事主而來焉〔二〕，謂以金玉來事主也。主因①離法而聽之，此所謂富而祿之也。言富人能祿於君也。賤人以服約卑敬悲色告愬其主〔三〕，服約，謂屈服隱約也。主因離法而聽之，此②所謂賤而事之也。言賤人善諂，君聽之。近者以偪近親愛有求其主，主因離法而聽之，此所謂近而親之也。言近者恃親以要君，則君從。美者以巧言令色請其主，主因離法而聽之，此所謂美而淫之也。言美者能以言色淫動於君，故君亦聽之。治世則不然〔四〕。不知親疏遠近貴賤美惡，以度量斷之，其殺戮人者不怨也，殺當其罪，故不怨也。其賞賜人不德也〔五〕。以功受賞，故不德於君也。以法制行之，如天地之無

①「因」字原無，據補注增。
②「此」字原無，據補注增。

私也，是以官無私論，士無私議，民無私説，皆虛其匈以聽其上〔六〕。匈，恐懼貌。上以公正論，以法制斷，故任天下而不重也。法制行則事簡，故不重也。今亂君則不然。有私視也，故有不見也。有私聽也，故有不聞也。有私慮也，故有不知也。凡私則不周，故有不見聞知也。夫私者，壅蔽失位之道也。上舍公法而聽私説，故羣臣百姓皆設私立方以教於國。方，謂異道術也。羣黨比周以立其私，請謁任舉以亂公法，人用其心以幸於上，上無度量以禁之，是以私説日益，而公法日損，國之不治，從此產矣。

〔一〕翔鳳案：廣雅釋詁二：「能，任也。」史記田敬仲完世家「寡人弗能拔」，索隱：「『能』猶勝也。」「能」義自通。趙本不解「能」字之義而改爲「適」，以己意改之，非別有善本爲據。

〔二〕王念孫云：「來」當爲「求」，尹注非。説見小稱篇。翔鳳案：吕氏春秋不侵「不足以來士矣」，注：「『來』猶致也。」以玉招致，求則露於面，不合，王説誤。

〔三〕翔鳳案：楚辭招魂「土伯九約」，注：「屈也。」房注非。

〔四〕丁士涵云：「治世」疑當作「治君」，對下「亂君」言，猶上文以「失君」對「聖君」也。安井衡云：至治之世則不然，或欲改爲「治君」，與下「亂君」對，古人之文不必然也。

〔五〕張文虎云：兩「人」字、「者」字，疑當各衍其一，蓋是一本作「人」，一本作「者」，校者不察而竝存之。翔鳳案：殺戮人非怨其人，賞賜人不自以爲德，故上文有「者」字，下文無之。

〔六〕趙用賢云：「匈」，胸臆也。注非。姚永概云：内業篇「平正擅匈」，尹注亦曰「和氣獨擅於胸」也。翔鳳案：「胸」爲「匈」之或體，乃後出之字。

夫君臣者，天地之位也。民者，衆物之象也。各立其所職，以待君令。羣臣百姓安得各用其心而立私乎？故遵主令而行之，雖有傷敗，無罰。遵令而行，敗非己致，故無罰也。非主令而行之，雖有功利，罪死。失令有功，法所不赦，故罪死。然故下之事上也，如響之應聲也。臣之事主也，如影之從形也。故上令而下應，主行而臣從，此治之道也。夫非主令而行，有功利因賞之，是教妄舉也。賞不從令，是教妄爲舉措也。遵主令而行之，有傷敗而罰之〔一〕，是使民慮利害而離法也。羣臣百姓，人慮利害，而以其私心舉措，則法制毀而令不行矣。

〔一〕丁士涵云：「行」下「之」字衍，「行有傷敗」與「行有功利」對文，此涉上文「故遵主令而行之」而衍。「而」當爲「因」，「因罰之」與「因賞之」對文。翔鳳案：通行本「主令」上有「遵」字。上文「非主令」，則下文爲「主令」，不必增字。若增一「遵」字，則上文當爲「違主令」矣。「非」爲狀詞，「違」爲動詞，其義既不相合，則加「遵」字之妄可知。宋本之可貴，又其一也。丁衍謂「之」字，又改「而」爲「因」，俱誤。

明法第四十六

所謂治國者，主道明也。主道明，則公法明，故國治。所謂亂國者，臣術勝也。臣術勝，則私事立，故國亂。夫尊君卑臣，非計親也〔一〕，以埶勝也〔二〕。令尊君卑臣者，其計非欲使親君也，但令①君執其勝也。百官識，非惠也，刑罰必也〔三〕。必令百官識非公之惠，而不敢受，又知刑罰必行，無妄求免罪也。故君臣共道則亂，臣行君事，故曰共道。專授則失。若君有所授與，不合衆心而專之，亦爲失也。夫國有四亡，令求不出謂之滅，求不出令，則下無所稟，故滅。出而道留謂之擁，中道而留止，故曰擁。下情求不上通謂之塞〔四〕，求不上通，則與君隔絶，故曰塞也。下情上而道止謂之侵。下情雖欲上通，中道爲左右所止，此則臣侵上事也。故夫滅侵塞擁之所生，從法之不立也〔五〕。是故先王之治國也，不淫意於法之外〔六〕，淫，遊也。不爲惠於法之内也。不屈法以成私惠也。動無非法者，所以禁過而外私也。外，遺也。

〔一〕丁士涵云：「計」字衍。「非親也」，與「非惠也」句同義同。（爾雅：「惠，愛也。」）後解云「羣

① 「令」字原作「今」，據補注改。

臣之不敢欺主者，非以愛主也，以畏主之威勢也；百姓之爭用，非以愛主也，以畏主之法令也」，則本文無「計」字，明甚。翔鳳案：舜爲天子，堯率諸侯北面而朝之，瞽叟亦北面而朝之，故曰「非計親」。丁氏不知其義而謂衍「計」字，誤。父之尊可屈，而太上皇不能屈，后卑於父而爲敵體，母天下，皆當計者，可一概不論耶？

〔二〕劉績云：「埶」，解作「勢」，古字同。注非。安井衡云：古本「勢」作「埶」，舊注云「但令君埶其勝」，是其本作「埶」，今本訛爲「埶」耳。解亦云「故明主操必勝之術」，是以「操」解「埶」，明原本作「埶」矣。翔鳳案：古無「勢」字，以「埶」爲之。「埶」，古「藝」字，與捕治罪人之「埶」絶異。禮記禮運「在埶者去」，鄭注：「埶，埶位也。」釋文本作「勢」。君之於臣，以勢位勝，「埶」字不合，安井説非是。

〔三〕劉績云：當依解作「百官論職」，乃字缺誤。注非。翔鳳案：説文：「識，常也。」爾雅釋詁：「職，常也。」夏小正：「三月，采識。」説文：「黄蔨，職也。」皆「識」通「職」之證。解云：「故人臣之行理奉命者，非以愛主也。奉法無姦者，非以愛主也。」「奉命」、「奉法」，即守職也。釋名釋典藝：「論，倫也，有倫理也。」解謂「百官論識」即此義，非論識也。故「論」字可省，增之者誤也。

〔四〕王念孫云：「令求不出」，「求」當爲「本」。「下情求不上通」，衍「求」字。並見後解。尹注非。

俞樾云：「令求不出」，據後解作「令本不出」，然則「下情求不上通」亦當作「下情本不上通」。後解奪「本」字，遂并此文而無從是正矣。尹注曰「求不出令，則下無所稟，故滅；求不上通，則與君隔絶，故曰塞也」，兩「求」字亦「本」字之誤。吴汝綸云：後解「本」字誤。爾雅：「求，終也。」劉師培云：「出而道留謂之擁」，後解作「令出而留謂之壅」，此文「出」上疑捝「令」字。下文云「下情上而道止謂之侵」，彼文不省「下情」，則此亦當有「令」字矣。翔鳳案：「求」爲「裘」之古文，象皮衣之形。孳乳爲「逑」，斂聚也。從辵，當爲「毬」之本字。詩桑扈「萬福來求」，下武「世德作求」，皆爲斂聚之意。「令求不出」，謂聚於中而不出也。「下情求不上通」，義亦爲聚。郭沫若釋「求」爲「觩」，訓爲「枉」，非。

〔五〕丁士涵云：依上文序次，當作「滅擁塞侵」，後解作「滅塞侵擁」，皆寫者倒亂。陶鴻慶云：「從」字當在「生」字上，本作「滅侵塞擁之所從生，法之不立也」。任法篇云「故曰法者不可恒也，存亡治亂之所從出」，句法正與此同。翔鳳案：爾雅釋詁：「由、從，自也。」「從」同「由」。今語作「由法之不立」，古語作「從法之不立」，其義一也。陶説誤。

〔六〕孫星衍云：韓非子有度篇「淫」作「遊」。尹注「淫，遊也」，義本此。

威不兩錯，臣行君威，爲兩置。**政不二門**〔一〕。臣出政，是爲二門也。**以法治國，則舉錯而已。**言能以法理國，但舉而置之，無不行。**是故有法度之制者，不可巧以詐僞**〔二〕。非法度不聽，則詐①僞何施。有權衡之稱者，不可欺以輕重。以權衡稱之，輕重立見也。有尋丈之數者，不可差以長短〔三〕。今主釋法以譽進能〔四〕，則臣離上而下比周矣。比周於下，所以求譽。以黨舉官，則民務交而不求用矣。交合則自進官，何須求用。是故官之失其治也〔五〕，是主以譽爲賞，以毀爲罰也。以毀譽爲賞罰，則官自然失理。然則喜賞惡罰之人，離公道而行私術矣。行私術，自然得賞，安用就公道而求乎？比周以相爲匿，是比周者，凡有公是之事，皆匿而不行也。忘主死交，以進其譽。故交衆者譽多〔六〕，爲交友致死，其譽自進。外内朋黨，雖有大姦，其蔽主多矣。是以忠臣死於非罪，朋黨共毁之故，忠臣非罪而死。而邪臣起於非功。朋黨共譽之，故邪臣非功而起。所死者非罪，所起者非功也，然則爲人臣者，重私而輕公矣。私則得利，公而致禍，故重私而輕公矣。十至私人之門，私人之門，謂所與父私爲朋黨者也。不一至於庭，謂之君庭。百慮其家，不一圖國〔七〕，重私輕公故也。屬數雖衆，非以尊君也，所屬之數，雖曰衆多，無不黨私，故非尊君也。百官雖具，非以任國也。各務私，故不任國事。此之謂國無人。國無人者，非朝臣之衰也〔八〕。家與家務於相益，不務尊君也。大臣務相貴而不任國〔九〕，小臣持禄養交不以

① 「詐」字原作「許」，據補注改。

官爲事，故官失其能〔一○〕。官各失能，則與無人同也。是故先王之治國也，使法擇人，不自舉也；使法量功，不自度也。設法者自著擇人量功之條，故不勞自舉度也。故能匿而不可蔽〔一一〕，苟有材能①，則法自舉之②，不可隱蔽也。敗而不可飾也。無功而敗，法自量之，故不可虛飾也。譽者不能進，無材，雖譽之而不能進也。而誹者不能退也。有功，雖誹之而不能退也。然則君臣之閒明別，謂賢不肖有功者，各明白而分別也。明別則易治也〔一二〕。明別則無僞濫，故易治也。主雖不身下爲，謂不身爲其事。而守法爲之可也。但守法則法自爲之，不勞身也。

〔一一〕張佩綸云：説苑君道篇：「管子曰：權不兩錯，政不二門。」任林圃云：當從説苑作「權不兩錯」，本書及韓非「威」字，蓋三國時吳人避孫權諱所改。又宋楊忱本禁藏篇「視其所愛以分其威」，古本、劉本、朱本「威」下有「權」字。蓋本作「權」，因避吳諱或易爲「威」。劉本等乃並存之也。

〔一二〕安井衡云：「巧」猶欺也，韓非作「欺」。翔鳳案：方言七：「吳越飾貌爲竘，或謂之巧。」

〔一三〕戴望云：意林「尋丈」作「尋尺」，「長短」作「短長也」三字。

①「能」字原無，據補注增。
②「則」字原無，「舉」字原作「擇」，「之」字原作「故」，據補注增改。

〔四〕丁士涵云：「令」疑「今」字誤，後解無。　翔鳳案：「令」以當時言之，國策多用之，非誤字。

〔五〕劉師培云：「治」當作「能」，上云「以譽進能」，下云「故官失其能」，均其證。韓非子有度篇述此文，正作「故官之失能者其國亂」，此尤「治」當作「能」之徵。蓋古「能」字通作「台」，因訛爲「治」。賈子新書「雖堯舜不能」，漢書誼傳作「不治」，是其例。　翔鳳案：「治」以國言，「能」以人言，不必改字。

〔六〕劉績云：解作「比周以相爲匿，是故忘主死交以進其譽」，此乃誤脱「故」字於下。「死」乃「私」聲誤。　王念孫云：尹讀「比周以相爲匿是」爲句，注云「比周者凡有公是之事皆匿而不行也」，其説甚謬。此當讀「比周以相爲匿」爲句，「匿」與「慝」同，「比周以相爲慝」，猶言朋比爲姦也。「是」下當有「故」字，後明法解作「比周以相爲慝，是故忘主死佼以進其譽」，是其明證也。又案「忘主死交」，韓子有度篇「死」作「外」，是也。故明法解云「羣臣皆忘主而趨私佼」，「外」、「夗」字相近，故「外」譌作「夗」，尹注云「爲交友致死」，非也。劉以「夗」爲「私」之誤，亦非也。　陶鴻慶云：依後解，「是」下當有「故」字。「故交衆者譽多」，「故」、「者」二字皆衍文。　劉師培云：「故交衆者譽多」，後解無「者」字，此衍。　韓非子有度篇亦無「者」字。

〔七〕戴望云：朱本「國」上有「其」字，後解亦有。　俞樾云：當從後解作「不一圖其國」。

翔鳳案：「其」字可省。　安井衡云：「衰」，減也。

〔八〕孫星衍云：韓非子有度篇「臣」作「廷」。

〔九〕戴望云：後解「國」下有「也」字。

〔一〇〕戴望云：後解「能」作「職」。

〔一一〕王念孫云：「能」下本無「匿」字，後解作「能不可蔽而敗不可飾」，韓子有度篇作「能者不可蔽，敗者不可飾」，則無「匿」字明矣。據尹注亦無「匿」字。　翔鳳案：解與韓非「能」爲名詞，指智能言。有「匿」字則「故能」二字貫下二句，「能」爲動詞。兩者不同，有「匿」字亦通。

〔一二〕劉師培云：韓非子作「則君臣之間明辯而易治」，則「明別」二字不當重疊。後解不重此二字，是其證。　翔鳳案：不重「明別」二字，則以「而」字連爲一句。無「而」用「則」，二字當重之。解云：「故君臣之間明別，則主尊臣卑。故明法曰：『君臣之間，明別則易治。』」前之「明別」屬上爲句，故曰無「明別」二字乃省文可知，非不當重疊也。

正世第四十七　　區言三

古之欲正世調天下者，必先觀國政，料事務，察民俗，本治亂之所生，知得失之所在，然後從事。從，爲。故法可立而治可行。夫萬民不和，國家不安，失非在上，則過在下〔一〕。今使人君行逆不修道，誅殺不以理〔二〕。重賦斂，得民財〔三〕，急使令，罷民力。使令急，故人力疲也。財竭則不能毋侵奪，人財竭，則侵奪以共上税也。力罷則不能毋墮倪〔四〕。倪，傲也。謂疲墮①而傲從也。民已侵奪墮倪，因以法隨而誅之，則是誅罰重而亂愈起。夫民勞苦困不足，則簡禁而輕罪。如此，則失在上。失在上而上不變，則萬民無所託其命。今人主輕刑政，寬百姓，薄賦斂，緩使令，然民淫躁行私而不從制，飾智任詐，負力而爭，則是過在下。過在下，人君不廉而變，廉，察也。則暴人不勝，邪亂不止。暴人不勝，邪亂不止，則君人者勢傷而威日衰矣。故爲人君者，莫貴於勝。所謂勝者，法立令行之謂勝〔五〕。法立令行，故羣臣奉法守職，百官有常，法不繁匿〔六〕，萬民敦慤，反本而儉力。謂廉嗇而勤力也。故賞必足以使，謂使人從善也。威必足以勝，謂勝禁②姦邪也。然後下從〔七〕。故古之所謂明君者，非一君也。五帝三王，俱曰明君，故曰非一。其設賞有薄有厚，其立禁有輕有重，迹行不必同，非故相反也，皆隨時而變，因俗而動。夫民躁而行僻，則賞不可以不厚，禁不可以不重。既躁

① 「墮」字原作「隨」，據補注改。
② 「禁」字原作「合」，據補注改。

而僻則難化，須厚賞以誘之，重禁以威之。故聖人設厚賞，非侈也；立重禁，非戾也。賞薄則民不利，禁輕則邪人不畏。設人之所不利，欲以使，則民不盡力。立人之所不畏，欲以禁，則邪人不止。是故陳法出令，而民不從，故賞不足勸，則士民不爲用；刑罰不足畏，則暴人輕犯禁。民者，服於威殺然後從，見利然後用，被治然後正，得所安然後靜者也。

〔一〕王念孫云：「失非在上」當作「非失在上」，「非」與「則」對文，「失在上」與「過在下」對文。　翔鳳案：意謂其「失非在上，則過在下」。如王說則非失在上則必在下，不當再用「過」字，王說不可從。

〔二〕丁士涵云：「修」當爲「循」，「循」有順義，君臣上篇「順理而不失之爲道」。　翔鳳案：中庸：「修道之謂教。」「修」非誤字，丁說誤。

〔三〕張佩綸云：「得民財」當爲「竭民財」，下句可證。　翔鳳案：重賦斂以得民財，「得」字自通，且「竭」字指民，而貪得在君。「得」比「竭」好，張說不可從。

〔四〕俞樾云：尹注曰「倪，傲也」，則「墮」當讀爲惰，「惰」與「傲」義相近。輕重戊篇「歸市亦惰倪」，是其證。　張佩綸云：「墮」、「惰」通。廣雅釋詁：「倪，衺也。」　翔鳳案：説文「倪，俾也」，文義不合。爾雅釋魚「左倪不類，右倪不若」，假爲「睨」。説文「陴，城上女墻俾倪也」，與訓「陴」之義正合。房注訓「傲」，乃由「睨」引申，不正視人，如阮籍之白眼則傲矣。

〔五〕金廷桂云：當云「勝者法立令行之謂」。上衍「所謂」二字，下衍「勝」字。翔鳳案：不可以後世之文律古人。

〔六〕丁士涵云：「常」字句絶，「有常」，即上「奉法守職」也。「匿」同「慝」，姦慝也。俞樾云：「匿」亦當爲「慝」，説見上篇。下文曰「法禁不立則姦邪繁」，「繁匿」即「姦邪繁」也。

〔七〕翔鳳案：「下從」，即周易所謂「下順從也」。「下從」二字，下文兩見。

夫盜賊不勝，邪亂不止，彊劫弱，衆暴寡，此天下之所憂，萬民之所患也。憂患不除，則民不安其居。民不安其居，則民望絶於上矣。夫利莫大於治，害莫大於亂。夫五帝三王所以成功立名顯於後世者，以爲天下致利除害也。事行不必同，所務一也。莫不務於理也。夫民貪行躁而誅罰輕，罪過不發，有罪過者，不發舉也。則是長淫亂而便邪僻也。有愛人之心，而實合於傷民〔一〕，輕刑以愛人，姦多反傷人也。此二者不可不察也。二者，謂愛與傷人。夫盜賊不勝，則良民危。良人爲盜所害，故危。法禁不立，則姦邪繁。故事莫急於當務，每事當其務，則理也。治莫貴於得齊〔二〕。齊，謂無非人也。制民，急則民迫，民迫則窘，窘則民失其所葆；葆，謂所恃爲生者也。緩則縱，縱則淫，淫則行私，行私則離公，離公則難用。故治之所以不立者，齊不得也，謂上有非人也。齊不得則治難行。故治民之齊，不可不察也。

聖人者，明於治亂之道，習於人事之終始者也。其治人民也，期於利民而止，至於利人，則止而勿①理也。故其位齊也〔三〕。不慕古，不留今，留，謂守常不變。與時變，與俗化。夫君人之道，莫貴於勝。勝故君道立，勝則無不服，故君道立也。君道立然後下從，下從故教可立而化可成也。夫民不心服體從，則不可以禮義之文教也〔四〕。君人者不可以不察也。

〔一〕俞樾云：「合於傷民」者，足於傷民也，「合」與「給」通。給，足也，故「合」亦有足義，論語子路篇「始有曰苟合矣」，言苟足也。孟子梁惠王篇「此心之所以合於王者何也」，言足於王也。説詳羣經平議。

〔二〕豬飼彦博云：「齊」、「劑」同。謂緩急得宜。王引之云：爾雅：「齊，中也。」言莫貴於得中也。尹注大謬。俞樾云：水經濟水注引春秋説題辭曰：「齊，度也。」周官亨人「以給水火之齊」，鄭注曰：「齊，多少之量。」又酒正「辨五齊之名」，注曰：「齊者，每有祭祀以度量節作之。」是「齊」有度量之義。「治莫貴於得齊」，謂得其度量也。史記孝武紀「事化丹砂諸藥齊爲黄金矣」，索隱曰：「『齊』音分劑之劑。」此「齊」字讀當與彼同。尹注非是。翔鳳案：上文勝盜賊，立法禁，所以爲齊。即論語「導之以政，齊之以刑」之意。諸説非是。

① 「勿」字原作「物」，據補注改。

〔三〕安井衡云：「位」猶立也。「位齊」，謂立治國之劑。陶鴻慶云：「位」與「立」同，「立劑」猶言立法。翔鳳案：春秋「公即位」，古文作「公即立」，陶説是也。

〔四〕丁士涵云：當作「文教之也」。霸言篇「則是我以文令也」，與此「文」字同義。「民不心服體從」，則必加之以嚴刑峻罰，不可以禮義文教之也。翔鳳案：「教也」即教以禮義之文，加「之」字於「教」下，誤。

治國第四十八

區言四

凡治國之道，必先富民，民富則易治也，民貧則難治也。奚以知其然也？民富則安鄉重家，安鄉重家則敬上畏罪，敬上畏罪則易治也。民貧則危鄉輕家，危，謂不安其所居也。危鄉輕家則敢陵上犯禁，凌上犯禁則難治也。故治國常富，而亂國必貧。是以善爲國者，必先富民，然後治之。昔者七十九代之君〔一〕，法制不一，號令不同，然俱王天下者，何也？必國富而粟多也。夫富國多粟，生於農，故先王貴之。

〔一〕張佩綸云：藝文類聚五十四，太平御覽六百三十八引申子：「昔七十九代之君，法制不一，號令不同，然而俱王天下，何也？必當國富而粟多也。」姚永概云：「七十九代之君」，疑即封禪篇所云「古者封泰山，禪梁父者七十二家」，「九」當作「二」。翔鳳案：申子亦作「九」，「九」不一定是誤字。

凡爲國之急者，必先禁末作文巧。末作文巧禁，則民無所游食〔一〕。民無所游食，則必農〔二〕。謂必務農。民事農則田墾，田墾則粟多，粟多則國富，國富者兵彊，兵彊者戰勝，戰勝者地廣。是以先王知衆民、彊兵、廣地、富國之必生於粟也〔三〕，故禁末作，止奇巧，而利農事。今爲末作奇巧者，一日作而五日食。言取一日之利，可共五日之食也。農夫終歲之作，不足以自食也。然則民舍本事而事末作。捨本事而事末作〔四〕，則田荒而國貧矣。

〔一〕洪頤煊云：兩「文巧」，當依下文作「奇巧」。張佩綸云：牧民篇：「省刑之要在禁文巧。」幼官篇：「務本飭末則富。」洪頤煊云「文巧，當依下作『奇巧』」，非也。

〔二〕戴望云：「農」上當脱「事」字，下文可證。

〔三〕張佩綸云：「衆民彊兵廣地富國」，依上文當作「衆民富國彊兵廣地」。

〔四〕安井衡云：古本「舍」上有「民」字。翔鳳案：「民」字貫下，古本多事。

凡農者，月不足而歲有餘者也。而上徵暴急無時〔一〕，謂徭税不以時。則民倍貸以給上之徵矣。倍貸，謂貸一還二也。耕耨者有時，而澤不必足，謂雨澤不足也。則民倍貸以取庸矣。澤不足則歲凶，富者倍貸於貧不能還其倍價者，則計所倍而取庸矣。秋糴以五，春糶以束，是又倍貸也〔二〕。謂富者秋時以五糴之，至春出糶，便收其束矣。此亦倍貸之類也。束，十疋也。故以上之徵而倍取於民者四〔三〕。謂上無時之徵，一也。澤不足，二也①。秋糴春糶，三也。下疋關市府庫之徵，四也。關市之租，府庫之徵，粟什一，厮輿之事，此四時亦當一倍貸矣〔四〕。府庫，謂府之庫新有徵税，言人供關市府庫之徵，亦用粟之什一計。四時常有所用②，故亦當一倍貸之。夫以一民養四主，四主，即③上四倍貸也。故逃徙者刑，謂有刑罰。而上不能止者〔五〕，粟少而民無積也〔六〕。常山之東，河、汝之間，蚤生而晚殺，五穀之所蕃孰也〔七〕。四種而五穫，四種，謂四時皆種。五穫，謂五穀皆宜而有所穫。中年畝二石，一夫爲粟二百石。今也倉廩虚而民無積，農夫以粥子者，上無術以均之也。故先王使農士商工四民交能易作，交能易作，謂雖士亦善於農工，雖農亦通於士業也。終歲之利，無道相過也，道，從也。四人均能，故其利無從相過之也。是以民作一而得均。四人

① 「也」字原無，據補注增。
② 「用」字原無，據補注增。
③ 「即」字原作「則」，據補注改。

交能易作，故曰一也。民作一則田墾，姦巧不生〔八〕。田墾則粟多，粟多則國富。姦巧不生則民治。富而治，此王之道也。不生粟之國亡，粟生而死者霸，霸者或不能廣積粟，故人有不生而致死者也。粟生而不死者王〔九〕。王者積粟既多，故人保其生，無復致死者也。粟也者，民之所歸也。粟也者，財之所歸也。有粟則人歸之。粟也者，地之所歸也。積粟既多，或有入地歸降者也。粟多，則天下之物盡至矣。故舜一徙成邑，貳徙成都，參徙成國。舜非嚴刑罰，重禁令，而民歸之矣；去者必害，謂背舜而去者。從者必利也。先王者，善爲民除害興利，故天下之民歸之。所謂興利者，利農事也。所謂除害者，禁害農事也。農事勝則入粟多，入粟多則國富，國富則安鄉重家。安鄉重家，則雖變俗易習，謂改易其常習。歐衆移民，至於殺之而民不惡也〔一〇〕。此務粟之功也。上不利農則粟少，粟少則人貧，人貧則輕家，輕家則易去，易去則上令不能必行〔一一〕，上令不能必行，則禁不能必止，禁不能必止，則戰不必勝，守不必固矣〔一二〕。夫令不必行，禁不必止，戰不必勝，守不必固，命之曰寄生之君。謂蹔寄爲生，不能長久。此由不利農少粟之害也。粟者，王之本事也，人主之大務〔一三〕，有人之塗，謂保有其人，其塗因粟也。治國之道也〔一四〕。

〔一〕許維遹云：廣雅釋詁：「暴，猝也。」

〔二〕俞樾云：「束」乃「六」之誤。言富者秋以五糴之，春以六糶之也。篆文「六」作「□」，與「束」微似而誤。小問篇「五而六之」，亦以「五」、「六」言也。　張佩綸云：「束」者，儀禮聘禮「釋幣制元纁束」，注：「凡物十曰束。」禮記雜記下「納幣一束，束五兩」，注：「十箇爲束，貴成數。」　翔鳳案：説文：「糶，出穀也。」楊本作「粜」，當是隸書省文。富人秋收以賤價糴入，來春倍其價而糶出。

〔三〕丁士涵云：上文言「倍貸」者三，下文「關市」以下「亦當一倍貸」，合之故爲四也。以文義言之，此句疑當在「夫以一民養四主」之上，脱誤在此耳。　翔鳳案：雨澤不足，民倍貸以取傭。漢書司馬相如傳「與庸保雜作」，注：「謂賃作者。」「庸」同「傭」。以勞動償債，其值加倍，丁説誤。

〔四〕張佩綸云：「粟什一」當作「什一之粟」；「關市之租」，六畜兵器也；「府庫之徵」，九賦財賄也；「什一之粟」，藉公田也；「斷輿之事」，起徒役也；均與周禮合。史記張耳陳餘傳：「廝養卒。」淮南覽冥訓「廝徒馬圉」，高注：「廝，役也。」左昭七年傳「皁臣輿」，服注：「輿，衆也，佐皁舉衆事也。」　翔鳳案：「關市之租，府庫之徵」，去農民所收之粟十之一，又加以「斷輿之事」，耗其時日，爲無償勞動，合二者計之，雖非倍貸，亦等於「一倍貸」矣。「當」字宜注意，張説非是。古本改「輿」爲「與」，謬極。

〔五〕陳奐云：言雖有刑而上不能止其逃徙，與下文「舜非嚴刑罰重禁令而民歸之」相應。　張佩綸云：上「者」字衍。　翔鳳案：劉邦約法三章，「殺人者死」，句法同。「者」字不可衍，張説誤。

〔六〕翔鳳案：上暴徵，民借貸以應徵，房注以「四倍貸」爲「主」，其言甚明。四時倍貸，是「四主」矣。「四時」者，四時皆有「厮輿之事」也。農奴以勞力傭於富人，兼爲地主御車肩輿之事。

〔七〕王念孫云：「河汝」當爲「河海」，字之誤也。（篆文「海」、「汝」相似。）常山在海西河北，故曰「常山之東，河海之間」，若汝水則去常山遠矣。初學記地部上、太平御覽地部四引此竝云「其山北臨代，南俯趙，東接河海之間，早生而晚殺，五穀之所蕃孰」，文多於今本，而皆作「河海之間」。　張佩綸云：王説非也。周禮職方氏：「河南曰豫州，其山鎮曰華山，其澤藪曰圃田，其川滎雒，其浸波溠，其利林漆絲枲，其民二男二女，其畜宜六擾，其穀宜五種。」「正北曰并州，其山鎮曰恒山，其澤藪曰昭餘祁，其川虖池嘔夷，其浸淶易，其利布帛，其民二男三女，其畜宜五擾，其穀宜五種。」九州惟此二州宜五種。「常山之東」，謂并州域也。「河汝之間」，謂豫州域也。與周禮合。王制「計四海之内田八十一萬億畝」，亦先曰「自恒山至于南河，千里而近。自南河至于江，千里而近」，是其證也。管子蓋舉五種俱宜之地，以明人力不至，即地利亦不足恃，故必有術以均之。若如初學記及御覽地部所引，則專指常山，管子治齊，何爲舍岱山之東而計及常山之東乎？　御覽百穀部一引此正同今本。　翔鳳案：常山即恒山，亦宜五穀。説文：「孰，食飪也。」漢書嚴安傳：「五穀蕃孰。」此本字，加火乃俗字也。

〔八〕吳志忠云：當作「得均則姦巧不生」。「作一」、「得均」，皆復舉上文言之。　翔鳳案：「姦巧」與「文巧」相類，一於農作則不務外，非因得均而不生姦巧也。吳説誤。

〔九〕劉績云：別本注：「霸者或不能廣畜積，故有時而竭也。王者之民積之廣而生之不已也。」何如璋云：「粟生而死」，謂力農而積蓄也，故可霸。「粟生而不死」，是粟多而以術流通之，四方之民歸若流水。商君書去彊「國好生金於竟内，則金粟兩死，倉府兩虚，國弱。國好生粟於竟内，則金粟兩生，倉府兩實，國彊」，義同。　尹桐陽云：商君書去彊「粟十二石死於竟外」，又曰「金粟兩死」。此云「粟生而死」，謂粟生而即散。「粟生而不死」，謂粟生常存而不散也。霸者積蓄或不能廣，故粟有時而竭。王者之民積之廣，故粟得以常存，即王制所謂「餘三」、「餘九」説也。　翔鳳案：何、尹引商君書釋「死」字甚精，今人謂財之積而不生利者曰死錢，義同。劉引別本注即尹注，非竄改也。

〔一〇〕王念孫云：當依羣書治要作「至於殺之而不怨也」。今本作「不惡」，則非其指矣。上文「安鄉重家」，即指民而言，無庸更加「民」字。　翔鳳案：説文：「惡，過也。」不以爲過也。王説非是。

〔一一〕許維遹云：治要引作「粟少則民貧，民貧則輕家易去，輕家易去則上令不能必行」，與上文「入粟多則國富，國富則安鄉重家，安鄉重家則雖變俗易習毆衆移民，至於殺之而民不惡也」，文同一例。蓋「民貧則輕家易去，輕家易去」，寫本作「民貧則輕＝家＝易＝去＝」，唐寫本毛詩凡遇疊文重句皆如此，待有雕板時，遂排成「民貧則輕家輕家易去易去」，復據上下文例，於末「輕家」下增一「則」字，變爲今本矣。翔鳳案：許説有理。然毛詩「適彼樂土，樂土樂土」，韓詩作「適彼樂土」疊一句，未必毛是而韓非也。

〔一二〕丁士涵云：「不」下亦當有「能」字，與上文一例。陶鴻慶云：「禁不能必止」當在「上令不能必行」重文之上，又衍一「則」字，其文云「易去則上令不能必行，禁不能必止；上令不能必行，禁不能必止，則戰不必勝，守不必固矣」。今本乃寫者亂之。翔鳳案：原文自通，丁、陶以意測之，此等校書，不如不校。

〔一三〕王念孫云：羣書治要「王」下有「者」字，當據補。戴望云：中立本「主」作「生」，「主」字誤。「王者之本事，人生之大務」，相對爲文。「也」字衍。張佩綸云：漢書食貨志鼂錯曰：「粟者，王者大用，政之本務。」中都本「主」作「生」，「人生」當作「民生」。翔鳳案：本篇以治國爲言，自作「人主」，下文「有人之塗」即承此。若作「人生」，不可通矣。古本不解文義而妄改，不足辯矣。

〔一四〕丁士涵云：「有」疑「富」字誤。「人」當作「民」。「富民」、「治國」結上文「治國之道必先富民」而言。翔鳳案：牧民「國多財則遠者來，地辟舉則民留處」，此「有人之塗」。作「富民」則必改「人」字，上文「民」字不少，皆不誤，獨此「民」字誤乎？丁説之誤可知。

管子校注卷第十六

內業第四十九

區言五

凡物之精，此則爲生〔一〕。精，謂神之至靈者也。得此則爲生。下生五穀，上爲列星。流於天地之閒，謂之鬼神。藏於胷中，謂之聖人。是故民氣〔二〕，謂上之精者，則人氣也。杲乎如登於天，杲，明皃也。杳乎如入於淵，淖女教切。乎如在於海〔三〕，淖，汋潤也。卒乎如在於己〔四〕。人有氣則存，故如在於己也。是故此氣也，不可止以力，以力止之，氣愈去。而可安以德。靜心念德，氣自來也。不可呼以聲，而可迎以音〔五〕。調其宮商，使之克諧，氣自來也。敬守勿失，是謂成德。不失氣，德自成。德成而智出，德成，智自生也。萬物果得〔六〕。以智安物，物皆得宜。

凡心之刑，刑，法也。謂得安心之法也。自充自盈，充盈，謂完而無虧也。自生自成。生成，謂每生心必有所成。凡此皆得安心法故也。其所以失之，必以憂樂喜怒欲利。此六者過常以亂於心，則失矣。能去憂樂喜怒欲利，心乃反濟。若能去六者，則心反守其所，而能濟成也。**彼心之情，利安以寧。**安寧者，心之所利也。**勿煩勿亂，和乃自成。**若無煩亂，心和自成。**折折乎如在於側**〔七〕**，忽忽乎如將不得，**折折，明皃。言心明察，若在其側。及其求之，則忽忽然而不得。**渺渺乎如窮無極。**渺渺，微遠皃。言心之微遠，如欲窮之，則無其極。**此稽不遠，日用其德**〔八〕。常以此考心不遠之，則日有所用也。**夫道者，所以充形也，**自形内而虚者皆道。**而人不能固。**人不能固守其虚，反以利欲塞也。**其往不復，其來不舍。**既有利欲之心，則道往而不復，雖其有來，無處可舍。**謀乎莫聞其音**〔九〕，今謀欲尋於道，則不聞其音。**卒乎乃在於心。冥冥乎不見其形，**尋至於極，則近於心。心之方寸，虚道之君乎？**淫淫乎與我俱生。**淫淫，增進皃。有生則有道，故曰「與我俱生」也。**不見其形，不聞其聲，而序其成，謂之道**〔一〇〕。雖無形聲，常依序而成，故謂之道也。

〔一〕張佩綸云：「此」當爲「化」，字之誤也。易繫辭下：「天地絪緼，萬物化醇，男女構精，萬物化生。」　姚永概云：「此」字上當從注有「得」字。　翔鳳案：四時篇以春爲星德，「此」指地上之物言。吕氏春秋貴生「彼且奚以此之也」，注：「此，此物也。」説文「星，萬物之精，上爲列星」，義同管子。流行變化於天地之間，則爲鬼神。改「此」爲「化」，誤。　石一參謂「此」爲「比」，訓「合」，亦誤。

〔二〕丁士涵云：「民」乃「此」字誤，「氣」即精氣也，下文云「是故此氣也」，是其證。　何如璋云：「民」當是「名」字，以音近而譌。 翔鳳案：「民」字承上「聖人」來。孟子：「聖人之於民亦類也。」民氣登天入淵在海，即孟子所謂「浩然之氣」，「上下與天地同流」也。樞言：「有氣則生，無氣則死。」凡民皆同，非必聖人也。「民」字不誤。

〔三〕丁士涵云：「淖」讀爲綽。莊子大宗師「綽乎其殺也」，釋文：「綽，崔本作『淖』。」荀子宥坐篇「淖約微達似察」，楊注：「『淖』讀爲綽。」綽，寬也。 翔鳳案：房注「淖，汋潤也」是也。水地「夫水，淖弱以清」，與「綽」不同。丁誤。

〔四〕豬飼彥博云：「卒」、「崒」同，高峻貌。「己」當作「山」，與「天」、「淵」協韻。 安井衡云：「卒乎」猶忽然也。「己」，身也。「海」、「己」相韻。 翔鳳案：數句指人身言。 禮記王制「三十國以爲卒」，注：「聚也。」訓「聚」比訓「高峻」更切。

〔五〕安井衡云：諸本「意」作「音」，今從張（榜）本。「意」音億，與「德」、「得」相韻。 王念孫云：尹解「可迎以音」句云「調其宮商，使之克諧，氣自來也」，其説甚謬。「音」即「意」字也，言不可呼之以聲，而但可迎之以意也。「音」與「力」、「德」、「德」、「得」爲韻，明是「意」之借字，若讀爲聲音之音，則失其韻矣。 又下文云「彼道之情，惡音與聲，脩心靜音，道乃可得」，尹注曰：「音聲者所以亂道，故惡之也。」案：「惡音與聲」本作「惡心與音」，「音」即「意」字也。道體自然，而人心多妄，不脩其心，靜其意，則不可以得道，故曰「彼道之情，惡心與意，脩心靜意，道乃可得」也。「意」之爲「音」借字耳。「脩心靜音」，「音」與「得」爲韻，明是志意之意，非聲音之音也。後人誤以「音」爲聲音之音，遂改「惡心與音」爲「惡音與聲」，尹氏不察，而曲爲之説，其失甚矣。又下文云「音以先言，音然後形，形然後言」，兩「音」字亦讀爲意。謂意在言之先，意然後形，形然後言也。前心術篇云「意以先言，意然後形，形然後思，思然後知」，是其明證也。説文：「意，从心音聲。」「意」、「音」聲相近，故「意」字或通作「音」。史記淮陰侯傳「項王喑啞叱咤」，漢書作「意烏猝嗟」，「喑」之通作「意」，猶「意」之通作「音」也。　翔鳳案：王説是也。

〔六〕王念孫云：「果」當爲「畢」，字之誤也。尹注「物皆得宜」，「皆」字正釋「畢」字。心術篇亦云：「正形飾德，萬物畢得。」

〔七〕丁士涵云：「折折」即「晢晢」之借。説文：「昭，晢明也。」毛詩傳：「晢晢，猶煌煌也。」翔鳳案：房注「折折，明皃」，已知爲「晢」之借矣。

〔八〕張佩綸云：「稽」乃「道」之誤。中庸：「道不遠人。」易繫辭：「百姓日用而不知，故君子之道鮮矣。」　郭沫若云：張説不可從。上文言「心之刑（形）」、「心之情」，「此」即指「心之形」、「心之情」而言。人皆有此心，故謂「此稽不遠」。下文始出「道」字，「道」乃本體，與儒家所謂「道」判然不同。　翔鳳案：郭説是，然未得其證。白心：「自知曰稽。」老子：「知此兩者亦稽式。」

〔九〕王念孫云：「謀」字義不可通，尹曲爲之説，非也。「謀」當爲「詠」，説文「宋（今作寂），無人聲也，或作『詌』，故曰「詌乎莫聞其音」。俗書「謀」字作「諆」，與「詌」相似，後人多見「謀」，少見「詌」，故「詌」誤爲「謀」矣。陳奐云：「謀」當爲「謨」，「謨」與「漠」通，漢書賈誼傳注：「漠，靜也。」俞樾云：「謀乎」乃形況之辭，與下文「卒乎」、「冥冥乎」、「淫淫乎」一律。尹注曰「今謀欲尋於道，則不聞其音」，此大誤也。「謀」，即禮記玉藻篇「瞿瞿梅梅」之「梅」，正義曰：「『梅梅』猶微微，謂微昧也。」正與「莫聞其音」之義合。「梅」或體作「楳」，與「謀」竝從「某」聲，故得通用。莊子知北遊篇「媒媒晦晦」，釋文引李注曰：「媒媒，晦貌。」「謀」與「媒」亦同。

〔一〇〕孫星衍云：文選辨命論注引作「視之不見其形，聽之不聞其聲，而序其成者，道也」。

凡道無所，善心安愛[一一]。言道無他善，唯愛心安也。**心靜氣理，道乃可止。**若靜心，則氣自調理，故道來止也。**彼道不遠，民得以產。**人得之以①生，則道在人，故不遠也。**彼道不離**[一二]**，民因以知。**人既因道而知，則道常在而不離。**是故卒乎其如可與索**[一三]，推尋其終，似可與索。**眇眇乎其如窮無所。**及欲窮之，則眇眇然無所。**被道之情**[一四]**，惡音與聲。**音聲者，所以亂道，故惡之也。**脩心靜音**[一五]**，道乃可得。道也者，口之所不能言也，目之所不能視也，耳之所不能聽也，所以脩心而正形也。**雖不可以言語視聽，用之脩心，則外形

① 「以」字原作「所」，據補注改。

自正也。人之所失以死，所得以生也。事之所失以敗，所得以成也。

〔一〕張佩綸云：「所」字句絶，「無所」，言道無方也。元注非。「安愛」，易繫辭：「安土敦乎仁故能愛。」陶鴻慶云：此當於「所」字斷句，「愛」疑「處」字之誤。「凡道無所，善心安處」，「所」亦處也。言道無定，唯安處於善心也。呂氏春秋圜道篇云「帝無常處也，有處者乃無處也」，可證此文之義。下文云「憂悲喜怒，道乃無處」，與此文反復相明。「處」與「所」爲韻，下文皆兩句一韻，此亦當同也。尹讀「善」字爲句，而解之曰「言道無他善，唯愛心安也」，殊不成義。章炳麟云：尹注言「道無他善，唯愛心安也」，大誤。「所」字當斷句，處也。「愛」借爲「隱」，詩烝民「愛莫助之」，傳：「愛，隱也。」釋言：「薆，隱也。」是「愛」、「薆」與「隱」竝以雙聲通假。此「隱」則訓據。禮運「今大道既隱」，注：「隱，據也。」説文：「㥯，所依據也，讀與『隱』同。」「安」借爲「焉」，於是也。言凡道無常處，惟善心於是依據也。下云「心靜氣理，道乃可止」，「心靜」即「善心」也，「止」即依據也。翔鳳案：説文：「愛，行貌。」訓安行義可通。然此文兩句一韻，誠如陶説。魏樂安王元緒墓誌「愛」與「處」極似，則「愛」爲「處」之誤可矣。

〔二〕翔鳳案：「離」古讀羅。老子「離」與「雌」叶，則「離」在支韻，與「知」叶，亦可。

〔三〕許維遹案：「卒」字當重，「卒卒乎其如可與索」，與下「眇眇乎其如窮無所」，詞例相同，今本蓋因重文脱一「卒」字。翔鳳案：「卒」訓聚，見前。郭沫若訓「崒」，則爲高大，與「如可與索」不類。

〔四〕張佩綸云：「被」當作「彼」，字之誤也。「情」當作「精」，老子：「窈兮冥兮，其中有精。」「惡音與聲」，言何意與聲。「音」，「意」字。翔鳳案：上文兩言「彼道」，以「是故」申述之。若仍是「彼道」，必在「是故」之前，與上文爲三，不得在其後，使文氣割斷不貫，知古本、趙本作「彼」，乃强作解事而改之也。禮記禮運「食味別聲被色」，與此文相似。「被」猶受也，非誤字。

〔五〕豬飼彦博云：「静音」亦當作「静意」，與「得」協韻。翔鳳案：豬飼説是也。「音」與「意」通，已見上文王念孫説。能修静則無聲音能擾亂之矣。

凡道無根無莖，無葉無榮。道非如卉木而有根莖花葉也。**萬物以生，萬物以成，命之曰道。**無根莖而能生，無花葉而能成，則陰陽不測者也，故命之曰道。**天主正，**平分四時，天之正也。**地主平，**均生萬物，地之平也。**人主安静。**無爲而無不爲，人之安静也。**春秋冬夏，天之時也。山陵川谷，地之枝也**〔一〕。爲地之枝條也。**喜怒取予，人之謀也。**四者，謀之用也。**是故聖人與時變而不化，**時自變耳，聖本不化。**從物而不移**〔二〕。物遷而從之，聖本不移。**能正能静，然後能定。**必正静然後定也。**定心在中，耳目聰明，四枝堅固**〔三〕，心苟定於中，則耳目自聰明，四枝自堅固者也。**可以爲精舍。**心者，精之所舍。**精也者，氣之**

精者也。氣之尤精者爲之精。氣，道乃生〔四〕，氣得道，能有生。生乃思，生則有心，故思也。思乃知，思則知生也。知乃止矣。成智則理足，故止也。凡心之形，過知失生。安心之法，智過其度，則失其生。一物能化謂之神，一事能變謂之智。一，謂無也。謂無心於物事，而物事自變化，以爲神智也。化不易氣，變不易智。惟執一之君子能爲此乎！苟執一，故能不易其氣智也。執一不失，能君萬物。無心爲有心者主也。君子使物，不爲物使，無心故能使物，而物不能使也。得一之理，治心在於中，苟得中，則心自治矣。治言出於口，治事加於人，則無狂事。然則天下治矣。一言得而天下服，一言定而天下聽，公之謂也〔五〕。理心之謂。形不正，德不來，中不靜，心不治〔六〕。正形攝德，天仁地義，則淫然而自至。言欲正形攝德，但能則天之仁，法地之義，則德淫然自至。淫，進皃也。神明之極，照乎知照智者，神明之極理。萬物〔七〕，中義守不忒〔八〕。若常守中，則無差忒。不以物亂官，貪物則官亂。不以官亂心，貪官則心亂也。是謂中得。能忘官貨，則中心自得也。有神自在身〔九〕，中得則神自在身也。一往一來，莫之能思。神，不測者也，故往來不能思也。失之必亂，得之必治。謂神也。敬除其舍，精將自來。精想思之，除，謂有則想思之。寧念治之。寧靜思念則心自治。嚴容畏敬，精將至定〔一〇〕。但能嚴敬，則精至而定也。得之而勿捨，耳目不淫，心無他圖。既得精，守之而勿捨，則耳目不淫，心無他慮也。正心在中，萬物得度〔一一〕。心在中而正，則無過舉，故萬物得度也。道滿天下，普在民所，民不能知也。言人皆有道，但不能自知耳。一言之解，上察於天，下極於地〔一二〕，蟠滿九州〔一三〕。若能解道之一言，則能察天極地，而中滿於九州。蟠，委地也。何謂解之？在於心安〔一四〕。解道者，在於心安。我心治，官乃治。我心安，官乃安。言官之治安，皆從心生也。治之者心也，安之者心也，治之與安，無不由心。心以藏心，言心亦藏於心也。心之中又有心焉①。以心藏心，故心中又有心。彼心之心，謂心中所藏之心。音以先言。言從音生，故音先言。音然後形，有音然後見也。形然後言，有形則是言也。言然後使，有言則出命，故有所使令。使然後治〔一五〕。不治必亂，使而違理，故亂。亂乃死。亂則凶禍至，故死也。精存自生，其外安榮〔一六〕。精存於中，則自然長生，至於外形靜而榮茂也。內藏以爲泉原，內藏於精，則無窮竭，若水之泉。浩然和平，以爲氣淵。言精既浩然和平，則能生氣，故爲氣淵。淵之不涸，四體乃固。生氣之淵，不有竭涸，故四體固也。泉之不竭，九竅遂通〔一七〕。藏精之泉不竭，故九竅通也。乃能窮天地，被四海。體固竅通，故能壽畢天地，德被四海。中無惑意，外無邪

① 「焉」字原作「馬」，據補注改。

菑。邪菑生於惑意，故内無惑意，則邪菑自銷也。心全於中，形全於外。中全則外完①。不逢天菑，不遇人害，天菑人害，能禍不全者也。謂之聖人。人能正静，皮膚裕寬，耳目聰明，筋信而骨强〔一八〕，但能正静，則皮膚自裕寬，耳目自聰明，筋骨自申②强。乃能戴大圜天也。而履大方。地也。鑒於大清，道也。視於大明，日月也。敬慎無忒，日新其德，徧知天下，窮於四極。敬發其充，充，謂道也。是謂内得。發行於道，故内得也。然而不反，此生之忒〔一九〕。忒，差也。若不反守於道，則生有差謬也。

〔一〕王念孫云：「枝」當爲「材」，字之誤也。樞言篇曰：「天以時使，地以材使。」大戴禮五帝德篇曰：「養材以任地，履時以象天。」周語曰：「高山廣川大藪能生之良材。」故曰「山陵川谷，地之材也」。「材」與「時」、「謀」爲韻。若作「枝」，則既失其義，而又失其韻矣。（「時」、「材」、「謀」於古音屬之部，「枝」於古音屬支部，兩部絶不相通，説見段氏六書音韻表。）尹注非。翔鳳案：「枝」與「時」韻，何必改爲「材」？段表爲古之官音，同時有方音存在。今音不能突然産生，凡於今音能叶者，不必泥古韻，此意王氏不知。山谷猶地之肢，可爲人生材，非地之材，王説誤。

① 「完」字原作「皃」，據補注改。
② 「申」字原作「中」，據補注改。

〔二〕翔鳳案：房注「物遷而從之」，訓「從」字之義。許維遹謂「物」下脱「遷」字，非是。

〔三〕翔鳳案：孟子盡心作「四肢」，荀子君道作「四胑」，周書武順作「四枝」，易文言傳作「四支」。釋名釋形體：「胑，枝也，似木之支格也。」孟子「爲長者折枝」，趙注訓「肢」，則「枝」爲本字，「胑」、「肢」其孳乳字也。

〔四〕戴望云：左氏襄三十一年傳注：「道，通也。」「氣道乃生」，猶言氣通乃生耳。尹注非。張佩綸云：當作「道乃氣，氣乃生」。樞言：「有氣則生，無氣則生。」越絶書：「道生氣，氣生陰，陰生陽，陽生天地。」翔鳳案：戴説是。

〔五〕王念孫云：「公之謂」本作「此之謂」。「此」字指上文「治心在於中」以下四句而言，故尹注曰「治心之謂」。今本作「公之謂」者，後人不審文義而妄改之。何如璋云：「公」當作「中」。字彙補「㕜」同「中」，傳寫因誤而爲「公」。注謂「治心之謂」，可知本是「中」字。王説非。翔鳳案：「公」字不誤，承上「一言」而來，作「此」字反無意義。

〔六〕劉績云：前心術作「中不精」。翔鳳案：「靜」字不誤，古本作「盡」，非是。

〔七〕劉績云：前心術作「昭知天下，通於四極」，則「萬物」爲句。洪頤煊云：「照」當爲「昭」，「乎」衍，「昭知萬物」爲句，與上下文「極」、「忒」合韻。心術下篇作「神莫知其極，昭知天下，通於四極」也。尹注非。翔鳳案：「物」與「極」今讀爲韻。管書多方音，非周代官音系統，此類正多，不能以段氏韻部，强改古書也。

〔八〕王念孫云：「義」字，涉上文「天仁地義」而衍，據尹注云「若常守中，則無差忒」，則無「義」字明矣。　翔鳳案：上文「中」指心，非不偏不倚之謂。此「中」字讀去聲。

〔九〕丁士涵云：「有」字衍，尹注亦無。　翔鳳案：「身」與「心」韻。「有」字爲「自」字加强語氣，丁説非。

〔一〇〕王念孫云：「至」當爲「自」，上文「精將自來」，即其證。尹注非。　翔鳳案：上文「自來」指「舍」言，此文「至定」指「畏敬」言，王説非是。

〔一一〕陶鴻慶云：「正」當爲「定」字之誤。「定心在中」，承上「嚴容畏敬，精將自定」而言。上文云「能正能靜，然後能定，定心在中，耳目聰明」，是其證。　翔鳳案：「定」從宀從正。爾雅釋天「營室謂之定」，注：「正也。」何必改字乎？

〔一二〕張佩綸云：心術下：「是故聖人一言解之，上察於天，下察於地。」

〔一三〕安井衡云：此篇全用韻語，不應此獨不押韻，「州」疑當作「埏」，「九埏」即「九州」也。　張佩綸云：疑「蟠滿九州」句本尹注譌入正文，而僞房復以「中滿九州」解之，非也。上天下地，自「蟠滿九州」矣。　翔鳳案：注云「蟠，委地也」，則非注文明矣。「州」讀朱，與上文「下」、「所」韻。説文：「喌，呼雞重言之。」風俗通曰：「呼雞朱朱。」「喌」從州聲而轉爲朱，是其證。張不解音理而誤疑之。

〔一四〕張佩綸云：「在於心安」之「安」衍文。　翔鳳案：郭沫若云「『安』當作『治』，與『之』爲韻。

除去『安』字，於義難通」，有理。

〔一五〕劉績云：前心術作「意以先言」，此乃字之誤。下「音」同。王念孫云：兩「音」字讀爲意（説見上）。張佩綸云：以「音然後形」推，當作「意以先音」。樂記：「凡音之起，由人心生也。」又曰：「凡音者生人心者也，情動中，故形于聲。」

〔一六〕王念孫云：「安」猶乃也，説見幼官篇。劉師培云：荀子解蔽篇云「處一危之，其榮滿側，養一之微，榮矣而未知」，本書地數篇云「苟山之見榮者」，諸「榮」字並與此同。「榮」指光色言。荀子賦篇云「血氣之精也，志意之榮也」，「榮」、「精」並文，與此正同。注以「榮茂」爲説，非也。

〔一七〕王念孫云：「通」當爲「達」，「達」與「竭」爲韻，説見心術下篇。宋翔鳳云：「竭」當作「窮」，上「涸」與「固」韻，此「窮」與「通」韻。翔鳳案：尚書「達四聰」，韓詩外傳作「通四聰」。「達於淮泗」，漢書作「通於淮泗」。左傳「宮之奇達心而懦」，新序善謀作「通心而懦」，「通」可讀達。俞正燮癸巳類稿：「『通』是『徹』字，古人傳寫，亦不依韻也。」案：俞謂避諱改「通」，極合理。

〔一八〕戴望云：「信」，古「伸」字，心術篇「信」作「肕」。翔鳳案：釋名：「信，申也，言以相申束，使不相違也。」「信」有申束之義。

〔一九〕翔鳳案：「不反」承「内得」來。房注「若不反守於道，則生有差謬也」，其言不誤。郭沫若改

「之」爲「亡」，非是。「内得」與「强立」不同。

凡道必周必密，周密則慎不泄。必寬必舒，寬舒則博而密。必堅必固。堅固則精不解。守善勿舍，勿舍則善自成。逐淫澤薄〔一〕，競逐淫邪，津澤浮薄。既知其極，反於道德。知極反德，則常道自隆。全心在中，不可蔽匿。有諸内，必形於外也。和於形容〔二〕，心和者容晬也。見於膚色。内暢者體澤。善氣迎人，親於弟兄。惡氣迎人，害於戎兵〔三〕。不言之聲，疾於雷鼓。謂全心以德感物者也。德者，不疾而速，不崇朝而遍天下，故疾於雷鼓也。心氣之形，明於日月，察於父母。全心之氣，發形於外，則無不耀，無不知。若明於日月，察於父母也。賞不足以勸善，慕賞乃善，非本爲善。刑不足以懲過〔四〕。畏刑懲過，非本無過。氣意得而天下服，若不慕賞，不畏刑，意氣内得善者，此誠善也，故天下服。心意定而天下聽〔五〕。心意定則理明，故天下聽也。摶氣如神，萬物備存。摶，謂結聚也。結聚純氣，則無所不變化，故如神而物備存矣。能摶乎？能一乎〔六〕？摶結則自一也。能無卜筮而知吉凶乎〔七〕？吉凶在於逆順，故不須卜筮而知也。能止乎？能已乎？謂正而求諸己也。能勿求諸人而之己乎〔八〕？求人者惑，自得者明。思之思之，又重思之。求己者，必須再三思之也。思之而不通，鬼神將通之。若再三思之而不通，則或致鬼神爲通之也。非鬼神之力也，精氣之極也。言今能致鬼神者，非鬼神自見其力，蓋由思之不已，精氣之極也。四體既正，血氣既靜，一意摶心，耳目不淫，雖遠若近。言既體正氣靜，意一心摶，耳目之用，不有淫過，事雖遠大，可以近速而成也。

〔一〕陳奐云：「澤薄」與「逐淫」對文，「澤」讀爲釋，釋，舍也。舍薄，猶言去其浮薄耳。姚永概云：上下文皆言修心者之事。「淫」爲過甚，「薄」與「淫」反，猶淡泊也。「澤」當作「擇」，言逐去淫思，擇其薄者而居之。翔鳳案：「淫」、「薄」承上文「寬舒」、「堅固」來。説文「淫，浸淫隨理也」，段注：「浸淫者，以漸而入也。」不堅固之謂。「薄，林薄也」，段注：「林木相迫不可入曰薄。」不寬舒之謂。然則「逐」與「澤」之義可説矣。房訓「澤」爲「津」，津潤之使其不迫。訓「舍」訓「擇」皆誤。下文「内困外薄」同訓。

〔二〕劉績云：「和」乃「知」字誤也。前心術作「外見於形容，可知於顏色」，是也。翔鳳案：「和於形容」，即下文之「善氣迎人」，言各有當，改「知」字非是。

〔三〕李哲明云：心述下篇文同，但「戎兵」作「戈兵」。證之荀子榮辱篇云「傷人之言深於矛戟」，似作「戈兵」爲得。翔鳳案：月令「以習五戎」，注：「五戎謂五兵，弓矢殳矛戈戟也。」「戎兵」比「戈兵」含義更廣。

〔四〕翔鳳案：説文：「鼓，郭也。春分之音，萬物郭皮甲而出，故謂之鼓。」「鼓」有郭音，與「母」、「過」爲韻，「母」音近牧。郭沫若改「過」爲「惡」，非是。

〔五〕張佩綸云：兩「意」字當作「壹」，上云：「一言得而天下服，一言定而天下聽。」姚永概云：據注當爲「意氣」。翔鳳案：張説誤。「得」、「服」韻，「定」、「聽」韻。

〔六〕劉績云：前心術作「專於意，一於心，耳目端，知遠之證」。下「摶」字亦作「專」。王念孫云：「搏」皆「摶」字之誤，説見立政篇。安井衡云：諸本「摶」作「搏」，舊注云「『搏』謂結聚」，則其本作「摶」，讀如摶黍之摶，字是而義非。「摶」，古「專」字也。

〔七〕王念孫云：「吉凶」，當依心術篇作「凶吉」，「吉」與「一」爲韻。

〔八〕丁士涵云：當依心術下篇補「自」字於「而」字下。尹注云「自得者明」，亦有「自」字。張佩綸云：「之已」上當補「得」字。

思索生知，近而遇思索，其知自生。**慢易生憂，**疏慢輕易，必致凶禍，故生憂。**暴傲生怨〔一〕，**殘暴傲虐，傷害必多，故生怨也。**憂鬱生疾，**憂恚鬱塞，懷不通暢，故生疾也。**疾困乃死。**既疾而困，可謂彌留而死。**思之而不捨，內困外薄。**思欲不捨，則五藏困於內，形骸薄於外也。**不蚤爲圖，生將巽舍〔二〕。**既已內困外薄，尚不圖之，如此，則生將巽遁其舍而至於死期也。**食莫若無飽，**飽食者善閉塞。**思莫若勿致。**致思者多困竭。**節適之齊，彼將自至〔三〕。**齊，中也。言能節食適思，常莫過中，則生將自至。**凡人之生也，天出其精，**言稟精於天也。**地出其形，**地出衣食，以養成其形。**合此以爲人。**言合天地精氣以成人。**和乃生，**二氣和乃成其生也。**不和不生〔四〕。察和之道，其精不見〔五〕，其徵不醜〔六〕。**醜，類也。言欲察和，則精①不可見，至於徵驗，又不知其類也。**平正擅匈〔七〕，論治在心〔八〕，此以長壽。**和之精類，雖不②可知見，但能平而正，則和氣獨擅於匈中，論其適理，又不離心，如此，則可以益筭而長壽也。**忿怒之失度，乃爲之圖〔九〕。**若忿怒過度，則當圖而去之。**節其五欲，去其二凶，**喜怒過度，皆能爲害，故曰二凶。**不喜不怒，平正擅匈。**不喜不怒，可謂和也，故能既平且正，獨擅於匈中也。

〔一〕何如璋云：「怨」乃「怒」之譌，下文可證。暴則心躁，傲則氣浮，故生怒。翔鳳案：「憂」與「怨」就效果説，何必改爲「怒」？

〔二〕丁士涵云：「巽」與「孫」同。「巽」，讓也，讀如堯典「巽朕位」之「巽」。翔鳳案：「巽朕位」，馬注「讓也」，爲「遜」之借。然史記作「踐」。「巽」上二巳，甲骨文象人跪形，則訓伏，引申爲讓也。

〔三〕翔鳳案：房注：「齊，中也。言能節食適思，常莫過中。」承上文二句來，其言是也。

〔四〕翔鳳案：承上文合精與和而爲人，房注斷句不誤。房謂「二氣和乃成其生」，非人和之謂。郭沫若於「爲」字斷句，不可從。

① 「精」字原作「其」，據補注改。
② 「不」字原無，據補注增。

〔五〕安井衡云：「精」當作「情」，尹注下文「平正擅胸」云「和之情類，雖不可知見」，「情」即此「精」字，「類」指「醜」字，則其所據之本亦作「情」。今本形聲相涉而誤。「醜」，衆也。翔鳳案：「精」字承上文「天出其精」而來，「情」字無據。

〔六〕丁士涵云：依上文「地出其形」言之，「徵」即「形」也。權修篇「喜之有徵，惡之有形」，是「徵」、「形」同義之證。「醜」當爲「覯」，形與「醜」相似而誤。爾雅：「遘，見也。」説文：「覯，遇見也。」「不覯」與「不見」同義。「覯」與「道」、「壽」爲韻。張佩綸云：「醜」，類也，不必改。翔鳳案：方言三「醜，同也」，比訓「類」更顯。

〔七〕丁士涵云：四字重見下文，疑此衍文。翔鳳案：「論治在心」承此句來，不可衍。

〔八〕張佩綸云：「論治」當作「論理」，據注亦是「理」字，僞房疑唐諱「治」爲「理」，故輒改「理」爲「治」。翔鳳案：詩靈臺「於論鼓鐘」，傳：「思也。」呂氏春秋應言「不可不熟論也」，注：「辨也。」「論」同「侖」。「治」本水名，假爲「理」。荀子修身：「少而理曰治。」「論」、「倫」通。張不知「治」之本義而疑之，誤矣。

〔九〕丁士涵云：「忿」當是「喜」字之誤，下文「不喜不怒」，即承此文言之。下文又云「必以喜怒憂患」，又云「悲憂喜怒」，皆「喜怒」連言。何如璋云：「忿」字，細審上下文，乃「憂」字之譌。「憂」本作「𢝊」，傳鈔者不知，誤作「忿」字。下文申言「止怒」、「去憂」，可證。下言「去其二凶」，即指憂怒言。憂傷生，怒傷氣，憂則失中，怒則失和，故學道者深以爲戒。翔鳳案：下文「節其五欲，去其二凶，不喜不怒，平正擅匈」，「二凶」爲喜怒過度無疑。喜怒太過，皆能使氣失調。以常情論，怒之害易知，怒而至於忿，尤爲易知。忿怒失度，乃爲之圖，此常情也。實則節五欲，去二凶，喜亦不可失度，惟喜怒合度，乃能平正擅匈。「忿」字不誤。

凡人之生也，必以平正，所以失之，必以喜怒憂患。是故止怒莫若詩，詩有清風之慰，故能止怒。去憂莫若樂，節樂莫若禮，守禮莫若敬，守敬莫若靜。内靜外敬，能反其性，性將大定。凡食之道，大充傷而形不臧，大充，謂過於飽。大攝骨枯而血沍〔一〕。大攝，謂過於飢。血沍，謂①血銷減而凝沍。充攝之閒，此謂和成。閒，猶中也。充攝得中，則和暢而有所成也。精之所舍，而知之所生。言精智生舍於和成。飢飽之失度，乃爲之圖。圖之令合於度。飽則疾動，飽而疾動，則食氣銷。飢則廣思〔二〕，飢而廣思，則忘其飢。老則長慮〔三〕。老而長慮，則遺其老。飽不疾動，氣不通於四末。四末，四支。飢不廣思，飽而不廢〔四〕。廢，止也。老不長慮，困乃遫竭。令老則益困而速竭。大心而敢〔五〕，心既浩大，又能勇敢。寬氣而廣。當寬舒其氣，而廣有所容。其形安而不移，形安則志固，故不移。能守一而棄萬苛〔六〕，守一則惡煩，故能棄萬苛也。見利不誘，見害不懼，寬舒而仁，

① 「飢血沍謂」四字原作「飽酒胃」，據補注增改。

獨樂其身，是謂雲氣，意行似天〔七〕。能調其氣，故比於雲意之行氣，似天之布雲也。

〔一〕丁士涵云：當作「形傷而不臧」，與下「骨枯而血沍」對文。張佩綸云：吕氏春秋重己篇：「味衆珍則胃充，胃充則中太鞔，中太鞔而氣不達，以此長生，可得乎？」「攝」，迫也。（包咸論語注。）「充」、「攝」，一過於實，一過於持。「傷」、「臧」韻，「枯」、「沍」韻。姚永概云：當作「傷形而不臧」。「臧」讀藏也。大飽則胃不能容藏，以致生疾而傷形矣。「血沍」者，大飢則新血不生，而故血停滯，故凝沍，亦非銷減。李哲明云：「大充」句逗，「傷」字無所屬，「充」下疑奪「氣」字。求之下文，「飽不疾動，氣不通於四末」，此「飽」屬氣言，可證。「不通四末」，即「傷」之謂也。又云「寬氣而廣，其形安而不移」，與此文「氣傷而形不藏」適相反射。「傷」上當有「氣」字無疑。翔鳳案：宙合：「讂充末衡。」小稱：「去惡充以求美名。」「充」即氣之充滿，充包氣，不必再加「氣」字。中醫以氣血爲榮衛，陽氣傷則瘦弱，故云「不藏」。「充」爲氣血之定名，不貫通全書，而以儷辭僞對文，誤矣。

〔二〕戴望云：此「廣」字，讀如樂記「廣則容姦」之「廣」，鄭注曰：「廣，謂聲緩也。」飢則緩思者，亦恐傷其精氣。張佩綸云：「廣」讀爲曠，言飢則曠廢其思也。翔鳳案：「廣思」乃向各方思考，不專爲憂慮飢餓問題，二説俱誤。

〔三〕翔鳳案：人老則經驗多，可以長慮。左宣十二年傳「盈而以竭」，注：「敗也。」不能長慮，則困而速敗矣。

〔四〕俞樾云：「飽」字疑「飢」字之誤。上文曰「飢則廣思」，尹注曰：「飢而廣思，則忘其飢。」然則「飢不廣思」，其飢益甚矣。故曰「飢而不廢」，言飢不止也。尹注曰「廢，止也」，是其義也。今本「飽而不廢」義不可通，蓋後人未達其旨，而臆改耳。戴望云：「飽」疑「食」字誤。爾雅釋詁曰：「廢，止也。」言飢不緩思，雖食不能止飢。張佩綸云：「不廢」當作「不發」，莊子列禦寇篇「曾不發藥乎」，釋文：「司馬本作『廢』。」言其思不曠則傷神，雖飽而不發揚也。翔鳳案：公羊宣八年傳「去其有聲者，廢其無聲者」，注：「置也。置者，不去也，齊人語。」飽則更爲思慮不置，無誤字。

〔五〕丁士涵云：「敢」疑「放」字誤，與「廣」爲韻。何如璋云：「敢」當作「敞」字，「敞」與「廣」叶。「敢」字義不相屬。張佩綸云：當作「仁心而羖」，下文「寬舒而仁」，承「仁心」、「寬氣」。翔鳳案：「大」同「泰」，心安泰也。荀子富國：「儒術誠行，則天下大而富，使而功。」說文：「敢，進取也。」

〔六〕翔鳳案：「苛」與「一」對。漢書成帝紀「勿苛留」，注：「細刻也。」「苛疾」爲「鬼魂下人病」，詳小稱。郭沫若假「苛」爲「疴」，非是。

〔七〕安井衡云：「雲」古作「云」，「云」，運也，後人誤爲雲雨之雲，因亦加雨耳。俞樾云：下文云「靈氣在心，一來一逝」，疑此文「雲氣」亦「靈氣」之誤。隸書「靈」字或作「霊」，見王稚子闕，與「雲」相似，故誤爲「雲」耳。尹注曰「能調其氣，故比於雲」，此其所據本已誤，故曲爲之說。翔鳳案：安井說是也。

凡人之生也，必以其歡。歡則志氣和，故生也。憂則失紀，怒則失端。憂怒過常，則失其端紀。憂悲喜怒，道乃無處。憂怒則害道，故道無所處。愛慾靜之，遇亂正之〔一〕。謂若愛慾，則當靜之。若遇廢亂，則當正之。勿引勿推，福將自歸。去而勿引，來而勿推，但任平而往，福則自歸也。彼道自來，可藉與謀。藉，因也。因其自來而與之謀，則意動而理盡。靜則得之，躁則失之。靈氣在心，一來一逝〔二〕。靜則來，躁則逝。其細無內，其大無外。所以失之，以躁爲害。心能執靜，道將自定。得道之人，理丞而屯泄，匈中無敗〔三〕。謂腠理、丞達、屯聚、泄散，故匈中無敗。節欲之道，萬物不害。能節欲，則物無害也。

〔一〕王念孫云：「遇」當爲「過」，字之誤也。「過亂」與「愛慾」對文，言當靜其愛欲，正其過亂也。尹注非。章炳麟云：雜志謂「遇」爲「過」之誤，此不然。「遇」即「暫遇姦宄」之「遇」也。王氏云：「淮南原道篇曰『偶睉智故，曲巧僞詐』，皆姦邪之稱也。本經篇云『衣無隅差之削』，高誘注曰：『隅，角也。差，邪也。』呂覽勿躬篇曰『幽詭愚險之言』，『愚』亦即『暫遇姦宄』之『遇』也。此以『遇』、『愚』相通。」誠哉是言，可以自易其「過」誤爲「遇」之說矣。尋登徒子好色賦曰「愚亂之邪臣」，「愚亂」即「遇亂」也。然則愚亂者必邪，故當正之。

〔二〕翔鳳案：莊子德充符「不可入於靈府」，注：「所謂心也。」今俗語謂小孩之聰穎爲靈，囟門爲天靈蓋。

〔三〕王引之云：尹以「屯」爲「屯聚」，非也。「丞」讀爲烝，「烝」，升也。「泄」，發也。「屯」當爲「毛」，字之誤也。（「屯」隸省作「乇」，「毛」隸省作「乇」，二形相似，故傳寫多譌。史記魯世家「子屯立，是爲康公」，漢書律曆志「屯」作「毛」。漢書溝洫志「河北決於館陶，分爲屯氏河」，師古曰：「『屯』音大門反。而隋室分析州縣，誤以爲毛氏河，乃置毛州，失之甚矣。」又儒林傳「魯伯授太山毛莫如少路」，宋祁筆記引蕭該音義曰：「案風俗通姓氏篇『混屯氏，太昊之良佐，漢有屯莫如爲常山太守。』又有毛姓，云：『毛伯，文王子也，漢有毛㝵之爲壽張令。』案此，莫如姓非毛，乃應作「屯」字，音徒本反。但「毛」、「屯」相類，容是傳寫誤耳。」）言得道之人，和氣四達，烝泄於毛理之間，故匈中無敗也。淮南泰族篇曰「今夫道者，靜莫恬淡，訟繆胷中，邪氣無所留滯，四枝節族，毛烝理泄，則機樞調利，百脈九竅，莫不順比」，是其證也。淮南言「毛烝理泄」，此言「理烝毛泄」，互文耳。「泄」亦「烝」也，幼官篇云「冬行春政，烝泄」，言冬行春政，則陽氣不收而烝泄也。月令曰「孟冬行春令，則地氣上泄」，亦謂陽氣上烝也。「泄」音私列、以制二反。曲禮「蔥渫處末」，鄭注云：「渫，烝蔥也。」釋文：「渫，以制反。」「烝」謂之「泄」，「烝蔥」謂之「渫」，其義一也。

封禪第五十 元篇亡。今以司馬遷封禪書所載管子言以補之。

洪頤煊云：封禪篇唐初尚未亡，史記封禪書索隱云：「今管子封禪篇是也。」尚書序正義、禮記王制正義、文選羽獵賦注引此篇「古者封泰山、禪梁父」以下皆作管子，是孔沖遠、司馬貞、李善輩猶見之。張文虎云：小司馬索隱云「案今管子書其封禪篇亡」，正與尹注合。此篇尹注多取裴駰集解，其移補無疑。而尚書序正義及禮記王制正義、文選羽獵賦注引「古者封泰山、禪梁父」之文，皆稱管子，豈所見皆即移補之本邪？張佩綸云：王制正義所引管子「炎帝」作「少皞」，黄帝亦禪云云，是所見管子異於今本。禮記正義及初學記引封禪書作「炎帝」，而黄帝亦禪云云，是所見史記亦異於集解本。竊意孔、李、司馬所見寫本，皆在尹氏未注之先，故直據以爲管書；及尹氏作注，始定爲原篇已亡，乃由史記掇補者，固不必强爲畫一也。劉師培云：洪、張二説不同。今考白帖三十六、御覽五百三十六引袁準正論曰：「管仲云禹禪會稽。」大戴禮保傅篇盧注云：「故管夷吾記凡封禪之君七十二家，至於三代惟夏禹、殷湯、周成王而已。其封山之禮要於岱，禪地之禮别於云、繹（史記無禪云、繹之文）。」是盧氏所見管子確有此篇。又文選東京賦李注云：「管子曰：管仲對桓公曰：神農封泰山，炎帝封泰山（書疏「炎帝」作「少皞」，疑誤）。」封禪文李注云：「管子曰：封泰山禪梁父者七十有二家。」劇秦美新文注引同（「封」上有「昔」字）。是李氏所見管子確有此篇，故管仲之上仍冠「管子曰」三字（長楊賦舊注引「古者禪梁父」明標史記）。又尚書序疏云：「管子書稱管仲對齊桓公曰『古之封泰山者七十二家』，吾之所識者十二而已。」是孔氏所見之本亦有此篇。竊以唐代管子匪僅一本，尹注所據雖缺此篇，以孔、李之博，所見當非一本。或此篇他本尚存，尹偶未考。孔、李著書均當唐初，弗得以孔、李所見即尹注移補之本也。翔鳳案：雜篇無一定之旨趣，雜而會之，所以爲雜。莊子有雜篇，與此相類。

桓公既霸，會諸侯於葵丘，而欲封禪。管仲曰：「古者封泰山，禪梁父者，七十二家〔一〕，而夷吾所記者〔二〕，十有二焉。昔無懷氏古之王者，在伏羲前。封泰山，禪云云。云云山在梁父東。虙羲封泰山，禪云云。神農封泰山，禪云云。炎帝封泰山〔三〕，禪云云。黄帝封泰山，禪亭亭。亭亭山在牟陰。顓頊封泰山，禪云云。帝俈封泰山〔四〕，禪云云。堯封泰山，禪云云。舜封泰山，禪云云。禹封泰山，禪會稽。湯封泰山，禪云云。周成王封泰山，禪社首。山名，在博縣。或云在鉅平南十三里。皆受命然後得封禪。」桓公曰：「寡人北伐山戎，過孤竹。西伐大夏，涉流沙，束馬懸車，上卑耳之山。將上山，纏束其馬，懸鉤其車也。卑耳，即齊語所謂辟耳。南伐至召陵，登熊耳山，以望江、漢。兵車之會三，而乘車之會六〔五〕。九合諸侯，一匡天下，諸侯莫違我。昔三代受命，亦何以異乎〔六〕？」於是管仲睹桓公不可窮以辭，因設之以事，曰：「古之封禪，鄗上之黍，北里之禾〔七〕，鄗上，山也。鄗音臛。鄗上、北里皆地名。所以爲盛〔八〕。江、淮之閒，一茅三脊，所謂靈茅。所以爲藉也。東海致比目之魚，各有一目，不比不行，其名曰鰈。西海致比翼之鳥，各有一翼，不比不飛，其名曰鶼鶼。然後物有不召而自至者，十有五焉。今鳳皇麒麟不來，嘉穀不生，而蓬蒿藜莠茂，鴟梟數至，而欲封禪，毋乃不可乎！」於是桓公乃止。

〔一〕翔鳳案：白虎通封禪：「言禪者，明以成功相傳也。」此乃引申義。説文：「封，爵諸侯之土也。」周書作雒解：「諸侯受命於周，乃建大社於國中。其壝，東青土，南赤土，西白土，北驪土，中央亹以黄土。將建諸侯，鑿取其方一面之土，燾以黄土，苴以白茅，以爲社之封。」由社封推之而封泰山。大戴保傅「封泰山而禪梁甫」，注：「除地於梁甫之陰，爲墠以祭地也。」變墠爲禪，神之也。」其祭由人鬼以及於天神地祇。司馬相如封禪書「挈三神之歡」，韋昭曰：「三神，上帝、泰山、梁父也。」封禪兼三神之祭。」封禪者所謂海外三神山，義同此。泰山主召人魂，鄗上即蒿里，詳侈靡。封禪典禮，類似近代朝東嶽廟，拜十殿閻羅王，此意久晦矣。

〔二〕劉師培云：王制疏「記」作「識」，與書疏同。謝守顥混元聖紀一引管子亦作「識」。

〔三〕孫星衍云：禮記王制正義引「炎帝」作「少皞」。金廷桂云：通鑑前編以炎帝、神農爲一君，曰炎帝神農氏。他書皆然，惟此説異。

〔四〕翔鳳案：古本「俈」作「嚳」。侈靡作「嚳堯」，知本作「嚳」。

〔五〕陳奐云：大匡、小匡、霸形篇皆作「兵車之會六，乘車之會三」，此「三」、「六」誤倒。

〔六〕劉師培云：通典禮十四引「昔」作「者」，則「我者」聯讀。

〔七〕劉師培云：通典引句首有「必」字。王制疏引作「須北里禾、鄗上黍」。翔鳳案：「鄗」，侈靡作「鎬」，即「蒿」。

〔八〕翔鳳案：説文：「粢，稻餅也。」禮記曲禮：「稷曰明粢。」孟子：「以供粢盛。」「粢盛」二字合言，故許維遹疑脱「粢」字。然説文「盛，黍稷在器中以祀者也」，一「盛」字其義已明。别有「齍」字。周禮天官九嬪「凡祭祀贊玉齍」，注：「玉齍，玉敦，受黍稷器。」齍同粢。二字可分用，非有脱字，可知也。

小問第五十一　　雜篇二

桓公問管子曰：「治而不亂，明而不蔽，若何？」管子對曰：「明分任職，則治而不亂，明而不蔽矣。」公曰：「請問富國奈何？」管子對曰：「力地而動於時，則國必富矣〔一〕。」謂勤力於地利，其所動作，必合於天時。公又問曰：「吾欲行廣仁大義以利天下，奚爲而可？」管子對曰：「誅暴禁非，此大義也。存亡繼絶而赦無罪，此廣仁也。則仁廣而義大矣。」公曰：「吾聞之也〔二〕。夫誅暴禁非而赦無罪者〔三〕，必有戰勝之器，攻取之數，而後能誅暴禁非而赦無罪。」公曰：「請問戰勝之器。」管子對曰：「選天下之豪傑，致天下之精材，來天下之良工，則有戰勝之器矣。」公曰：「攻取之數何如？」管子對曰：「毁其備，散其積，奪之食，則無固城矣。」毁備奪食則無以守，故其城不固，此謂攻也。公曰：「然則取之若何〔四〕？」謂取其土。管子對曰：「假而禮之〔五〕，假，謂假借之恩。厚而勿欺，厚，謂重之以德。則天下之士至矣。」公曰：「致天下之精材若何？」精材，謂美材可爲軍之器用也。管子對曰：「五而六之，九而十之，不可爲數〔六〕。」欲致精材者，必當貴其價，故他處直五，我酬之六，他處直九，我酬之十，常令貴其一分，不可爲定數。如此，則天下精材可致也。公曰：「來工若何？」管子對曰：「三倍不遠千里。」酬工匠之庸直常三倍他處，則工人不以千里爲遠，皆至矣。桓公曰：「吾已知戰勝之器，攻取之數矣。請問行軍襲邑，舉錯而知先後，不失地利，若何？」管子對曰：「用貨察圖。」用貨爲反間，則知其先後。察彼國圖，則不失地利也。公曰：「野戰必勝，若何？」管子對曰：「以奇。」奇，謂權譎以勝敵也。公曰：「吾欲徧知天下，若何？」管子對曰：「小以吾不識，則天下不足識也〔七〕。」若能博聞多見，齊其所不識，則知天下遍矣。吾之所識天下，亦無人能識之也。公曰：「守戰遠見有患，爲國者必入守出戰，今吾於此二者，預見其患矣。夫民不必死，則不可與出乎守戰之難。守戰之難，必致死然後可出也。不必信，則不可恃而外知〔八〕。人必誠信，然後爲君視聽，故知外事也。夫恃不死之民，而求以守戰，恃不信之人，而求以外知，此兵之三闇也〔九〕。苟不死不信，則守闇、戰闇、外闇，故曰三闇。使民必死必信，若何？」管子對曰：「明三本。」公曰：「何謂三本？」管子對曰：「三本者，一曰固，二曰尊，三曰質。」公曰：「何謂也？」管子對曰：「故國父母，墳墓之所在，固也。人既戀本而哀墳墓，則其心固。田宅爵禄，尊也。妻子，質也。三者備，然後大其威，厲其意，則民必死而不我欺也。」不我欺，則信也。

〔一〕王念孫云：「動」當作「勤」。治國篇曰「田墾則粟多，粟多則國富」，故曰「力地而勤於時，則國必富」也。尹注非。張佩綸云：孟子「將終歲勤動」，爾雅釋詁、説文：「動，作也。」言以時動作，不必改「動」爲「勤」。八觀篇：「穀非地不生，地非民不動。」

〔二〕王念孫云：「公曰吾聞之也」當作「夷吾聞之也」。此皆管仲對桓公語。下文「請問戰勝之器」，方是桓公問語。翔鳳案：此桓公答管子語，謂必有戰勝之器而後可，故又問戰勝之器，一氣相承。王説似是而非。

〔三〕張佩綸云：「而赦無罪」上脱「存亡繼絶」四字，下同。　翔鳳案：「存亡繼絶」在「誅暴禁非」之後。桓公所答，用意輕重不同，非脱文也。

〔四〕王念孫云：「取之」當爲「取士」，下文「則天下之士至矣」，正對此句而言，今本涉上文「攻取之數」而誤。尹注非。　張佩綸云：尹注「謂取其土」，「土」即「士」之誤，不得遽以爲非。　翔鳳案：上文「攻取之數」，管子先言攻。桓公問「取之若何」，承上言之，非取士也。房注「取其土」，不誤。武王伐紂，式商容之閭，釋箕子之囚，所以安敵人之心，非取士也。「假而禮之」，謂虚假以禮，與武王同，改「之」爲「士」，誤矣。

〔五〕李國祥云：「假」，優假也。　張佩綸云：詩假樂傳：「假，嘉也。」孟子引詩作「嘉」。説文：「嘉，美也。」宣十四年傳「嘉淑而有加貨」即此「假而禮之」也。　翔鳳案：虚假以禮，乃權術，真嘉而優禮之乎？亦暗於治體矣。

〔六〕俞樾云：「不可爲數」，猶言不可勝數，言天下之精材皆聚於我，不可爲之計數也。尹注非。

〔七〕豬飼彦博云：「小」疑當作「問」，言吾所不識，必問而聞之，則天下雖大，可得而知矣。張文虎云：「小」字誤，依注似是「齊」字。　張佩綸云：案「齊以吾不識」亦不可通。七法篇：「存乎偏知天下，而偏知天下無敵。」又曰：「審於地圖，謀十官，日量蓄積，齊勇士。」「偏知天下，審御機數。」制分篇：「小征千里偏知之，築堵之墻，十人之聚，日五間之；大征偏知天下，日一間之，散金財，用聰明也。」所以偏知天下者，在審地圖，御機數，散金財，用聰明。

疑「小以吾不識」當作「用貨察圖以奇」，承上言之。「小」乃「察」字之壞，「以吾」乃「以奇」之壞，「不識」涉下文而衍。「用貨」，即制分篇所謂「散金財，用聰明」也；「察圖」及「以奇」，即七法篇所謂「審地圖」、「御機數」也。蓋行軍不失地利，野戰必勝，就一事言，推之天下，亦無不然。李哲明云：「以」當爲「者」，「吾」當爲「無」，言小者無所不識，則天下之大皆可識之，無難，故云「不足識」也。翔鳳案：說文「識，常也」，今作「幟」。幟以爲記號，故又爲「誌」。周禮保章氏「掌天星以志星辰日月之變動」，鄭注：「志，古文『識』。識，記也。」禮運「大道之行也，與三代之英，丘未之逮也，而有志焉」，注：「『志』謂『識』古文。」「小以吾不識，則天下不足識也」，與論語「賢者識其大者，不賢者識其小者」用意略同，「識」讀去聲，文從字順。紛紛改字，徒自擾耳。

〔八〕俞樾云：「遠見」即「外知」也。下文曰「夫民不必死，則不可與出乎守戰之難，不必信，則不可恃而外知。夫恃不死之民而求以守戰，恃不信之人而求以外知，此兵之三闇也」，即承此文而言，故知「遠見」即「外知」也。儀禮特牲饋食禮「若不吉，則筮遠日」，鄭注曰：「遠日，旬之外日。」呂氏春秋有始覽「冬至日行遠道」，高注曰：「遠道，外道也。」是「遠」即外也。呂氏春秋自知篇「文侯不說，知於顏色」，高注曰：「『知』猶見也。」是「見」即知也。張佩綸云：「夫民不必死」以下，管子語。「有患」下疑有「乎」字。下「出乎守」，「出」涉注「入守出戰」而衍，「乎」當移此。「見」當爲「覸」，孟子「瞯夫子」、「瞯良人」，趙注訓爲「視」。「遠覸」即上文「欲徧知天下」、下文「外知」是也。　翔鳳案：「夫民」爲加重語氣，仍爲桓公語。「有患」謂不易。

〔九〕丁士涵云：「三」當爲「二」，指上文「不死」、「不信」言，注非。　張佩綸云：「三闇」詳九變篇。　顏昌嶢云：丁説非是。「三闇」謂以守、以戰、以外知，三者皆闇也。

桓公問治民於管子。管子對曰：「凡牧民者，必知其疾，疾，謂患苦也。而憂之以德〔一〕，勿懼以罪，勿止以力〔二〕，煩力役，則止而不來。慎此四者，足以治民也。」桓公曰：「寡人睹其善也，何以爲寡也〔三〕？」謂四言雖善，然以之理國，恐其太少。管仲對曰：「夫寡非有國者之患也。患在不能行，不在寡少也。昔者天子中立，地方千里，四言者該焉〔四〕，何爲其寡也？該，備也。謂四言足以備千里之化，不爲少。夫牧民不知其疾，則民疾。疾，謂憎嫌之也。不憂以德，則民多怨。懼之以罪，則民多詐。設詐以避罪也。止之以力，則往者不反，創其力役之苦。來者鷙距〔五〕。鷙，疑也。距，止也。聞其役煩，則疑而止也。故聖王之牧民也，不在其多也。」桓公曰：「善。勿已，如是又何以行之？」其事既善，雖然，不但如是而已，更有何事以行此四言也？管仲對曰：「質信極忠〔六〕，質，主也。謂主能得信，又極忠也。嚴以有禮，慎此四者，所以行之也。」桓公曰：「請聞其説。」管仲對曰：「信也者，民信之。忠也者，民懷之。嚴也者，民畏之。禮也者，民美之。

語曰：『澤命不渝，信也〔七〕。謂恩澤之命，不有渝變，如此者，信也。非其所欲，勿施於人，仁也。仁者，忠於人也。堅中外正，嚴也。質信以讓，禮也。』」主行於信，又能遜讓，如此者，禮也。桓公曰：「善哉！牧民何先？」管仲對曰：「有時先事，有時先政，有時先德，有時先怒〔八〕。飄風暴雨，不爲人害，涸旱不爲民患。百川道〔九〕，百川之流，皆從故道。年穀熟，糴貸賤，禽獸與人聚食民食，年穀熟，則禽獸食人之食。民不疾疫，當此時也，民富且驕。牧民者，厚收善歲，以充倉廩〔一〇〕，善歲，謂有年。禁藪澤，此謂先之以事。隨之以刑，敬之以禮樂〔一一〕，以振其淫，振，止也。禮樂者，所以止人淫放。此謂先之以政。飄風暴雨爲民害，涸旱爲民患，年穀不熟，歲飢糴貸貴，民疾疫，當此時也，民貧且罷。牧民者，發倉廩，山林藪澤以共其財，後之以事，先之以恕，以振其罷，此謂先之以德。其收之也，不奪民財。謂善歲也。其施之也，不失有德。謂凶年也。富上而足下，此聖王之至事也。」桓公曰：「善。」

〔一〕俞樾云：說文夊部曰：「憂，行之和也。」凡經傳「憂」字皆「㥑」之假字，此則其本字。「憂之以德」，謂和之以德也。張佩綸云：「憂」，「優」借字，說文「饒也」，詩瞻卬傳「渥也」，箋「寬也」。翔鳳案：俞說是。

〔二〕張佩綸云：淮南時則訓「止獄訟」，注：「『止』猶禁也。」孟子：「以力服人者，非心服也，力不贍也。」言勿以力禁止之。尹注釋爲「力役」，非是。

〔三〕張佩綸云：「何以爲寡」言「如民寡何」，原注以多寡屬「四言」，則「寡非有國之患」句不可通。翔鳳案：此倒句也。其意爲「寡也，何以爲之」。論語「不患寡而患不均」，「寡」爲民寡之省稱，乃通語也。趙本作「何爲其寡也」，則有驚懼之意，非是。

〔四〕翔鳳案：「四言者該焉」謂不寡，與「地方千里」有關。上下文均有「慎此四者」，未嘗以爲「四言」。若以「四言」爲「四者」，則下「慎此四者」又何以説之乎？房注訓「該」爲「備」，雖有根據，然説文「該，軍中約也」，約即戒約。古從亥之字與戒通，如陔夏即裓夏是也。「該」爲秉承天子之教令，如以爲「備」，則下文復有四者當行，其不備可知。説文：「譯，傳譯四夷之言者。」吕氏春秋慎勢「不用象譯狄鞮，方三千里」，與「天子中立，地方千里」相應，言其所及者遠也。「四言」爲四夷之言。

〔五〕王念孫云：「鷙」當爲「騺」，字之誤也。「騺」、「距」皆止也，言來者止而不前也。説文曰：「驙，騺不前也。」（今本「騺」譌作「鷙」。）「騺，馬重貌也。」史記秦本紀曰：「晉君還而馬騺。」晉世家曰：「惠公馬騺不行。」（今本亦譌作「鷙」，唯秦本紀不誤。）太玄玄錯曰：「進欲行，止欲騺。」（今本亦譌作「鷙」。）字或作「駤」。廣雅曰：「駤，止也。」「距」本作「岠」。説文曰：「岠，止也。」是「騺」、「距」皆止也。世人多見「鷙」，少見「騺」，故「騺」譌爲「鷙」。尹氏不能釐正，而訓「鷙」爲「疑」，既不合語意，又於古訓無徵，斯爲謬矣。翔鳳案：「鷙」爲猛禽，

「距」爲雞距，皆從鳥得義。荀子仲尼注：「『距』與『拒』同，敵也。」「鷙距」謂勇猛抗拒，不必改字。

〔六〕宋翔鳳云：説文「仁」字古文作「忎」。此與「忠也者民懷之」兩「忠」字當是「忎」字之誤。管子多古字，寫者不識，改爲「忠」。論語：「仲弓問仁，子曰：『己所不欲，勿施於人。』」下文「非其所欲，勿施於人，仁也」，正釋此「仁」字。

〔七〕劉績云：詩：「舍命不渝。」蓋「澤」乃「釋」字，「釋」同「舍」。何如璋云：「澤」讀爲釋。釋，舍也。史記封禪書「古者先振兵澤旅」，集解徐廣曰：「古『釋』字作『澤』。」「渝」，變也。詩鄭風：「舍命不渝。」

〔八〕王念孫云：案原文内本無「有時先恕」四字，後人以下文言「先之以恕」，故增此四字也。今案：下文但言「此謂先之以事」、「此謂先之以政」、「此謂先之以德」，而不言「此謂先之以恕」，則本無「有時先恕」句明矣。又下文云「發倉廩山林藪澤以共其財（舊本「倉」譌作「食」，依朱本改），後之以事，先之以恕，以振其罷，此謂先之以德」，則「先之以恕」即是「先之以德」。既言「有時先德」，則無庸更言「有時先恕」矣。後人據下文增入此句，而不知正與下文不合也。陶鴻慶云：王説是也，而有未盡。今案：「有時先事」四字，亦後人妄增也。原文祇有「有時先政」、「有時先德」二句。蓋下文祇有二義：一謂年熟穀賤之時，民富且驕，則當先事而用刑，故曰「有時先政」也；一謂年饑穀貴之時，民貧且罷，則當後事而先恕，故曰「有時先德」也。且「政」與「事」義無區别，既言「有時先政」，無庸更言「有時先事」矣。下文「此謂先之以事」，「此謂」二字亦衍文。原文本云「先之以事，隨之以刑，敬之以禮樂，以振其淫，此謂先之以政」，與下文「後之以事，先之以恕，以振其罷，此謂先之以德」，相對成義。今本於「先之以事」上衍「此謂」二字，則文義贅複矣。由校者不能悉心訂正，隨意增益，致前後文互成其誤。　翔鳳案：「有時先怒」，趙本、朱本等皆作「恕」，是也。隸書口或作厶，與又相似而寫爲「怒」。上文「懼之以罪，則民多詐。止之以力，則往者不反，來者鷙距」，牧民不當用怒可知。農業之豐歉爲事，與政有别，陶説不合。豐年「先之以事，隨之以刑」。凶年「後之以事，先之以恕」。「隨之以刑」不言，而「先之以恕」則顯言之。蓋刑隨事之後，未嘗先用之，歲饑不皆賑，大饑乃賑。

〔九〕王念孫云：「道」猶順也，楚語曰「違而道，從而逆」，是其證。「百川道，年穀熟，糴貸賤」，三句相對爲文，尹注非。　張佩綸云：國語「爲川者決之使道」，注：「道，通也。」周禮大司樂注：「『道』讀爲導。」「百川道」，故水旱不爲災，不與下二句對文。

〔一〇〕戴望云：「歲」疑「藏」字誤。　顔昌嶢云：戴説非是。「充倉廩」即藏也。「善歲」謂豐年，豐年故可厚收以備飢矣。　翔鳳案：此管子輕重政策，散積聚，調高下也。

〔一一〕丁士涵云：「敬」疑「教」字誤。　張佩綸云：「敬」、「警」通，「警」亦作「儆」。説文：「警，戒也。」　翔鳳案：説文：「敬，肅也。」釋名釋言語：「敬，警也。恒自肅警也。」諸説俱誤。

桓公問管仲曰：「寡人欲霸，以二三子之功，既得霸矣。今吾有欲王，其可乎〔一〕？」管仲對曰：「公嘗召易牙而問焉〔二〕。」管仲知桓公不可王，難以實對①，故推令問易牙。鮑叔至，公又問焉。鮑叔對曰：「公當召賓胥無而問焉。」賓胥無趨而進，公又問焉。賓胥無對曰：「古之王者，其君豊，其臣教〔三〕。君豊臣教，則君能制臣，故可以王也。今君之臣豊。」言德豊於君也。公遵遁繆然遠，二三子遂徐行而進〔四〕。言公之所遵行者，皆流遁繆妄之事，無所比，可謂遠於二三子。但當徐②而漸以取進耳。欲王天下，恐未可③。公曰：「昔者大王賢，王季賢，文王賢，武王賢。武王伐殷，克之，七年而崩。周公旦輔成王而治天下，僅能制於四海之内矣。今寡人之子不若寡人，寡人不若二三子。以此觀之，則吾不王必矣。」

〔一〕宋翔鳳云：「有」讀爲又。

〔二〕張佩綸云：「嘗召易牙」當作「當召鮑叔牙」。翔鳳案：趙本既改「嘗」爲「當」，又改「易」

---

① 「對」字原作「封」，據補注改。
② 「但」字原作「見」，「徐」字原作「遂」，據校正改。
③ 「恐未可」原作「於米何」，據補注改。

爲「叔」，似有問題。蓋桓公曾以此問之易牙，管子不便顯斥其非，略一提及，桓公已悟。適鮑叔至，公又問焉。下文未言賓胥無至，但言「趨而進」。論語：「君命召，不俟駕。」鮑叔未言「趨而進」，則非誤文矣。

〔三〕王引之云：「教」當作「殺」，「殺」與「豊」正相對，尋尹注，亦是「殺」字也。「殺」字或書作「敎」，與「教」相似而誤。翔鳳案：「豊」，趙本改「豐」，不可通。説文：「豊，行禮之器也。讀與禮同。」周伯琦謂即古「禮」字，其言是也。從豊之字有「醴」，今作「秩」。虞書典禮之官曰秩宗，又曰「天秩有禮」，其爲「禮」字明矣。説文：「教，上所施，下所效也。」「其君豊」與論語「君使臣以禮」同意。誤認爲「豐」而改「教」爲「殺」，謬矣。

〔四〕豬飼彦博云：「遵遁」與「逡巡」同，却退貌。「繆」字疑衍。王念孫云：「公遵遁繆然遠」爲句，「二三子遂徐行而進」爲句。「遵遁」與「逡巡」同，戒篇云：「桓公蹵然逡遁。」尹注大謬。陶鴻慶云：此文以「公遵遁繆然遠」爲句，王氏已及之矣。「二三子」當作「二子」，謂管仲、鮑叔。此承上文賓胥無趨而言。蓋二子見賓胥無趨之，言既入，亦欲有所陳説，故徐行而進也。今本作「二三子」者，涉上下文而誤。然上下文所稱「二三子」，乃桓公指目羣臣之語，施之此文，則不辭矣。姚永概云：「二」字當衍。「三子」者，即管仲、鮑叔、賓胥無也。此乃叙事之辭，尹誤以爲鮑叔語。翔鳳案：王説甚確。方言二：「遵，俊也。」「遵」同「逡」。晏子春秋：「晏子逡遁對曰。」「巡」讀舌上，即「遁」矣。論語：「二三子，偃之言是也。」孟子：「二三子，何患乎無君。」左傳：「敢煩大夫謂二三子。」此爲當時常語，亦云有誤，謬矣。

桓公曰：「我欲勝民，言欲勝服於民。**爲之奈何？」管仲對曰：「此非人君之言也。**人君之言，當仁以化之，不可直用刑勝也。**勝民爲易，夫勝民之爲道，非天下之大道也。君欲勝民，則使有司疏獄而謁，有罪者償**〔一〕，謂疏録獄囚，謁告有罪者則償之也。**數省而嚴誅，**數省有過，嚴其誅罪。**若此則民勝矣。雖然，勝民之爲道，非天下之大道也。使民畏公而不見親，**嚴刑故也。**禍亟及於身，**二世嚴刑，身戮望夷。**雖能不久，**雖能勝人，不可久安。**則人持莫之弑也**〔二〕**，危哉！**持，謂見劫執也。弑，謂殺親也。**君之國岌乎**〔三〕**！」**

〔一〕丁士涵云：「謁」當爲「楬」。周官秋官「明竁」，注：「楬頭，書臯法也。」尹桐陽云：「謁」，揭告也。「償」，賞也。韓子八經：「謁過賞，失其誅。」翔鳳案：說文：「謁，白也。」爾雅釋詁：「謁，告也。」史記趙世家：「屏左右，願有謁。」「謁」本訓告，非假爲「揭」。「償」謂抵其罪，今俗猶有償命之言。

〔二〕姚永概云：左傳「子與子家持之」，釋文：「持，本作『特』。」是二字本相混誤。「人特莫之弑」者，謂君縱不爲人所弑，而國必危岌矣。張佩綸云：「則人持莫之」當作「則人莫持之」，文選東都賦薛注：「持，扶也。」言雖能勝民，不久則民莫扶持之，謂危而不持，此取殺之道也，故曰「危哉君之國岌乎」。

李哲明云：「持」疑爲「特」，形近而譌。言徒求勝民者，雖能勝人，必不可久，則人特莫之弑也。

尹桐陽云：「弑」同「試」，用也。言民不爲己用。公羊殘碑「隱爾試也」，漢書五行志「受命之臣專征云試」，注：「『試』與『弑』同。」翔鳳案：説文：「夂，以後灸之。象人兩脛後有距也。周禮曰：『夂諸墻以觀其橈。』」「夂」有相距之意。「持」與「夂」義相因，不能改爲「特」。「弑」同「試」，以公羊證之，齊所用也。

〔三〕張佩綸云：孟子「岌岌乎殆哉」，趙注：「岌岌乎，不安貌也。」莊子天地篇：「殆哉圾乎天下。」尹桐陽云：莊子列禦寇「殆哉圾乎仲尼」，「圾乎」即「岌乎」也。

桓公觀於廄，問廄吏曰：「廄何事最難？」廄吏未對，管仲對曰：「夷吾嘗爲圉人矣，圉，養馬者。**傅馬棧最難。**謂編次之棧馬所立木也。**先傅曲木，曲木又求曲木，**編棧者先附曲木，其次還須曲木，求其類。**曲木已傅，直木毋所施矣。**既用曲木，又施直木，則失其類而棧敗矣。喻小人用則①君子退也。**先傅直木，直木又求直木，直木已傅，曲木亦無所施矣〔一〕。」**喻君子用則小人退。

① 「則」字原作「即」，據補注改。

〔一〕孫星衍云：「先傅曲木」、「先傅直木」，意林兩「傅」字俱作「搏」。翔鳳案：房訓「傅」爲編次之，同「鋪」。廣雅釋言「傅，敷也」，是其義。

桓公謂管仲曰：「吾欲伐大國之不服者，奈何？」管仲對曰：「先愛四封之內，然後可以惡竟外之不善者。四封之內見愛，則人致死，可以惡竟外之不善者。先定卿大夫之家，然後可以危鄰之敵國。卿大夫之家既定，則國强，故可以危鄰國。是故先王必有置也，然後有廢也。己國有置，然後廢他國也。必有利也，然後有害也。」能利己國，然後可以害他國也。桓公踐位，令釁社塞禱〔一〕。殺生以血澆落於社，曰釁社。祝鳬、已疵獻胙〔二〕。祝，祝史。鳬、疵，其名也。胙，祭肉也。祝曰：「除君苛疾〔三〕，祝令除君煩苛之疾。與若之多虛而少實〔四〕。」若，似也。謂君之材能，多似有而非實，如此者，亦祝去之也。桓公不說，瞋目而視祝鳬、已疵。祝鳬、已疵授酒而祭之〔五〕。曰：「又與君之若賢〔六〕。」謂君似賢，亦當去之。桓公怒，將誅之而未也，以復管仲。復，猶告也。管仲於是知桓公之可以霸也。祝史誣君之惡，君怒而將誅之。是心務善也，故知可與霸也。

〔一〕丁士涵云：「塞」即「賽」字。古無「賽」字，假「塞」爲之。漢書郊祀志「冬塞禱祠」，史記封禪書作「賽」。索隱本出「冬塞」二字，注云：「『塞』音先代反，與『賽』同。賽，今報神福也。」

〔二〕戴望云：尹注云「祝，祝史。鳬、疵，其名也」，則正文當作「祝鳬、祝疵」，故以「祝，祝史」總釋兩「祝」字也。今作「已」者，「祝」之壞字耳。張佩綸云：注當作「祝，大祝；史，大史；鳧、疵其名」，「已」乃「史」之壞。左傳桓六年：「祝史正辭，信也。」又：「祝史矯舉以祭。」昭二十年：「今君疾病爲諸侯憂，是祝史之罪也。諸侯不知，其謂我不敬，君盍誅於祝固、史嚚，以辭賓。」翔鳳案：以「已疵」爲名，猶霍去病之名去病，取吉利之義。改「已」爲「祝」或「史」，無據。

〔三〕翔鳳案：「苛」同「笴」，「苛病」謂鬼笴，詳小稱篇。

〔四〕王引之云：「若」當爲「君」，下文云「又與君之若賢」，是其證也。尹注非。翔鳳案：「虛」、「實」指苛疾言。「若」，古「諾」字，諾於神也。書之「王曰若」、「王若曰」，皆與「諾」同。謂得神之許可，多虛而少實，言無病也。改「若」爲「君」，大謬。羅振玉謂卜辭「若」字象人舉手跽足唯諾巽順之狀，其言是也。

〔五〕安井衡云：古本「授」作「受」。

〔六〕翔鳳案：「若」亦同「諾」。請神許諾使君賢，則君之現在爲不賢矣，故桓公怒將誅之也。

桓公乘馬，虎望見之而伏。桓公問管仲曰：「今者寡人乘馬，虎望見寡人而不敢行，其故何也？」管仲對曰：「意者君乘駮馬而洀桓，迎日而馳乎〔一〕？」洀，古盤字。公曰：「然。」管仲對曰：「此駮象也。駮食虎豹，故虎疑焉〔二〕。」楚伐莒〔三〕，莒君使人求救於齊，桓公將救之。管仲曰：「君勿救也。」公曰：「其故何也？」管仲對曰：

「臣與其使者言，三辱其君，顏色不變。辱其君而色不變，則無羞耻也。臣使官無滿其禮，三三加其禮，皆不滿足。强。其使者爭之以死〔四〕。不識不滿之意，纔激强之，則爭之以死，是不智。莒君，小人也，君勿救。」其使不賢，故知其君小人也。桓公果不救而莒亡。

桓公放春三月觀於野〔五〕。春物放發，故曰放春。桓公曰：「何物可比於君子之德乎？」隰朋對曰：「夫粟，內甲以處，中有卷城，外有兵刃〔六〕，種粟者，甲在內而處，葉居外而卷若城，苗之纖芒在外，有兵刃。未敢自恃，自命曰粟，粟之物用雖如此，然不敢自恃，故自名曰粟。粟則謹促之名也。此其可比於君子之德乎！」管仲曰：「苗，始其少也，眴眴胡絹切，目搖也。乎，何其孺子也〔七〕！眴眴，柔順皃。穀苗始則柔順，故似孺子也。至其壯也，莊莊乎何其士也！壯，謂苗轉長大。莊莊，矜直皃也。至其成也，由由乎茲免，何其君子也〔八〕！由由，悅也。實皃。茲免，謂益有謹勵。天下得之則安，人以穀爲命。不得則危，故命之曰禾〔九〕。以其和調人之性命。此其可比於君子之德矣。」桓公曰：「善。」

〔一〕安井衡云：「駮」當爲「駁」，馬色不純也，俗多作「駮」。何如璋云：山海經：「中曲山有獸如馬而身黑，二尾一角，虎牙爪，音如鼓，名曰駮，食虎豹，可以禦兵。」駮馬毛色似此獸者。

張佩綸云：「駮馬」之「駮」當作「駁」，說苑辨物篇：「晉平公出畋，見乳虎伏而不敢動，顧謂師曠曰：『吾聞之也，霸王之主出，則猛獸伏不敢起。今者寡人出，見乳虎伏而不動，此其猛獸乎？』師曠曰：『鵲食猬，猬食鵔鸃，鵔鸃食豹，豹食駮，駮食虎。夫駮之狀有似駁馬，今者君之出必驂駁馬而出畋乎？』公曰：『然。』」所云「霸王之主」，殆即此桓公逸事。諸書均云「駮食虎豹」，師曠云「豹食駮，駮食虎」爲異。陶鴻慶云：「駮」當爲「駁」，與下文此「駮象也」之「駮」字義迥別。説文「駁」篆解云：「馬色不純也。」「駮」篆解云：「駮獸如馬，鋸牙，食虎豹。」此云「乘駁馬」者，謂馬雜色毛，又迎日而馳，其象類駮，故虎見之而疑也。「駮」與「駁」雖可通假，然兩文對舉，則當區别。今於「駁馬」亦作「駮」，則文義不明。翔鳳案：「駁」與「駮」均北角切。玉篇云：「駁，今作『駮』。」漢書司馬相如傳：「楚王乃駕純駮之駟。」則「駮」非誤字。周書王會、博物志、海外北經均云「食虎豹」，則師曠誤也。何所引爲西山經。

〔二〕王念孫云：「疑」猶恐也。説見讀吕氏春秋雜志禁塞篇。翔鳳案：虎疑爲駮而畏之，何必訓恐？此王之好異也。

〔三〕張佩綸云：管氏爲政之日，楚入蔡圍許，滅弦滅黄，無伐莒事見於經傳，伐徐則仲已卒矣，疑當作「黄」。翔鳳案：楚有事不赴告於周，魯史無得而書之，不能懸斷爲無伐莒事。若作「黄」，則遠於齊矣。

〔四〕豬飼彦博云：讀「臣使官無滿其禮」句，「三强其使者爭之以死」句。言其接待之禮不足，故使者不就位。有司三强之，使者大怒，以死爭之。此怯公而勇私也。丁士涵云：尹注本「三」字絶句，屬上讀，誤。當讀「三强其使者」爲句，與「三辱其君」對文。爾雅：「彊，當也。」相值謂之當。章炳麟云：尹讀「三」字絶句，「强」字屬下，云「不識不滿之意，纔激强之，則爭之以死，是不智」，此説非也。「强」當屬上句讀，「强」乃「繦」之省借。國蓄篇云「臧繦千萬」，蜀都賦云「臧鏹(同繦)巨萬」，皆謂錢貫也。「無滿其禮三繦」者，虧其禮贈之錢三繦也。聘禮云「禮玉束帛乘皮」，此主國之君禮聘君也；云「公使卿贈如覿幣」，此贈聘賓也，皆不以泉。然管子治齊，興泉刀之利，則以之禮諸侯，或其創議；猶其石璧之謀，亦非周初典禮也。翔鳳案：「三强」二字句。説文：「强，迫也。」孟子「强而後可」，假「强」爲之。「三强」，三迫之也。

〔五〕洪頤煊云：「放」，古字通作「方」。堯典「方命圮族」，漢書傅喜傳、朱博傳俱作「放命」。荀子道篇「不放舟」，注讀爲「方」。金廷桂云：説文放部：「敖，出游也，從出從放。」晉惠帝紀：「王戎爲三公，委事寮寀，輕出游放。」「放春」，當春而游放也。尹桐陽云：「放」，方也，當也。大戴禮千乘：「方春二月，緩施生育，動作萬物。」翔鳳案：孟子「放於琅邪」，即出游之意。金説是也。

〔六〕俞樾云：「卷」當讀爲圈，太玄交次六「大圈閎閎，小圈交之」，范望注曰：「圈，國也。」是「圈」有國邑之義，故與「城」並言。姚永概云：「内甲以處」，謂米處甲之内也。「卷城」，米之外甲之内有皮一層，是也。「兵刃」乃甲外芒矣。

〔七〕丁士涵云：「眗眗」疑當作「恂恂」，方與尹注「柔順貌」相合。翔鳳案：説文：「恂，信心也。」漢書李將軍傳：「恂恂如鄙人。」「眗」與「恂」皆逡巡之假借字，非「眗」假而「恂」正也。

〔八〕程瑶田云：「兹免」云者，「免」，俯也；「兹」，益也。謂其穗益俯而向根也。淮南繆稱篇注云：「禾穗垂而向根，故君子不忘本也。」今諸穀惟禾穗向根，可驗也。（見九穀考）王念孫云：程説是也，禾成而穗益俯，若君子之德高而心益下，故曰：「由由乎兹免，何其君子也。」趙策曰：「馮忌接手免首，欲言而不敢。」（姚本如是，鮑本改「免」爲「俛」。）韓策曰：「免於一人之下，而信於萬人之上。」漢書陳勝傳贊曰：「免起阡陌之中。」是「俯」字古通作「免」。尹注非。　何如璋云：「由由」與「油油」通，史記宋世家：「麥秀漸漸兮禾黍油油。」孟子「故由由然與之偕」，列女傳作「油油然與之處」。　翔鳳案：程、何二説甚當。宋世家索隱訓「油油」爲「光悦貌」，極確。吾邑尚有此語，謂光滑而帶緑色也。

〔九〕翔鳳案：「自命曰粟」，房注：「『粟』則謹促之名也。」「命之曰禾」，房注：「以其和調人之性命。」説文引孔子曰：「『粟』之爲言續也。」春秋説題詞：「粟助陽扶性，粟之爲言續也。」「粟」爲扶持人之性命而續之，房以「謹促」爲訓，非古義，與「卷城」、「兵刃」之義亦不合。説文：「得時之中，故謂之和。」書歸禾序疏：「禾者，和也。」調和與中和稍異，房説近之。

桓公北伐孤竹，未至卑耳之谿十里〔一〕，闟然止，瞠然視〔二〕，闟，住立皃。瞠，驚視皃。援弓將射，引而未敢發也。謂左右曰：「見是前人乎〔三〕？」左右對曰：「不見也。」公曰：「事其不濟乎！寡人大惑。今者寡人見人，長尺而人物具焉，冠〔四〕，右祛衣〔五〕，走馬前疾，事其不濟乎！寡人大惑。豈有人若此者乎？」管仲對曰：「臣聞登山之神，有俞兒者，長尺而人物具焉。霸王之君興而登山，神見，且走馬前疾，道也〔六〕。祛衣，示前有水也。右祛衣，示從右方涉也。」至卑耳之谿，有贊水者謂贊引渡水者。曰：「從左方涉，其深及冠。從右方涉，其深至膝〔七〕。若右涉，其大濟〔八〕。」桓公立拜管仲於馬前曰：「仲父之聖至若此，寡人之抵罪也久矣。」抵，當也。不知仲父之聖，是寡人當有罪久矣。管仲對曰：「夷吾聞之，聖人先知無形，今已有形而後知之，臣非聖也，善承教也。」善承古人之法。

〔一〕戴望云：水經濡水注引管子「桓公二十年征孤竹」，今本桓公下脫「二十年」三字。丁士涵云：御覽谿部六十七引「未至」上有「迴車」二字。案卑耳之谿不在孤竹之地。小匡篇曰：「西征攘白狄之地，遂至於西河，方舟設柎，乘桴濟河。至於石沈，縣車乘馬，踰大行與卑耳之谿，拘泰夏。」又封禪篇曰：「西伐大夏，涉流沙，束馬縣車，上卑耳之山。」此可證卑耳之谿離孤竹甚遠，當有「迴車」二字，謂自孤竹迴車以至卑耳之谿也。翔鳳案：卑耳之谿在太行之西，即迴車亦不得至，此當爲同名者。

〔二〕張佩綸云：「闟然」，史記匈奴列傳「闟然更始」，注：「『闟』音擒，安定貌。」原注「住立貌」，未知所據。漢書作「翕然」。案：論語「翕如也」，鄭注：「變動之貌。」文選吴都賦劉逵注：「翕然，疾貌。」「闟然止」，言忽然而止也。「瞠」，原注「驚視貌」。漢書趙皇后傳注：「服虔曰：『直視貌也，字作瞠。』」倉頡篇、字林均同，當從服。翔鳳案：「瞠」，今作「瞪」，服訓「直視貌」，是也。説文「闟，樓上户也」，非其義。莊子齊物論「荅焉似喪其偶」，注：「解體貌。」「闟」借爲「荅」，則訓「住立」是矣。張未考耳。

〔三〕王念孫云：「見是前人乎」本作「見前人乎」，其「是」字即「見」字之誤而衍者。藝文類聚武部、太平御覽地部三十二、兵部六十引此皆無「是」字。翔鳳案：猶言見此前面之人乎，非誤字。

〔四〕王念孫云：藝文類聚武部、太平御覽兵部、開元占經人及神鬼占竝作「冠冠，右祛衣」，是也。「冠冠」者，首戴冠也。今本脱一「冠」字，則文義不明。俞樾云：「冠」下本有「冕」字。説苑辨物篇作「有人長尺，冠冕」，是其證也。今本奪「冕」字，而藝文類聚、太平御覽、開元占經諸書所引並作「冠冠」，則又因奪「冕」字而誤補「冠」字。何如璋云：一「冠」字文義既明，不必據補。文選吴都賦劉逵注引作「冠而右祛衣」，亦只一「冠」字。翔鳳案：何説是也。

〔五〕俞樾云：説苑作「左祛衣」，是也。説詳後。翔鳳案：俞説非是，詳下。

〔六〕翔鳳案：「道」同「導」。

〔七〕俞樾云：水而及冠，是滅頂矣，又何涉乎？説苑作「從左方渡至踝，從右方渡至膝」，疑此文「冠」字亦當作「踝」，以聲近而誤也。左至踝，右至膝，是左淺而右深也。自「踝」誤作「冠」，則爲左深而右淺，遂改上文之「左袪衣」爲「右袪衣」，「左方涉」爲「右方涉」，皆非管子之原文矣。翔鳳案：及冠滅，言其不可涉也。若作「踝」，則水深不及尺，可以見底，尚須問乎？故知説苑之誤。俞説非是。

〔八〕王念孫云：劉逵吳都賦注、水經濡水注、藝文類聚武部竝引作「已涉大濟」，當據改。太平御覽神鬼部引作「已涉其大濟」，「其」字誤，與今本同，唯「已涉」二字不誤。説苑辨物篇作「已渡事果濟」。翔鳳案：此贊水者擬議之辭，安得云「已涉」乎？謬矣。

桓公使管仲求甯戚。甯戚應之曰：「浩浩乎〔一〕！」管仲不知，至中食而慮之。婢子曰：「公何慮？」管仲曰：「非婢子之所知也。」婢子曰：「公其毋少少，毋賤賤。昔者吳、干戰，干，江邊地①也。未齔不得入軍門。齔，毁齒也。國子摘其齒，遂入，爲干國多〔二〕。戰功曰多。言於干戰，國子功多也。百里徯，秦國之飯牛者也，穆公舉而相之〔三〕，遂霸諸侯。由是觀之，賤豈可賤，少豈可少哉！」管仲曰：「然。公使我求甯戚，甯戚應我曰：『浩浩乎！』吾不識。」婢子曰：「詩有之：『浩浩者水，育育者魚。

---

① 「地」字原作「池」，據補注改。

水浩浩然盛大，魚育育然相與而遊其中。喻時人皆得配偶以居其室家。甯戚有伉儷之思，故陳此詩以見意。**未有室家，而安召我居？』**言誰當召我，授之配疋，與之爲居乎也？ **甯子其欲室乎〔四〕？」**

〔一〕戴望云：元刻此句下有「育育乎」三字。　丁士涵云：當據元刻補。下文云「浩浩者水，育育者魚」，是其證。又「甯戚應我曰浩浩乎」下，亦脱「育育乎」三字。　張佩綸云：列女傳作「浩浩乎白水」，是甯子未及下句，元刻非也。　翔鳳案：「浩浩乎」三字，歌其半以示意，故管子不知。加「育育乎」三字則索然寡味，古本之謬如此。

〔二〕俞樾云：「干」當作「邗」。説文：「邗，國也，從邑干聲。一曰邗本屬吳。」案：哀九年左傳「吳城邗」，即此也。邗本國名，後爲吳邑。此文云「吳、干戰」，「吳」、「邗」均國名也。「國子」乃干國之人，故曰「爲干國多」。言此役也，「國子」在於國中戰功獨多也。尹注不知「干」即「邗」字，誤解爲「江邊地」，則吳與戰者何國也？且「爲干國多」句遂不可解矣。　戴望云：寶應劉氏寶楠同俞説。又云：「江邊，即廣陵地也。」吳自魯成公時始見春秋，滅邗當在其前，故不見於左氏也。　何如璋云：「干」，國名。韓非難二：「且蹇叔處干而干亡，處秦而秦霸，非蹇叔愚於干而智於秦也，此有君與無君也。」淮南道應訓「荆有佽非得寶劍於干隊」，高注：「干國在今臨淮，出寶劍。」「干」通作「邗」，説文「邗，國也。今屬臨淮。一曰本屬吳」，殆爲吳所滅也。　翔鳳案：周禮司勳：「戰功曰多。」房注即用周禮。

〔三〕翔鳳案：此事亦見孟子。

〔四〕孫星衍云：藝文類聚三十五、太平御覽五百引作「浩浩之水，育育之魚，未有室家，我將安居？甯子其欲室乎？仲以其言告桓公」。當補「仲以其言告桓公」句，文義始完。王念孫云：藝文類聚人部十九、太平御覽人事部一百四十一引此句下竝有「仲以其言告桓公」七字，與上文「桓公使管仲求甯戚」句相應，當據補。戴望云：藝文類聚人部引作「浩浩之水，育育之魚，未有室家，而我安居」，御覽人事部引「育育」作「游游」。翔鳳案：「仲以其言告桓公」當爲意加。御覽引書，前後不一致者很多。如上文「事其不濟乎」二句，御覽三百九十二引無此二句，而八百八十二引則仍有此二句。若據三百九十二刪此二句，以爲管子無此文，豈不謬極？諸人信類書以增删本文，可謂無識矣。「育育者魚」即以魚喻女子。詩國風多以魚比女子，如「豈其食魚，必河之魴。豈其娶妻，必齊之姜」。此類不少，聞一多有專文論之，諸人未見及此也。

桓公與管仲闔門而謀伐莒，未發也，而已聞於國，其故何也〔一〕？管仲曰：「國必有聖人。」桓公曰：「然。夫之役者，有執席食以視上者，必彼是邪〔二〕？」桓公與管仲謀時，役人於前，乃有執席而食，私目①上視，所以察君也。必是人者，知吾謀也。**於是乃令之**

① 「目」字原作「因」，據補注改。

復役，毋復相代〔三〕。時執席而食者，代人入役，因得察君。今不令相代，彼亦知若覺己，必當來也。少焉東郭郵至，桓公令儐者延而上，儐，謂贊引賓客者也。與之分級而上〔四〕，公以客禮待之，故與之分級而上。謂使之就賓階也。問焉。曰：「子言伐莒者乎？」東郭郵曰：「然，臣也。」桓公曰：「寡人不言伐莒，而子言伐莒，其故何也？」東郭郵對曰：「臣聞之，君子善謀，而小人善意，善以意度之也。臣意之也〔五〕。」桓公曰：「子奚以意之？」東郭郵曰：「夫欣然喜樂者，鍾鼓之色也。夫淵然清靜者〔六〕，縗絰之色也。漻然豐滿心在兵武，形氣盛，故其皃豐滿。而手足拇動者〔七〕，中勇，外形必應，故手足拇動也。兵甲之色也。日者臣視二君之在臺上也〔八〕，口開而不闔，是言莒也〔九〕。莒字兩口，故二君開口相對，即知其言莒。舉手而指，勢當莒也。且臣觀小國諸侯之不服者，唯莒於是〔一〇〕。唯莒不服，於是知之。臣故曰伐莒。」桓公曰：「善哉。以微射明，此之謂乎！言以形色之微，知伐國之明也。子其坐，寡人與子同之。」同伐莒之謀也。

〔一〕翔鳳案：趙本「其」上有「矣。桓公怒，謂管仲曰：『寡人與仲父闔門而謀伐莒，未發也，而已聞於國』」二十七字。就全書考察，趙本非別有可據之善本，則爲趙本所意增也。「桓公怒」三字，爲趙本所妄加，觀桓公與東郭郵之問答，心平氣和，無半點怒意，且與呂氏春秋諸書不合，其妄決矣。此文或有脱失，然不如趙本所加也。

〔二〕王念孫云：「視上」當爲「上視」，故尹注云「私目上視」。北堂書鈔武功部二引此正作「上視」。呂氏春秋重言篇、説苑權謀篇亦作「上視」。孫詒讓云：食時必無「執席」之禮，注義殆不可通。呂氏春秋重言篇作「有執蹠㾜而上視者」，此「席」當爲「庶」，即「蹠」之省。「食」當爲「鉿」之壞字，即「枱」之重文。呂覽作「㾜」，亦即「枱」之别體也。翔鳳案：説文：「筵，竹席也。」詩行葦「肆筵設席」，鄉飲酒「記蒲筵」，士冠禮「蒲筵二，在南」，注並云：「筵，席也。」古人席地而坐，請客用筵加几，周禮有司几筵。鋪陳曰筵，藉之曰席。食時執食就坐，孫作周禮正義，當能記憶及之，殆忘却古人席地耳。在堂下，故「視上」，作「上視」不合。

〔三〕安井衡云：「毋復」當作「毋得」。翔鳳案：以前或有相代者，故曰「無復」。

〔四〕王念孫云：「上」當爲「立」，此涉上句而誤也。呂氏春秋、説苑及論衡知實篇竝作「分級而立」。翔鳳案：桓公讀書堂上，輪扁斲輪堂下，則東郭郵在堂下，故分級而上。「立」字不如「上」字較妥。

〔五〕王念孫云：「意」讀爲億，即度也。尹注謂「善以意度之」，非。翔鳳案：論語「億則屢中」，漢書貨殖傳作「意」。釋名：「憶，意也。恒在意中也。」房注不誤，王説乃誤也。

〔六〕丁士涵云：「夫」字衍。翔鳳案：「夫」爲代詞，不當衍。

〔七〕翔鳳案：翹拇指爲得意狀，與「矜」同義。

〔八〕戴望云：「二」字衍，説苑、吕覽皆無「二」字。　張佩綸云：「臣望君之在臺上也」下，吕覽、説苑均承「兵革之色」，文義始明，此宜補承，殆傳寫脱漏。

〔九〕豬飼彦博云：「莒」之爲音，開口而呼之，故知之也。　洪頤煊云：顔氏家訓音辭篇云：「北人之音，多以『舉』、『莒』爲『矩』。」郭牙望見桓公口開而不閉，故知所言者『莒』也，然則『莒』、『矩』必不同呼。」此伐莒以音而知，非論字形。尹注非。　俞正燮云：韓詩外傳引此作「口張而不揜，舌舉而不下」，吕氏春秋重言作「呿而不唫」，説苑重謀作「吁而不吟」，論衡知實作「君口垂而不噞」，梁元帝金樓子志怪則曰「口開而合」，顔氏家訓音辭則謂「李季節引此口開而不閉」，證「莒」音不必同「矩」。是古有二本，一作「口開而不合」，一作「口開而合」，皆象聲知之。而注云「兩口相對，知是言莒」，亦怪謬矣。　翔鳳案：説文「莒，居許切」，仍爲合口呼，與管子不合，段注、王注均言之未析。　孟子「以遏徂莒」，毛詩作「徂旅」。「莒」從吕聲，吕象作膂，黄梅讀「旅」同里，此「開而不合」之音也。

〔一〇〕豬飼彦博云：吕氏春秋作「其惟莒乎」，説苑同。　王念孫云：尹未曉「於是」二字之義，「於是」二字與「焉」字同訓。言臣觀小國諸侯之不服者，唯莒焉，臣故曰伐莒也。莊八年公羊傳「吾將以甲午之日，然後祠兵於是」，「於是」即「焉」也。僖十五年左傳「晉於是乎作爰田」、「晉於是乎作州兵」，晉語作「焉作轅田」、「焉作州兵」。西周策「君何患焉」，史記周本紀作「君何患於是」。此其明證矣。　吕氏春秋季春篇注曰「『焉』猶於此也」，「於此」即「於是」。

聘禮記曰「及享發氣，焉盈容」，言於是盈容也。三年問曰「故先王焉爲之立中制節」，言先王於是爲之立中制節也。何如璋云：「唯莒」斷句，「於是」宜連下讀。吕覽重言作「臣竊以慮諸侯之不服者其唯莒乎」，足證舊注以「唯莒於是」斷句，非。王云「『於是』即『焉』字」，未免曲爲之說。翔鳳案：王説是也，何説非是。

客或欲見於齊桓公，請仕上官，授禄千鍾。公以告管仲，曰：「君予之。」客聞之，曰：「臣不仕矣。」公曰：「何故？」對曰：「臣聞取人以人者，以人之言然後取人。其去人也亦用人。吾不仕矣。」

管子校注卷第十七

七臣七主第五十二

張文虎云：據篇中「七主」在前，「七臣」在後，則篇題「臣」、「主」二字當互易。翔鳳案：張説似有理，然史記陳丞相世家以「主臣」爲惶恐之詞，則以主臣相連爲忌諱，當在漢以前，不得以主臣標題也。

或以平虚〔一〕，**請論七主之過**〔二〕，謂平意虚心也。七主，據下唯有六者，皆過主。能無此六者過，則爲一是主也。過主六，是主一，故曰七主也。**得六過一是，以還自鏡，以知得失。**得六過則爲一是，以自鑒，得失可知也。**以繩七臣，得六過一是。呼嗚美哉，成事疾**〔三〕。疾，美也。繩，謂彈正也。言以六過繩七臣，令臣無六過，是故爲一。君臣咸有一德，故能成美也。**申主任勢守數以爲常**〔四〕，申，謂陳用法令。**周聽近遠以續明**，遠近之事，周而聽之，則其明不絶。**皆要審則法令固**〔五〕，**賞罰必則下服度**，事皆得要而詳審，則法令固，賞罰必，而下皆服其法度也。不備待而得和，則民反素也〔六〕。謂以道德理世之君，至仁感物，德①和自此而至，故人皆反於樸素，今申主不能然，故以爲過也。惠主豐賞厚賜以竭藏，赦姦縱過以傷法。藏竭則主權衰，法傷則姦門闓〔七〕。故曰：泰則反敗矣。謂爲惠太過，故反成敗也。侵主好惡反法以自傷，越法行事謂之侵。所好所惡，皆反於法，故自傷。喜決難知以塞明，決難知則理不當，故明塞也。從狙而好小察，狙，伺也。謂既任臣有所爲，必從而伺之。事無常而法令申〔八〕。不許則國失勢〔九〕。許，古伍字，謂偶合也。言雖申布法令，於事不合，法既不行，所以失勢也。芒主目伸五色，耳常五聲〔一〇〕，芒，謂芒然不曉識之貌。伸，謂放恣也。四鄰不計，四鄰與己爲隟，計度而知之也。司聲不聽〔一一〕，司聲之官，隨君所好，不爲聽其理亂之音也。則臣下恣行，而國權大傾。不許則所惡及身。所爲既不合理，故惡還及身。勞主不明分職，上下相干，言失任臣之理，勞而無功，故曰勞主。臣主同則，刑振以豐，豐振以刻〔一二〕，臣主同勢，則俱奮威權，故刑罰大振，而且豐多。刑豐而又妄振，非刻而何也？去之而亂，臨之而殆，則後世何得〔一三〕。權臣振主，君欲去之，必爲亂。任而臨之，必危殆。既亂且危，敗亡必及，故後代無得也。振主喜怒無度，嚴誅無赦，動發威嚴，謂之振也。臣下振

① 「德」字原作「得」，據補注改。

怒〔一四〕，不知所錯，則人反其故。故謂先君之理。不許則法數日衰，而國失固。舉措既不合理，故數衰而國失固。芒主通人情以質疑，故臣下無信〔一五〕，盡自治其事則事多，既不自曉，故下通人情，以問所疑，則臣下無所取信，皆自任胸臆，以理其事，人人生事，故事多也。多則昏，昏則緩急俱植〔一六〕。植，立也。既昏而不明，故緩急之事俱可立。不許則見所不善，所爲既不合理，故其所見之事皆不善。餘力自失而罰〔一七〕。尚有執權餘力，己不自責，乃遷怒而罰之。故主虞而安〔一八〕，虞，度也。主能度宜而行故安。但主能度而安，則致下數事。吏肅而嚴，民樸而親，官無邪吏，朝無姦臣，下無侵爭，世無刑民。凡此皆主虞而安故也。

〔一〕張佩綸云：九守篇「虛心平意」，言以平意虛心論之也。翔鳳案：論語「或謂孔子曰」，鄭注：「人不顯其名，而略稱爲或。」

〔二〕陳奐云：「過」當爲「道」，涉下文兩「過」字而誤。「六過」、「一是」爲七主，若云「七主之過」，則不可通矣。尹注非。張佩綸云：「之過」二字衍，原注「過主六，是主一，故曰七主」，亦無「之過」字。「虛」、「主」爲韻，「是」、「失」、「是」、「疾」爲韻。翔鳳案：説文：「過，度也。」公羊隱六年傳「首時過則書」，注：「歷也。」論七主之經歷，過失乃引申義。諸説非是。

〔三〕戴望云：元本「呼嗚」作「嗚呼」。丁士涵云：「成」疑當爲「盛」，「盛」、「成」古通用。「疾」疑「矣」字誤，人主「得六過一是」，有國者之盛事，故歎美之曰：「嗚呼美哉，盛事矣。」

翔鳳案：説文：「呼，外息也。」「烏，孝鳥也。取其助气，故以爲烏呼。」二字連用者，墨子尚賢引五子之歌「嗚呼曷歸，予懷之悲」；詩「於戲前王不忘」。然可單用，書堯典「僉曰於！鯀哉」；詩「於穆清廟」；左文元年傳「江芊怒曰：呼，宜君王之欲殺爾而立熾也」；詩「式呼式號」。然二字亦可倒用，史記李斯列傳「夫擊甕叩缻，彈箏搏髀，而歌呼嗚嗚」。漢書楊惲傳「仰天拊缶，而呼嗚嗚」；無逸「周公曰：嗚呼」，鄭注：「嗚呼者，將戒成王，欲以深感之。」若「呼嗚」則爲歡欣之聲，其義稍别。得「六過一是」以自鏡，以爲美而歡呼之。古本不知其義，改爲申戒之「嗚呼」，郭沫若改「美」爲「微」，誤。「疾」，速也。論語「成事不説」意同。已往之事，何其速也。

〔四〕趙用賢云：「申」當作「中」。王引之云：「申」讀曰信，漢書高惠高后文功臣表注曰：「古『信』、『申』同義。」「信」之通作「申」，猶「申」之通作「信」也。出政而信於民，故曰信主。據下文云「皆要審則法令固，賞罰必則下服度」，則「申主」之即「信主」，明矣。尹、趙二説皆失之。安井衡云：「申」，伸也，威權伸於世也。張文虎云：「申」，古作「𦥔」，與「明」字形近而譌。明法篇云「所謂治國者，主道明也」，明法解云「明主者有術數而不可欺也，審法禁而不可犯也，察於分職而不可亂也」，即此篇「任勢守數」之意。下文亦屢言「明主」，而「續明」二字，尤爲確證。（見答楊見山書）李哲明云：宋本「不備待而得和」，注云「中主不能」，今本「中」亦誤「申」。據此知本作「中」，趙説未爲失也。翔鳳案：「審」，楊本注仍作「申」，李說非。說文：「申，神也。體自申束，从臼，自持也。」漢書韋玄成傳「畏忌自申」，注：「自約束也。」淮南原道訓「約車申轅」，注：「束也。」「申主」謂能以禮法自約束之主，諸説均誤。

〔五〕俞樾云：「皆」疑「比」之誤。周官小司徒曰「及三年則大比，大比則受邦國之比要」，鄭司農云：「五家爲比，故以『比』爲名，今時八月案比是也。『要』謂其簿。」然則「比要」者，大比之簿籍也。翔鳳案：說文：「皆，俱詞也，从比从白。」詩豐年「降福孔皆」，傳：「偏也。」儀禮聘禮「皆行，至於階，讓」，注：「猶並也。」「皆」有比並之義，非誤字。

〔六〕豬飼彦博云：以上皆言「申主」之事。張榜以「申主」當「一是」，得之。張佩綸云：「不備待」，「不」字衍，當作「備時」，說文：「備，慎也。」「得和」，「得」、「德」通。慎時而德和，故民反於質。牧民篇「審於時而察於用，而能備官者，可奉以爲君」，霸言篇「是以聖王務具其備，而慎守其時」，幼官篇「舉發以禮，時禮必得」，皆備時也。比要賞罰所謂政刑，備時德和所謂德禮。翔鳳案：「待」用常義，「不」字不當衍。

〔七〕李哲明云：「闓」即開也，與「開」通。說文：「闓，開也。」廣雅釋詁同。方言「闓苦，開也；楚謂之『闓』」，注「『闓』亦『開』字。」此通用之證。

〔八〕翔鳳案：作事無常，而申其法令，使人無所適從也。

〔九〕劉績云：「啎」從午吾聲，或作「悟」，同覺悟之悟也。下放此。孫星衍云：「啎」即「悟」

字，與「瘖」通用，謂不覺瘖也。下俱同。尹注非。俞樾云：「啎」乃「悟」之假字，言不覺悟則國勢必失也。上文曰「得六過一是，以還自鏡，以知得失」，然則過主能早自覺悟，或尚可爲，不悟則已矣。下文凡言「不啎」者，其義並同。尹注謂「啎，古『伍』字，謂偶合也」，非是。翔鳳案：説文：「啎，逆也。」移午於右則爲「啎」，乃一字也。吕氏春秋明理「夫亂世之民，長短頡，啎百疾」，注「『頡』猶大。啎，逆也」，是其證。與「瘖」通，鄭莊公瘖生，謂其逆産也。孫説是。

〔一〇〕丁士涵云：「常」疑「章」字誤。何如璋云：「芒」讀爲荒。戒篇：「好樂而不反謂之荒。」荀子富國「芒軔僈楛」，「芒」或爲「荒」，是其證。張佩綸云：「芒」當作「荒」，字之誤也。史記三代世表「帝芒」，索隱「『芒』一作『荒』」；爾雅釋天「大荒落」，史記曆書作「大芒落」，是其證。周書謚法：「分内從亂曰荒。」説文：「恒，常也。」易象下傳虞注：「常，恒也。」故書作「恒」，避漢諱改。「伸」亦「恒」字之誤，目恒五色，耳恒五聲，荒於聲色也。陶鴻慶云：「芒」當讀荒，爾雅釋天「太歲在巳曰大荒落」，史記天官書作「芒」。是「芒」、「荒」通用之證。「荒主」，與下文「芒主」訓爲芒昧義別。許維遹云：張、陶釋「芒」爲荒，是也。餘説皆非。「伸」，當從尹注釋爲「放恣」。「常」當讀爲尚，晉語韋注：「尚，好也。」翔鳳案：廣雅釋詁三：「申，展也。」許説勝。

〔一一〕俞樾云：此當作「四隟不計」。據尹注「四鄰與己爲隟，不計度而知之」，「四鄰與己爲隟」正解「四隟」之義。今本作「四鄰不計」者，即涉注文而誤也。下文曰「故上惛則隟不計」，文與此同。彼脱「四」字耳。翔鳳案：郭沫若説「司聲」當是諫官之屬，有理。廣雅釋詁四：「計，謀也。」國策秦策：「計者事之本也。」「鄰」字不誤。

〔二〕丁士涵云：案此文皆四字爲句。「臣主同則」，謂不分上下之制度，君與臣混而同之，即是不明分職之意。「則」與「職」、「刻」、「殆」、「得」爲韻，尹讀「則」字下屬，非也。張佩綸云：「臣主同則」句，「職」、「則」、「刻」、「得」韻。易釋文引鄭注：「『豐』之言腆，充滿意也。」説文：「豐，豆之豐滿者也。」廣雅釋詁：「豐，滿也。」以刑震民則自滿，自滿則刑法愈刻。上下臣主之分不明，欲去之則亂，欲臨之則殆。「後世何得」，言必爲子孫憂也。章炳麟云：「則」字當斷句。「臣主同則」者，臣主同法也，與上句「上下相干」文義一貫。「刑振以豐，豐振以刻」二句，則别自爲義。「振」與下文「振主」及「臣下振怒」（當作「恐」）之「振」異，彼「振」借爲震，此「振」則訓重。按：曲禮「袗絺綌」，注：「袗，單也。」玉藻則作「振絺綌」，是「振」借爲「袗」。「袗」雖訓單，然表而出之則重矣，故「袗」亦訓重。詛楚文『紳（作「絆」者字形之譌。）以昏姻，袗以齊盟』，「紳」即「申」，「申」、「袗」皆重也，（釋詁：「申，重也。」）猶左傳言「申之以盟誓，重之以昏姻」也。釋言云：「昣，重也。」韓詩雲漢「胡寧瘨我以旱」，傳：「瘨，重也。」皆是重複之重，與「袗」聲義相同者也。「豐」借爲鋒，猶「陳豐」之作「陳鋒」也。鋒爲兵耑，引申爲鋭利意，今世猶有鋒利之語，言持政峭急也。此文之義，謂用刑未已也，重以鋒利；鋒利未已也，重以刻深。鋒利刻深亦指其用刑言，而愈酷烈矣。

〔一三〕張佩綸云：依上下文例，則「後世何得」上亦當有「不許」二字。翔鳳案：公羊隱五年傳「登來之也」，注：「『登』讀言得，得來之者，齊人語也。」齊人名「求得」爲「得來」。

〔一四〕王引之云：「怒」當爲「恐」，此涉上文「喜怒」而誤也。「振恐」即震恐。翔鳳案：「怒」字自通，阿房宫賦「不敢言而敢怒」，非「恐」字。

〔一五〕陳奂云：「芒主」已見上文，爲六過主之一矣。此「芒主」疑當作「亡主」，「亡主」在六過主之末，猶「亂臣」在六過臣之末也。張文虎云：「芒主」與上複，疑「芒」乃「荒」之壞文。又「通人情以質疑」不得爲過，疑有誤。張佩綸云：「芒」當作「亡」。「通人情以質疑」，豈得謂之「芒主」？「通」上脱「不」字，原注「故下通人情以問所疑」，「下」即「不」之壞。足徵本有「不」字。既不通人情，又不信臣下，所以爲昏德也。翔鳳案：古無輕脣音，「亡」讀芒。方言十三「芒，滅也」，即假爲「亡」。呂氏春秋達鬱「血脉欲其通也」，注：「利也。」房訓「質」爲「問」，見廣雅釋詁二。説文：「情，人之陰氣有欲者。」樂記「人樂得其欲」，注：「『欲』謂邪僻也。」亡主因人之情欲以問所疑，故人不敢以實對而無信也。無脱文。

〔一六〕洪頤煊云：「植」，古「置」字。尚書金縢「植璧秉珪」，鄭注：「植，古『置』字。」論語「植其杖而芸」，熹平石經作「置杖」。謂緩急皆置而不行。尹注非。翔鳳案：「多」讀侈。

〔一七〕張佩綸云：「自失」之「失」當爲「泆」。書多士篇：「我聞曰上帝引逸，有夏不適逆，則惟帝降格，嚮于時夏，弗克庸，帝大淫泆有辭，惟時天罔念聞，厥惟廢元命，降致罰。」又曰：「在今後嗣王誕罔顯于天。矧曰其有聽念於先王勤家，誕淫厥泆，罔顧于天顯民祇。惟是上帝不保，降若兹大喪，惟天不畀不明厥德。凡四方小大邦喪，罔非有辭于罰。」「餘力自失而罰」，與經義合。翔鳳案：「失」，古「佚」字。説文：「失，縱也。」荀子哀公篇「其馬將失」，謂將佚也。江淹齊高帝誄「罰」與「惡」韻。

〔一八〕王念孫云：「虞」與「娱」同，樂也，言國有道，則主樂而安也。尹訓「虞」爲「度」，非是。又案：「故主虞而安」以下七句，與上文不相承接，其上當有脱文。張文虎云：篇首「六過」在前，「一是」在後，則申主一節當在末。「故主虞而安」，正承上「則民反素也」句，文氣相貫。「吏肅而嚴」，承「任勢」四句。「民樸而親」，承「民反素」句。「官無邪吏」云云，則總承上事言之。蓋是錯簡，非有脱文。翔鳳案：此種做法，後世謂之斷續法。下文「故一人之治亂」至「名斷言澤」共千餘字，方接七臣，則此篇慣用斷續法，左傳多用此法，非文氣不接也。

故一人之治亂在其心，在其心之邪正。一國之存亡在其主〔一〕。在其主之智愚。天下得失，道一人出。道，從也。一人爲主也，明主得，闇主失。主好本，則民好墾草萊。本，謂農桑也。主好貨，則人賈市。主好宮室，則工匠巧。主好文采，則女工靡。夫楚王好小腰，而美人省食。吴王好劍，而國士輕死。死與不食者，天下之所共惡也，然而爲之者何也？從主之所欲也，而況愉樂音聲之化乎！

夫男不田，女不緇〔二〕，緇，謂黑繒。工技力於無用，謂勤力於無用之器物也。而欲土地之毛，毛，謂嘉苗。倉庫滿實，不可得也。土地不毛，則人不足。人不足，則逆氣生。不足則怨怒，故逆上之氣生。逆氣生，則令不行。然彊敵發而起，雖善者不能存。謂善爲計謀。何以効其然也〔三〕？曰：昔者桀、紂是也〔四〕。誅賢忠〔五〕，近讒賊之士，而貴婦人，好殺而不勇〔六〕，好富而忘貧，馳獵無窮，鼓樂無厭，瑶臺玉餔不足處〔七〕，玉餔，猶玉食。馳車千駟不足乘材。女樂三千人〔八〕，謂有材能之女樂也。鍾石絲竹之音不絶〔九〕。百姓罷乏，君子無死〔一〇〕，言不爲君致死。卒莫有人，人有反心。遇周武王，遂爲周氏之禽。爲周所禽獲也。此營於物而失其情者也〔一一〕，物，謂臺榭車馬所以①爲侈靡者。愉於淫樂而忘後患者也。故設用無度，國家踣〔一二〕。踣，謂散亡。舉爭不時，必受其菑〔一三〕。

〔一〕張文虎云：自此以下至「名斷言澤」，與上下文不相覆，又是他篇錯簡。張佩綸云：此節「一國之存亡在其主」止，下接「上法臣亦法」，以起七臣，餘皆禁藏篇錯簡。因「主好本」、

①「所以」原作「以所」，據補注乙。

「主好貨」、「主好宮室」、「主好文采」四句與此篇略可比附，淺人遂闌入之，致七主七臣前後文不相貫。其證有三：下文「上好本」、「上好利」，與此「主好本」、「主好貨」句例不承，一也。六過不止「愉樂音聲」一端，今專以此爲説，與上不貫，二也。此篇臣主均以守法爲是，而四禁則雜入陰陽家言，三也。若楚、吴二事在管子之後，前人已摘斥之，則諸篇本出戰國時所傳述，不足爲病。　翔鳳案：此文承「七主」而縱言之，何云「不相覆乎」？

〔二〕王引之云：「緇」字義不可通，尹訓爲「黑繒」，非也。「緇」當爲「績」，「男不田，女不績」，猶揆度篇之「農不耕，女不織」也。隸書「甾」字或作「𤰔」，形與「責」相似，故「績」譌爲「緇」。　宋翔鳳云：「緇」與「織」聲之轉，當讀織。　張佩綸云：周禮「純帛」，鄭注：「『純』實『緇』字也。」古「緇」以才爲聲，論語「今也純」，鄭注：「『純』讀曰緇。」説文「純，絲也」，引論語「今也純，儉」。「緇」、「純」通。「女不緇」猶言「女不絲」，不必改「績」、「織」字。　楊深秀云：陋者以「緇」爲「織」字之聲譌，近校本則云是「績」字之形誤。竊謂此本「紡」字，或譌作「紂」，「紂」即「緇」，玉篇言之矣。其在經典，則詩召南之毛傳、周官媒氏之鄭注、禮記祭統之賈疏、檀弓之陸釋文，皆詳悉證明。蓋讀者見此「紂」字，不知改還「紡」字，反以「紂」字正體書之，遂成「緇」字耳。　姚永概云：王説非也，「緇」乃「繅」字，因脱田下小木而譌耳，「繅絲」、「田作」，正相對矣。　翔鳳案：此文可不改字。「緇」與「繅」相似，以爲「織」之譌則無據，且管子「織」皆作「職」，不從糸旁也。　楊深秀引經據典，以爲「紡」之譌，而斥人爲陋，不知周時有絲蔴無棉，其織布不用紡。左昭公十九年傳：「齊高發帥師伐莒，莒子奔紀鄣。使孫書伐之。初，莒有婦人，莒子殺其夫，已爲嫠婦。及老，託於紀鄣，紡焉以度而去之。及師至，則投諸外。或獻諸子占，子占使師夜縋而登。」正義：「謂紡蔴作纑也。」莒婦紡蔴爲索，故得攀援登城。紡之用途少，不能成爲普遍職業，楊斥人爲陋，失言矣。菑爲染布，齊人之專業。有色之布，以緇爲最多。詩緇衣：「緇衣之宜兮。」出其東門：「縞衣綦巾。」說文：「緇，帛黑色也。」「甾」訓田中有災害，無黑義。黑色之稱，乃因染業出於淄水耳。輕重丁云：「萊人善染，練茈之於萊，純緇。緺綬之於萊，亦純緇也。」茈爲紫草，爲朱色。深之則爲緇。考工鐘氏：「染羽，以朱湛丹秫。三入爲纁，五入爲緅，七入爲緇。」孫詒讓周禮正義：「染朱以四入爲止，不能更深，故五入之後，即染以黑也。」萊人有茈，初染紫色，臨淄收買加工而成緇。物以地而名之也。淄水本作「甾」，以甾水洗染之青布名之爲「緇」也。

〔三〕趙用賢云：是戰國後文字。丁士涵云：「効」乃「知」字誤。安井衡云：「効」，驗也。許維遹云：丁説非也。「効」與「效」通，方言十二：「效，明也。」翔鳳案：此體莊子多用之，是楚、宋派文體，以戰國與春秋劃分，非是。

〔四〕王念孫云：「桀」字後人所加，下文「遇周武王」云云，專指紂而言，則無「桀」字明矣。翔鳳案：言桀、紂一類昏君。下文以紂事證，桀事則省略之，王說拘泥。

〔五〕丁士涵云：「忠」疑「臣」字誤，唐武后「臣」作「恧」。翔鳳案：賢臣與忠臣不同，「忠」字不誤。

〔六〕翔鳳案：「不」同「否」。荀子賦篇「君子所敬而小人所不者與」，注：「小人所鄙也。」論語「予所否者」，論衡引作「鄙」。

〔七〕宋翔鳳云：「餔」與「處」不相蒙，「餔」當作「館」，「玉館」猶言璇室也。俞樾云：尹注曰「玉餔猶玉食」，然云「不足處」則當是居處之事。「餔」疑「圃」之假字，「餔」與「圃」並從甫聲，故得通耳。「玉圃」猶瑤圃也。楚辭涉江篇曰：「吾與重華遊兮瑤之圃。」張佩綸云：「餔」當作「鋪」，説文：「鋪，箸門鋪首也。」長門賦、蜀都賦、三輔黄圖均云「玉户金鋪」，景福殿賦曰「銀鋪」，此曰「玉鋪」，更侈於金銀矣。翔鳳案：説文：「餔，日加申時食也。」檀弓「何以處我」，注：「猶安也。」餔食有晏安之義，諸人泥於居處，非是。

〔八〕陳奂云：「材」疑「列」字誤。張佩綸云：疑「材」字衍，否則有脱文。姚永概云：「材女樂」不成辭，「材」字當屬上句。「馳馬千駟」故乘材不足，言木不給用也。郭沫若云：「材」疑「林」字之誤，其上脱「肉」字。史記殷本紀紂「以酒爲池，懸肉爲林，使男女倮，相逐其間，爲長夜之飲」。張守節正義引太公六韜云：「紂爲酒池，迴船糟丘而牛飲者，三千餘人爲輩。」翔鳳案：姚説是。左哀元年傳「罷而成材」，是其證矣。

〔九〕姚永概云：「鍾石」當作「金石」。翔鳳案：禮記明堂位「垂之和鍾」，假爲「鍾」。鐘石猶磬石也。詩鐘磬同音，以雅以南。非八音，不必爲金石也。

〔一〇〕翔鳳案：房注「言不爲君致死」，與下文「卒莫有人」相合，其言不可易也。

〔一一〕許維遹云：淮南子原道篇高注：「營，惑也。」

〔一二〕王念孫云：「度」、「路」爲韻，「時」、「菑」爲韻，今本「路」作「踣」，乃後人不知古義而妄改之。下文「亡國路家」，今本「路」作「踣」，亦是後人所改。邵作舟云：「國家踣」當作「國亡家路」，下文承此。張佩綸云：吕氏春秋行論篇引詩曰「將欲毁之，必重累之；將欲踣之，必高舉之」，注：「踣，破也。」「踣」讀爲剖，與「舉」爲韻，似不必改爲「路」。翔鳳案：左襄十一年傳：「踣其國家。」「踣」從足，音聲，音與度叶，張言是也。

〔一三〕翔鳳案：説文：「爭，引也。」謂彼此競引物也。段注：「凡言爭者，皆謂引之使歸於己。」孝經「在醜不爭」，注：「競也。」「舉」爲兩手對舉，「爭」從𠬪，爲兩手合力，義正相連。趙本改「爭」爲「事」，妄矣。

夫倉庫非虛空也，必侈費無度，故空。商宦非虛壞也，必棄本逐末，故壞也。法令非虛亂也，必上替下陵，故亂。國家非虛亡也。必倒道背理，故亡也。彼時有春秋，歲有敗凶〔一〕，政有急緩。政有急緩，故物有輕重。政急物輕，政緩物重。歲有敗凶，故民有義不足〔二〕。歲既敗凶，雖有義事，不足以行其禮。時有春秋，故穀有貴賤，春穀貴，秋穀賤。而上不調淫〔三〕，故游商得以什伯其本也。淫，過也。謂穀物過於貴賤，則上當收散以調之。此之不爲，故游商得什百之羸，以棄其本也。百姓之不田，貧富之不訾〔四〕，皆用此作。訾，限也。皆從不調淫而作也。城郭不守，兵士不用，皆道此始。道，從。夫亡國踣家者，非無壤土也，其所事者，非其功也。夫凶歲雷旱〔五〕，非無雨露也，其燥濕，非其時也。亂世煩政，非無法令也，其所誅賞者，非其人也。暴主迷君，非無心腹也，其所取舍，非其術也。

〔一〕戴望云：「凶」疑「豐」字之壞，穀梁莊二十九年傳「豐年補敗」，注：「『敗』爲凶年。」「豐」、「敗」二字相對。陶鴻慶云：此及下文「敗」，皆「賑」字之誤，説文：「賑，富也。」「賑」與「凶」兩文相對，與「時有春秋」、「政有急緩」同例。富歲則民羨，凶歲則不足，故下文云「歲有賑凶，故民有羨不足」也。翔鳳案：「敗」、「凶」二字相連，非誤字。豐歲不必言，下文「凶歲雷旱」亦然。

〔二〕王念孫云：「義」當爲「羨」，字之誤也。後國蓄篇、輕重乙篇多言「羨不足」，尹注非。翔鳳案：上文言「敗凶」，下文言「凶歲雷旱」，皆未舉豐年，則「義」之非「羨」，明矣。「義」同「我」，詳侈靡。説文：「我，施身自謂也。或説：我，頃頓也。」「我」，古「俄」字。公羊桓二年傳「俄而可以爲其有矣」，注：「須臾之間，創得之頃也。」凶歲突臨，故民有俄不足也。

〔三〕張佩綸云：「淫」疑係「準」之誤，輕重篇屢見。章炳麟云：尹注「淫，過也。謂穀物過於貴賤，則上當收散以調之。此之不爲，故游商得什伯之嬴以棄其本也」，此説似失之。「淫」當爲「傜」之誤。「傜」字古祇作「繇」，韓勑碑云「邑中繇發」，是「繇」與「發」義相同。漢書鼂錯傳「上方與錯調兵食」，注：「調，謂計發之也。」王莽傳「皆得自調」，注：「調，謂發取也。」食貨志「迺調旁近郡」，注：「調，選發之也。」是「調」與「發」義亦相同，則「調徭」亦同義。繇役與徵調既同義，則繇與均調引申亦爲同義。蓋徵調本均調之引申，故繇役亦得有均調之義。徭役之爲均調，猶賦之爲平均也。（方言：「平均，賦也，燕之北鄙，東齊北郊，凡相賦斂，謂之平均。」）然則調徭猶言均調，言有輕重羨不足貴賤之殊，而上不爲平準均輸等法以均調之，則游商之利息得什伯其本矣。　翔鳳案：書無逸「則其無淫于觀、于逸、于遊、于田」，鄭注：「淫者浸淫不止。」謂不調其浸淫不止者，非誤字。

〔四〕豬飼彥博云：「訾」疑當作「齊」。下篇倣此。　許維遹云：後漢書馮勤傳李賢注：「『訾』與『資』同。」考工記鄭注：「故書『資』作『齊』。」然則「訾」之通「資」，猶「訾」之通「齊」。「貧富之不訾」，言貧富之不齊。

〔五〕丁士涵云：「雷」乃「霖」字誤，爾雅：「久雨謂之淫，淫謂之霖。」左傳：「凡雨自三日以往爲霖。」若作「雷」，失其誼矣。　張文虎云：「雷旱」二字不相比坿，據下文云「非無雨露」，則此句專言旱，疑「雷」乃「甾」字之譌。　翔鳳案：「雷」字不誤，「雷」亦災也。立政「修火憲，敬山澤林藪積草」，是其證。

故明主有六務四禁。六務者何也？一曰節用，二曰賢佐，三曰法度，四曰必誅，五曰天時，六曰地宜。四禁者何也？春無殺伐，無割大陵，割，謂掘徙之也。倮大衍〔一〕，倮，謂焚燒令蕩然俱盡。伐大木，斬大山，行大火，誅大臣，收穀賦〔二〕。凡此春之禁也。夏無遏水，達名川，謂偃塞小水合大水。塞大谷，動土功，射鳥獸。凡此夏之禁。秋毋赦過釋罪緩刑。冬無賦爵賞祿，傷伐五藏〔三〕。五穀之藏。故春政不禁，則百長不生。夏政不禁，則五穀不成〔四〕。秋政不禁，則姦邪不勝。冬政不禁，則地氣不藏。四者俱犯，則陰陽不和，風雨不時，大水漂州流邑，漂，流。謂滿溢於堤防，故漂流城邑。大風漂屋折樹〔五〕，火暴焚，地燋草〔六〕，旱甚則草燋。天冬雷，地冬霆。霆，震。草木夏落而秋榮，蟄蟲不藏，宜死者生，宜蟄者鳴，苴多螣蟇，苴，謂草之翳薈。山多蟲蟁〔七〕。蟁，即蚉。六畜不蕃，民多夭死，國貧法亂，逆氣下生。故曰：臺榭相望者，亡國之廡也。馳車充國者，追寇之馬也。追，猶召也。言馳車所以召寇。羽劍珠飾者，斬生之斧也。文采纂組者，燔功之窑也〔八〕。明王知其然，故遠而不近也。能去此取彼，則人主道備矣〔九〕。此，謂珠飾等物。彼，謂節用愛民。

〔一〕洪頤煊云：「倮」當作「僇」，輕重己篇「作毋戮大衍」，古通作「勠」，謂盡其力也。尹注非。

王念孫云：洪謂「倮」當爲「僇」，是也。俗書「僇」字或作「㒩」，與「倮」字相似而誤，「僇」即「⿰目翏」字也。說文：「⿰目翏，燒種也。」漢律曰：「⿰目翏田茠艸。」玉篇：「力周切，田不耕，火種也。」淮南地形篇注曰：「下而汚者爲衍。」「⿰目翏」、「僇」古字通，「僇大衍」者，謂火焚其草木也。輕重己篇「僇」作「戮」，古者「戮」、「勠」二字竝與「瞭」同音。（湯誥釋文曰：「勠，説文『力周反』。」成十三年左傳「勠力同心」，釋文「勠，嵇康『力幽反』」，呂靜韻集「與『飂』同」。漢書高祖紀「臣與將軍戮力攻秦」，師古曰：「『戮』音力竹反，又力周反。」古今人表「廖叔安」，師古曰：「左氏傳作『戮』，同音力周反，又力授反。」是「戮」、「勠」二字音與「瞭」同也。）故「瞭」通作「戮」，又通作「僇」也。呂氏春秋上農篇曰「山不敢伐材下木」，即此所謂「無伐大木」也。又曰「澤人不敢灰僇」，即此所謂「無僇大衍」也。　翔鳳案：月令：「其蟲倮。」幼官：「以倮獸之火爨。」「倮」爲「裸」之別體。楚辭憂苦「巡陸夷之曲衍兮」，注：「澤也。」孟子「益烈山澤而焚之」，「倮」謂燒火，即下文「行大火」，非誤字。

〔二〕王念孫云：續漢書五行志注引作「收穀賦錢」，是也。説文：「賦，歛也。」「賦錢」與「收穀」對文。　翔鳳案：揆度「輕重五穀以調用」，以穀爲賦，春防糧荒，故禁之。若賦錢，何必禁於春乎？王説誤。

〔三〕翔鳳案：冬禁傷伐五藏，與地氣不藏有關，山海經有五藏山經，則「五藏」指五方之山言，發土太多，大雨挾泥沙俱下，爲人害也。

〔四〕孫星衍云：續漢書五行志注引作「春政不禁則五穀不成，夏政不禁則草木不榮」。

〔五〕孫星衍云：「漂」，當依續漢志注作「飄」。

〔六〕王念孫云：「火暴」當爲「暴火」，與「大水」、「大風」對文。「焚地爇草」，亦與上二句對文。

「熛」與「焦」同。尹注非。　翔鳳案：俗語謂大風大雨並至爲「風暴」，與「暴風」不同。則「火暴」兼風而言，王說謬。

〔七〕宋翔鳳云：「苴」通「菹」，趙岐孟子注：「菹，澤生草者也，今青州謂澤有草者爲『菹』。」王念孫云：「蟲⿱冥䖵」即「蟲螟」，月令曰「蟲螟爲害」，是也。　孫詒讓云：詩小雅大田云：「去其螟螣。」「螣」即「蟘」之借字。此「蟇」當爲「⿱冥䖵」之變體，「螣⿱冥䖵」猶詩言「螟螣」也。「蟲」下「⿱冥䖵」字當作「⿱昏䖵」。說文䖵部云：「⿱昏䖵，蟁。或從昏。蚊，俗蟁從蟲從文。」尹所見本「⿱昏䖵」字尚不誤，故注云「『⿱昏䖵』即『蚉』」。（「蚉」即「蚊」之變體，輕重丁篇作「蟁」。）傳寫譌「⿱昏䖵」爲「⿱冥䖵」，校者疑其與「⿱冥虫」複，因復改上「⿱冥虫」爲「蟇」。不知說文「蟆」爲蝦蟆字，既不當與「螣」竝舉，而「⿱冥䖵」又不得與「蚉」同字，正文與注皆不可通矣。　王校又謂「『蟲⿱冥䖵』即『蟲螟』」，於義雖可通，而非尹注本之舊。　翔鳳案：詩大田傳：「食葉曰螣。」月令注：「蝗之屬，不生於翳薈中。」說文：「螣，神蛇也。」王筠謂：「淮南人呼此爲蟒螣。」本草：「蝦蟆一名蟾蜍，棲苴澤中，爲五毒之一。」「螟」從虫，「蟁」從䖵，則「⿱冥䖵」爲「蟁」之別體，非「螟」字也。孫說誤。

〔八〕丁士涵云：「生」讀爲性。呂覽本生篇：「命之曰伐性之斧。」說苑敬慎篇：「儌幸者，伐性之斧也。」　張佩綸云：「窯」俗字，與「廡」、「馬」、「斧」非韻。說文：「窯，燒瓦竈也。」「匋，瓦器也，史篇讀與『缶』同。」史記鄒陽傳索隱引韋昭：「陶，燒瓦之竈。」是「窯」、「匋」易溷之證。此「窯」即是「匋」之誤字。當是管子故書作「匋」，讀爲釜，「缶」、「釜」雙聲。水經濟水注「陶邱」，墨子以爲「釜邱」，是其證。「燔功之釜」者，韓詩外傳「繭之性爲絲，弗得女功燔以沸湯，抽其統理，不成爲絲」，是燔絲以釜，明矣。今以文采纂組害女功，故曰「燔功之釜」，「釜」與「廡」、「馬」、「斧」爲韻。翔鳳案：説文「窯，燒瓦窯竈也」。段注：「緜詩鄭箋云：『復穴皆如陶然。』是謂經之『陶』，即『窯』之假借也。緜正義引説文：『陶，瓦器竈也。』蓋其所據乃缶部匋下語。『匋』、『窰』蓋古今字。」「窰」亦作「窑」，亦從缶得音也。舌上讀舌頭，「窯」正讀陶。「陶」從缶得聲。「寶」讀俘，公羊莊六年「齊人來歸衛寶」，即通作「俘」。「窑」讀俘，可韻。

〔九〕王念孫云：五行志注引作「則王道備矣」，於義爲長。張佩綸云：此一節非七臣七主篇文，淺人誤置於此，故改「王道備」爲「人主道備」以牽合之，而不知節中「暴主迷君」、「明王」顯與上「七主」牴牾。得續志注一證，尤明。翔鳳案：篇首言「以還自鏡」，則善者可法，惡者可戒，兼在其内，故云「備」。王、張不達此義。

夫法者，所以興功懼暴也。律者，所以定分止爭也。令者，所以令人知事也〔一〕。法律政令者，吏民規矩繩墨也〔二〕。夫矩不正，不可以求方。繩不信，音申。不可以求直。法令者，君臣之所共立也。權勢者，人主之所獨守也。故人主失守則危，臣吏失守則亂。罪決於吏則治，有罪者，吏必能決。決之，故理。權斷於主則威，民信其法則親。是故明王審法慎權，下上有分。下慎罰，上執權，各有其分也。

夫凡私之所起，必生於主。主不好本則私生。夫上好本，則端正之士在前。本，謂道德之政。上好利，則毁譽之士在側〔三〕。好利則傾巧，故毁譽之士在側。上多喜善賞不隨其功〔四〕，則士不爲用。雖曰好善，及其有功則不能賞，故曰「士不爲用」。數出重法而不克其罪，則姦不爲止〔五〕。克，謂勝伏。明王知其然，故見必然之政，立必勝之罰，故民知所必就，而知所必去。推則往，召則來，如墜重於高，如瀆水於地。以譬招來之易也。故法不煩而吏不勞，民無犯禁。故有百姓無怨於上〔六〕，上亦法臣法，言亦爲臣立法。斷名決，無誹譽〔七〕。依名而斷決，則理當而事愜，故無誹譽。故君法則主位安，臣法則貨賂止，而民無姦。嗚呼美哉！名斷言澤〔八〕。依名而斷，則其言順而澤。

〔一〕何如璋云：「令者」上脱「政者」一句，觀下申言「法律政令」，足證。郭沫若云：「令者」當作「政者」。政令不可分，正篇云「政以令之」，又「出令當時曰政」。翔鳳案：行政以令，「令」字不誤。

〔二〕安井衡云：古本「吏」作「使」。「使」，使令也。戴望云：説文：「吏，治人者也。」此「吏」當訓爲治，不必改「使」字。顔昌嶢云：文意蓋言法律政令者，乃官吏人民之規矩繩墨也。故下文云「法令者君臣之所共立也」，又云「臣吏失守則亂」，謂臣吏不守法律政令則亂也。又云「罪決於吏則治」，即謂臣吏依法律政令則治也。此「吏」字即「臣吏」之「吏」，不必改爲「使」，亦不必訓爲「治」。

〔三〕豬飼彦博云：商子（修權篇）曰：「君好法則端直之士在前，君好言則毁譽之臣在側。」「利」當作「言」。　翔鳳案：「本」指農，「利」指商，即末，非誤字。

〔四〕豬飼彦博云：「善賞」猶「重賞」也。「不」上脱「而」字。　戴望云：元刻「賞」下有「而」字，是。　李哲明云：此段主論賞，不主好善，當於「賞」字斷句，注非。「善」字，蓋即涉「喜」字形似而衍。「不隨」上當有「而」字。　翔鳳案：荀子非相「凡人莫不好言其所善」，注：「謂己所好尚也。」「善賞」即「好賞」，非衍文，李説誤。

〔五〕王引之云：「克」讀爲核，「不克其罪」，謂不核其罪之虚實也。吕刑曰「其罪惟均，其審克之」，漢書刑法志引作「其審核之」，是其證矣。尹注非。　李哲明云：「克」蓋「充」字之誤。「充」書作「克」，與「克」最似，往往致淆。「不充其罪」，猶言不當其罪。充，當也。漢書楊雄傳注、後漢班彪傳注並云「充，當也」，是其義。　翔鳳案：説文：「克，肩也。象屋下刻木之形。」釋名釋言語：「克，刻也。刻物有定處，人所克，念有常心也。」王説是也。

〔六〕王念孫云：「有」，即「百」字之誤而衍者。　翔鳳案：論語「有朋自遠方來」，釋文本作「友」。左昭二十年傳「是不有寡君也」，注：「相親有也。」「故有」即「親友」。

〔七〕王念孫云：「臣」下當有「亦」字，「上亦法，臣亦法」，謂君臣皆守法也。下文「君法」、「臣法」，即承此文言之。　丁士涵云：「臣」下脱「亦法」二字。「上亦法」句，「臣亦法」句，「法斷名決」句，「無誹譽」句。知者以下文「君法則主位安，臣法則貨賂止，而民無姦」，兩句分承，故此當平列也。「名」讀如刑名之名。凡罪人姓名以及某罪在大辟，某罪在小辟，皆是法斷則名決，而民亦無誹譽也。俞樾云：尹注曰「依名而斷決」，則其所據本當作「名斷決」，故下曰「名斷言澤」。何如璋云：「上亦」二字乃「矣」之譌，連上爲句者。「法臣」爲目，與下六臣一例。陶鴻慶云：「亦」字當在「臣」字下，「上法臣亦法」，乃結上起下之辭。張佩綸云：當作「主法臣亦法，法臣法斷名決」。蓋主誤作「上」，「亦」上捝「法臣」二字，「法」上又捝一「法」字。「法臣法斷名決」者，以法與名斷決之也。下文「諂臣貴而法臣賤」，是臣之「一是」者爲「法臣」明甚。非此則七臣不全，有「六過」而無「一是」矣。翔鳳案：法爲君臣所共守，故云「上亦法臣法」。孟子：「下無法守也。」荀子正名：「刑名從商，爵名從周，文名從禮。」

〔八〕許維遹云：説文言部「言」從辛聲，辛部「辛」訓「辠」，則「言」與「辛」同義。「獄」從言得義，則「言」猶獄也。周禮大司徒「凡萬民之不服教而有獄訟者」，鄭注：「爭罪曰獄。」「澤」讀爲釋，「釋」，判別也。「名斷言澤」，意謂依名而斷其罪，有獄訟者而判別之也。尹注釋「言澤」爲「言順而澤」，非其旨矣。翔鳳案：論語：「片言可以折獄。」夏小正「農及雪澤」，借爲「釋」。説文：「釋，解也。」許説是也。「哉」古讀兹，與「釋」爲韻。郭沫若改「澤」爲「殫」，非是。

飾臣克親貴以爲名，虛名求實之飾。克，勝也。謂不求親貴以自克勝，持此爲名。恬爵禄以爲高。佯①棄爵禄，以自安恬，以此爲高。好名則無實，美名外揚，内實必喪。爲高則不御。恬爵禄者，君不能御也。故記曰：無實則無勢，勢必以實生。失轡則馬焉制〔一〕。制馬必以轡，制臣必以禄。侵臣事小察以折法令，枉法行事謂之侵。好佼反而行私請〔二〕。佼，謂很詐也。背理爲反。故私道行則法度侵，不侵法度，則無以成其私。刑法繁則姦不禁，主嚴誅則先民心〔三〕。亂臣多則造鍾鼓，衆飾婦女，以惛上故〔四〕。上惛則隟不計而司聲直禄〔五〕，上既惛暗，雖有危亡之隟，不能計度而知之。其司聲之官，直得禄而已，不憂其職務也。是以諂臣貴而法臣賤，此之謂微孤〔六〕。諂貴法賤，則危亡日至，故其君衰微而孤獨。愚臣深罪厚罰以爲行，深文入罪，厚致其罰，此愚臣之行。重賦斂，多兑道，以爲上〔七〕，兑，悦也。謂多賦斂以悦道於君。使身見憎而主受其謗。厚罰多斂，人必憎之。故記稱之曰：愚忠讒賊，此之謂也〔八〕。愚臣雖有忠②於主，乃比之讒賊。姦臣痛言人情以驚主，痛，甚極之辭。開罪黨以爲讎。開引罪黨，上聞於君，與之爲讎。除讎則罪不辜，彼但讎

① 「佯」字原作「任」，據補注改。
② 「忠」字原作「損」，據校正改。

耳，未必皆有罪。今而除之，則罪不辜之人也。罪不辜則與讎居。既殺不辜，則人皆讎己，故所與居者，莫非讎也。故善言可惡以自信，而主失親〔九〕。好言可惡之事以告於君，此求君之信己也。君果信之，則失其所親也。亂臣自爲辭功禄〔一〇〕，明爲下請厚賞，己有功，當得禄，則佯辭之，以爲名①。其下未必當賞，則明然爲之請，以求衆②心也。居爲非母，動爲善棟〔一一〕，其居也，與衆非③者爲母。其動也④，與佯爲善者爲⑤棟梁也。以非買名，以是傷上〔一二〕，其所以買名者用非道，雖曰爲之必傷於上。而衆人不知，之謂微攻〔一三〕。言爲僞善漸攻於君。

〔一一〕張佩綸云：法法篇：「人君之所以爲君，勢也，故人君失勢，則臣制之矣。」用親貴，任舉虚名無實之士，則君之勢失，受制于臣，故曰「無實則無勢」。

〔一二〕劉績云：疑作「交友」。豬飼彦博云：「佼」古本作「狡」，觀注可見。張榜本作「交友」，

①「名」字原作「以」，據補注改。
②「衆」字原作「志」，據補注改。
③「非」字原作「犯」，據補注改。
④「也」字原無，據補注增。
⑤「與」字原作「以」，「者」下「爲」字原作「之」，據補注改。

是。　王念孫云：明法篇曰「民務交而不求用」，又曰「十至私人之門，不一至於庭」，明法解「交」作「佼」。張文虎云：「佼」字本作「交」，譌爲「友」，兩本竝存，遂爲衍字耳。此處不得有「友」字。張佩綸云：法禁篇「以朋黨爲友」，即「好佼友」也。翔鳳案：房注「『佼』謂佷詐也，背理爲『反』」，意謂「佼」假爲「狡」。形勢「烏鳥之狡，雖善不親」。此「佼」、「狡」互假之證，其言是也。「反」字不誤，諸人自不解耳。

〔三〕翔鳳案：「先」，趙本作「失」，此以意改也。此就「侵臣」言之，「先」假爲「洗」。易繫辭上傳「聖人以此洗心」，蜀才作「先」。漢書百官公卿表「太子先馬」，續百官志作「洗馬」。繫辭劉注：「洗，盡也。」書酒誥「自洗腆」，馬注：「盡也。」孟子「盡心焉耳矣」，是「先心」也。主嚴誅責，則爲民盡心，以收攬民心，是爲「侵臣」。若作「失民心」，何以爲「侵臣」乎？趙本之謬如此。

〔四〕陳奐云：「亂臣」爲六臣之一，在下文。此「亂臣」當作「諂臣」。下文云「是以諂臣貴而法臣賤」，是其明證。

〔五〕張佩綸云：「隟不計」當作「四鄰不計」，應上文。「直祿」當爲「置祿」，周語注：「置，猶廢也。」許維遹云：「則」下脱「四」字，俞樾已校及矣。「直」、「徒」雙聲同義，詩中谷有蓷篇鄭箋：「徒，空也。」言司樂之官空食其禄而已。翔鳳案：郭沫若謂「故」字當屬上讀，是也。然謂「『故』亦智也」則非是。楚語「天有其故」，注：「意也。」淮南氾論訓「問其故」，注：

「意也。」「惛上故」，惛上意也。「隟」字不見説文，唐王美暢夫人墓誌銘「隙」作「隟」，則「隟」乃隸變。與四鄰無關，張説誤。孟子「直不百步耳」，注：「但也。」漢書高帝紀注：「但，空也。」「直」不訓徒，雖可通，而多一轉折矣。

〔六〕張佩綸云：説文：「微，隱行也。」翔鳳案：左哀十六年傳「白公奔山而縊，其徒微之」，注：「匿也。」張引説文而刪「春秋傳曰：白公其徒微之」十字，文意不顯。

〔七〕豬飼彦博云：「兑道」疑當作「税租」。「爲」如字。「上」、「尚」同。安井衡云：「兑」當爲「税」之壞字，「多兑道」，多税斂之道也。許維遹云：荀子議兵篇楊注：「『兑』猶聚也。」晉語韋注：「聚，財衆也。」「多兑道」言多聚財衆之道，則「兑」非「税」之壞字明矣。翔鳳案：説文：「兑，説也。」本古「悦」字。孟子「不得不可以爲悦」，朱駿聲以爲「敓」之借，説文訓「彊取」。詩緜「行道兑矣」，傳：「成蹊也。」謂多闢聚財之道，彊取於民以悦其君。「税」從兑，亦有悦義。詩「説於農郊」，注：「説，本或作『税』。」三説皆通，特未能圓其説耳。

〔八〕王念孫云：「愚忠」本作「愚臣」，即承上文「愚臣」而言，故尹注亦作「愚臣」。此作「愚忠」者，唐武后改「臣」爲「𢘑」，因脱其上畫而爲「忠」矣。翔鳳案：「忠」字不誤。愚忠本爲主，不明事理，而有損於其主，房注誤在「雖」字。

〔九〕豬飼彦博云：「故善言可惡以自信而主失親」，言君忌惡善言，驕亢自信，而失宗族之心也。此二句不與上文貫接，疑上脱「讒臣云云」之文，若然，則合七臣之數。篇題既曰七臣七主，豈有兩物同名及列六不列一之粗謬乎哉？張佩綸云：呂覽「以爲姦人除路」，注：「除，猶開通也。」「信」當爲「伸」，姦臣自伸其説，則善言可以爲惡，則主無親臣矣。陳鴻慶云：據尹注，「善言可惡」當作「喜言可惡」。翔鳳案：呂氏春秋圜道：「人之竅九，一有所居則八虛。」「居」有蔽錮之義。漢書袁盎傳「後雖惡君」，注：「謂譖毁之，言其過惡。」善言其可惡者以自伸，張以「信」爲「伸」，是也。

〔一〇〕劉績云：前有「亂臣」，此「亂」字誤。許維遹云：「爲」與「僞」通。尹注云「己有功，當得禄，則佯辭之以爲名」，亦釋「爲」爲「僞」。

〔一一〕陳奂云：「毋」當爲「毌」，「毌」，古「貫」字。爾雅曰：「貫，事也。」説文曰：「棟，極也。」居爲非事，而動爲善極，此所謂以非買名也。尹注非。張文虎云：「居爲非母」，謂陰爲衆惡之母。「動爲善棟」，謂襲衆善以自予也。「棟」者椽所聚。李哲明云：陳云「棟，極也」，誠然。至改「毋」爲「毌」，於義雖通，失原書字法句法矣。且「非事」亦未成語，不可從。尹注順文解之，未遂爲非。

〔一二〕張文虎云：「非」、「是」二字疑當互易，謂己擅其功，歸過於上也。張佩綸云：「以非買名」，終軍云「矯作威福以從民望」，是也。李哲明云：言居爲衆非之母，指爲下請厚賞事，即注所云「其下未必當賞，而明爲之請以求衆心」，其買名如此。動則託爲善之極，指上文辭功禄，言詐欺其上，非傷上而何？張氏（文虎）謂「非」、「是」二字當互易，亦未可據。

〔一三〕陳奐云：「之」上脱「此」字。「此之謂微攻」，與上文「此之謂微孤」同一句例。張文虎云：七臣亦六過一是，此止存六過，蓋下有脱文。翔鳳案：「微」爲隱匿，已見上文。「衆人不知，之謂微攻」，以衆人不知形容「微」字，一字不誤。以爲脱「此」字，非也。

禁藏第五十三

雜篇四

翔鳳案：以篇首二字而名禁藏，如莊子之外物、馬蹄、秋水。論語、孟子均以篇首二字爲名，此當時通例。

禁藏於胷脅之内，而禍避於萬里之外，能以此制彼者，唯能以己知人者也。言度己以察彼，則無隱情，故姦謀藏於胷脅。姦藏禍息，故遠避於萬里之外。彼不能興姦生禍，則我能制之。凡此，皆以己知人故也。**夫冬日之不濫，非愛冰也。**濫，謂泛冰於水以求寒，所謂濫漿。**夏日之不煬，非愛火也**〔一〕。**爲不適於身，便於體也**〔二〕。冬之冰，夏之火，皆於身體不適便。**夫明王不美宮室，非喜小也。不聽鍾鼓，非惡樂也。爲其傷於本事，而妨於教也。**美宮室，聽鍾鼓，則傷事而妨教。**故先慎於己而後彼，官亦慎内而後外，**内則本務，外則末業，君慎之則臣効。民亦務本而去末〔三〕。官慎之則民①效也。居民於其所樂，居其所樂，則敦土而不遷。事之於其所利，事其所利，則不勸而自勵。賞之於其所善，賞其所善，則皆悦而立功。罰之於其所惡〔四〕，罰其所惡，則忌慎而無犯。信之於其所餘財，君人者莫不有餘財，期賞而必，故曰信。功之於其所無誅〔五〕。必勝殘息誅，然後可以爲成功。於下無誅者，必誅者也。有罪必誅，故能息。所謂以刑止刑，以殺止殺也。有誅者，不必誅者也。有罪不必誅，故誅不息也。以有刑至無刑者，其法易而民全。刑兹無赦，人不敢犯，故曰「以有刑至無刑」。若此者，其法簡易，而民完全。以無刑至有刑者，其刑煩而姦多。緩誅宥死，人則輕而犯之，故曰「無刑至有刑」。若此者，其刑繁漫，而姦人多。夫先易者後難〔六〕，無刑至有刑，故曰「先易而後難」。先難而後易，有刑至無刑，故曰「先難而後易」。萬物盡然。皆同之於用法。明王知其然，故必誅而不赦，必賞而不遷者，非喜予而樂其殺也〔七〕，所以爲人致利除害也。賞不遷，非喜與。誅不赦，非樂殺。然必其誅賞，則爲人致利除害故也。於以養老長弱〔八〕，完活萬民，莫明焉〔九〕。言養老活人，無明於必誅賞。夫不法法則治〔一〇〕。言不法者，必以法正之，故治。法者，天下之儀也，儀，謂表也。所以決疑而明是非也，百姓

---

① 「民」字原作「主」，據補注改。

所縣命也，刑罰一差，人無所措手足，故曰縣命。故明王慎之。不爲親戚故貴易其法，故，謂恩舊。吏不敢以長官威嚴危其命〔一一〕，危，謂毀敗。民不以珠玉重寶犯其禁。所謂君無欲焉，雖賞之不竊。故主上視法嚴於親戚〔一二〕，不爲親戚易法，故法嚴。吏之舉令，敬於師長。不爲師長危令，故令敬也。民之承教，重於神寶〔一三〕。不爲重寶犯禁，故教重。夫寶有靈，故曰神寶。故法立而不用，刑設而不行也。無犯之人，則無所用其刑法。夫施功而不鈞，位雖高，爲用者少。施功，謂施恩於有功者。施恩不鈞，則有功者怨，故雖有高位，人不爲用。赦罪而不一，德雖厚，不譽者多。赦罪不一，則毒流不辜，雖有厚德，人誰譽之。舉事而不時，力雖盡，其功不成。方冬植禾，雖勤似后稷，不能成其①嘉苗。刑賞不當，斷斬雖多，其暴不禁〔一四〕。夫公之所加，罪雖重，下無怨氣。私之所加，賞雖多，士不爲歡〔一五〕。行法不道衆〔一六〕，民不能順。有道之人，必順於道。舉錯不當衆，民不能成。衆尚不成，況無衆乎。不攻不備，夫設備者，必防攻也。當今爲愚人〔一七〕。

〔一一〕戴望云：内則「有濫」，以周官六飲校之，「濫」即涼也。呂覽節喪篇「鐘鼎壺濫」，注云：「以冰置水漿於其中爲『濫』。」則「濫」近小招所謂「凍飲」者。張佩綸云：據韓詩外傳「冰」

① 「其」字原作「以」，據補注改。

當作「水」，「水」、「火」、「體」韻，「小」、「樂」、「教」韻。　翔鳳案：説文：「鑑，大盆也。」天官凌人「祭祀共冰鑑」，注：「鑑如甀，大口，以盛冰。」莊子「同濫而浴」，借「濫」爲「鑑」。注水於鑑中曰濫，説文訓「氾」。家語三恕篇：「夫江始於岷山，其源可濫觴。」謂注水於盤而洗盃也。地員「濫車之水」，亦謂注車。冬日不以冰注於鑑中，故云「非愛冰也」。作「水」者大謬。非韻文。

〔二〕戴望云：御覽引「便」上有「不」字，據尹注亦有「不」字，今本脱。　翔鳳案：「不」字貫下二句，再增「不」字謬。

〔三〕陳奂云：「彼」衍字，「後」與「彼」形相近而譌，併入之耳。「官亦慎内而後外，民亦務本而去末」，二句對文。言明王先慎於己，而後官民胥効也。　張文虎云：陳君謂「彼」字衍，非也。「彼」與「己」正相對，正承篇首「以此制彼，以己知人」來，疑當衍「於」字。「官」字當作「臣」。　許維遹云：張（文虎）説是也。惟「於」字不衍，「官」亦訓「臣」，見吕氏春秋愛士篇高注。　翔鳳案：「己」與「彼」、「内」與「外」、「本」與「末」均相對，非衍文，但不韻耳。

〔四〕陶鴻慶云：「善」當爲「喜」字之誤，「喜」與「惡」對文。尹注云「賞其所善，則皆悦而立功」，「善」亦當作「喜」，「悦而立功」正釋其義。　翔鳳案：善惡亦相對，何必改？古人於善惡之惡、好惡之惡無别。

〔五〕丁士涵云：「信」讀爲屈信之信，言上不奪取之也。　張佩綸云：「所餘財」當作「所予」。

「所無誅」，「無」字涉下而衍。曲禮下注：「『予』、『余』古今字。」周禮委人注：「『余』當爲『餘』，聲之誤也。」是「予」、「余」、「餘」易溷之證。「所予」、「所誅」與上四句一例，故下曰「非喜予而樂殺」。周禮太宰八柄「三曰予以馭其幸」，「八曰誅以馭其過」，「予」、「誅」即上文「賞」、「罰」。「功」讀爲公，詩六月傳：「公，功也。」樊安碑「以功德加位」作「以公德」，皆其證。公者，說文引韓子曰：「背厶爲公。」漢書張釋之傳：「法者，天子所與天下公共也。」

翔鳳案：論語「於予何誅」，責也。無可指責，則功之矣。不知其義而改之，謬。下四「誅」字同義。

〔六〕孫星衍云：依注，「者」當作「而」。翔鳳案：「者」指人，必不可少。

〔七〕王念孫云：「其」字，涉上文「知其然」而衍。尹注無。翔鳳案：「其」字指明王自己，非衍文。

〔八〕安井衡云：古本「弱」作「幼」。翔鳳案：孟子：「老弱轉乎溝壑。」老弱爲通用語，古本誤。

〔九〕張佩綸云：「莫明焉」當作「莫不明焉」，「不」字錯入「法法」上，宜乙正。金廷桂云：「莫明」當作不知解，猶孟子言「民日遷善而不知爲之者也」。下文「如鳥之覆卵，無形無聲而惟見其成」，可以爲證。翔鳳案：孟子：「晉國，天下莫强焉。」「莫明焉」，莫明於此也。諸說俱誤。

〔一〇〕豬飼彦博云：「夫不法」下疑脱「則亂」二字。　王念孫云：「不」字涉上文而衍。「法法」者，守法也，言能守法則國必治也。故下文曰「不失其法然後治」。若反是，則謂之「不法法」，故法法篇曰：「不法法，則事毋常也。」尹注非。　安井衡云：當作「不法法則亂，法法則治」，以「法」字複出而誤脱耳。

〔一一〕俞樾云：「危」者，「詭」之假字，曹大家注幽通賦曰：「詭，反也。」　張佩綸云：呂覽驕恣篇注：「危，敗也。」禮記儒行注：「危，欲毀害之也。」原注「『危』謂毀敗」，本此。

〔一二〕張文虎云：「上」疑當作「之」，與下「吏」、「民」二句句法一例。　翔鳳案：司馬遷報任少卿書「以求親媚於主上」。「主上」二字連文，非誤。

〔一三〕俞樾云：爾雅釋詁曰：「神，重也。」此言「神寶」即上言「重寶」，因句有重字，故變重言「神」耳。　翔鳳案：山權數：「將御神用寶。」「東海之子類於龜，藏諸泰臺，一日而釁之以四牛，立寶曰無訾。」禮器：「諸侯以龜爲寶。」莊子外物：楚有神龜，「七十二鑽而無遺筴」。

〔一四〕王念孫云：「賞」字與下二句義不相屬，此涉下文「賞雖多」而衍。　張佩綸云：當作「斷刑而不當，斬雖多，其暴不禁」，與上句一例。　翔鳳案：刑與賞可並行，刑人而賞其與案有關者。王不察而疑「賞」爲誤字，非是。

〔一五〕張佩綸云：「歡」當作「勸」，本書屢見。　許維遹云：「歡」、「勸」古字通用，不必改字。　翔鳳案：孟子「而民歡樂之」，左昭九年傳注作「勸」。許説是也。

〔一六〕戴望云：宋本「行」作「刑」，「刑法」與下「舉錯」對文。翔鳳案：楊本作「行」。「道衆」，由衆也。莊子漁父：「道者，萬物之所由也。」集校誤以「道」字斷句。下文「皆道上始」，義同。

〔一七〕安井衡云：「令」當爲「命」，字之誤也。張佩綸云：「不攻不備，當令爲愚人」，無義。「攻」當作「政」，「令」當作「令」。疑本文作「政令不備，愚民不能常」，「政令」與「刑法」、「舉錯」對文。詩閟宮「魯邦是常」，箋：「常，守也。」「順」、「成」、「常」爲韻。翔鳳案：刑賞之用，以圖霸王。春秋列國並峙，有攻有備。不攻不備者，唯愚人耳。云「當今」，明周之盛時不然也。一字不誤，改爲「命」或「令」均誤。

故聖人之制事也，能節宮室、適車輿以實藏〔一〕，不費於宮室車輿，則庫藏自實也。則國必富，位必尊。能適衣服、去玩好以奉本，本，謂農桑。而用必贍，身必安矣。能移無益之事，無補之費，通幣行禮，而黨必多，交必親矣。移無益無補之費而行禮，故黨多交親也。夫衆人者，多營於物，而苦其力，勞其心，故困而不贍。營物過分，故勞而不贍①。大者以失其國，小者以危其身。凡人之情，得所欲則樂，逢所惡則憂，此貴賤之所同有也。近之不能勿欲，謂所好之物。遠之不能勿忘〔二〕，人情皆然，而好惡不同。

① 「贍」字原作「賤」，據補注改。

各行所欲，各以所欲行之。而安危異焉，適理而欲則安，背理而欲則危。然后賢不肖之形見也。夫物有多寡，而情不能等。賢者欲寡，不肖者欲多也。事有成敗，而意不能同。賢者意多成，不肖者意多敗也。行有進退，而力不能兩也。賢者能進，不肖者唯退也。故立身於中，謂多寡成敗進退之中也。養有節。宫室足以避燥濕，食飲足以和血氣，衣服足以適寒温，禮儀足以別貴賤，游虞足以發歡欣，棺椁足以朽骨，衣衾足以朽肉，墳墓足以道記〔三〕。道識其處，各有記也。不作無補之功，雖曰有功，於身無補。不爲無益之事，故意定而不營氣情。氣情不營，則耳目穀〔四〕，穀，善也。謂聰明不虧。衣食足。耳目穀，衣食足，則侵爭不生，怨怒無有，上下相親，兵刃不用矣。

故適身行義，儉約恭敬，其唯無福，禍亦不來矣〔五〕。禍福兩無①，乃善之至。驕傲侈泰，離度絶理，其唯無禍，福亦不至矣。禍福兩有，乃禍之至。是故君子上觀絶理者，以自恐也。觀絶理者致禍，故恐。下觀不及者，以自隱也〔六〕。隱，度也。度己有不及之事，當致②之也。故曰：譽不虚出，必出於行善。而患不獨生，必生於爲惡。福不擇家，雖賤

① 「無」字原作「來」，據校正改。
② 「致」字原作「故」，據補注改。

家行善，福亦來矣。**禍不索人**，雖貴人行惡，禍亦至矣。**此之謂也**。凡此，欲令脩己以致福，無恃貴以招禍。**能以所聞瞻察，則事必明矣**。謂耳所聞，目所瞻①，皆②能審察其是非。如此，則無事不明矣。

〔一〕俞樾云：「適」，節也。吕覽重己篇「故聖人必先適欲」，高注曰：「『適』猶節也。」翔鳳案：「適」字自通，不必如俞所云。

〔二〕安井衡云：古本「忘」作「惡」。翔鳳案：遠者易忘，「忘」字是，古本謬。

〔三〕張佩綸云：「足以道記」者，周禮冢人：「掌公墓之地，辨其兆域而爲之圖，以爵等爲邱封之度與樹數。」禮記檀弓篇：「孔子曰：吾聞之，古者墓而不墳；今丘也東西南北之人，不可以不識也。」翔鳳案：廣雅釋詁四：「道，國也。」「國」即「域」字。

〔四〕豬飼彦博云：「營」同「熒」。「穀」當作「縠」，薄也，言耳目之欲薄少。丁士涵云：當作「故意氣定而情不營，情不營則耳目穀」。心術下篇：「故曰毋以物亂官，毋以官亂心，此之謂内德。是故意氣定然後反正。」内業篇：「氣意得而天下服，心意定而天下德。」七臣七主篇：「此營於物而失其情者也。」俞樾云：「穀」讀爲慤，禮記祭義篇「其親也慤」，正義

① 「瞻」字原作「贍」，據校正改。
② 「皆」字原作「則」，據校正改。

曰：「『慤』謂質慤。」氣情不營，則耳目質慤矣。尹讀如本字，非。翔鳳案：房注「㲉，善也，聰明不虧」，不誤。

〔五〕豬飼彥博云：「唯」當作「雖」，言使其無福而禍必不來。下句倣此。戴望云：「唯」與「雖」同。張佩綸云：徐幹中論脩本篇引曾子曰：「人而好善，福雖未至，禍其遠矣；人而不好善，禍雖未至，福其遠矣。」大戴禮所録曾子各篇無之。陶鴻慶云：「唯」讀爲雖，言雖無福，亦必無禍也。下云「驕傲侈泰，離度絶理，其唯無禍，福亦不至矣」，語意與此同。尹注並非。翔鳳案：諸家訓「唯」爲「雖」，「其雖」未見有連用者，且下文「亦」字無義。「唯」仍訓惟。老子：「福兮禍所伏。」福非必可喜者，下文「福亦不至」，比之更顯。

〔六〕陳奐云：「隱」與「恐」義相近。「隱」當讀爲慇。爾雅釋訓曰：「慇，慇憂也。」字又作「殷」。毛詩「如有隱憂」，韓詩作「殷憂」。古「慇」、「殷」、「隱」三字皆同。尹注訓「隱」爲「度」，失之。張佩綸云：爾雅釋詁：「隱，度也。」原注同。「不及」，謂恐不能適身行義儉約恭敬也。既以絶理者爲戒，復以行義者爲度，而又恐其不及也。翔鳳案：陳説是。「憂」與「恐」相類。

故凡治亂之情，皆道上始。道，從也。事明財理，反是則亂也。**故善者圉之以害，牽之以利，**有害則圉，有利則牽。**能利害者，財多而過寡矣。**利害由己，則避害而取利。取利則財多，避害故過寡矣。**夫凡人之情〔一〕，見利莫能勿就，見害莫能勿避。其商人通**

賈〔二〕，倍道兼行，夜以續日，千里而不遠者，利在前也。疾至則得利，故速行而不倦也。漁人之入海，海深萬仞，就彼逆流〔三〕，謂海潮起，則水逆流。乘危百里，宿夜不出者，利在水也〔四〕。故利之所在，雖千仞之山，無所不上，深源之下〔五〕，無所不入焉。故善者，勢利之在，而民自美安〔六〕，勢利在身，則人美而安之。不推而往，不引而來，不煩不擾，而民自富。凡此，皆勢利之所致。如鳥之覆卵①，無形無聲，而唯見其成。夫勢利致人，若鳥之覆卵焉，雖無形聲，俄見其成也。

〔一〕吴汝綸云：「夫」字上屬。翔鳳案：「矣夫」作歎詞，管書未見，吴説非。利害指賞罰。

〔二〕郭嵩燾云：下文「漁人之入海」，則當云「商人之通賈」。而誤衍一「其」字，奪一「之」字。

翔鳳案：「其」字承「凡人」來，不可省。

〔三〕安井衡云：古本「彼」作「波」。翔鳳案：「波」字古本以意改。

〔四〕翔鳳案：「宿」從「佰」聲。「宿」，古文「夙」。周書寤儆「戒維宿」，注：「宿，古文『夙』。」「宿夜」即夙夜。

〔五〕王念孫云：「深源」當爲「深淵」。意林「淵」作「泉」，避唐高祖諱也，則本作「淵」，明矣。

〔六〕張佩綸云：「勢」當作「執」，禮記樂記注：『執』猶處也。」上文但言利之所在，未言勢之所在。

①「卵」字原作「卯」，據纂詁改。下注文同。

「美」字，涉上「善」字而誤衍。處利之所在，而民自安，即上文「居之於其所樂，事之於其所利」。「民自安」與「民自富」句例同。翔鳳案：「勢」本作「埶」。漢書高帝紀：「地埶便利。」藝文志有形勢十一家。玉篇：「勢，形勢也。」古籀補：「者，古文以爲『諸』字。」故「善者勢」，即善諸形勢也。非誤字。説文：「美，甘也。」老子：「美其食，安其俗。」「美」字不當衍。

夫爲國之本，得天之時而爲經，經所以本之也。得人之心而爲紀〔一〕。紀所以總①之也。法令爲維綱〔二〕，維綱所以張也。吏爲網罟，網罟所以苞之。什伍以爲行列，行列所以開具②之也。賞誅爲文武〔三〕。賞則文，誅則武。繕農具當器械，農具既繕，則器械可脩也。耕農當攻戰，耕農之不怠，若攻戰之不退也。推引銚耨以當劍戟〔四〕，用銚耨者，必推引之，若劍戟擊刺。被蓑以當鎧鑐〔五〕，蓑，雨衣。被著之，所以禦雨露。若武備之有鎧鑐，著甲③周身若褐炙，故曰鑐。菹笠以當盾櫓〔六〕。取菹澤草以爲笠，若武備之有盾櫓也。故耕器具則戰器備，具耕器，則備戰用也。農事習則功戰巧矣〔七〕。習農，則當功戰。當春三月，萩室熯造，

① 「紀」字原作「則」，「總」字原作「紀」，據補注改。
② 「開具」二字原作「聞其」，據補注改。
③ 「甲」字原作「卑」，據補注改。

熯，謂以火乾也。三月之時，陽氣盛發，易生温疫。楸木鬱臭，以辟毒氣，故燒之於新造之室，以禳祓也①。**鑽燧易火，杼井易水，所以去兹毒也**〔八〕。四時易火，至春則取榆柳之火，春時之井，又當復杼之，以易其水。凡此，皆去時滋長之毒。**舉春，祭塞久禱**〔九〕**，以魚爲牲，以蘖爲酒，相召，**久禱而未報者，當享塞之。相召，謂因此時召親賓。**所以屬親戚也。毋殺畜生，毋拊卵**②**，**拊，謂③擊剥之也。**毋伐木，毋夭英，**英，爲草木之初生也。**毋拊竿**〔一〇〕**，**竿，笋之初生也。**所以息百長也。**所以生息百物之長。**賜鰥寡，振孤獨**〔一一〕**，貸無種，與無賦，所以勸弱民。**謂勸勉貧弱之人也。**發五正**〔一二〕**，**正，謂五官正也。**赦薄罪，出拘民**〔一三〕**，解仇讎，**仇讎者和解④令反去。**所以建時功，施生穀也。**謂及時立農功，施力爲生穀。凡此，皆春令。**夏賞五德，**五德，謂五常之德。**滿爵禄，遷官位，禮孝弟，復賢力，所以勸功也**〔一四〕。賢而有功，賞復除之。此皆夏令。**秋行五刑，誅大罪，所以禁淫邪，止盜賊。**凡此皆秋令。**冬**

---

① 「祓也」二字原作「被」，據補注改。
② 「卵」字原作「卯」，據纂詁改。
③ 「謂」字原作「胃」，據補注改。
④ 「解」字原作「讎」，據校正改。

收五藏，五穀之藏。最萬物〔一五〕，最，聚。所以内作民也〔一六〕。凡此皆冬令①。四時事備，而民功百倍矣。於四時事皆備，故人有百倍之功。故春仁，夏忠，秋急，冬閉〔一七〕，生者，仁也。長者，忠也。收當急也，藏當閉②也。順天之時，約地之宜〔一八〕，忠人之和〔一九〕。忠，猶稱也。事稱人理則和。故風雨時，五穀實，草木美多，六畜蕃息，國富兵彊，民材而令行，人多材藝而順上命，故令行也。内無煩擾之政，外無彊敵之患也。夫動靜順然後和也，不失其時然後富，不失其法然後治。故國不虚富，必不失財，然後富也。民不虚治。必不失法，然後治。不治而昌，不亂而亡者〔二〇〕，自古至今，未嘗有也。昌必國理，亡必國亂。反是者，古今③所未有。

〔一〕張佩綸云：原注「經所以本之也，則所以紀之也」，無義。案：下文「順天之時，約地之宜，忠人之和」實承此文，則此文奪「得地」句。以上下句例求之，當作「得地之宜而爲約」，原注當作「經所以□之也，約所以則之也，紀所以□之也」，「經」、「紀」兩句注已爛脱，猶幸存此「則」字，足以補訂「得地」一句。「約」訓「則」者，素問八正神明篇「必有法則焉」，「則」，約也。

---

① 「令」字原作「作」，據校正改。
② 「閉」字原作「前」，據補注改。
③ 「今」字原作「令」，據補注改。

翔鳳案：說文：「紀，別絲也。」「別，分解也。」「則，等畫物也。」「別」與「則」義近。然「別」爲分解骨肉，用於紀綱，不如「則」之義尤合。故曰「則，所以紀之也」。宋本不誤，亦無奪文。

〔二〕安井衡云：古本作「綱維」。翔鳳案：牧民篇有四維。「維」在「綱」先，楊本是。

〔三〕張佩綸云：上句當在「耕農當攻戰」下，「爲」乃「當」字之誤。「賞誅爲文武」亦有誤。「經」也、「約」也、「紀」也、「綱維」也、「網罟」也，均借物爲喻，不應「賞誅」句獨質言之。翔鳳案：房注「賞則文，誅則武」，是也。「行列」亦非借物爲喻，張說非是。

〔四〕張佩綸云：「推引」二字，涉上「不推而往，不引而來」而衍。翔鳳案：韓非八說篇「古者寡爭而備簡，樸陋而不盡，故有珧銚而推車者」。注云：「珧，蜃屬。」「銚」即「銚耨」，剗削之器也。上古摩蜃而耨也。晏子春秋：「君將戴笠衣褐，執銚耨以蹲行畎畝之中。」秦策：「無把銚推耨之勢。」說文無「耨」字，字本作「蓐」，以蜃去草。「辰」爲古「蜄」字。史記律書：「辰者言萬物之蜄也。」晉語「受脤於社」，注：「宜社之肉，盛以蜃器。」「辰」之爲「蜃」，明矣。用時蹲地而把推之。張不知其制而衍「推引」二字，誤矣。

〔五〕王紹蘭云：「鑐」當爲「襦」，涉上「鎧」旁「金」而誤。說文：「鎧，甲也。襦，短衣也。」方言：「汗襦自關而東謂之甲繻。」則「鎧襦」即「甲繻」，以其衷於甲内，故謂之「甲繻」。深衣釋例云：「方言自關而東謂之『甲襦』，蓋甲内衷襦。襦制略同深衣、方言之『甲繻』，即深衣所云『可以武』者也。」以其近身著汗，故又謂之「汗襦」，「襦」之言「濡」也。秦風無衣篇「與子同澤」，毛傳：「澤，潤也。」鄭箋：「襗，褻衣，近汚垢。」釋文引説文作「繹」，云：「絝也。」受汗濡謂之「襦」，猶受汗澤謂之「襗」矣。然則鎧在表，襦在裏，各爲一衣，故與「盾櫓」對文耳。

〔六〕陳奂云：「葅」與「苴」同，「苴笠」與「被蓑」對文，「苴」之爲言且也，「且」者薦也。漢書賈誼傳「冠雖敝不以苴履」，「苴笠」猶「苴履」也。尹注非。　俞樾云：尹注曰「取菹澤草以爲笠」，然則當云「草笠」，不當云「菹笠」，且與上文「被蓑以當鎧鑐」文義不倫，殆非也。「菹」者，「組」之假字。説文系部：「組，綬屬，其小者以爲冕纓。」然則「組笠」猶言纓冠，正與「被蓑」相對成文。　張佩綸云：漢書郊祀志上注：「『苴』字本『葅』，假借用。」是「葅」即「苴」之假借。禮記少儀「苞苴」，注：「苞苴，謂編束萑葦以裹魚肉。」此「苴笠」亦謂編束笠以當盾櫓。　姚永概云：正文「菹」字，即涉注文「菹澤」而誤。字當作「苴」，尹以「草」釋「苴」，不謂「菹」爲「菹澤」也。俞改爲「組」，亦非。　翔鳳案：「葅」本作「蒩」。説文：「蒩，茅藉也。禮曰：『封諸侯以土，蒩以白茅。』」以茅藉笠而戴之。古本作「菹」，謬。

〔七〕洪頤煊云：「功」，古通作「攻」字。　翔鳳案：釋名：「功，攻也，攻治之乃成也。」可爲洪説之證。

〔八〕王念孫云：尹説甚謬。輕重己篇曰：「教民樵室鑽燧，墐竈泄井，所以壽民也。」「鑽燧」、「泄井」，即此所謂「鑽燧易火，杼井易水」也。「樵」與「萩」古字通，「萩室」即「樵室」也。公羊春秋桓七年「焚咸丘」，傳曰：「焚之者何？樵之也。樵之者何？以火攻也。」「樵室」與「熯竈」同意。「熯」，古之「然」字也。（霸形篇「楚人燒焫熯焚鄭地」，論衡感虛篇「熯一炬火，爨一鑊水」，「熯」竝與「然」同。淮南天文篇「陽燧見日，則然而爲火」，華嚴經十三音義引「然」作「熯」。說林篇「一膊炭熯」，文子上德篇「熯」作「然」。）說文曰：「然，燒也。」「墐」與「熯」字相似，故「熯」譌作「墐」。「造」即「竈」字也。周官膳夫曰：「王日一舉，以樂侑食，卒食以樂徹于造。」淮南主術篇曰：「伐鼛而食，奏雍而徹，已飯而祭竈。」淮南之「祭竈」，即周官之「徹于造」。蓋徹饌而設之於竈，若祭然也。周官大祝「二曰造」，故書「造」作「竈」。史記秦本紀「客卿竈」，秦策「竈」作「造」。吳越春秋夫差内傳「勒馬銜枚，出火於造」，即吳語所謂「係馬舌，出火竈」也。丁士涵云：「杼」當爲「抒」。說文：「抒，挹也。」大雅生民釋文引倉頡篇云：「抒，取出也。」一切經音義引通俗文：「汲出謂之『抒』。」廣雅：「抒，渫也。」輕重己篇作「渫井」。劉師培云：「萩室」即「樵室」，謂鐇屋。「造」即「竈」字，見周禮大祝注。「熯」乃「墐」形近之譌。「鑚燧」、「墐竈」，皆謂易火；「杼井」即淘井，謂易水也。（見讀書隨筆）翔鳳案：方言六：「杼柚，作也。東齊土作謂之杼，木作謂之柚。」「杼井」爲土作，此齊之方言也。謂假爲「抒」，誤也。說文：「兹，黑也。」玉篇：「兹，濁也。」謂黑色之濁水。房注訓「滋長」，非是。此玄部之「兹」，從二玄。草部之「兹」則從艸，絲省聲。房不知其別矣。

〔九〕張佩綸云：「塞」，古「賽」字。「久禱」者，久，「疚」省。爾雅釋詁：「疚，病也。」月令「季春命國難，九門磔攘，以畢春氣」，鄭注：「王居明堂禮季春，出疫于郊，以攘春氣。」禳禱以除疾殃，故曰「疢禱」。翔鳳案：漢書魏相傳「趙堯舉春」，注：「主一時衣服禮物朝祭百事也。」「禱」爲求壽，於病無關。「久」用常訓。

〔一〇〕豬飼彦博云：「竿」當作「芉」，即四時篇所謂「毋蹇華絶芉」也。王引之云：「拊竿」乃「折萼」之誤，説見四時篇。翔鳳案：房訓「竿」爲「筍之初生」，不誤。詳四時篇。二説謬。

〔一一〕戴望云：宋本「振」作「賑」。翔鳳案：楊本作「振」，救也。

〔一二〕豬飼彦博云：「正」，當依四時作「政」。張佩綸云：「正」、「政」通。「五政」與「五德」、「五刑」、「五藏」相次，非「五官正」也。原注非。

〔一三〕翔鳳案：「拘」即「拘」，隸書寫口作厶。

〔一四〕張佩綸云：呂覽長見篇注：「能，力也。」「復賢力」，即周禮鄉大夫之「舍賢能」。

〔一五〕丁士涵云：「最」當作「冣」。説文冖部：「冣，積也。」「冣」與「聚」音義皆同，與曰部之「最」音義皆別。詳段先生説文注。

〔一六〕豬飼彦博云：「内」下脱「物」字。翔鳳案：房注「凡此皆冬作」，是也。「内」，古「納」字。

〔一七〕張佩綸云：鄉飲酒義「秋之爲言愁也」，鄭注：「『愁』讀爲揫。」詩長發「百禄是遒」，説文手部作「揫」。是「揫」、「遒」可通。説文：「遒，迫也。」廣雅釋詁一：「遒，急也。」翔鳳案：易象傳：「先王以至日閉關。」

〔一八〕王念孫云：「約」字於義無取。「約」當爲「得」，「得」、「約」草書相似，故「得」謁爲「約」也。張佩綸云：王説非是。周禮司約「治地之約次之」，注「地約，謂經界所至，田萊之比」，正此「約」字之義。翔鳳案：淮南主術訓「所守甚約」，注：「要也。」酌取其要也。

〔一九〕俞樾云：「忠」當讀爲中，「中人之和」，猶言得人之和。周官師氏「掌國中失之事」，鄭注曰：「故書『中』爲『得』。」吕覽行論篇「以中帝心」，高注曰：「中，得也。」吴汝綸云：「忠」當爲「衷」。李哲明云：「忠」疑讀爲衷。後漢梁統傳：「衷之爲言，不輕不重之謂也。」「不輕不重」，稱之義也，故注云「猶稱也」。詩關雎序箋「當爲衷」，疏：「『衷』與『忠』字异義同。」是「衷」、「忠」可通用。翔鳳案：大戴記曾子大孝：「中也者，中此者也。」俞説是。

〔二〇〕戴望云：元本、朱本無「者」字。翔鳳案：「者」指人，不可少。

故國多私勇者其兵弱，私勇則怯於公戰，故兵弱。**吏多私智者其法亂**，私智則營己而背公，故多亂。**民多私利者其國貧**。私利則積之於家，故國貧。**故德莫若博厚，使民死之**。博厚則感人深，故死之也。**賞罰莫若必成**〔二一〕，**使民信之**。**夫善牧民者，非以城郭也**。**輔之以什，司之以伍**。謂什長、伍長。**伍無非其人**，雖伍長亦選能者爲之也。**人無非**

其里，謂無客寄。里無非其家。言不離居他人家①。故奔亡者無所匿，遷徙②者無所容。有什伍司之，不容他寄也。不求而約，不召而來〔二〕，亡徙無所容匿，故不求召而自來。故民無流亡之意〔三〕，吏無備追之憂〔四〕。人不流亡，何所備而追之？故主政可往於民〔五〕，民心可繫於主。謂繫屬於主。

〔一〕王念孫云：「必成」本作「成必」，「成」即「誠」字也。（説見君臣下篇「戒心」下。）九守篇曰「用賞者貴誠，用刑者貴必」，故曰「賞罰莫若誠必，使民信之」。「誠必」與「博厚」相對爲文。作「成」者，假借字耳。後人不解「成必」二字之義，遂改爲「必成」，而不知其謬以千里也。荀子致士篇曰「人主之患，不在乎不言用賢，而在乎不誠必用賢」，吕氏春秋論威篇曰「又況乎萬乘之國，而有所誠必乎，則何敵之有」，賈子道術篇曰「伏義誠必，謂之節」，枚乘七發曰「誠必不悔，決絶以諾」，淮南兵略篇曰「將不誠必，則卒不勇敢」，皆以「誠必」連文。九守篇又曰「刑賞信必於耳目之所見」，「信必」亦「誠必」也。

〔二〕王念孫云：「約」乃草書「得」字之誤，「得」與「來」爲韻也。通典食貨志三引此正作「不求而得」。翔鳳案：非韻文。秦策「臣請爲王約從」，注：「結也。」下文「户籍田結」，義實相

① 「家」下原衍「其非之」三字，據校正删。
② 「徙」字原作「徒」，據補注改。

因。且草書不能用作校勘，王說謬。翔鳳案：「無流亡之意」，爲民自安其居，比「患」字義勝。

〔三〕吴汝綸云：「意」當爲「患」。

〔四〕王引之云：「備追」當爲「追捕」。民不流亡，則吏不追捕。漢書韓延壽傳亦云：「吏無追捕之苦，民無箠楚之憂。」今本「追捕」二字誤倒，而「捕」字又誤爲「備」，則義不可通。尹注内「備」字亦當爲「捕」。（案注云「人不流亡，何所捕而追之」，則所見本「追捕」已誤爲「捕追」，今則注文「捕」字又因正文而誤爲「備」矣。通典引作「備追」，則所見本已誤。）翔鳳案：「備」爲防備，與上文「意」字皆未見諸行動。改作「追捕」，則已有流亡者，王說非是。

〔五〕翔鳳案：晉語「吾言既往矣」，注：「行也。」

夫法之制民也〔一〕，猶陶之於埴，冶之於金也。人之從法，若埴、金之從陶、冶也。故審利害之所在，民之去就，如火之於燥濕，水之於高下。火、水之就燥、下，猶人之就利。夫民之所生，衣與食也。食之所生，水與土也。所以富民有要，食民有率。率三十畝而足於卒歲，歲兼美惡，畝取一石，則人有三十石。果蓏素食當十石〔二〕，果蓏不以火化而食，故曰素食。糠粃六畜當十石，則人有五十石。布帛麻絲，旁入奇利，未在其中也。奇①，餘。言不在五十石之中也。**故國有餘藏，民有餘食。**每年人有五十石，故藏皆餘②也。**夫叙鈞者，所以多寡也**〔三〕。叙鈞，謂叙比其鈞平。**權衡者，所以視重輕也。户籍田結者**〔四〕**，所以知貧富之不訾也**〔五〕。謂每户置籍，每田結其多少，則貧富不依訾限者可知也。**故善者必先知其田，乃知其人**〔六〕。田多則人多，田少則人少。**田備然後民可足也。**

〔一〕孫星衍云：後漢書黨錮傳序注引「民」作「人」，無「也」字。

〔二〕洪頤煊云：「素」，古通作「索」字，「索」，盡也，謂菓蓏盡食當十石。輕重乙篇「素賞軍士」，亦謂盡賞軍士。尹注非。王引之云：「素」讀爲疏，字或作「蔬」。月令「取蔬食」，鄭注曰：「草木之實爲蔬食。」淮南主術篇曰「夏取果蓏，秋畜蔬食」，即此所謂「果蓏素食」也。墨子辭過篇「古之民未知爲飲食時，素食而分處」，亦以「素」爲「疏」。尹注非。

〔三〕戴望云：元本、劉本「叙」作「綴」。豬飼彦博云：「多」上疑脱「計」字。丁士涵云：國蓄篇曰「引綴量用」，尹訓爲「籌」。案：「綴」之爲籌，雖無可考見，然必是較量多寡者所用之物。「鈞」疑「鉤」字誤。慎子曰：「夫投鉤以分財。」又曰：「分田者之用鉤。」荀子君道篇以「探籌」、「投鉤」竝舉，是「鉤」亦籌類。「多寡」上疑脱一字，下文「視輕重」，是其句例。

---

① 「奇」字原作「苛」，據補注改。

② 「餘」字原作「經」，據補注改。

張佩綸云：「錣」乃元本意改，當作「鈞者所以叙多寡也」。「鈞」非鈞衡之鈞，即乘馬篇「命之曰地鈞以實數」是也。翔鳳案：説文「鈞，三十斤也」，爲量名。與「權衡」對文，乃「均」之借。孟子「鈞是人也」，是其證。周禮大司徒：「以土均之法，均齊天下之政。」均人：「掌均地政，均地守，均地職，均人民牛馬車輦之力政。」上文「食民有率」云云，即土均之謂。一「均」字已足，非如權衡户籍，以二字爲名也。「鈞者所以叙多寡也」，説文「叙，次弟也」，文義全合，張説是也。刊者因「鈞」字單用而移「叙」於上也。

〔四〕丁士涵云：「結」者，約也。（公羊傳：「古者不盟，結言而退。」）説文：「契，大約也。」周禮有「約劑」，左襄十二年傳「使陰里結之」，「結」即士師之「約劑」也。又司約「治地之約次之」，注「地約謂經界所至，田萊之比也」，即此所謂「田結」也。今用文書要約亦謂之「結」。

〔五〕許維遹云：「訾」猶齊也，説見七臣七主篇。

〔六〕張佩綸云：通典食貨三注引管子曰「欲理其國者必先知其人，欲知其人者必先知其地」，疑所見本異，較今本文義更明。

凡有天下者，以情伐者帝，謂深知敵之内情而伐者，帝也。**以事伐者王，**見其於事有失而伐者，王。**以政伐者霸。**見其政有失而伐者①，霸。**而謀有功者五〔一〕：**謂計謀可以成功。

① 「者」字原作「其」，據補注改。

一曰視其所愛以分其威。令敵國之所愛者各權，則其威分也。一人兩心，其内必衰也。威分，則每人各懷二心，心二則力不齊，故内衰也。臣不用，其國可危〔二〕。臣既不爲君用力，故其國可危。二曰視其陰所憎。厚其貨賂，得情可深〔三〕。視敵所憎者多與賂，令以國情告己，故深得其情。身内情外，其國可知〔四〕。謂所憎者身在國内，情乃告外，其國可知也。三曰聽其淫樂，以廣其心〔五〕。使之聽淫樂，心廣於嗜欲。遺以竽瑟美人，以塞其内。躭於竽瑟美女，則心惑亂，故其内閉塞也。遺以諂臣文馬，以蔽其外。耳惑於諂臣，目惑於文馬，則耳目喪矣，故其外蔽也。外内蔽塞，可以成敗〔六〕。内外蔽塞，則理擁而見惑，故之敗之莫不閉。四曰必深親之，如典之同生〔七〕。典，常也。若常與之同生也。陰内辯士使圖其計，私俠辯士，令與敵國圖計。内勇士使高其氣，彼得勇士，則恃而氣高也。内人他國使倍其約，絶其使，拂其意〔八〕。更納人於他國，令背絶，使兩國之意相違也。是必士鬭〔九〕，兩國相敵，必承其弊。亦既相疑，其士必鬭。兩國敵則小傷，大國以承其弊，乃有一舉兩獲之功也。五曰深察其謀。欲知其謀得失也。謹其忠臣，欲知其臣之用不。揆其所使，欲知其所使賢不肖。令内不信，使有離意〔一〇〕，内既不信相疑，則使其君臣之意絶。離氣不能令〔一一〕，必内自賊。君臣意離别，不可使令。既不命，則自相殘殺。忠臣已死，故政可奪。人之云亡，邦國殄瘁，故其政可奪。此五者，謀功之道也。

〔一〕俞樾云：當作「謀而有功者五」。張佩綸云：當作「而謀功者有五」。「功」、「攻」通。孫子有謀攻篇，所謂「上兵伐謀」者是也。曹公注：「欲攻敵必先謀。」翔鳳案：此「謀而有功」，原文自通，改之非是。

〔二〕豬飼彦博云：讀「其内必衰」句，「也臣不用」句。「視」當作「親」，「也」當作「忠」。言親敵國之所愛者，使其人有二心。愛臣有二心，故其威分，其内衰也。六韜曰：「親其所愛，以分其威，一人兩心，其中必衰，廷無忠臣，社稷必危。」戴望云：六韜文伐篇文與此同，「視」作「親」。元本「威」下有「權」字。丁士涵云：「也」乃「忠」字誤。董子云「持一中者謂之忠」，謂事君無二心也。上文言「一人兩心」，則此必是「忠」字，反正相對爲義。下文云「謹其忠臣」，又云「忠臣已死，故政可奪」，是其證。陶鴻慶云：「也」字衍文。「臣不用」下奪「力」字。此節四字爲句，而「衰」與「威」、「危」爲韻，明「也」字不當有。尹注云「臣既不爲君用力，故其國可危」，是所見本有「力」字。任林圃云：當作「視其所愛以分其權」，蓋吳人避孫權諱易爲「威」，故劉本等兩存之也。又「也臣」當爲「世臣」。「世」字避唐諱作「廿」，與「也」字形極近，故致誤。「世臣」之名亦見孟子。翔鳳案：「也」字非衍非誤。房注「臣既不爲君用力」，釋「臣不用」，非必忠臣也。「不用」即不爲用，所謂一人兩心。

〔三〕豬飼彦博云：「陰」字當移「厚其」上，六韜曰：「陰賂左右，得情甚深，身内情外，國將生害。」王念孫云：「陰」字，涉下文「陰内辯士」而衍。「視其所憎」，與上文「視其所愛」相對。據尹注云「視敵所憎者，多與之賂」，則「所憎」上無「陰」字，明矣。張佩綸云：王説是矣，而未盡也。「視其所憎」下當有「以□其陰」句，今不可考矣。「陰」、「深」爲韻。翔鳳案：憎人不露於外，故曰「陰」，非誤字。

〔四〕張佩綸云：「知」當爲「熸」之壞，蓋「熸」脱火旁及一「旡」字，僅存「晉」，其形如「知」矣。左傳襄二十六年「王夷師熸」，昭二十年「楚師熸」，小爾雅廣詁：「熸，滅也。」「陰」、「深」、「熸」爲韻。翔鳳案：吕氏春秋精諭篇「知」叶「虧」，則可與「外」爲韻，不必改字。

〔五〕豬飼彦博云：六韜曰：「輔其淫樂，以廣其志。」翔鳳案：説苑反質：「好樂聲色者，淫也。」久雨爲「淫」，引申爲太過，包括聲色在内。「聽」，聞之也。

〔六〕王引之云：此欲其敗，非欲其成也。「成」字義不可通。「成」當爲「或」，字形相似而誤。「或」與「惑」通。（四稱篇「迷或其君」，即迷惑字。論語顔淵篇「子張問崇德辯惑」，釋文：「惑，本亦作『或』。」大戴禮曾子制言篇「貧賤吾恐其或失也」，盧注曰：「『或』猶惑也。」孟子告子篇「無或乎王之不智也」，魏策曰「臣甚或之」，皆以「或」爲「惑」。）「可以惑敗」，謂可令其以熒惑至禍敗也。注内「理擁而見惑」，正解「或」字。俞樾云：此欲其敗，非欲其成，而曰「可以成敗」，乃因「敗」連言「成」，古語往往如此。説見日知録卷二十七。漢書何進傳「先帝嘗與太后不快，幾至成敗」，亦因「敗」而連言「成」，正與此同。王氏引之謂「成」當爲「或」，非是。翔鳳案：房注「内外蔽塞，則理擁而見惑，故之敗之莫不閉」，以「蔽」訓「成」，非訓惑也。説文「成」從丁聲，「丁」今作「朾」，俗變爲「打」。「成敗」，謂打敗之也。諸説誤。

〔七〕朱長春云：「典」疑「與」字誤。（見通演） 豬飼彦博云：「深」疑當作「外」，「典」當依通（指朱長春通演）作「與」。六韜（文伐篇）云：「承意應事，如與同生。」 張佩綸云：當作「如與之同生死」，「死」、「計」、「氣」、「意」、「弊」爲韻。 陶鴻慶云：「之」字亦衍。尹注云：「典，常也，若常與之同生。」蓋尹所見本作「如典同生」，故注云然。若正文有「之」字，則爲「如常之同生」，不辭甚矣。是尹注本「與」雖誤爲「典」，而「之」字尚未衍也。 翔鳳案：説文：「典，五帝之書也。」「生」同「姓」。書汨作九共槀飫序「别生分類」，「生」即「姓」也。大戴記有帝繫，三代之王，皆自謂五帝之後，如典之同姓。諸人誤解矣。

〔八〕豬飼彦博云：「内」、「納」同。「辯士」，六韜作「智士」。 戰國尚辯，故稱「智士」爲「辯士」。

翔鳳案：説文：「内，入也。」史記范蔡傳「惡内諸侯客」，今作「納」，義同「入」而聲不可通。

〔九〕丁士涵云：當作「是士必鬬」，「是」，則也。倍約絶使拂意，則士必鬬也。 尹注所見本不誤。

翔鳳案：説文：「士，事也。」「士鬬」，從事於鬬也。

〔一〇〕豬飼彦博云：「揆」當作「睽」，言敵國之忠臣使於我國者，謹嚴以禮遇之，乖戾其所使之事也。六韜曰「嚴其忠臣，而薄其賂，稽留其使，勿聽其事」，亦是此意。 張文虎云：「謹」乃「諜」之譌，説文：「諜，軍中反間也。」 俞樾云：「謹」當讀爲結，言與其忠臣相結也。「結」與「謹」一聲之轉，故古或通用。 桓三年穀梁傳「謹言而退」，公羊傳作「結言而退」，是其證。姚永概云：「謹」字不可通，尋尹注當是「詗」字。史記淮南衡山列傳索隱：「徐廣曰：『伺候探察之名。』服虔曰：『偵候也。』」「揆」當是「睽」字，謂分睽其所使之人各立徒黨也。俞樾改「謹」爲「結」，無論「忠臣」必不受外人之結，如結其忠臣，又何能使之離意相賊乎？非也。翔鳳案：俞説是也。爾雅釋言「揆，度也」，乃常義。所使乃已之使臣，當揆度之也。

〔一一〕王念孫云：「離氣」本作「離意」，即承上「使有離意」而言，故尹注云：「君臣意離別，不可使令。」丁士涵云：「氣」字衍。「令」乃「合」字誤。「離不能合」，承上「使有離意」句。上下文皆四字爲句。「令」字涉上「令内」而誤，尹注非。張文虎云：注中「別」字乃「則」之譌，「既不」下脱「能」字，「令」當作「合」。由是觀之，則注文之脱誤多矣。其不通處，非盡尹氏之過也。翔鳳案：「氣」乃古「餼」字，通「既」。中庸「既稟稱食」，注：「既，讀爲餼。」聘禮注：「古文『既』爲『餼』。」孟子「既不能令，又不受命」，此處文義略同，何必改字耶？